Die Bonus-Seite

Ihr Vorteil als Käufer dieses Buches

Auf der Bonus-Webseite zu diesem Buch finden Sie zusätzliche Informationen und Services. Dazu gehört auch ein kostenloser **Testzugang** zur Online-Fassung Ihres Buches. Und der besondere Vorteil: Wenn Sie Ihr **Online-Buch** auch weiterhin nutzen wollen, erhalten Sie den vollen Zugang zum **Vorzugspreis**.

So nutzen Sie Ihren Vorteil

Halten Sie den unten abgedruckten Zugangscode bereit und gehen Sie auf **www.galileocomputing.de**. Dort finden Sie den Kasten **Die Bonus-Seite für Buchkäufer**. Klicken Sie auf **Zur Bonus-Seite/Buch registrieren**, und geben Sie Ihren **Zugangscode** ein. Schon stehen Ihnen die Bonus-Angebote zur Verfügung.

Ihr persönlicher **Zugangscode**: 6epb-wviq-3r42-namj

Thomas Theis

Einstieg in WPF

Grundlagen und Praxis

Liebe Leserin, lieber Leser,

dieses Buch ermöglicht Ihnen einen schnellen Einstieg in die Nutzung der Windows Presentation Foundation. Thomas Theis konzentriert sich auf die wichtigsten Klassen und Attribute und zeigt Ihnen anhand von typischen Anwendungsbeispielen, wie Sie diese für eigene Projekte nutzen. Auf diese Weise arbeiten Sie sich schnell in die Entwicklung mit dem mächtigen Framework ein und erstellen eigene WPF-Anwendungen.

Für alle diejenigen, die bisher mit Windows Forms gearbeitet haben, wird besonders auch das letzte Kapitel interessant sein. Dort wird gezeigt, wie Sie mit Windows Forms erstellte Anwendungen durch Elemente der WPF bereichern und auch, wie Sie WPF-Anwendungen mit Windows-Forms-Funktionalitäten ausstatten, für die es in der WPF noch nichts Adäquates gibt.

Auf dem beiliegenden Datenträger finden Sie die im Buch verwendeten Beispiele, die Sie als Vorlage für Ihre eigenen Projekte verwenden können. Diese Vorlagen gibt es sowohl in C# als auch in Visual Basic.

Sollten Sie Fragen zu diesem Buch haben, Anregungen oder Kritik loswerden wollen, melden Sie sich bei mir. Ich freue mich auf Ihre Rückmeldung.

Ihre Anne Scheibe
Lektorat Galileo Computing

anne.scheibe@galileo-press.de
www.galileocomputing.de
Galileo Press · Rheinwerkallee 4 · 53227 Bonn

Auf einen Blick

1	Einführung	13
2	XAML und WPF	19
3	Layout	29
4	Steuerelemente	53
5	Ereignisse und Kommandos	133
6	Anwendungen	155
7	Vorlagen	193
8	Daten	217
9	2D-Grafik	241
10	3D-Grafik	289
11	Animation	333
12	Audio und Video	371
13	Dokumente und Drucken	397
14	Interoperabilität	431

Der Name Galileo Press geht auf den italienischen Mathematiker und Philosophen Galileo Galilei (1564–1642) zurück. Er gilt als Gründungsfigur der neuzeitlichen Wissenschaft und wurde berühmt als Verfechter des modernen, heliozentrischen Weltbilds. Legendär ist sein Ausspruch *Eppur si muove* (Und sie bewegt sich doch). Das Emblem von Galileo Press ist der Jupiter, umkreist von den vier Galileischen Monden. Galilei entdeckte die nach ihm benannten Monde 1610.

Lektorat Anne Scheibe
Gutachten Matthias Geirhos
Korrektorat Friederike Daenecke, Zülpich
Typografie und Layout Vera Brauner
Herstellung Lissy Hamann
Satz III-satz, Husby
Einbandgestaltung Barbara Thoben, Köln
Titelbild Mann: © helix - Fotolia.com; Blume: © Konstantin Sutyagin - Fotolia.com; Button: © Emanuel - Fotolia.com
Druck und Bindung Bercker Graphischer Betrieb, Kevelaer

Dieses Buch wurde gesetzt aus der Linotype Syntax Serif (9,25/13,25 pt) in FrameMaker.

Gerne stehen wir Ihnen mit Rat und Tat zur Seite:
anne.scheibe@galileo-press.de bei Fragen und Anmerkungen zum Inhalt des Buches
service@galileo-press.de für versandkostenfreie Bestellungen und Reklamationen
britta.behrens@galileo-press.de für Rezensionsexemplare

Bibliografische Information der Deutschen Nationalbibliothek
Die Deutsche Nationalbibliothek verzeichnet diese Publikation in der Deutschen Nationalbibliografie; detaillierte bibliografische Daten sind im Internet über *http://dnb.d-nb.de* abrufbar.

ISBN 978-3-8362-1776-7

© Galileo Press, Bonn 2012
1. Auflage 2012

Das vorliegende Werk ist in all seinen Teilen urheberrechtlich geschützt. Alle Rechte vorbehalten, insbesondere das Recht der Übersetzung, des Vortrags, der Reproduktion, der Vervielfältigung auf fotomechanischem oder anderen Wegen und der Speicherung in elektronischen Medien. Ungeachtet der Sorgfalt, die auf die Erstellung von Text, Abbildungen und Programmen verwendet wurde, können weder Verlag noch Autor, Herausgeber oder Übersetzer für mögliche Fehler und deren Folgen eine juristische Verantwortung oder irgendeine Haftung übernehmen. Die in diesem Werk wiedergegebenen Gebrauchsnamen, Handelsnamen, Warenbezeichnungen usw. können auch ohne besondere Kennzeichnung Marken sein und als solche den gesetzlichen Bestimmungen unterliegen.

Inhalt

1 Einführung ... 13
- 1.1 Vorteile der WPF ... 13
  - 1.1.1 Grafik in der WPF ... 14
- 1.2 Aufbau des Buchs ... 14
- 1.3 Visual Studio 2010 ... 15
  - 1.3.1 Ein neues Projekt ... 16
- 1.4 Kaxaml ... 17
- 1.5 XAML und C# bzw. VB ... 17
- 1.6 Danksagung ... 17

2 XAML und WPF ... 19
- 2.1 Dokumentstruktur ... 19
- 2.2 Property Elements ... 21
- 2.3 Dependency Properties ... 21
- 2.4 Attached Properties ... 23
- 2.5 Markup Extensions ... 24
- 2.6 Routed Events ... 25
- 2.7 Attached Events ... 27

3 Layout ... 29
- 3.1 Canvas ... 30
  - 3.1.1 Positionierung ... 30
  - 3.1.2 Elemente neu erzeugen ... 32
  - 3.1.3 Layout-Hierarchie ... 33
- 3.2 StackPanel ... 35
  - 3.2.1 Elemente neu erzeugen ... 36
- 3.3 WrapPanel ... 37
  - 3.3.1 Elemente neu erzeugen ... 38
  - 3.3.2 Vertikale Orientierung ... 38
- 3.4 DockPanel ... 39
  - 3.4.1 DockPanel in Hierarchie ... 40
  - 3.4.2 Elemente neu erzeugen ... 41
- 3.5 Grid ... 42
  - 3.5.1 Elemente neu erzeugen ... 43
  - 3.5.2 Elemente über mehrere Zellen ... 45

		3.5.3	Größe der Zellen festlegen	46
		3.5.4	Die Größe der Zellen flexibel gestalten	47
	3.6	Layout-Kombination		49

4 Steuerelemente ... 53

	4.1	Allgemeiner Aufbau		53
		4.1.1	Größe, Schrift, Farbe, Bedienung per Tastatur	54
		4.1.2	Sichtbarkeit, Bedienbarkeit	56
		4.1.3	Elemente mit EventHandler neu erzeugen, Elemente löschen	57
		4.1.4	Padding, Innenabstand	59
		4.1.5	Margin, Außenabstand	61
		4.1.6	Alignment, Ausrichtung	62
	4.2	Schalter		64
		4.2.1	Button	64
		4.2.2	RepeatButton	65
		4.2.3	ToggleButton und CheckBox	66
		4.2.4	RadioButton	68
		4.2.5	Auswahl einstellen	71
	4.3	Text und Beschriftung		71
		4.3.1	Label	71
		4.3.2	TextBlock	73
		4.3.3	ToolTip	76
		4.3.4	TextBox	77
		4.3.5	PasswordBox	80
		4.3.6	RichTextBox	80
	4.4	Auswahl		81
		4.4.1	ListBox, Einzel-Auswahl	82
		4.4.2	ListBox, Mehrfach-Auswahl	85
		4.4.3	ComboBox	88
		4.4.4	TreeView	90
	4.5	Zahlenwerte		97
		4.5.1	ProgressBar	97
		4.5.2	Slider	100
		4.5.3	ScrollBar	103
	4.6	Container		104
		4.6.1	Border	104
		4.6.2	GroupBox	107
		4.6.3	Expander	108
		4.6.4	TabControl	111

	4.7	Menüs und Leisten	113
		4.7.1 Hauptmenü	113
		4.7.2 Kontextmenü	116
		4.7.3 Symbolleiste	118
		4.7.4 Statusleiste	121
	4.8	Datum	122
		4.8.1 Calendar	122
		4.8.2 DatePicker	126
	4.9	Weitere Elemente	127
		4.9.1 Image	128
		4.9.2 WebBrowser	130

5 Ereignisse und Kommandos — 133

	5.1	Tastatur	133
		5.1.1 Anzeige der Tastaturinformationen	133
		5.1.2 Steuerung durch Tasten	135
	5.2	Maus	136
		5.2.1 Anzeige der Mausinformationen	136
	5.3	Eingabestift	139
	5.4	Touchscreen	141
	5.5	Kommandos	145
		5.5.1 Eingebaute Kommandos	146
		5.5.2 Kommandos mit Eingabegesten verbinden	149
		5.5.3 Eigene Kommandos	150

6 Anwendungen — 155

	6.1	Allgemeiner Aufbau	155
		6.1.1 Einfache Anwendung	155
		6.1.2 Anwendung mit Steuerelement	157
		6.1.3 Reihenfolge der Ereignisse	158
		6.1.4 Aufruf von der Kommandozeile	161
	6.2	Ressourcen	164
		6.2.1 Physische Ressourcen	164
		6.2.2 Logische Ressourcen	166
	6.3	Fenster	169
		6.3.1 Eigenschaften und Ereignisse von Fenstern	169
		6.3.2 Eigene Dialogfelder	173
	6.4	Navigation mit Seiten	175
		6.4.1 Eine Reihe von Seiten	176

	6.4.2	Frame mit Unterseiten	180
6.5	Gadgets		182
6.6	Browseranwendung		184
6.7	Ribbonanwendung		186

7 Vorlagen 193

7.1	Styles		193
	7.1.1	Benannte Styles	194
	7.1.2	Typ-Styles	197
	7.1.3	Vererbung benannter Styles	198
	7.1.4	Vererbung von Typ-Styles	199
	7.1.5	Verwandte Steuerelement-Typen	200
	7.1.6	EventSetter	202
7.2	Property Trigger		204
	7.2.1	Einfache Property Trigger	204
	7.2.2	Multi-Trigger	205
7.3	Control Templates		207
	7.3.1	Ein erstes Control Template	207
	7.3.2	Control Template mit Trigger	208
	7.3.3	Control Template mit Bindung	209
	7.3.4	Control Template in Typ-Style	211
7.4	Skins		212

8 Daten 217

8.1	Datenbindung		217
	8.1.1	Setzen und Lösen einer Bindung	217
	8.1.2	Richtung und Zeitpunkt einer Bindung	219
8.2	Validierung		222
8.3	Datenquellen		224
	8.3.1	Ein Objekt als Datenquelle	224
	8.3.2	Kontext einer Datenbindung	226
	8.3.3	Auflistung von Objekten	227
	8.3.4	Object Data Provider	229
	8.3.5	Datenbank	230
8.4	DataGrid		232
	8.4.1	Einfacher Aufbau	232
	8.4.2	Standard-Einstellungen	234
	8.4.3	Weitere Spaltentypen	235

8.5			DataTemplates	237
8.6			DataTrigger	238

9 2D-Grafik 241

9.1			Shapes	241
	9.1.1		Rechtecke und Ellipsen	242
	9.1.2		Linie	244
	9.1.3		Polygon und Polylinie	245
	9.1.4		Linienende	247
9.2			Geometrien	248
	9.2.1		Einfache geometrische Formen	249
	9.2.2		Kombinierte Geometrien	251
	9.2.3		Pfadgeometrien für komplexe Formen	253
	9.2.4		Pfadgeometrie in Pfadmarkupsyntax	257
	9.2.5		Geometriegruppe	258
9.3			Drawings	259
9.4			Pinsel	262
	9.4.1		SolidColorBrush	262
	9.4.2		LinearGradientBrush	263
	9.4.3		RadialGradientBrush	265
	9.4.4		ImageBrush	267
9.5			Transformationen	270
	9.5.1		RotateTransform mit RenderTransform	271
	9.5.2		RotateTransform mit LayoutTransform	273
	9.5.3		ScaleTransform	274
	9.5.4		SkewTransform	276
	9.5.5		TranslateTransform	277
	9.5.6		TransformGroup	278
9.6			Transparenz	280
	9.6.1		Transparenz mit Opacity und Background	280
	9.6.2		Maskierung mit OpacityMask	281
	9.6.3		Ausstanzung mit Clip	283
9.7			Effekte	284
9.8			Verzierungen	286

10 3D-Grafik 289

10.1			Allgemeiner Aufbau	289
	10.1.1		Koordinatensystem	289
	10.1.2		Kamera, Licht und Material	291

	10.1.3	Dreieck in XAML	291
	10.1.4	Ein Dreieck in Programmcode erzeugen	294
	10.1.5	Würfel	296
	10.1.6	Gemeinsame Punkte	298
10.2	Kamera		299
	10.2.1	Perspektivische Kamera	299
	10.2.2	Lage der Kamera	301
10.3	Licht		302
10.4	Modelle		306
	10.4.1	Gruppe von 3D-Körpern	306
	10.4.2	3D-Körper mit Ereignissen	309
	10.4.3	Gruppe von 3D-Körpern mit Ereignissen	310
	10.4.4	3D-Körper mit Oberflächengestaltung	311
10.5	Material und Textur		313
	10.5.1	Material	314
	10.5.2	Textur	316
10.6	Transformationen		319
	10.6.1	ScaleTransform3D	319
	10.6.2	TranslateTransform3D	321
	10.6.3	RotateTransform3D	322
	10.6.4	Transform3DGroup	326
	10.6.5	Transform3DGroup aus Rotationen	327
10.7	Eine 3D-Landschaft		329

11 Animation 333

11.1	Allgemeiner Aufbau		334
	11.1.1	Einfache DoubleAnimation	334
	11.1.2	DoubleAnimation, weitere Eigenschaften	337
	11.1.3	PointAnimation	340
11.2	Storyboard		341
	11.2.1	Storyboard als Ressource	341
	11.2.2	Storyboard per Programmcode	343
	11.2.3	Storyboard steuern	345
	11.2.4	Animierte Transformation	347
	11.2.5	ColorAnimation	349
11.3	Event Trigger		350
	11.3.1	Event Trigger in Element	350
	11.3.2	Event Trigger und Ressourcen	351

		11.3.3	Event Trigger in Style	352
		11.3.4	Event Trigger zur Steuerung	354
	11.4	Animierte 3D-Rotation		356
	11.5	Keyframes		359
		11.5.1	Keyframes für Double	359
		11.5.2	Keyframes für Color	362
		11.5.3	KeyFrames für String	363
	11.6	Easing Functions		364
	11.7	Pfadanimationen		368

12 Audio und Video — 371

	12.1	Audio		371
		12.1.1	SoundPlayer in Programmcode	371
		12.1.2	SystemSound	374
		12.1.3	SoundPlayer in XAML	375
		12.1.4	MediaPlayer für Audio	375
		12.1.5	MediaElement für Audio	378
	12.2	Video		380
		12.2.1	MediaElement für Video	380
	12.3	Sprachausgabe		381
		12.3.1	Text ausgeben	381
		12.3.2	Text zusammensetzen	386
	12.4	Spracheingabe		390
		12.4.1	Externe Spracherkennung	391
		12.4.2	Interne Spracherkennung	392
		12.4.3	Steuerung per Spracherkennung	394

13 Dokumente und Drucken — 397

	13.1	FlowDocument		397
		13.1.1	FlowDocumentReader	398
		13.1.2	Block-Typ Absatz	400
		13.1.3	Block-Typ Abschnitt	402
		13.1.4	Block-Typ Liste	403
		13.1.5	Block-Typ Tabelle	407
		13.1.6	Block-Typ Steuerelement-Container	410
		13.1.7	Inlines	412
		13.1.8	Inline-Typ Figure	417

		13.1.9 FlowDocumentScrollViewer	419

		13.1.9	FlowDocumentScrollViewer	419
		13.1.10	FlowDocumentPageViewer	420
		13.1.11	RichTextBox	420
	13.2	FixedDocument		424
	13.3	Drucken		426

14 Interoperabilität 431

	14.1	Windows Forms in WPF		431
		14.1.1	Windows Forms-Steuerelemente in WPF	431
		14.1.2	Windows Forms-Standard-Dialogfelder in WPF	432
	14.2	WPF in Windows Forms		436
		14.2.1	WPF-Steuerelemente in Windows Forms	436
	14.3	MS Office in WPF		438
		14.3.1	Excel-Mappe	439
		14.3.2	Word-Dokument	441

Index 445

In diesem ersten Kapitel werden einige grundlegende Begriffe der WPF, der Aufbau des Buchs und die Arbeit mit dem Visual Studio von Microsoft erläutert.

1 Einführung

WPF steht für *Windows Presentation Foundation*. Es handelt sich dabei um eine 2006 gänzlich neu eingeführte Bibliothek von Klassen, die zur Gestaltung von Oberflächen und zur Integration von Multimedia-Komponenten und Animationen dient. Sie vereint die Vorteile von DirectX, Windows Forms, Adobe Flash, HTML und CSS.

1.1 Vorteile der WPF

Der Umstieg auf diese neue Technologie geschieht nur langsam. In der Praxis setzen Entwickler häufig noch den Vorgänger der WPF, Windows Forms, ein. In diesem Abschnitt werden einige Eigenschaften und Vorteile der WPF dargestellt.

Die WPF ermöglicht eine verbesserte Gestaltung von Oberflächen. Layout, 3D-Grafiken, Sprachintegration, Animation, Datenzugriff und vieles mehr basieren auf einer einheitlichen Technik. Der Benutzer kann außerdem die Bedienung dieser Oberflächen schnell und intuitiv erlernen.

Einzelne Elemente oder ganze Oberflächen sind schneller anpassbar und austauschbar. Die Aufgabenbereiche des Designers (Gestaltung der Oberfläche) und des Entwicklers (Codierung der Abläufe) sind klarer getrennt. So kann die Erstellung einer Anwendung in parallelen Schritten erfolgen.

Die WPF wurde gänzlich neu entwickelt; es musste keine Rücksicht auf alte Techniken genommen werden. Desktop-Anwendungen können ohne großen Aufwand auch für die Nutzung im Web umgestellt werden.

WPF-Anwendungen können außer auf die klassischen Medien Maus, Tastatur und Bildschirm auch auf Touchscreen und Digitalisierbrett zugreifen. Sie können über Sprache gesteuert werden und Sprachausgaben erzeugen.

Windows Forms ist länger auf dem Markt als die WPF. Daher besitzt es einige Elemente, die in der WPF noch nicht vorliegen. Diese Elemente werden aber in naher Zukunft hinzugefügt. Außerdem haben Sie die Möglichkeit, beide Techniken zu vereinen. Sie können Elemente aus Windows Forms in einer WPF-Anwendung unterbringen und umgekehrt. So können Sie die Vorzüge aus beiden Welten nutzen.

1.1.1 Grafik in der WPF

Die WPF nutzt intern DirectX statt des veralteten GDI+, wie es bei Windows Forms der Fall ist. Damit wird die Darstellung hardwarebeschleunigt. 2D- und 3D-Grafiken haben mehr Möglichkeiten und sind schneller.

Es wird Vektorgrafik statt Pixelgrafik verwendet. Damit ist eine Anwendung besser skalierbar. Sie wird unabhängig von der Auflösung und passt für viele verschiedene Ausgabemedien. Dies wird aufgrund des mittlerweile fließenden Übergangs von Smartphone über Pad, Netbook, Laptop, Desktop bis hin zu Großbildschirmen immer wichtiger.

Die Möglichkeiten der Grafik-Hardware beim Benutzer können besser genutzt werden. Die Grafik-Hardware wurde mit den Jahren immer besser und billiger, und damit stiegen auch die Erwartungen der Benutzer weiter an. Falls beim Benutzer permanent oder temporär keine geeignete Grafik-Hardware vorhanden sein sollte, so besitzt die WPF Fallback-Mechanismen. Dies beeinflusst die Entwicklung nicht, nutzt aber die Möglichkeiten optimal aus.

1.2 Aufbau des Buchs

In jedem Abschnitt wird die Thematik anhand eines vollständigen Projekts erläutert. Sie sehen jeweils einen Screenshot und die wichtigen Teile des Codes. Ich empfehle Ihnen, das jeweilige Projekt auf Ihren PC zu kopieren und es auf Ihrem Rechner aufzurufen, parallel zum Lesen des Buchs. Viele Zusammenhänge werden durch die Bedienung der Anwendung noch deutlicher.

In diesem Kapitel 1 werden einige grundlegende Begriffe erläutert. Die Besonderheiten und Erweiterungen von XAML gegenüber XML und der WPF im Vergleich zu einer herkömmlichen Klassenbibliothek folgen in Kapitel 2.

Im Kapitel 3 lernen Sie verschiedene Layout-Möglichkeiten zur Anordnung der Elemente kennen. Die WPF bietet zahlreiche Steuerelemente, diese folgen, in Gruppen unterteilt, in Kapitel 4.

Mithilfe der WPF können Sie auf alte und neue Eingabemedien zugreifen. Diese werden, zusammen mit dem Prinzip der Kommandos, in Kapitel 5 erläutert. Kapitel 6 beschreibt die verschiedenen Anwendungstypen und das Prinzip der Ressourcen.

Vorlagen sorgen für einheitliches, aber individuelles Aussehen – siehe Kapitel 7. In Kapitel 8 wird erläutert, wie Sie eine Verbindung zwischen der Oberfläche und den Anwendungsdaten herstellen können.

Die besondere Stärke der WPF liegt in der Grafik. Der Aufbau von 2D-Grafiken und 3D-Grafiken wird in den Kapiteln 9 und 10 besprochen. Das Ganze gerät mithilfe von Animationen in Bewegung, die Thema von Kapitel 11 sind.

Multimediakomponenten aus dem Bereich Audio und Video können Sie mithilfe der WPF in Ihre Anwendungen integrieren. Dies ist Thema von Kapitel 12.

In Kapitel 13 lernen Sie, wie Sie verschiedene Formen von Dokumenten erstellen, benutzen und ausdrucken. Zu guter Letzt folgt in Kapitel 14 das Zusammenspiel der WPF mit Windows Forms und MS Office.

1.3 Visual Studio 2010

Die Entwicklungsumgebung Visual Studio 2010 von Microsoft ist selber mithilfe der WPF entwickelt worden. Die frei verfügbaren Ausgaben *Visual Basic 2010 Express* und *Visual C# 2010 Express* ermöglichen einen schnellen Einstieg in die Programmierung mit WPF.

Die Oberfläche einer Anwendung wird mithilfe von XAML entworfen. XAML steht für *eXtensible Application Markup Language*. Es handelt sich dabei um eine XML-basierte Markierungssprache, die nicht nur in der WPF zum Einsatz kommt.

Innerhalb des Visual Studio können Sie die Oberfläche gleichzeitig in zwei Ansichten sehen: im grafischen Entwurf und im XAML-Code. Eine Änderung in einer der beiden Ansichten wirkt sich unmittelbar auf die jeweils andere Ansicht aus.

Während der Codierung werden Sie sowohl in XAML als auch im Programmiercode von der kontextsensitiven Hilfe *IntelliSense* unterstützt. Dank *IntelliSense* werden unter anderem nützliche Listen eingeblendet, zum Beispiel nach einem Punkt in der Objektschreibweise. Diese Listen enthalten nur die Elemente, in denen die bereits eingegebene Buchstabenkombination vorkommt (siehe Abbildung 1.1).

Abbildung 1.1   Diese Liste enthält nur Elemente mit »acti«.

Falls Sie einen Begriff markieren und die Taste F1 betätigen, wird auch der Kontext beachtet und das passende Ziel erkannt. Dies ist dann besonders nützlich, falls der markierte Begriff zum Beispiel gleichzeitig eine Klasse und eine Eigenschaft bezeichnet.

1.3.1   Ein neues Projekt

Das Visual Studio bietet die Standardelemente einer Entwicklungsumgebung: Projektmappenexplorer, Code- und Designfenster, Eigenschaftenfenster inklusive einer Liste der Ereignisse und vieles mehr. Ein neues Projekt entwerfen Sie wie folgt:

1. Rufen Sie Menü DATEI • NEUES PROJEKT auf.
2. Wählen Sie die Vorlage WPF-ANWENDUNG aus, und vergeben Sie einen Namen.
3. Entwerfen Sie die Oberfläche im Designer, inklusive des XAML-Codes.
4. Ordnen Sie die Ereignisse den Ereignismethoden zu, entweder innerhalb des XAML-Codes oder im EIGENSCHAFTENFENSTER, Reiter EREIGNISSE.
5. Codieren Sie die Abläufe im Codefenster.
6. Nicht vergessen: Menü DATEI • ALLE SPEICHERN; selbst ein bereits erfolgreich gestartetes Projekt könnte ansonsten verloren gehen!

Sollten Sie versehentlich einzelne Fenster geschlossen haben: Im Menü ANSICHT • WEITERE FENSTER können Sie den Projektmappenexplorer und das Eigenschaftenfenster wieder einblenden. Das Designfenster blenden Sie anschließend über einen Doppelklick auf die Datei *MainWindow.xaml* im Projektmappenexplorer ein, das Codefenster über die Datei *MainWindow.xaml.cs*. Zur normalen Anordnung der Fenster gelangen Sie über das Menü FENSTER • FENSTERLAYOUT ZURÜCKSETZEN.

1.4 Kaxaml

Bei Kaxaml handelt es sich um einen frei verfügbaren, ressourcensparenden XAML-Editor. Er stammt von einem Entwickler, der auch im Team der WPF tätig war: Robby Ingebretsen. Kaxaml bietet einige nützliche Hilfen, um den ersten Entwurf einer Oberfläche vorzunehmen. Sie finden Kaxaml auf dem Datenträger zum Buch oder über *http://www.kaxaml.com*.

1.5 XAML und C# bzw. VB

Eine Anwendung kann ausschließlich aus XAML-Code oder ausschließlich aus Code in einer der Programmiersprachen bestehen, zum Beispiel Visual Basic oder Visual C#. Meist wird allerdings gemischt: Die Oberfläche wird in XAML entworfen, die Abläufe werden in einer Programmiersprache codiert. Jedoch sind die Übergänge fließend; es herrscht keine strenge Trennung wie in Windows Forms.

In vielen Projekten dieses Buchs werden Elemente sowohl mit XAML als auch per Programmcode erzeugt. Dies macht den hierarchischen Aufbau der Anwendung und das Zusammenspiel der einzelnen Elemente noch deutlicher.

Die Entscheidung, welche Sprache Sie verwenden, hängt von Ihren persönlichen Vorlieben und Erfahrungen ab. Es wird auf die gleiche Klassenbibliothek zugegriffen, und es stehen vergleichbare sprachliche Mittel zur Verfügung. Alle Beispielprojekte dieses Buchs liegen in zwei Versionen vor: im Buch in Visual C#, auf dem Datenträger zum Buch in beiden Sprachen. Die Erklärungen im Buch können ebenfalls für beide Sprachen genutzt werden, da dieselben WPF-Typen zugrunde liegen.

1.6 Danksagung

An dieser Stelle möchte ich mich bei Anne Scheibe, Christine Siedle, Matthias Geirhos, Friederike Daenecke und dem ganzen Team von Galileo Press für die Unterstützung und die hilfreiche Kritik bei der Erstellung dieses Buchs bedanken.

Dieses Kapitel behandelt die Besonderheiten und Erweiterungen von XAML gegenüber XML und der WPF im Vergleich zu einer herkömmlichen Klassenbibliothek.

2 XAML und WPF

Die WPF bietet einige Besonderheiten bezüglich der objektorientierten Programmierung. XAML beinhaltet einige Erweiterungen gegenüber anderen Markierungssprachen. Es geht in diesem Kapitel um das grundsätzliche Verständnis. Bitte stören Sie sich also nicht daran, falls Sie noch nicht jede einzelne Code-Zeile der Beispielprojekte verstehen.

2.1 Dokumentstruktur

Die Elemente eines XAML-Dokuments stehen, wie bei jedem XML-Dokument, in einer Baumstruktur. Ganz oben in der Hierarchie steht ein Hauptelement, darunter ein oder mehrere Unterelemente, darunter wiederum Unterelemente und so weiter. Es gibt Elemente, die nur ein Unterelement haben dürfen, und zwar in der Eigenschaft `Child`. Im Gegensatz dazu dürfen Container-Elemente mehrere Unterelemente haben, in der Auflistungs-Eigenschaft `Children`.

Beim Laden eines XAML-Dokuments wird für jedes Element eine Instanz des Typs dieses Elements erzeugt. Man kann auf diese Instanz sowohl per XAML als auch über Programmiersprachen wie Visual C# oder Visual Basic zugreifen.

Jedes Element verfügt über Eigenschaften. Diese können in XAML über Attribute erreicht werden. In XAML werden für die Werte der Attribute und damit für die Werte der Eigenschaften Zeichenketten angegeben. Viele Eigenschaften haben aber einen anderen Typ, zum Beispiel Zahlen oder Farben. In diesem Fall wird die Zeichenkette mit einem internen *Type Converter* umgewandelt.

Viele Typen von Elementen besitzen eine Eigenschaft `Name`. Jedes Element kann mit dem Bezeichner `x:Name` versehen werden. In beiden Fällen kann man damit auf ein individuelles Element lesend oder schreibend zugreifen.

Im nachfolgenden Projekt *DokumentStruktur* werden alle Begriffe dieses Abschnitts an einem kleinen Beispiel erläutert (siehe Abbildung 2.1).

Abbildung 2.1 Fenster mit Panel und zwei Unterelementen

Der XAML-Code:

```
<Window x:Class="DokumentStruktur.MainWindow"
    xmlns="http://..." xmlns:x="http://..."
    Title="DokumentStruktur" Height="200" Width="300">
  <WrapPanel>
    <Label Background="LightGray" Name="lb">Label-Text</Label>
    <Button FontSize="24" x:Name="bu">Click</Button>
  </WrapPanel>
</Window>
```

Das Hauptelement ist ein Fenster, das vom Typ Window abgeleitet ist. Der Name des abgeleiteten Typs wird über x:Class angegeben, hier MainWindow. Ein Window darf ein Unterelement haben. Hier ist es vom Typ WrapPanel. Ein WrapPanel ist ein Container-Element (siehe auch Abschnitt 3.3, »WrapPanel«). Hier enthält es Elemente vom Typ Label und vom Typ Button.

Die Elemente haben verschiedene Eigenschaften, zum Beispiel Title, Height oder Background. Title ist vom Typ Zeichenkette; die Werte für die anderen Elemente werden mithilfe passender *Type Converter* umgewandelt.

Das Label kann im Programmiercode über den Wert der Eigenschaft Name, der Button über den Wert des Bezeichners x:Name erreicht werden.

Die Einbindung eines Namespace ermöglicht es Ihnen, die Typen aus diesem Namespace zu benutzen. Bereits bei Erstellung eines Projekts werden die wichtigsten Typen der WPF mithilfe von zwei Namespaces (hier sind sie nur mit xmlns=http://... und xmlns:x=http://... angedeutet) automatisch zur Verfügung gestellt. Weitere Namespaces können bei Bedarf in XAML oder im Programmiercode von Visual C# oder Visual Basic eingebunden werden.

Sie können alle Projekte auf dem Datenträger zum Buch finden. Ich empfehle Ihnen, sie parallel zum Lesen des Buchs auszuprobieren. Allerdings passiert in diesem Projekt noch nichts, falls Sie den Button betätigen.

2.2 Property Elements

Elemente können innerhalb von XAML auf unterschiedliche Art und Weise mit Eigenschaften versehen werden. Dies gibt Ihnen als Entwickler mehr Möglichkeiten. Eine dieser Möglichkeiten sind die Eigenschaftselemente (*Property Elements*), die besonders bei komplex zusammengesetzten Eigenschaften zum Einsatz kommen.

Nachfolgend wird ein Beispiel im Projekt *PropertyElements* dargestellt, in dem drei Label auf drei verschiedene Arten mit Inhalt gefüllt werden (siehe Abbildung 2.2).

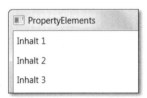

Abbildung 2.2 Drei Label mit Inhalt

Der zugehörige Ausschnitt des XAML-Codes:

```
<Label>Inhalt 1</Label>
<Label Content="Inhalt 2" />
<Label>
  <Label.Content>
    Inhalt 3
  </Label.Content>
</Label>
```

Die Aufschrift eines Labels ist die Eigenschaft, die einfach innerhalb des XML-Knotens notiert werden kann, siehe erstes Label. Damit wird die Eigenschaft Content des Labels gefüllt. Beim zweiten Label wird die Eigenschaft Content gezielt als XML-Attribut angesprochen.

Beim dritten Label kommt ein *Property Element* zum Einsatz. Die Eigenschaft wird, zusammen mit dem Typ, als eigener XML-Knoten angegeben. Der Inhalt des Knotens ist der Wert der Eigenschaft.

2.3 Dependency Properties

Abhängigkeitseigenschaften (*Dependency Properties*) sind Elemente, die den Klassen in der WPF neu hinzugefügt wurden. *Dependency Properties* bieten mehr

Fähigkeiten als die Properties der klassischen Objektorientierung, die hier zur Unterscheidung *CLR-Properties* genannt werden.

Unter anderem können *Dependency Properties* automatisch aktualisiert und validiert werden. Wertänderungen können direkt zu Aktionen führen. Benötigt werden sie besonders im Zusammenhang mit Datenbindungen, Styles und Animationen. Die Methoden `GetValue()` und `SetValue()` dienen zum Abrufen und Setzen der Werte.

Sie können *Dependency Properties* auch in Ihren eigenen Klassen einführen. Da sie aber deutlich mehr Ressourcen fordern, sollten Sie dies nur machen, wenn es wirklich notwendig ist.

Im nachfolgenden Projekt *DependencyProperties* wird ein Beispiel dargestellt, wie *Dependency Properties* zur Datenbindung genutzt werden können (siehe Abbildung 2.3). Mehr zum Thema Datenbindung folgt in Kapitel 8, »Daten«.

Abbildung 2.3 TextBox, Label und zwei Buttons

TextBox und Label sind über eine Datenbindung miteinander verbunden. Sobald sich der Inhalt der TextBox ändert, ändert sich der Inhalt des Labels ebenfalls. Der zugehörige Ausschnitt des XAML-Codes lautet:

```
<TextBox x:Name="tb" Text="Hallo" Width="100" />
<Label Width="100">
  <Label.Content>
    <Binding ElementName="tb" Path="Text" />
  </Label.Content>
</Label>
<Button Click="abrufen" Width="100">Inhalt abrufen</Button>
<Button Click="setzen" Width="100">Inhalt setzen</Button>
```

Die TextBox wird über ihren Namen und ihre Eigenschaft `Text` an die Eigenschaft `Content` des Labels gebunden. Im Einzelnen passiert Folgendes: Die Änderung der *CLR-Property* `Text` der TextBox ändert die zugehörige *Dependency Property* `TextProperty`. Dies führt zu einer Aktion. Diese Aktion ändert die *Dependency*

Property ContentProperty des Labels. Damit wird die zugehörige *CLR-Property* Content geändert, wodurch sich der Inhalt des Labels ändert.

Es folgen die Ereignismethoden zu den beiden Buttons:

```
private void abrufen(object sender, RoutedEventArgs e)
{
  // MessageBox.Show(tb.Text);
  MessageBox.Show(tb.GetValue(TextBox.TextProperty) + "");
}
```

Sie sehen zwei Möglichkeiten, den Inhalt der TextBox abzurufen: über die *CLR-Property* Text oder über die *Dependency Property* TextProperty. Die Typangabe darf nicht fehlen, in diesem Falle ist das TextBox.

```
private void setzen(object sender, RoutedEventArgs e)
{
  // tb.Text = "Guten Tag";
  tb.SetValue(TextBox.TextProperty, "Guten Tag");
}
```

Ebenso gibt es zwei Möglichkeiten, den Wert zu ändern. Die Methode SetValue() benötigt den Namen der *Dependency Property* und den neuen Wert.

2.4 Attached Properties

Angehängte Eigenschaften (*Attached Properties*) erweitern in der WPF die Eigenschaften von Elementen um die Eigenschaften fremder Typen. Wie bei *Dependency Properties* dienen die Methoden GetValue() und SetValue() zum Abrufen und Setzen der Werte.

Ein Beispiel wird im Projekt *AttachedProperties* dargestellt (siehe Abbildung 2.4). Der Ort eines Buttons innerhalb eines Canvas wird über die Eigenschaften Left und Top des Typs Canvas festgelegt. Der Button selber hat diese Eigenschaften nicht.

Abbildung 2.4 Buttons innerhalb eines Canvas

Der zugehörige Ausschnitt des XAML-Codes:

```
<Canvas>
  <Button x:Name="b1" Canvas.Top="20" Canvas.Left="50"
    Click="abrufen">Inhalt abrufen</Button>
  <Button x:Name="b2" Canvas.Top="60" Canvas.Left="50"
    Click="setzen">Inhalt setzen</Button>
</Canvas>
```

Bei den *Attached Properties* müssen Sie den Namen des fremden Typs angeben, dessen Eigenschaften benutzt werden.

Die Ereignismethoden zu den beiden Buttons sehen wie folgt aus:

```
private void abrufen(object sender, RoutedEventArgs e)
{
  MessageBox.Show(b1.GetValue(Canvas.LeftProperty) + "");
}
private void setzen(object sender, RoutedEventArgs e)
{
  b2.SetValue(Canvas.LeftProperty, 10.0);
}
```

Das Abrufen und Setzen der Werte wird über die zugehörige *Dependency Property* realisiert, inklusive Typangabe. In der Methode abrufen() wird der aktuelle Wert von LeftProperty ausgegeben. Am Anfang ist dies 50. In der Methode setzen() wird LeftProperty auf 10 gesetzt.

2.5 Markup Extensions

XAML bietet die Möglichkeit, *Markup Extensions* zu nutzen. Diese Erweiterungen des Markups dienen der abkürzenden Schreibweise. Innerhalb von geschweiften Klammern können die Inhalte eines XAML-Knotens in verkürzter Form untergebracht werden.

Nachfolgend wird im Projekt *MarkupExtensions* ein Beispiel mit einer Datenbindung von einer TextBox zu zwei Labels dargestellt, in der beide Schreibweisen einander gegenübergestellt werden (siehe Abbildung 2.5).

Der zugehörige Ausschnitt des XAML-Codes:

```
<TextBox x:Name="tb" Text="Hallo" Width="100" />
<Label Width="100">
  <Label.Content>
```

```
    <Binding ElementName="tb" Path="Text" />
  </Label.Content>
</Label>
<Label Width="100"
  Content="{Binding ElementName=tb, Path=Text}" />
<Label Width="100" Content="{}{Klammern}" />
```

Abbildung 2.5 Label mit Markup Extension

Beim ersten Label wird die Datenbindung in der langen Form notiert. Das zweite Label beinhaltet das Gleiche in Form einer *Markup Extension*: deutlich kürzer, innerhalb von geschweiften Klammern.

Falls Sie die geschweiften Klammern selbst darstellen möchten, dann müssen Sie ein Paar geschweifte Klammern voranstellen, wie Sie am dritten Label sehen.

2.6 Routed Events

Die Elemente einer auf WPF basierenden GUI liegen in einer Hierarchie; sie sind ineinander verschachtelt. Ein Beispiel: Ein Bild liegt auf einem Button, der Button liegt in einem Layout-Element, das Layout-Element liegt in einem Fenster. Falls nun ein Mausklick auf dem Bild ausgelöst wird, so kann es sein, dass eigentlich eines der übergeordneten Elemente darauf reagieren soll.

Damit dies möglich wird, werden Ereignisse in der WPF weitergeleitet (geroutet) – daher der Begriff *Routed Events*. Außerdem kann es sein, dass vor der eigentlichen Ereignisbehandlung Vorbereitungen getroffen werden müssen. Daher gibt es neben den klassischen Ereignishandlern sogenannte Preview-Ereignishandler.

Im nachfolgenden Projekt *RoutedEvents* soll die Reihenfolge der Ereignisbehandlung verdeutlicht werden (siehe Abbildung 2.6). Es wird das Ereignis `MouseDown` auf dem grauen Rechteck ausgeführt. Das Rechteck (Rectangle) liegt in einem Layout-Element vom Typ `StackPanel`, das wiederum innerhalb des Fensters vom Typ `MainWindow` liegt.

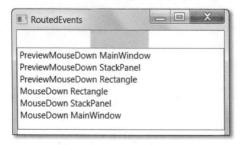

Abbildung 2.6 Das Ereignis »MouseDown«

Beim Ereignis MouseDown wird ein *Event-Bubbling* durchgeführt. Das heißt, das Ereignis steigt innerhalb der Hierarchie wie eine Luftblase vom Rechteck über das StackPanel bis zum Fenster auf. Beim zugehörigen Preview-Ereignis PreviewMouseDown wird ein *Event-Tunneling* durchgeführt. Das heißt, das Ereignis wird in der Hierarchie vom Fenster über das StackPanel bis zum Rechteck nach unten durchgetunnelt. Der zugehörige XAML-Code:

```
<Window ... PreviewMouseDown="mdown" MouseDown="mdown">
  <StackPanel PreviewMouseDown="mdown" MouseDown="mdown">
    <Rectangle Height="23" Width="80" Fill="LightGray"
      PreviewMouseDown="mdown" MouseDown="mdown" />
    <ListBox x:Name="lb" Height="110" />
  </StackPanel>
</Window>
```

An insgesamt sechs Stellen wird eine Ereignisbehandlung durchgeführt. Zur Vereinfachung lösen alle sechs Ereignisse den Code derselben Methode aus:

```
private void mdown(object sender, MouseButtonEventArgs e)
{
  lb.Items.Add(e.RoutedEvent.Name + " " + sender.GetType().Name);
}
```

Das Objekt der Klasse MouseButtonEventArgs beinhaltet Informationen über das auslösende Ereignis. Die Eigenschaft RoutedEvent liefert den Namen dieses Ereignisses, also PreviewMouseDown oder MouseDown.

Das Objekt sender gibt an, bei welchem Objekt das Ereignis registriert wurde. In der vorliegenden Methode wird mithilfe von GetType() der Typ dieses Objekts genannt, also Rectangle, StackPanel oder MainWindow.

2.7 Attached Events

Angehängte Ereignisse (*Attached Events*) erweitern in der WPF die Ereignisse von Elementen um die Ereignisse fremder Typen. So kann man ein Ereignis einmalig zentral bei einem übergeordneten Element registrieren, anstatt es jeweils einzeln bei allen untergeordneten Elementen registrieren zu müssen.

Ein Beispiel wird im Projekt *AttachedEvents* dargestellt (siehe Abbildung 2.7). Das Ereignis Click bei einem der drei Buttons wird nur einmalig beim übergeordneten Layout-Element vom Typ StackPanel registriert. Beim StackPanel selber gibt es dieses Ereignis nicht.

Abbildung 2.7 Das Ereignis »Click« zentral registrieren

Der zugehörige Ausschnitt des XAML-Codes:

```
<StackPanel Button.Click="bclick">
  <Button x:Name="b1" Width="100">Button 1</Button>
  <Button x:Name="b2" Width="100">Button 2</Button>
  <Button x:Name="b3" Width="100">Button 3</Button>
</StackPanel>
```

Das Ereignis Click muss im StackPanel gemeinsam mit dem passenden Typ (Button) angegeben werden, da es dieses Ereignis im StackPanel nicht gibt. Die Ereignismethode sieht so aus:

```
private void bclick(object sender, RoutedEventArgs e)
{
  MessageBox.Show((e.Source as Button).Name);
}
```

Das Objekt sender gibt an, bei welchem Objekt das Ereignis registriert wurde. Dies ist hier das StackPanel und nicht einer der Buttons. Daher nutzt uns sender an dieser Stelle nichts.

Das Objekt der Klasse RoutedEventArgs beinhaltet Informationen über das geroutete Ereignis. Die Eigenschaft Source liefert einen Verweis auf das auslösende Objekt, somit also den Namen des geklickten Buttons.

Die WPF stellt vielfältige Alternativen zur Anordnung der Elemente bereit. Diese Layout-Möglichkeiten erleichtern die Trennung von grafischer Gestaltung und Programmierung und damit eine Aufgabenteilung zwischen Designer und Entwickler.

3 Layout

Sie bestimmen die Anordnung der Steuerelemente in Ihrer Anwendung über das Layout. Damit sorgen Sie für ein ansprechendes Aussehen und eine gute Bedienbarkeit der Oberfläche. Sie soll stufenlos in der Größe skalierbar sein und unterschiedlichen Umgebungen angepasst werden können. Die früher übliche Vergabe fester Positionen sollten Sie daher möglichst vermeiden.

Der Inhalt des Client-Bereichs eines Anwendungsfensters ist genau ein Element. Im Allgemeinen ist dies ein Layout-Element. Dieses Layout-Element kann der Ursprung einer Hierarchie von Layouts sein. Layouts können also ineinander verschachtelt sein (siehe auch Abschnitt 3.1.3, »Layout-Hierarchie«).

Die gemeinsame Basisklasse der verschiedenen Layout-Klassen ist die Klasse `Panel`. Sie stellt viele gemeinsame Member zur Verfügung. Im Projekt *PanelAlle* (siehe Abbildung 3.1) sehen Sie fünf mögliche Layouts: links oben *Canvas*, rechts oben *StackPanel*, links unten *WrapPanel*, rechts unten *DockPanel*. Alle zusammen sind innerhalb eines *Grid* angeordnet.

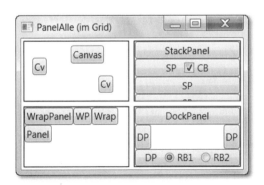

Abbildung 3.1 Alle fünf Layouts

Sie können auch das Innere eines Elements mithilfe von Layouts frei gestalten: Im Projekt *PanelAlle* sehen Sie einen Button, der Text und eine CheckBox (hier: CB) beinhaltet. Ein anderer Button enthält Text und zwei RadioButtons (hier: RB). Sie sehen: Die Grenze zwischen Layout und Steuerelement ist fließend. Auch in diesem Punkt zeigt sich die Vielseitigkeit der WPF.

Eine Anmerkung: Als Beispiel für die Steuerelemente, die mithilfe von Layouts positioniert werden, verwende ich häufig Buttons, unter anderem wegen ihrer guten Erkennbarkeit.

3.1 Canvas

In früheren Anwendungen wurden Steuerelemente häufig fest positioniert. Dies sollten Sie, wie oben erläutert, möglichst vermeiden. Dennoch gibt es Situationen, in denen dies für einen Teil der Oberfläche oder die gesamte Oberfläche unumgänglich ist. Dann verwenden Sie einen Canvas.

Zur Positionierung in x-Richtung verwenden Sie dabei die *Attached Properties* Canvas.Left und Canvas.Right. Für die Positionierung in y-Richtung nehmen Sie Canvas.Top und Canvas.Bottom. Die Werte für diese Eigenschaften beziehen sich auf das logisch übergeordnete Element. Die Lage der Elemente in z-Richtung können Sie mithilfe der *Attached Property* Panel.ZIndex beeinflussen. Elemente mit unterschiedlichen Werten für ZIndex liegen vom Betrachter aus hintereinander bezüglich der Bildschirmebene.

3.1.1 Positionierung

Im nachfolgenden Projekt *CanvasPositionen* wird eine Reihe von Buttons sowohl mithilfe von XAML als auch mithilfe von Programmcode positioniert (siehe Abbildung 3.2).

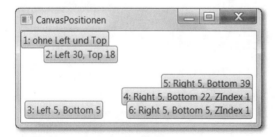

Abbildung 3.2 Positionierte Steuerelemente

Zunächst der Aufbau in XAML:

```xml
<Window ... Height="150" Width="320">
  <Canvas x:Name="cv">
    <Button x:Name="b1" Click="b1_Click">
      1: ohne Left und Top</Button>
    <Button Canvas.Left="30" Canvas.Top="18" x:Name="b2"
      Click="b2_Click">2: Left 30, Top 18</Button>
    <Button Canvas.Left="5" Canvas.Bottom="5">
      3: Left 5, Bottom 5</Button>
    <Button Canvas.Right="5" Canvas.Bottom="22" Panel.ZIndex="1">
      4: Right 5, Bottom 22, ZIndex 1</Button>
    <Button Canvas.Right="5" Canvas.Bottom="39">
      5: Right 5, Bottom 39</Button>
    <Button Canvas.Right="5" Canvas.Bottom="5" Panel.ZIndex="1"
      Click="b6_Click">6: Right 5, Bottom 5, ZIndex 1</Button>
  </Canvas>
</Window>
```

Die Steuerelemente stehen innerhalb des Canvas-Containers. Dieser füllt, als einziges Element, den gesamten Client-Bereich des Fensters aus. Er bekommt hier einen eindeutigen Namen, weil ihm später ein Steuerelement per Programmcode hinzugefügt wird. Die Steuerelemente sind dem Canvas untergeordnet.

Bei Button 1 gibt es keine Positionsangaben, daher liegt er ganz links oben. Bei Button 2 ist der Abstand vom linken und vom oberen Rand, bei Button 3 der Abstand vom linken und vom unteren Rand des Canvas festgelegt. Bei den restlichen Buttons 4 bis 6 wird mit unterschiedlichen Abständen vom rechten und vom unteren Rand gearbeitet.

Sollten sich einzelne Steuerelemente überlappen, so liegt das später erzeugte Element in z-Richtung über dem früher erzeugten Element. Dies sehen Sie bei den Buttons 1 und 2. Mit der *Attached Property* Panel.ZIndex können Sie darauf Einfluss nehmen. Ohne Angabe gilt Panel.ZIndex = 0. Ein positiver Wert »hebt« das Steuerelement in Richtung Betrachter, ein negativer Wert »versenkt« das Steuerelement in der Oberfläche. Daher überlappt Button 4 den Button 5, wird aber von Button 6 überlappt.

Die Lage können Sie auch per Programmcode beeinflussen, wie dies für die Buttons 1 und 2 durchgeführt wird:

```
private void b1_Click(object sender, RoutedEventArgs e)
{
  b1.SetValue(Canvas.LeftProperty, 10.0);
  b1.SetValue(Canvas.TopProperty, 10.0);
```

```
    b1.SetValue(Panel.ZIndexProperty, 1);
}

private void b2_Click(object sender, RoutedEventArgs e)
{
    double left, top;
    left = (double)b2.GetValue(Canvas.LeftProperty);
    top = (double)b2.GetValue(Canvas.TopProperty);

    b2.SetValue(Canvas.LeftProperty, left + 10);
    b2.SetValue(Canvas.TopProperty, top + 10);
    b2.Content = "2: verschoben";
}
```

Button 1 wird absolut verschoben, und zwar auf Position 10,10. Gleichzeitig wird er dem Betrachter entgegengehoben. Daher überlappt er nun Button 2. Die Methode `SetValue()` dient zum Verändern der Werte von *Dependency Properties*. `Canvas.LeftProperty` steht für die *Attached Property* `Canvas.Left`, und bei den anderen verhält es sich entsprechend. Die Werte für `Left` und `Top` müssen vom Typ `double` sein, der Wert für `ZIndex` vom Typ `int`.

Button 2 wird bei jedem Click relativ verschoben: um den Wert 10 nach rechts und um den Wert 10 nach unten. Die Methode `GetValue()` dient zum Ermitteln des aktuellen Werts der *Dependency Property*. Diese ist vom Typ `object`. Für die spätere Weiterverwendung ist daher eine explizite Typkonvertierung notwendig. Hier ist es wichtig, den richtigen Typ zu wählen. Die Eigenschaft `Content` steht für den Inhalt des Elements, also für die Aufschrift des Buttons.

Hinweis: Die ursprüngliche Position des Buttons 1 können Sie nicht über die Methode `GetValue()` ermitteln, da ihm die Eigenschaften `Left` und `Top` nicht per XAML zugewiesen wurden. Die Methode liefert in diesem Falle den Wert »nicht definiert«. Abhilfe: Setzen Sie `Left` und `Top` in XAML auf 0.

3.1.2 Elemente neu erzeugen

Im Projekt *CanvasPositionen* dient Button 6 zur Erstellung von weiteren Elementen per Programmcode:

```
private void b6_Click(object sender, RoutedEventArgs e)
{
    Button nb = new Button();
    nb.Content = "Neu";
    nb.SetValue(Canvas.RightProperty, 5.0);
```

```
  nb.SetValue(Canvas.BottomProperty, 80.0);
  cv.Children.Add(nb);
}
```

Mit dieser Technik können Sie Steuerelemente in allen Panel-Typen (Canvas, StackPanel ...) neu erzeugen. Zunächst wird eine neue Instanz des Steuerelements angelegt. Diese bekommt Eigenschaften, wie Aufschrift und Lage. Hier ist es wichtig, `double`-Werte zu wählen.

Anschließend wird sie der Auflistung `Children` des jeweiligen Panels mithilfe der Methode `Add()` hinzugefügt. Diese Auflistung verweist auf die untergeordneten Elemente eines Panels, hier also des Canvas.

3.1.3 Layout-Hierarchie

In einer Hierarchie von Layouts lassen sich mehrere Layouts, auch unterschiedlichen Typs, miteinander kombinieren. Dies wird im nachfolgenden Projekt *CanvasInCanvas* anhand von Canvas-Layout-Elementen gezeigt. Angaben wie `Canvas.Left` beziehen sich dabei immer auf das direkt übergeordnete Layout-Element.

Innerhalb eines Canvas, der den Client-Bereich des Fensters einnimmt, werden zwei untergeordnete Canvas positioniert. Diese beinhalten wiederum Buttons (siehe Abbildung 3.3).

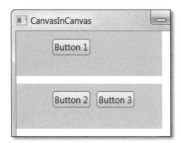

Abbildung 3.3 Untergeordnete Elemente

Zunächst der Aufbau in XAML:

```
<Window ...>
  <Canvas>
    <Canvas Width="200" Height="60" x:Name="cv1"
        Background="LightGray">
      <Button Canvas.Top="10" Canvas.Left="50">Button 1</Button>
    </Canvas>
    <Canvas Width="200" Height="60" x:Name="cv2" Canvas.Top="70"
        Background="LightGray">
```

```
        <Button Canvas.Top="10" Canvas.Left="50">Button 2</Button>
        <Button Canvas.Top="10" Canvas.Left="110" x:Name="b3"
          Click="b3_Click">Button 3</Button>
      </Canvas>
    </Canvas>
</Window>
```

Die beiden inneren Canvas cv1 und cv2 sind dem äußeren Canvas untergeordnet. Die Angabe Canvas.Top des unteren Canvas bezieht sich auf den äußeren Canvas. Die beiden Buttons 1 und 2 sind gleichartig positioniert. Ihre Angaben Canvas.Top und Canvas.Left beziehen sich allerdings einmal auf den ersten, einmal auf den zweiten inneren Canvas.

Hinweis: Die Eigenschaft Background für die Hintergrundfarbe ist vom Typ Brush (dt. *Pinsel*) und nicht vom Typ Color. In XAML werden häufig *Type Converter* genutzt, die eine passende Umwandlung vornehmen können. Mehr zum Typ Brush finden Sie in Abschnitt 9.4, »Pinsel«.

Die Unterordnung bezüglich der beiden Canvas können Sie auch per Programmcode verändern. Betätigt der Benutzer den dritten Button, so wechselt der Button vom unteren zum oberen Canvas:

```
private void b3_Click(object sender, RoutedEventArgs e)
{
  if (b3.Parent == cv2)
  {
    cv2.Children.Remove(b3);
    cv1.Children.Add(b3);
  }
}
```

Die Eigenschaft Parent liefert einen Verweis auf das übergeordnete Element. Falls es sich in diesem Fall um den unteren Canvas handelt, so wird die Unterordnung mithilfe der Methode Remove() aufgelöst und eine neue Unterordnung zum oberen Canvas erstellt: Der Button wechselt nach oben (siehe Abbildung 3.4).

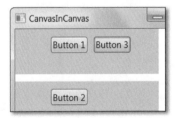

Abbildung 3.4 Hier wurde die Unterordnung geändert.

3.2 StackPanel

Ein StackPanel »stapelt« wortwörtlich die Steuerelemente: Diese werden einfach in einer Reihe untereinander oder nebeneinander angeordnet. Im Projekt *StackPanelAnordnung* werden einige Möglichkeiten dargestellt.

Den Standard-Fall mit vertikaler Orientierung sehen Sie in Abbildung 3.5 links. In Abbildung 3.5 Mitte sind die Steuerelemente nebeneinander angeordnet. Zusätzlich wurde die Richtung der Reihe geändert: Die Steuerelemente werden von rechts nach links gestapelt. Sollte die Umgebung zu wenig Platz bieten, dann sind möglicherweise einige Elemente nicht erreichbar. Zur Abhilfe können Sie das StackPanel in ein Steuerelement vom Typ `ScrollViewer` einbetten (siehe Abbildung 3.5 rechts).

Falls die Steuerelemente innerhalb eines vertikal orientierten StackPanel keine eigene Breite haben, so nehmen sie die maximal verfügbare Breite in Anspruch. Entsprechendes gilt für die Höhe in einem horizontal orientierten StackPanel.

Alle Layouts können Sie in einer Hierarchie anordnen. Die drei beschriebenen StackPanel sind insgesamt wiederum in einem übergeordneten StackPanel mit horizontaler Orientierung eingebettet, diesmal in der Standard-Ablaufrichtung »von links nach rechts«.

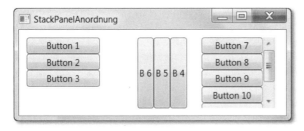

Abbildung 3.5 Verschiedene StackPanel

Der Aufbau in XAML:

```
<Window ...>
  <StackPanel Orientation="Horizontal">
    <StackPanel Width="100" Margin="10">
      <Button Click="neu_Click">Button 1</Button>
      <Button>Button 2</Button>
      <Button>Button 3</Button>
    </StackPanel>
    <StackPanel Orientation="Horizontal"
        FlowDirection="RightToLeft" ...> ... </StackPanel>
```

```
      <ScrollViewer VerticalScrollBarVisibility="Auto"...>
        <StackPanel> ... </StackPanel>
      </ScrollViewer>
   </StackPanel>
</Window>
```

Die Orientierung wird mit der Eigenschaft Orientation festgelegt. Es gibt die Werte Vertical (übereinander) und Horizontal (nebeneinander). Die Eigenschaft FlowDirection bestimmt die Richtung der Reihe. Erlaubte Werte sind LeftToRight und RightToLeft. Der letztgenannte Wert macht nur Sinn, falls Orientation den Wert Horizontal hat.

Die Eigenschaft VerticalScrollBarVisibility des Elements vom Typ ScrollViewer können Sie auf den Wert Auto stellen. Dann wird sie nur eingeblendet, wenn sie benötigt wird, also wenn es »zu viele« Elemente gibt. Testen Sie dies im vorhandenen Projekt, indem Sie einfach die Fensterhöhe mit der Maus verändern.

Zur besseren Darstellung wurden die Breite sowie der Außenabstand der untergeordneten StackPanel festgelegt, und zwar über die Eigenschaften Width und Margin. Mehr zu diesen Eigenschaften erfahren Sie in Kapitel 4, »Steuerelemente«.

3.2.1 Elemente neu erzeugen

Im Projekt *StackPanelAnordnung* können Sie mithilfe der Buttons 1, 4 und 7 weitere Buttons per Programmcode erstellen:

```
private void neu_Click(object sender, RoutedEventArgs e)
{
  Button nb = new Button();
  nb.Content = "Neu";
  Panel p = (sender as Button).Parent as Panel;
  p.Children.Add(nb);
}
```

Es wird ein neuer Button erzeugt und beschriftet. Dann wird das jeweils übergeordnete Panel des geklickten Buttons (1, 4 oder 7) mithilfe der Eigenschaft Parent ermittelt. Der neu erzeugte Button wird der Auflistung Children dieses Panels mithilfe der Methode Add() als neues, untergeordnetes Element hinzugefügt.

Sie können feststellen, dass StackPanels mit vertikaler Orientierung nach unten erweitert werden. StackPanels mit horizontaler Orientierung werden nach rechts erweitert, unabhängig von der Richtung der Reihe.

3.3 WrapPanel

Ein WrapPanel ist, etwas vereinfacht ausgedrückt, ein StackPanel mit automatischem Zeilenumbruch. Die Steuerelemente werden der Reihe nach angeordnet. Falls es nicht mehr genügend Platz gibt, dann wird eine weitere Reihe aufgemacht. Es kommt hinzu, dass die Steuerelemente nur noch den notwendigen Platz einnehmen, nicht mehr den maximal verfügbaren Platz. Im Projekt *WrapPanelAnordnung* sehen Sie einige Möglichkeiten.

Das oberste WrapPanel in Abbildung 3.6 beinhaltet sieben Steuerelemente. Sie sind jeweils nur so breit wie nötig. Das letzte Element passte nicht mehr in die Reihe, daher wurde eine neue Reihe eröffnet. Die Richtung der Reihe weist im Standardfall von links nach rechts.

Beim zweiten WrapPanel in Abbildung 3.6 sind die fünf Steuerelemente von rechts nach links angeordnet. Es gibt auch hier eine zweite Reihe.

Im nächsten WrapPanel in Abbildung 3.6 wurde die Höhe einzelner Steuerelemente geändert. Dies hat Auswirkungen auf die anderen Steuerelemente, die sich aktuell in der gleichen Reihe befinden. Sie nehmen die gleiche Höhe an, falls sie keine eigene Höhe haben.

Sie können aber auch eine einheitliche Breite beziehungsweise Höhe für alle Steuerelemente festlegen. Dies sehen Sie am letzten WrapPanel in Abbildung 3.6.

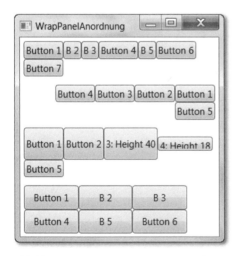

Abbildung 3.6 Verschiedene WrapPanel

Der Aufbau in XAML:

```
<Window ...>
  <StackPanel>
    <WrapPanel Margin="5">
      <Button Click="neu_Click">Button 1</Button>
      <Button>B 2</Button>
      ...
      <Button>Button 7</Button>
    </WrapPanel>
    <WrapPanel FlowDirection="RightToLeft" ...> ... </WrapPanel>
    <WrapPanel ...>
      ...
      <Button Height="40">3: Height 40</Button>
      <Button Height="18">4: Height 18</Button>
      ...
    </WrapPanel>
    <WrapPanel ItemWidth="70" ItemHeight="30" ...> ...
    </WrapPanel>
  </StackPanel>
</Window>
```

Wiederum wird über die Eigenschaft `FlowDirection` die Richtung der Reihe festgelegt. In einer Reihe haben alle Steuerelemente dieselbe Höhe. Sobald eines der Steuerelemente seine Höhe ändert (Eigenschaft `Height`), ändert sich auch die Höhe der anderen Steuerelemente in der gleichen Reihe. Falls eine einheitliche Breite beziehungsweise Höhe gewünscht wird, können Sie dies über die Eigenschaften `ItemWidth` und `ItemHeight` des Panels bestimmen.

3.3.1 Elemente neu erzeugen

Mithilfe der verschiedenen Buttons mit der Aufschrift BUTTON 1 können Sie weitere Buttons im jeweiligen Panel per Programmcode erstellen. Die Methode `neu_Click()` aus dem Abschnitt 3.2.1, »Elemente neu erzeugen«, können Sie hier unverändert anwenden, da alle Layoutklassen von der gemeinsamen Basisklasse `Panel` abgeleitet sind.

3.3.2 Vertikale Orientierung

Auch in einem vertikal angeordneten WrapPanel gibt es zwei Möglichkeiten für die Richtung der Reihe. Dies sehen Sie im Projekt *WrapPanelOrientierung* in Abbildung 3.7.

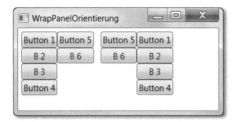

Abbildung 3.7 Zwei vertikale WrapPanel

Beide vertikalen Reihen bieten nicht genügend Platz, daher wird jeweils eine weitere vertikale Reihe eröffnet. Im zweiten Fall weist die Richtung der Reihe von rechts nach links. Der Aufbau in XAML:

```
<Window ...>
  <StackPanel Orientation="Horizontal">
    <WrapPanel Orientation="Vertical" ...> ... </WrapPanel>
    <WrapPanel Orientation="Vertical"
        FlowDirection="RightToLeft" Margin="5">
      ...
    </WrapPanel>
  </StackPanel>
</Window>
```

Auch in diesem Projekt können Sie über die beiden Buttons mit der Aufschrift BUTTON 1 weitere Buttons erstellen.

3.4 DockPanel

In einem `DockPanel` ordnen Sie die Steuerelemente so an, wie Sie es aus vielen Anwendungen kennen: Oben wird zum Beispiel das Hauptmenü angedockt, unten eine Statuszeile, links und rechts gibt es weitere Bedienmöglichkeiten. In der verbleibenden Mitte wird der zu bearbeitende Inhalt dargestellt. Ein Beispiel sehen Sie im Projekt *DockPanelTBLR* (siehe Abbildung 3.8).

Abbildung 3.8 Reihenfolge »Top«, »Bottom«, »Left«, »Right«

Der Aufbau in XAML:

```xaml
<Window ...>
  <DockPanel>
    <Button DockPanel.Dock="Top">1: Top</Button>
    <Button DockPanel.Dock="Bottom">2: Bottom</Button>
    <Button DockPanel.Dock="Left">3: L</Button>
    <Button DockPanel.Dock="Left">4: L</Button>
    <Button DockPanel.Dock="Left">5: L</Button>
    <Button DockPanel.Dock="Right">6: Right</Button>
    <TextBlock Margin="10">Inhalt</TextBlock>
  </DockPanel>
</Window>
```

Den Steuerelementen innerhalb eines DockPanels wird die *Attached Property* DockPanel.Dock zugeordnet. Die Werte für die Eigenschaft stammen aus der Enumeration Dock: Top, Bottom, Left und Right.

Wichtig ist die Reihenfolge: Der erste Button wird oben angeordnet und erstreckt sich über die gesamte Breite. Beim zweiten Button gilt das Gleiche für unten. Sie können mehrere Steuerelemente im gleichen Bereich andocken: Die Buttons 3 bis 5 werden nebeneinander links dargestellt. Diese Buttons können sich allerdings nicht mehr bis ganz oben oder ganz unten erstrecken, da dieser Platz bereits durch die Buttons 1 und 2 belegt ist. Beim Button 6 gilt das Gleiche für rechts.

Das letzte Element, hier ein TextBlock, wird gar nicht angedockt. Daher füllt es den verbleibenden Platz. Mehr zum Element TextBlock folgt in Abschnitt 4.3.2.

3.4.1 DockPanel in Hierarchie

Im nachfolgenden Projekt *DockPanelLRT* sehen Sie Elemente, die jeweils wiederum andere Elemente enthalten (siehe Abbildung 3.9).

Abbildung 3.9 DockPanel und StackPanel

Die Elemente wurden in der Reihenfolge links, rechts und oben erzeugt. Daher steht für das obere Element nicht mehr die gesamte Breite zur Verfügung. Das rechte und das obere Element ist jeweils ein StackPanel, das weitere Elemente beinhaltet. Der Aufbau in XAML:

```
<Window ...>
  <DockPanel>
    <Button DockPanel.Dock="Left">1: Left</Button>
    <StackPanel DockPanel.Dock="Right">
      <Button>2: SP Right</Button>
      ...
    </StackPanel>
    <StackPanel DockPanel.Dock="Top" Orientation="Horizontal">
      <Button>6: SP Top</Button>
      ...
    </StackPanel>
    <TextBlock Margin="10">Inhalt</TextBlock>
  </DockPanel>
</Window>
```

Es gibt drei Elemente, die mit der *Attached Property* DockPanel festgelegt wurden: ein Button und zwei StackPanels.

3.4.2 Elemente neu erzeugen

Im nachfolgenden Projekt *DockPanelLastChild* wird erläutert, wie Sie einem DockPanel neue Elemente an der gewünschten Stelle hinzufügen (siehe Abbildung 3.10).

Abbildung 3.10 Elemente neu erzeugen

Die Elemente wurden in der Reihenfolge links, rechts, oben, unten erzeugt. Es wurden zwei weitere Elemente mit den Werten Top und Bottom für die Eigenschaft DockPanel.Dock hinzugefügt.

Zunächst der Aufbau in XAML:

```
<Window ...>
  <DockPanel LastChildFill="False"> ...
    <Button DockPanel.Dock="Top" Click="neu_Click">
      3: Top</Button>
    <Button DockPanel.Dock="Bottom" Click="neu_Click">
      4: Bottom</Button>
  </DockPanel>
</Window>
```

Mithilfe der Eigenschaft LastChildFill können Sie bestimmen, ob das letzte Element den verbleibenden Platz im Fenster füllt (Standardwert = True) oder nicht (Wert = False). Der Aufbau der Methode neu_Click() ist etwas aufwendiger als bei den anderen Panels, da Sie zunächst die Position ermitteln müssen:

```
private void neu_Click(object sender, RoutedEventArgs e)
{
  Button sb = sender as Button;
  Object dp = sb.GetValue(DockPanel.DockProperty);

  Button nb = new Button();
  nb.Content = "Neu";
  nb.SetValue(DockPanel.DockProperty, dp);

  Panel p = sb.Parent as Panel;
  p.Children.Add(nb);
}
```

Mithilfe der Methode GetValue() wird der Wert der *Dependency Property* DockPanel.DockProperty ermittelt, die die Position des auslösenden Buttons angibt. Dies wird die Position des neuen Buttons, die mithilfe von SetValue() festgelegt wird.

3.5 Grid

Ein Grid dient zur regelmäßigen, übersichtlichen Anordnung der Elemente in einem Raster. Sie legen zunächst die Anzahl der Zeilen und Spalten fest. Den einzelnen Steuerelementen ordnen Sie anschließend die Koordinaten ihrer Zelle im Grid zu, die aus der Nummer der Zeile und der Nummer der Spalte bestehen. Ein erstes Beispiel folgt im Projekt *GridAnordnung* (siehe Abbildung 3.11).

Abbildung 3.11 Ein Grid mit drei Zeilen und zwei Spalten

Der Aufbau in XAML:

```
<Window ...>
  <Grid x:Name="gr">
    <Grid.RowDefinitions>
      <RowDefinition />
      <RowDefinition />
      <RowDefinition />
    </Grid.RowDefinitions>
    <Grid.ColumnDefinitions>
      <ColumnDefinition />
      <ColumnDefinition />
    </Grid.ColumnDefinitions>
    <Button Grid.Row="0" Grid.Column="0" Click="b1_Click">
      1: 0, 0</Button>
    <Button Grid.Row="0" Grid.Column="1" Click="b2_Click">
      2: 0, 1</Button>
    <Button Grid.Row="1" Grid.Column="1">3: 1, 1</Button>
    <Button Grid.Row="2" Grid.Column="0" Click="b4_Click">
      4: 2, 0</Button>
  </Grid>
</Window>
```

Die Gestaltung der einzelnen Zeilen und damit auch ihre Anzahl wird in der Auflistung `Grid.RowDefinitions` festgelegt. Das Gleiche gilt für die Spalten in der Auflistung `Grid.ColumnDefinitions`. Die Zuordnung zu den einzelnen Zellen des Grids geschieht mithilfe der *Attached Properties* `Grid.Row` und `Grid.Column`. Die Zählung beginnt bei 0. Dies ist auch der Standardwert. Bei Button 1 hätten Sie also die Zuordnung weglassen können.

3.5.1 Elemente neu erzeugen

Im Projekt *GridAnordnung* dient Button 1 zur Erzeugung eines neuen Elements innerhalb einer vorhandenen Zelle. Button 2 fügt eine neue Spalte mit einem weiteren Element hinzu. Button 4 fügt eine neue Zeile hinzu, ebenfalls mit einem weiteren Element. Damit kann der Benutzer das Grid verändern, sodass es zum Beispiel wie in Abbildung 3.12 aussieht.

Abbildung 3.12 Ein Grid mit vier Zeilen und vier Spalten

Der zugehörige Programmcode:

```
private void b1_Click(...)
{
  Button nb = new Button();
  nb.Content = "Neu";
  nb.SetValue(Grid.RowProperty, 2);
  nb.SetValue(Grid.ColumnProperty, 1);
  gr.Children.Add(nb);
}

private void b2_Click(...)
{ ...
  nb.SetValue(Grid.RowProperty, 0);
  gr.ColumnDefinitions.Add(new ColumnDefinition());
  nb.SetValue(Grid.ColumnProperty,
    gr.ColumnDefinitions.Count - 1);
  gr.Children.Add(nb);
}

private void b4_Click(...)
{ ...
  gr.RowDefinitions.Add(new RowDefinition());
  nb.SetValue(Grid.RowProperty, gr.RowDefinitions.Count - 1);
  nb.SetValue(Grid.ColumnProperty, 0);
  gr.Children.Add(nb);
}
```

Mithilfe der Methode `SetValue()` setzen Sie die *Dependency Properties* `Grid.RowProperty` und `Grid.ColumnProperty` auf die gewünschten Werte. Zur Erzeugung einer neuen Spalte wird der Auflistung `ColumnDefinitions` mithilfe der Methode `Add()` ein neues Element hinzugefügt. Die Eigenschaft `ColumnDefini-`

tions.Count liefert die aktuelle Anzahl der Spalten. Damit können Sie die Position für das neue Element in der neuen Spalte bestimmen. Entsprechendes gilt für die Auflistung Grid.RowDefinitions.

3.5.2 Elemente über mehrere Zellen

Elemente können sich über mehrere Zellen erstrecken. Dies wird ähnlich wie in HTML-Tabellen gelöst. Ein Beispiel sehen Sie im Projekt *GridSpannweite* (siehe Abbildung 3.13).

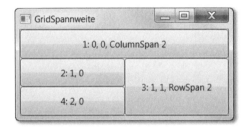

Abbildung 3.13 Elemente über mehrere Zellen

Der Aufbau in XAML:

```
<Window ...>
  <Grid>
    <Grid.RowDefinitions>
      <RowDefinition />
      <RowDefinition />
      <RowDefinition />
    </Grid.RowDefinitions>
    <Grid.ColumnDefinitions>
      <ColumnDefinition />
      <ColumnDefinition />
    </Grid.ColumnDefinitions>
    <Button Grid.Row="0" Grid.Column="0" Grid.ColumnSpan="2">
      1: 0, 0, ColumnSpan 2</Button>
    <Button Grid.Row="1" Grid.Column="0">2: 1, 0</Button>
    <Button Grid.Row="1" Grid.Column="1" Grid.RowSpan="2">
      3: 1, 1, RowSpan 2</Button>
    <Button Grid.Row="2" Grid.Column="0">4: 2, 0</Button>
  </Grid>
</Window>
```

Zunächst wird das Grundgerüst aufgebaut, das aus drei Zeilen und zwei Spalten besteht. Anschließend ordnen Sie die Elemente wie gewohnt über die *Attached*

Properties `Grid.Row` und `Grid.Column` zu. Die *Attached Properties* `Grid.ColumnSpan` und `Grid.RowSpan` dienen dazu, die Elemente von der angegebenen Zelle aus über die entsprechende Anzahl an Zellen zu »spannen«. Der Inhalt der Zelle 0,1 stammt somit aus der Zelle 0,0. Der Inhalt der Zelle 2,1 stammt entsprechend aus der Zelle 1,1.

3.5.3 Größe der Zellen festlegen

Bisher waren alle Zellen gleich groß. Natürlich haben Sie auch die Möglichkeit, die Größe der Zellen selbst zu bestimmen. Die Zellgröße kann sich nach dem Inhalt richten, sie kann einen bestimmten Wert annehmen oder in einem festen Verhältnis zur Größe der anderen Zellen stehen.

Im nachfolgenden Projekt *GridAuto* wird die Höhe beziehungsweise die Breite bestimmter Zellen nach dem Inhalt ausgerichtet (siehe Abbildung 3.14).

Abbildung 3.14 Höhe beziehungsweise Breite automatisch

Der Aufbau in XAML:

```xaml
<Window ...>
  <Grid>
    <Grid.RowDefinitions>
      <RowDefinition Height="Auto" />
      <RowDefinition />
      <RowDefinition />
    </Grid.RowDefinitions>
    <Grid.ColumnDefinitions>
      <ColumnDefinition />
      <ColumnDefinition Width="Auto" />
    </Grid.ColumnDefinitions>
    ...
</Window>
```

Dank des Wertes `Auto` für die Eigenschaft `Height` richtet sich die Höhe der ersten Zeile nach der Höhe des Textes auf dem Element. Das Entsprechende gilt für die

Breite (Width) der zweiten Spalte, die sich nach der Breite des Textes richtet. Die gilt unabhängig von den Einstellungen für Grid.RowSpan und Grid.ColumnSpan.

Im nachfolgenden Projekt *GridWert* stehen die Höhen der Zeilen in einem bestimmten Verhältnis zueinander. Dagegen richtet sich die Breite bestimmter Spalten nach einem Wert (siehe Abbildung 3.15).

Abbildung 3.15 Höhe im Verhältnis, Breite mit Wert

Der Aufbau in XAML:

```
<Window ...>
  <Grid>
    <Grid.RowDefinitions>
      <RowDefinition Height="2*" />
      <RowDefinition Height="*" />
      <RowDefinition Height="3*" />
    </Grid.RowDefinitions>
    <Grid.ColumnDefinitions>
      <ColumnDefinition Width="190" />
      <ColumnDefinition Width="*" />
    </Grid.ColumnDefinitions>
    ...
</Window>
```

Die Höhen der Zeilen stehen im Verhältnis 2 zu 1 zu 3. Ein einfacher * steht bei einer Verhältnisangabe für 1*. Die Breite der linken Spalte wurde mit dem Wert 190 festgelegt, für die rechte Spalte verbleibt der Rest. Auch hier sehen Sie wieder die Parallelen zu HTML.

3.5.4 Die Größe der Zellen flexibel gestalten

Sie möchten dem Benutzer Ihrer Anwendung die Möglichkeit geben, Zeilenhöhe und Spaltenbreite zu verändern? Dies ermöglichen Ihnen Elemente vom Typ GridSplitter. Im nachfolgenden Projekt *GridVerschieben* wird Ihnen ein Beispiel gezeigt (siehe Abbildung 3.16).

Abbildung 3.16 Verschobenes Grid

Ursprünglich waren die Zellen mit den Buttons gleich groß. Der Benutzer hat aber bereits die beiden schwarz hervorgehobenen GridSplitter genutzt, um Höhe und Breite zu verstellen. Der Aufbau in XAML:

```
<Window ...>
  <Grid>
    <Grid.RowDefinitions>
      <RowDefinition />
      <RowDefinition MinHeight="10" />
      <RowDefinition Height="Auto" />
      <RowDefinition MinHeight="10" />
    </Grid.RowDefinitions>
    <Grid.ColumnDefinitions>
      <ColumnDefinition MinWidth="10" />
      <ColumnDefinition Width="Auto" />
      <ColumnDefinition MinWidth="10" />
    </Grid.ColumnDefinitions>
    <Button Grid.Row="0" Grid.Column="0">
      1: 0, 0, MinW 10</Button>
    <GridSplitter Grid.Row="0" Grid.Column="1" Grid.RowSpan="4"
      ResizeBehavior="PreviousAndNext" Width="3"
      Background="Black" />
    <Button Grid.Row="0" Grid.Column="2">
      2: 0, 2, MinW 10</Button>
    <Button Grid.Row="1" Grid.Column="0">
      3: 1, 0, MinH 10</Button>
    <Button Grid.Row="1" Grid.Column="2">4: 1, 2</Button>
    <GridSplitter Grid.Row="2" Grid.Column="0"
      Grid.ColumnSpan="3" ResizeBehavior="PreviousAndNext"
      HorizontalAlignment="Stretch" Height="3"
      Background="Black" />
    <Button Grid.Row="3" Grid.Column="0">
```

```
    5: 3, 0, MinH 10</Button>
  <Button Grid.Row="3" Grid.Column="2">6: 3, 2</Button>
</Grid>
</Window>
```

Das Grid umfasst vier Zeilen und drei Spalten. Eine Zeile und eine Spalte werden jeweils von einem GridSplitter eingenommen. Für die beiden Nachbarzeilen (1 und 3) der Zeile mit dem GridSplitter (2) ist es sinnvoll, eine Minimalhöhe zu vereinbaren. Ansonsten würden sie bei einer extremen Verschiebung des Grid-Splitters gänzlich verschwinden. Entsprechend haben die Nachbarspalten (0 und 2) der Spalte mit dem GridSplitter (1) eine Minimalbreite.

Der Spalten-GridSplitter in Zelle 0,1 geht über die gesamte Spalte (`Grid .RowSpan=4`). Zur besseren Bedienung hat er eine Breite von 3 und ist schwarz.

Der Zeilen-GridSplitter in Zelle 2,0 geht über die gesamte Zeile (`Grid .ColumnSpan=3`). Zur besseren Bedienung hat er eine Höhe von 3, ist schwarz und dehnt sich über die gesamte Breite aus (`HorizontalAlignment = Stretch`).

Bei beiden GridSplittern ist die Eigenschaft `ResizeBehavior` mit dem gleichen Wert festgelegt. Damit legen Sie fest, welche Zeilen beziehungsweise Spalten ihre Größe verändern. Der Wert stammt aus der Enumeration `GridResizeBehavior`. Erlaubt sind:

- `PreviousAndNext`: Zeile über und unter dem GridSplitter beziehungsweise Spalte links und rechts vom GridSplitter (gilt hier)
- `CurrentAndNext`: Zeile beziehungsweise Spalte des GridSplitters und Zeile darunter beziehungsweise Spalte rechts
- `PreviousAndCurrent`: Zeile beziehungsweise Spalte des GridSplitters und Zeile darüber beziehungsweise Spalte links
- `BasedOnAlignment`: Die Größenänderung richtet sich nach den Alignment-Eigenschaften.

3.6 Layout-Kombination

Es folgt ein Beispiel für die Kombination verschiedener Layouts (Projekt *Panel-Kombi*). Bei einigen Steuerelementen wurde auch das Innere mithilfe eines Layouts gestaltet. Zunächst sehen Sie in Abbildung 3.17 die Anwendung in Originalgröße nach dem Start.

Abbildung 3.17 Nach dem Start

Innerhalb der Button-Steuerelemente 3 und 5 sind unter dem Text eine ComboBox beziehungsweise eine CheckBox angeordnet. Nach einer Verkleinerung durch den Benutzer kann die Anwendung aber auch so aussehen wie in Abbildung 3.18.

Abbildung 3.18 Nach der Verkleinerung

Der Aufbau in XAML:

```
<Window ...>
  <DockPanel>
    <Button DockPanel.Dock="Left">B 1</Button>
    <Button DockPanel.Dock="Top">B 2</Button>
    <Grid DockPanel.Dock="Right">
      <Grid.RowDefinitions>
        <RowDefinition />
        <RowDefinition />
      </Grid.RowDefinitions>
      <Grid.ColumnDefinitions>
        <ColumnDefinition />
        <ColumnDefinition />
      </Grid.ColumnDefinitions>
      <Button Grid.Row="0" Grid.Column="0">
        <StackPanel>
          <TextBlock>Text 3</TextBlock>
          <ComboBox>
            <ComboBoxItem IsSelected="True">3.1</ComboBoxItem>
            <ComboBoxItem>3.2</ComboBoxItem>
            <ComboBoxItem>3.3</ComboBoxItem>
```

```xml
            </ComboBox>
          </StackPanel>
        </Button>
        <Button Grid.Row="0" Grid.Column="1">B 4</Button>
        <Button Grid.Row="1" Grid.Column="0">
          <StackPanel>
            <TextBlock>Text 5</TextBlock>
            <CheckBox>CB 5</CheckBox>
          </StackPanel>
        </Button>
        <Button Grid.Row="1" Grid.Column="1">B 6</Button>
      </Grid>
      <TextBlock HorizontalAlignment="Center"
        VerticalAlignment="Center">Inhalt</TextBlock>
   </DockPanel>
</Window>
```

Das Hauptelement des Layouts ist ein DockPanel. Es beinhaltet drei gedockte Elemente (zwei Buttons und ein Grid) sowie einen TextBlock. Das Grid hat zwei Zeilen und zwei Spalten. Die Elemente der ersten Spalte sind Buttons, die mithilfe eines StackPanels gestaltet wurden. Diese StackPanels beinhalten je einen TextBlock und ein weiteres Element. Mehr zu Aufbau und Eigenschaften der Steuerelemente erfahren Sie im folgenden Kapitel.

Die Bedienung der Oberflächen wird durch Steuerelemente ermöglicht. Die WPF bietet viele Typen mit zahlreichen Eigenschaften und Ereignissen.

4 Steuerelemente

Steuerelemente (engl. *Controls*) dienen den Benutzern dazu, Ihre Anwendungen zu bedienen. Steuerelemente können in der WPF auf umfangreiche Weise gestaltet werden. Dabei sind manchmal die Grenzen zwischen Layout und Steuerelement fließend. Zur besseren Übersicht habe ich die Vielzahl der Steuerelemente in Gruppen unterteilt:

- *Schalter:* Elemente zum Auslösen von Aktionen und zum Umschalten zwischen Zuständen
- *Text und Beschriftung:* Elemente zur unformatierten oder formatierten Ein- und Ausgabe von Texten
- *Auswahl:* Elemente zur übersichtlichen Darstellung und Auswahl von mehreren Möglichkeiten
- *Zahlenwerte:* Elemente zur anschaulichen Darstellung und eindeutigen Eingabe von Zahlenwerten innerhalb von Zahlenbereichen
- *Container:* Elemente zur Gruppierung anderer Elemente
- *Menüs und Leisten:* Haupt- und Kontextmenü, Symbol- und Statusleiste
- *Datum:* Elemente zur eindeutigen Auswahl von Datumswerten
- weitere Elemente, die keiner anderen Gruppe zugeordnet sind

Bevor es zu den einzelnen Gruppen geht, habe ich im ersten Abschnitt Eigenschaften beschrieben, die vielen Elementen gemeinsam sind.

4.1 Allgemeiner Aufbau

Eigenschaften, die vielen Elementen gemeinsam sind, sind unter anderem Größe, Farbe, Sichtbarkeit, Abstand und Ausrichtung. Als Beispiele in diesem Abschnitt verwende ich häufig Buttons, unter anderem wegen ihrer guten Erkennbarkeit.

4.1.1 Größe, Schrift, Farbe, Bedienung per Tastatur

Die Eigenschaften eines Steuerelements (*Controls*), die dem Benutzer sofort ins Auge fallen, sind Größe, Schrift und Farbe. Im nachfolgenden Projekt *ControlsGestaltung* werden einige Buttons dargestellt, bei denen diese Eigenschaften in XAML eingestellt und per Programmcode verändert werden (siehe Abbildung 4.1). Außerdem wird gezeigt, wie sie per Tastatur bedient werden können.

Abbildung 4.1 Größe, Schrift, Farbe, Bedienung per Tastatur

Zunächst der Aufbau des Canvas in XAML:

```
<Canvas>
  <Button x:Name="b1" Height="30" Width="180"
    FontFamily="Calibri" FontSize="11" FontStyle="Italic"
    FontWeight="Bold" Click="b1_Click">
    1: H30, W180, Calibri 11 italic bold</Button>
  <Button Content="2: ohne Angaben" Canvas.Top="35" />
  <Button x:Name="b3" Canvas.Top="63" Background="White"
    Foreground="Gray" Click="b3_Click">
    3: Grau auf Weiß</Button>
  <Button Canvas.Top="91" Click="b4_Click">
    4: _Hallo (Alt+H)</Button>
  <Button Canvas.Top="119" Click="b5_Click">
    5: Unter_strich__anzeigen (Alt+S)</Button>
</Canvas>
```

Der Inhalt vieler Steuerelemente entspricht der Eigenschaft `Content`. Sie können den Inhalt entweder über diese Eigenschaft zuweisen (siehe Button 2) oder innerhalb des Elementknotens, wie bei den anderen Buttons.

Bei Steuerelementen in einem Canvas oder in einem WrapPanel richten sich die Höhe und die Breite nach dem Inhalt (siehe Button 2) – es sei denn, Sie legen die Eigenschaften `Height` und `Width` explizit fest (siehe Button 1). Schrifteigenschaften werden über insgesamt fünf Eigenschaften gewählt: `FontFamily` (Familie verwandter Schriftarten), `FontSize` (Schriftgröße), `FontStyle` (Schriftstil), `FontWeight` (Schriftgewicht) und `FontStretch` (Schriftdehnung).

Hintergrundfarbe (Eigenschaft `Background`) und Vordergrundfarbe (Eigenschaft `Foreground`) werden über einen Pinsel (`Brush`) bestimmten Typs und bestimmter Farbe festgelegt (siehe Button 3). Der Standard ist ein Pinsel vom Typ `SolidColorBrush` (siehe auch den Programmcode). Dieser Pinseltyp färbt das Element einheitlich in der angegebenen Farbe. Mehr zum Typ `Brush` finden Sie in Abschnitt 9.4, »Pinsel«.

Als Hilfestellung zur Steuerung einer Anwendung per Tastatur können Sie ein Zeichen der Beschriftung unterstreichen. Dies erreichen Sie über einen Unterstrich im Text vor dem betreffenden Zeichen (siehe Button 4). Falls Sie einen Unterstrich darstellen möchten, so sind zwei Unterstriche nacheinander notwendig (siehe Button 5). Der Benutzer sieht die Unterstriche nach Betätigung der Taste [Alt] und kann dann das betreffende Zeichen eingeben (siehe Abbildung 4.2).

Abbildung 4.2 Geänderte Buttons 1 und 3, Unterstriche

Zur Änderung einiger Eigenschaften der Buttons 1 und 3 kann der Benutzer sie betätigen (siehe Abbildung 4.2). Die zugehörigen Methoden sehen so aus:

```
private void b1_Click(...)
{
  b1.Height = 23;
  b1.Width = 220;
  b1.FontFamily = new FontFamily("Comic Sans MS");
  b1.FontSize = 12;
  b1.FontStyle = FontStyles.Normal;
  b1.FontWeight = FontWeights.Normal;
  b1.Content = "1: H23, W220, Comic Sans MS 12";
}

private void b3_Click(...)
{
```

```
    b3.Background = new SolidColorBrush(Colors.Gray);
    b3.Foreground = new SolidColorBrush(Colors.White);
    b3.Content = "3: Weiß auf Grau";
}
```

Die Eigenschaften `Height`, `Width` und `FontSize` sind vom Typ `double`. Die Eigenschaft `FontFamily` ist vom Typ `FontFamily`. Bei der Erzeugung einer Instanz dieses Typs kann eine Zeichenkette mit einem Schriftartnamen und gegebenenfalls einem Basis-URI zugewiesen werden. Den Eigenschaften `FontStyle` und `FontWeight` kann eine statische Eigenschaft der Klassen `FontStyles` (`Italic`, `Normal` oder `Oblique`) beziehungsweise `FontWeights` (`Bold`, `Normal`, `Thin`, …) zugewiesen werden.

Die Farben werden mithilfe einer Instanz eines bestimmten Pinseltyps geändert; hier ist dies `SolidColorBrush`. Ein Pinsel wird meist in einer Farbe erzeugt. Dazu wird eine Instanz der Klasse `Color` genutzt. Diese lässt sich auf vielfältige Art anlegen, unter anderem mithilfe der Klasse `Colors`. Die Klasse `Colors` bietet eine große Anzahl an Farben als statische Eigenschaften an. Mehr zu Pinseln finden Sie in Abschnitt 9.4, »Pinsel«.

4.1.2 Sichtbarkeit, Bedienbarkeit

Steuerelemente können nur betätigt werden, wenn sie sichtbar und bedienbar sind. Sie können Steuerelemente sowohl optisch ein- und ausblenden als auch logisch ein- und ausschalten. Sie können bestimmen, ob ein aktuell nicht sichtbares Steuerelement einen Platz im Layout einnimmt oder nicht.

Im nachfolgenden Projekt *ControlsBedienbar* sehen Sie zunächst nur zwei von insgesamt vier Elementen (siehe Abbildung 4.3). Dazwischen ist Platz für ein weiteres Element. Der Button 4 ist zurzeit nicht bedienbar. Dies wird auch optisch verdeutlicht.

Abbildung 4.3 Nach dem Start: Zwei von vier Elementen sind sichtbar.

Sobald Sie den oberen Button betätigen, sind alle vier Elemente sichtbar. Der vierte Button ist nun auch eingeschaltet. Außerdem wurde er nach unten verschoben (siehe Abbildung 4.4).

Abbildung 4.4 Alle vier Buttons sind sichtbar und bedienbar.

Der Aufbau des StackPanel in XAML:

```
<StackPanel>
  <Button Click="b1_Click">ControlsBedienbar</Button>
  <Button x:Name="b2" Visibility="Hidden">2</Button>
  <Button x:Name="b3" Visibility="Collapsed">3</Button>
  <Button x:Name="b4" IsEnabled="False"
    Click="b4_Click">4</Button>
</StackPanel>
```

Button 2 war zunächst versteckt – dank des Wertes `Hidden` für die Eigenschaft `Visibility`. Er hat aber schon einen Platz im Layout eingenommen, daher die Lücke in Abbildung 4.3. Button 3 hatte zunächst noch keinen Platz im Layout – dank des Wertes `Collapsed` für die Eigenschaft `Visibility`. Die Werte stammen aus der Enumeration `Visibility`; der Standardwert ist `Visible`. Beim Button 4 hat die boolesche Eigenschaft `IsEnabled` den Wert `False`, daher kann er zunächst nicht bedient werden. Es folgt der Code für die Änderungen:

```
private void b1_Click(...)
{
  b2.Visibility = Visibility.Visible;
  b3.Visibility = Visibility.Visible;
  b4.IsEnabled = true;
}
```

4.1.3 Elemente mit EventHandler neu erzeugen, Elemente löschen

In Kapitel 3, »Layout«, wurden bereits Elemente innerhalb der verschiedenen Layouts neu erzeugt. In diesem Abschnitt soll im Projekt *ControlsNeuLöschen* für das neue Element auch der zugehörige EventHandler erzeugt werden. In der zugehörigen Ereignismethode wird gezeigt, wie man wieder Elemente aus dem Layout löschen kann.

Zunächst gibt es innerhalb eines ScrollViewer ein StackPanel mit nur einem Button. Bei jeder Betätigung des Buttons wird ein neuer Button erzeugt und angehängt, mit laufender Nummer. Die Betätigung eines der neuen Buttons führt dazu, dass er gelöscht wird (siehe Abbildung 4.5).

Abbildung 4.5 Nach dem Hinzufügen und Löschen einiger Buttons

Der XAML-Code (StackPanel mit ScrollViewer) ähnelt dem in Abschnitt 3.2, »StackPanel«.

Es folgt der Code der Fensterklasse:

```
public partial class MainWindow : Window
{
  int nr;
  public MainWindow()
  {
    InitializeComponent();
    nr = 1;
  }

  private void b1_Click(object sender, RoutedEventArgs e)
  {
    Button neu = new Button();
    neu.Content = "Neu " + nr;
    nr++;
    neu.Click += new RoutedEventHandler(loeschen);
    sp.Children.Add(neu);
  }

  private void loeschen(object sender, RoutedEventArgs e)
  {
    sp.Children.Remove(sender as UIElement);
  }
}
```

Nach Erzeugung der Button-Instanz wird zum Ereignis Click ein Verweis auf eine passende EventHandler-Methode hinzugefügt. Diese Methode, hier loeschen(), muss zur Verfügung gestellt werden.

In der Methode `loeschen()` wird die Methode `Remove()` zum Löschen eines Elements aufgerufen. Diese verlangt einen Parameter vom Typ `UIElement`. Dies ist hier der Button, der das Ereignis ausgelöst hat.

4.1.4 Padding, Innenabstand

Die Eigenschaft `Padding` sorgt für einen Innenabstand, also einen Abstand des Elementinhalts (Text, Bild, Layout-Element, …) zum Rand des Elements. Diese Technik kennen Sie vielleicht aus CSS. Im nachfolgenden Projekt *ControlsPadding* sehen Sie einige Möglichkeiten zur Festlegung in XAML und zu Änderungen durch Programmcode (siehe Abbildung 4.6).

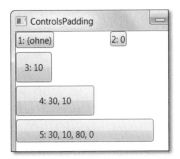

Abbildung 4.6 Padding, nach dem Start

Die Elemente liegen in einem Canvas. Der Aufbau in XAML:

```
<Canvas>
  <Button>1: (ohne)</Button>
  <Button Padding="0" ... Click="b2_Click">2: 0</Button>
  <Button Padding="10" ... Click="b3_Click">3: 10</Button>
  <Button Padding="30,10" ...>4: 30, 10</Button>
  <Button Padding="30,10,80,0" ... Click="b5_Click">
    5: 30, 10, 80, 0</Button>
</Canvas>
```

Sie können die Eigenschaft `Padding` in XAML auf mehrere Arten festlegen:

- mit einem Wert, der für den Abstand zu allen vier Seiten gilt (siehe Button 2 und 3)
- mit zwei Werten: Der erste gilt für den Abstand rechts und links, der zweite für den Abstand oben und unten (siehe Button 4),
- mit vier Werten: Sie gelten in der Reihenfolge für die Abstände links, oben, rechts und unten, also einmal im Uhrzeigersinn herum (siehe Button 5).

Falls Sie die Eigenschaft Padding gar nicht nutzen, so gilt ein einheitlicher Wert von 1 (siehe Button 1). Nach Betätigung der Buttons 2, 3 und 5 werden die Werte für Padding geändert (siehe Abbildung 4.7).

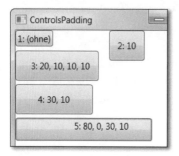

Abbildung 4.7 Padding, nach den Änderungen

Der zugehörige Programmcode:

```
private void b2_Click(...)
{
  b2.Padding = new Thickness(10);
  b2.Content = "2: 10";
}

private void b3_Click(...)
{
  Thickness th = b3.Padding;
  th.Left = 20;
  b3.Padding = th;
  b3.Content = "3: 20, 10, 10, 10";
}

private void b5_Click(...)
{
  b5.Padding = new Thickness(80, 0, 30, 10);
  b5.Content = "5: 80, 0, 30, 10";
}
```

Werte für die Eigenschaft Padding (wie auch im nächsten Abschnitt für die verwandte Eigenschaft Margin) sind vom Typ Thickness. Ein Konstruktor für diese Struktur akzeptiert einen einheitlichen double-Wert, wie er für Button 2 genutzt wird. Ein weiterer Konstruktor arbeitet mit vier double-Werten für links, oben, rechts und unten (siehe Button 5). Es gibt keinen Konstruktor, der zwei double-Werte entgegennimmt.

Eine Untereigenschaft wie `Padding.Left` können Sie zwar lesen, aber nicht verändern. Daher müssen Sie einen Umweg gehen, falls Sie nur einen der vier Werte verändern möchten (wie für Button 3).

4.1.5 Margin, Außenabstand

Die Eigenschaft `Margin` sorgt für einen Außenabstand, also einen Abstand des Elements zum Nachbarelement beziehungsweise übergeordneten Element. Auch diese Technik kennen Sie vielleicht aus CSS. Im nachfolgenden Projekt *ControlsMargin* sehen Sie einige Möglichkeiten zur Festlegung in XAML und im Programmcode (siehe Abbildung 4.8).

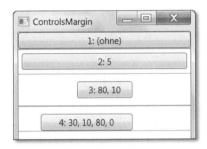

Abbildung 4.8 Margins, nach dem Start

Die Elemente liegen in einem StackPanel. Damit sind die Auswirkungen der Margin-Änderungen deutlicher zu erkennen. Der Aufbau in XAML:

```
<StackPanel>
  <Button>1: (ohne)</Button>
  <Separator Margin="0" />
  <Button Margin="5" ... Click="b2_Click">2: 5</Button>
  <Separator Margin="0" />
  <Button Margin="80,10">3: 80, 10</Button>
  <Separator Margin="0" />
  <Button Margin="30,10,80,0" ... Click="b4_Click">
    4: 30, 10, 80, 0</Button>
  <Separator Margin="0" />
</StackPanel>
```

Sie können die Eigenschaft `Margin` (analog zur Eigenschaft `Padding` aus dem vorherigen Abschnitt) in XAML auf mehrere Arten festlegen:

- mit einem Wert, der für den Abstand zu allen vier Seiten gilt (siehe Button 2)
- mit zwei Werten: Der erste gilt für den Abstand rechts und links, der zweite für den Abstand oben und unten (siehe Button 3).

- mit vier Werten: Sie gelten in der Reihenfolge für die Abstände links, oben, rechts und unten, also einmal im Uhrzeigersinn herum (siehe Button 4).

Es werden zusätzlich Elemente vom Typ Separator eingesetzt. Diese dienen zur Trennung von Steuerelementen. Hier stellen sie das obere beziehungsweise untere Nachbarelement dar, auf die sich die Eigenschaft Margin der Buttons auswirkt.

Nach Betätigung der Buttons 2 und 4 werden die Werte für Margin geändert (siehe Abbildung 4.9).

Abbildung 4.9 Margins, nach den Änderungen

Der zugehörige Programmcode:

```
private void b2_Click(...)
{
  b2.Margin = new Thickness(8);
  b2.Content = "2: 8";
}

private void b4_Click(...)
{
  b4.Margin = new Thickness(80, 0, 30, 10);
  b4.Content = "4: 80, 0, 30, 10";
}
```

Werte für die Eigenschaft Margin sind, wie die Werte für die Eigenschaft Padding, vom Typ Thickness. Die Konstruktoren mit einem beziehungsweise vier Parametern und die Nicht-Veränderbarkeit der Untereigenschaften (wie Margin.Left) wurden bereits beschrieben.

4.1.6 Alignment, Ausrichtung

Es gibt vier verschiedene Ausrichtungen für Steuerelemente. Die Eigenschaften HorizontalAlignment und VerticalAlignment beziehen sich auf die Ausrichtung des Elements innerhalb des übergeordneten Elements. Die Eigenschaften

HorizontalContentAlignment und VerticalContentAlignment bestimmen die Ausrichtung des Inhalts innerhalb eines Elements.

Im nachfolgenden Projekt *ControlsAlign* sehen Sie die Möglichkeiten auf einen Blick (siehe Abbildung 4.10).

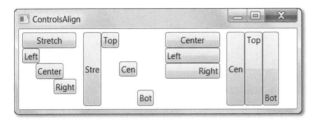

Abbildung 4.10 Vier Eigenschaften zur Ausrichtung

Insgesamt vier StackPanel stehen in einem übergeordneten, horizontalen Stack-Panel. Von links nach rechts werden dargestellt:

- HorizontalAlignment, innerhalb eines vertikalen StackPanels. Der Standardwert ist Stretch (das Element wird über den verfügbaren Platz gedehnt); weitere Werte stammen aus der Enumeration HorizontalAlignment und sind Left, Center und Right.
- VerticalAlignment innerhalb eines horizontalen StackPanels. Der Standardwert ist Stretch; weitere Werte stammen aus der Enumeration VerticalAlignment und sind Top, Center und Bottom.
- HorizontalContentAlignment, innerhalb eines vertikalen StackPanels. Der Standardwert ist Center; die Werte stammen aus der Enumeration HorizontalAlignment.
- VerticalContentAlignment, innerhalb eines horizontalen StackPanels. Der Standardwert ist Center, die Werte stammen aus der Enumeration VerticalAlignment.

Es folgt der Ausschnitt des XAML-Codes für das erste StackPanel. Der restliche Code ergibt sich aus den obigen Erläuterungen.

```
<Window ...>
  <StackPanel Orientation="Horizontal">
    <StackPanel Width="80" Margin="5">
      <Button ...>Stretch</Button>
      <Button HorizontalAlignment="Left">Left</Button>
      <Button HorizontalAlignment="Center">Center</Button>
      <Button HorizontalAlignment="Right">Right</Button>
    </StackPanel>
    ...
```

4.2 Schalter

In diesem Abschnitt sehen Sie Elemente, die häufig zum Schalten und somit zum Auslösen von Aktionen dienen, wie Button, RepeatButton, ToggleButton, RadioButton und CheckBox. Einige davon können auch dazu genutzt werden, eine Auswahl zu treffen.

4.2.1 Button

Ein Standard-Button ist die einfachste Form der Schaltfläche. Sie können Ihren Buttons ein besonderes Verhalten verleihen, sodass sie direkt auf die Tasten [Esc] oder [↵] reagieren. Auf vielen Steuerelementen können neben Zeichen auch Bilder platziert werden. Dies macht die Bedienung intuitiver. Im nachfolgenden Projekt *SchalterButton* sehen Sie einige Beispiele dazu innerhalb eines Canvas (siehe Abbildung 4.11).

Abbildung 4.11 Buttons

Der Aufbau der Buttons in XAML:

```
<Button IsCancel="True" Click="b1_Click">ESC</Button>
<Button IsDefault="True" Click="b2_Click"
  Canvas.Left="70">Enter</Button>
<Button Width="40" ...>
  <Image Source="work.gif" />
</Button>
<Button Width="40" ...>
  <StackPanel>
    <TextBlock HorizontalAlignment="Center">Text</TextBlock>
    <Image Source="work.gif" />
  </StackPanel>
</Button>
<Button ...>
  <TextBlock>Zeile 1<LineBreak />Zeile 2
    <LineBreak />Zeile 3</TextBlock>
</Button>
```

Beim ersten Button wurde die Eigenschaft IsCancel auf True gesetzt. Dies führt dazu, dass die Taste [Esc] die Ereignismethode des Buttons aufruft. Es macht dann Sinn, dadurch die Anwendung zu schließen:

private void b1_Click(...) { Close(); }

Beim zweiten Button wurde die Eigenschaft IsDefault auf True gesetzt. Nach dem Start der Anwendung ist dieser Button die Default-Schaltfläche. Die Taste [↵] ruft dann die Ereignismethode dieses Buttons auf:

private void b2_Click(...) { MessageBox.Show("Taste Enter"); }

Die Eigenschaften IsCancel und IsDefault sollten nur bei jeweils einem Button auf True gesetzt werden. Andernfalls hat die jeweilige Taste nicht die gewünschte Auswirkung.

Auf zwei weiteren Buttons wird der Inhalt einer Bilddatei dargestellt. Die Größe des Bildes wird dabei der Breite des Elements angepasst, falls diese zugewiesen wurde. Die Bilddatei wurde dem Projekt als Ressource hinzugefügt, einfach per Drag&Drop. Mehr zu Ressourcen erfahren Sie in Abschnitt 6.2. Beim Steuerelement vom Typ Image (zur Darstellung des Bildes) wurde die Eigenschaft Source auf den Namen der Bilddatei gesetzt.

Auf dem ersten Button in der unteren Reihe stellt das Bild den Inhalt dar. Der zweite Button in der unteren Reihe soll einen TextBlock und ein Bild darstellen. Da dies nun einmal zwei Elemente sind, muss ein übergeordnetes Element, hier ein StackPanel, als Inhalt des Buttons dienen.

Falls Sie mehrere Zeilen Text auf dem Button benötigen (wie im dritten Button in der unteren Reihe), könnten Sie wiederum ein StackPanel mit mehreren TextBlöcken nutzen. Einfacher geht es mithilfe des Elements LineBreak.

4.2.2 RepeatButton

Im Gegensatz zu einem Standard-Button reagiert ein RepeatButton auf dauerhaften Druck mit der Wiederholung des Ereignisses. Im nachfolgenden Projekt *SchalterRepeat* sehen Sie zwei RepeatButtons, die ein drittes Element innerhalb eines Canvas nach rechts oder links »bewegen« (siehe Abbildung 4.12).

Abbildung 4.12 Zwei RepeatButtons

Der Aufbau des Canvas in XAML:

```
<Canvas>
  <RepeatButton Content=">>" Click="repeat1_Click" />
  <RepeatButton Content="&lt;&lt;" Canvas.Right="0"
    Click="repeat2_Click" />
  <Label Canvas.Left="100" x:Name="lb">x</Label>
</Canvas>
```

Auch hier wird eine Ereignismethode für das Ereignis `Click` registriert, auch wenn es sich streng genommen um einen dauerhaften Druck und nicht um einen Click handelt. Die `Int32`-Eigenschaften `Delay` und `Interval` (hier nicht verwendet) stehen für die Millisekunden

- der Wartezeit auf die erste Wiederholung
- der Wartezeit zwischen zwei Wiederholungen

Hinweis: Falls Sie die Sonderzeichen > oder < abbilden möchten, so dürfen diese nicht mit den Zeichen für XAML-Markierungen kollidieren. Daher müssen sie innerhalb der Eigenschaft `Content` angegeben werden. Im Falle des Zeichens < reicht selbst das nicht: Sie müssen wie in HTML die Entity `&lt;` nutzen. lt steht für »lower than«.

Die Methoden:

```
private void repeat1_Click(...) { bewegen(5); }
private void repeat2_Click(...) { bewegen(-5); }
private void bewegen(double wert)
{ double left = (double)lb.GetValue(Canvas.LeftProperty);
  lb.SetValue(Canvas.LeftProperty, left + wert); }
```

4.2.3 ToggleButton und CheckBox

Diese beiden Elemente dienen als Umschalter zwischen zwei oder drei Zuständen: *Ein*, *Aus* und gegebenenfalls *Nicht definiert*. Sie unterscheiden sich nur im Aussehen, nicht im Verhalten. Ihr aktueller Zustand kann auch per Programmcode abgefragt werden, falls nicht sofort auf das Umschalten reagiert werden soll. ToggleButtons werden gerne in Symbolleisten eingesetzt, besonders mit Bild, (siehe Abschnitt 4.7.3, »Symbolleiste«).

Im nachfolgenden Projekt *SchalterEinAusNull* sehen Sie einige Möglichkeiten, mit diesen Elementen zu arbeiten (siehe Abbildung 4.13). Die Elemente können zu Beginn auf einen der zwei (beziehungsweise drei) Zustände gesetzt werden.

Abbildung 4.13 ToggleButton und CheckBox

Zunächst der Aufbau in einem StackPanel in XAML:

```
<StackPanel x:Name="sp" Background="LightGray">
  <ToggleButton Width="80" Click="einaus_Click">
    False</ToggleButton>
  <ToggleButton Width="80" Click="einaus_Click"
    IsChecked="True">True</ToggleButton>
  <ToggleButton Width="80" Click="null_Click" IsThreeState="True"
    IsChecked="{x:Null}">x:Null</ToggleButton>
  <Separator />
  <CheckBox Click="einaus_Click">False</CheckBox>
  <CheckBox Click="einaus_Click" IsChecked="True">True</CheckBox>
  <CheckBox Click="null_Click" IsThreeState="True"
    IsChecked="{x:Null}">x:Null</CheckBox>
</StackPanel>
```

Die Eigenschaft `IsChecked` kennzeichnet den Zustand des Elements. Sie ist nicht vom Typ `bool`, sondern vom Typ `bool?`, weil sie drei Zustände annehmen kann. Der Standardwert der Eigenschaft ist `False`. Falls `True` gewählt wurde, so ist der ToggleButton eingedrückt und die CheckBox markiert.

Normalerweise schaltet der Benutzer zwischen den beiden Zuständen *Ein* und *Aus* um. Falls die Eigenschaft `IsThreeState` auf `True` gesetzt wurde, so schaltet der Benutzer zwischen den drei Zuständen *Ein*, *Aus* und *Nicht definiert* um. Falls dies als Startwert gewünscht ist, so muss `IsChecked` auf `{x:Null}` gesetzt werden. Diesen Zustand sieht man nur der CheckBox an.

Die Ereignisse `Checked` und `Unchecked` treten beim Einschalten beziehungsweise Ausschalten ein. Das Ereignis `Click` tritt bei Betätigung immer ein, unabhängig vom Zustand. Aufgrund der Tatsache, dass die Klasse `CheckBox` von der Klasse `ToggleButton` abgeleitet ist, können dieselben nachfolgenden Ereignismethoden genutzt werden.

```
private void einaus_Click(object sender, RoutedEventArgs e)
{
  ToggleButton tb = sender as ToggleButton;
  tb.Content = tb.IsChecked;
}

private void null_Click(object sender, RoutedEventArgs e)
{
  ToggleButton tb = sender as ToggleButton;

  if (tb.IsChecked == null)
    tb.Content = "x:Null";
  else
    tb.Content = tb.IsChecked;

  if (tb.IsChecked == true)
    sp.Background = new SolidColorBrush(Colors.White);
  else if (tb.IsChecked == false)
    sp.Background = new SolidColorBrush(Colors.Gray);
  else
    sp.Background = new SolidColorBrush(Colors.LightGray);
}
```

Um den Verweis auf einen ToggleButton zu erzeugen, wird der Namespace System.Windows.Controls.Primitives benötigt. In beiden Methoden wird zunächst ermittelt, welcher ToggleButton betätigt wurde. Bei den ersten beiden ToggleButtons und den ersten beiden CheckBoxen gibt es nur zwei Zustände, daher kann der Zustand (True oder False) der Eigenschaft IsChecked direkt ausgegeben oder zur Steuerung eines booleschen Wertes genutzt werden.

Bei einem ToggleButton, der drei Zustände annehmen kann, müssen Sie den Zustand *Nicht definiert* mit null abfragen. Falls in Abhängigkeit von den drei Zuständen drei verschiedene Aktionen erfolgen sollen, so ist eine mehrfache Verzweigung zu nutzen. Eine einfache Abfrage mit: if (tb.IsChecked) ist nicht möglich, da der Datentyp nicht bool ist.

4.2.4 RadioButton

Dieses Element wird zum Umschalten zwischen mehreren Zuständen oder zur Auswahl aus mehreren Möglichkeiten genutzt. Wie bei ToggleButton und Check-Box kann sofort auf das Umschalt- beziehungsweise Auswahlereignis reagiert werden, oder es wird erst später der Zustand beziehungsweise die Auswahl abgefragt. Wichtige Ereignisse sind wiederum Click, Checked und Unchecked.

Das nachfolgende Projekt *SchalterRadio* zeigt Ihnen den Umgang mit dem Radio-Button (siehe Abbildung 4.14). Im Projekt gibt es die Möglichkeit, eine Schriftfarbe und eine Hintergrundfarbe zu wählen. Zur Trennung der beiden Farbauswahlen ist eine Gruppierung notwendig. Zu Beginn sollten Sie darauf achten, dass in jeder Gruppe der aktuelle Zustand wiedergegeben wird.

Abbildung 4.14 Zwei Gruppen von RadioButtons

Zunächst der Aufbau in einem StackPanel in XAML:

```
<StackPanel>
  <RadioButton GroupName="s" Checked="rb1_Checked"
    IsChecked="True">Schrift schwarz</RadioButton>
  <RadioButton GroupName="s" Checked="rb2_Checked">
    Schrift grau</RadioButton>
  <RadioButton GroupName="s" Checked="rb3_Checked">
    Schrift weiß</RadioButton>
  <Separator />
  <RadioButton GroupName="h" Checked="rbh_Checked">
    Hintergrund schwarz</RadioButton>
  <RadioButton GroupName="h" Checked="rbh_Checked">
    Hintergrund grau</RadioButton>
  <RadioButton GroupName="h" Checked="rbh_Checked"
    IsChecked="True">Hintergrund weiß</RadioButton>
  <Separator />
  <Label x:Name="lb" HorizontalAlignment="Center">
    Schrift bzw. Hintergrund umschalten</Label>
</StackPanel>
```

Die Unterteilung in zwei Gruppen von RadioButtons wird mithilfe der Eigenschaft `GroupName` vorgenommen. Dies wäre nicht nötig, falls die RadioButton-Gruppen jeweils in einem eigenen Container liegen, zum Beispiel in unterschiedlichen Panels. Die Eigenschaft `IsChecked` wird beim aktuell ausgewählten RadioButton auf `True` gesetzt.

Innerhalb der oberen Gruppe wird für jeden RadioButton eine eigene Methode für das Ereignis Checked registriert. Zum Vergleich wird für die untere Radio-Button-Gruppe eine gemeinsame Ereignismethode registriert. Innerhalb dieser Methode wird ermittelt, welcher RadioButton betätigt wurde.

Es folgt der Aufbau des Programmcodes:

```
private void rb1_Checked(...)
{ if(IsLoaded)
    lb.Foreground = new SolidColorBrush(Colors.Black); }
private void rb2_Checked(...)
{ lb.Foreground = new SolidColorBrush(Colors.Gray); }
private void rb3_Checked(...)
{ lb.Foreground = new SolidColorBrush(Colors.White); }
```

Innerhalb der ersten RadioButton-Gruppe führt das Ereignis Checked zu unterschiedlichen Methoden, in denen jeweils eine Farbe ausgewählt wird.

Es gibt ein Problem beim zeitlichen Ablauf: Das Ereignis Checked der beiden voreingestellten RadioButtons findet bereits innerhalb des XAML-Aufbaus statt. Zu diesem Zeitpunkt gibt es das Label nicht; dies würde zu einem Fehler führen. Daher soll das Label nur dann verändert werden, wenn das gesamte Fenster geladen ist, also die Eigenschaft IsLoaded des Fensters auf True steht.

```
private void rbh_Checked(...)
{
  if (IsLoaded)
  {
    string s = (sender as RadioButton).Content.ToString();
    switch (s)
    {
      case "Hintergrund schwarz":
        lb.Background = new SolidColorBrush(Colors.Black); break;
      case "Hintergrund grau":
        lb.Background = new SolidColorBrush(Colors.Gray); break;
      case "Hintergrund weiß":
        lb.Background = new SolidColorBrush(Colors.White); break;
    }
  }
}
```

Es wird der Wert der Eigenschaft Content ermittelt. In Abhängigkeit von diesem Wert wird eine der drei Farben gewählt.

4.2.5 Auswahl einstellen

Die Stellung der verschiedenen Umschalter (ToggleButton, CheckBox und Radio-Button) lässt sich natürlich auch per Programmcode einstellen. Dazu muss lediglich die Eigenschaft IsChecked auf true oder false gestellt werden. In Abbildung 4.15 sehen Sie insgesamt fünf Buttons (EIN, AUS, ROT, GRÜN und BLAU). Innerhalb der Methoden für das jeweilige Click-Ereignis werden die Umschalter »von außen« per Programmcode betätigt (Projekt *SchalterEinstellen*).

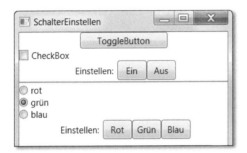

Abbildung 4.15 Umschalter einstellen

Ein Ausschnitt des Programmcodes für die Buttons EIN und ROT:

```
private void ein_Click(...)
{ tb.IsChecked = true; cb.IsChecked = true; }
private void rot_Click(...)
{ rb1.IsChecked = true; }
```

4.3 Text und Beschriftung

Eine Reihe von Elementen werden zur Eingabe und Ausgabe von Texten genutzt. Zur Ausgabe dienen Label für eine einfache Beschriftung, TextBlocks zur formatierten Ausgabe und ToolTips zur kontextsensitiven Information. Mithilfe einer TextBox können einfache Eingaben vom Benutzer entgegengenommen werden. Verschlüsselte Eingaben erfolgen in einer PasswordBox. Die RichTextBox bietet eine formatierte Eingabe, ähnlich wie in einem Editor.

4.3.1 Label

Label werden für einfache Beschriftungen innerhalb eines Dialogfelds genutzt. Die wichtigste Eigenschaft ist Content, der Inhalt des Labels. Er ist vom Typ object und kann daher unterschiedlicher Art sein. In vielen Fällen handelt es sich um Text. Die Formatierungsmöglichkeiten innerhalb eines Labels sind nur gering. Allerdings können Label mithilfe einer Datenbindung für eine erleichterte Benutzerführung sorgen. Dies sehen Sie im Projekt *TBLabel* (siehe Abbildung 4.16).

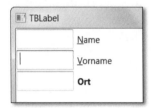

Abbildung 4.16 Label mit Datenbindung zu TextBox

Falls der Benutzer die Tastenkombination [Alt]+[V] betätigt, wird der Cursor in die TextBox neben dem Label VORNAME gesetzt. Allerdings geht dies nur bei einem unformatierten Label-Inhalt, hier also nicht beim (fett formatierten) Label ORT. Der Aufbau in XAML:

```
<StackPanel>
  <WrapPanel Margin="1">
    <TextBox x:Name="tbname" Width="80" />
    <Label Target="{Binding ElementName=tbname}">
      _Name</Label>
  </WrapPanel>
  <WrapPanel Margin="1">
    <TextBox x:Name="tbvorname" Width="80" />
    <Label Target="{Binding ElementName=tbvorname}">
      _Vorname</Label>
  </WrapPanel>
  <WrapPanel Margin="1">
    <TextBox Width="80" />
    <Label>
      <Bold>Ort</Bold>
    </Label>
  </WrapPanel>
</StackPanel>
```

Die Eigenschaft `Target` eines Labels verweist auf das Element, das den Fokus erhält, falls die zugehörige Tastenkombination betätigt wird. Diese wurde mithilfe des Unterstrichs vor dem betreffenden Buchstaben festgelegt.

Der Wert der Eigenschaft `Target` ist ein Datenbindungsobjekt (mehr zum Thema Datenbindung finden Sie in Abschnitt 8.1). Der Wert der Eigenschaft

`ElementName` des Datenbindungsobjekts ist das Objekt, das als Datenquelle dient, in diesem Falle die TextBox.

Das letzte Label wurde fett formatiert. Das geschah mithilfe eines sogenannten Inline-Elements, hier vom Typ `Bold`. Allerdings dürfen Label nur ein einzelnes Inline-Element enthalten, im Gegensatz zum Element TextBlock (siehe nächster Abschnitt). In einem Label sind also nur einfache Formatierungen möglich.

4.3.2 TextBlock

Elemente des Typs TextBlock bieten weit mehr Möglichkeiten zur Formatierung als Label. Eine wichtige Eigenschaft ist `Text`. Im Falle eines einzelnen Textes ohne formatierende Elemente entspricht diese Eigenschaft dem gesamten Inhalt des TextBlocks. Allerdings kann ein TextBlock formatiert und gestaltet werden. In diesem Falle arbeiten Sie besser mit der Eigenschaft `Inlines`. Dies ist eine Auflistung vom Typ `InlineCollection`, die die einzelnen Teil-Inhalte des TextBlocks umfasst. Informationen zum Thema *Inlines* finden Sie auch in Abschnitt 13.1.7.

Im nachfolgenden Projekt *TBTextBlock* sehen Sie verschiedene Möglichkeiten, einen TextBlock zu gestalten und per Programmcode auf die Inhalte zuzugreifen (siehe Abbildung 4.17).

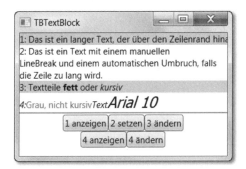

Abbildung 4.17 Nach dem Start

Sie sehen vier verschiedene Elemente vom Typ `TextBlock`, zur besseren Unterscheidung mit wechselndem Hintergrund. Zunächst der Aufbau der TextBlocks in XAML:

```
<TextBlock x:Name="tb1" Background="LightGray">
  1: Das ist ein langer Text, der über den Zeilenrand
  hinausgeht und verschwindet.</TextBlock>
<TextBlock x:Name="tb2" TextWrapping="Wrap">2: Das ist ein
  Text mit einem manuellen<LineBreak />LineBreak und einem
```

```
    automatischen Umbruch, falls die Zeile zu lang
    wird.</TextBlock>
<TextBlock x:Name="tb3" Background="LightGray">3: Textteile
    <Bold>fett</Bold> oder <Italic>kursiv</Italic></TextBlock>
<TextBlock x:Name="tb4" FontStyle="Italic"><Run>4:</Run>
    <Run Foreground="Gray" FontStyle="Normal">Grau, nicht
    kursiv</Run><Run>Text</Run><Run FontFamily="Tahoma"
    FontSize="20">Arial 10</Run></TextBlock>
```

Im ersten TextBlock steht ein langer Text ohne formatierende Elemente. Die Eigenschaft Text umfasst den gesamten Inhalt. Dieser Inhalt ist gleichzeitig das einzige Element der *InlineCollection*. Ohne besondere Einstellung wird der lange Text über den Zeilenrand hinaus geschrieben.

Die *InlineCollection* des zweiten TextBlocks umfasst drei Elemente: zwei Textstücke und ein Element vom Typ LineBreak zur Erstellung eines Zeilenumbruchs. Die Eigenschaft Text beinhaltet nur das erste Textstück. Die Eigenschaft TextWrapping des TextBlocks wurde auf den Wert Wrap gesetzt. Dies ermöglicht einen automatischen Zeilenumbruch bei Erreichen des Zeilenrands. Weitere Werte für diese Eigenschaft aus der gleichnamigen Enumeration sind NoWrap (der Standardwert) und WrapWithOverflow. Im letzteren Falle laufen zum Beispiel sehr lange Worte weiterhin über den Zeilenrand hinaus.

Die *InlineCollection* des dritten TextBlocks beinhaltet vier Elemente. Zwei davon sind fett beziehungsweise kursiv formatiert. Die Formatierung wird auf einfache Weise, mit Elementen vom Typ Bold beziehungsweise Italic, durchgeführt.

Die Standardelemente einer *InlineCollection* sind vom Typ Run, wie sie beim vierten TextBlock verwendet wurden. Ein solches Element kann formatierten oder unformatierten Lauftext umfassen. Sie haben in einem Run weitergehende Formatierungsmöglichkeiten. Die Eigenschaften werden kaskadierend verarbeitet, wie Sie es vielleicht aus CSS kennen: Der gesamte TextBlock ist kursiv formatiert (FontStyle = "Italic"). In den Elementen kommen weitere Eigenschaften hinzu (Foreground = "Gray") beziehungsweise werden Eigenschaften überschrieben (FontStyle = "Normal").

Hinweis: Für die übersichtliche Darstellung in diesem Buch wurden die oben angegebenen Zeilen des TextBlocks umbrochen. Im Code stehen sie jeweils in einer einzigen Zeile, denn jeder Zeilenumbruch im XAML-Code erzeugt wiederum einen eigenen Run.

Kommen wir zum Zugriff auf die Elemente per Programmcode:

```
private void b1_Click(...)
{ MessageBox.Show(tb1.Text); }
```

Es wird der Wert der Eigenschaft Text des ersten TextBlocks abgerufen. Da dieser nur ein Element umfasst, erscheint der gesamte Inhalt.

```
private void b2_Click(...)
{ tb2.Text = "2: Das ist ein neuer Text."; }
```

Diese Methode dient dazu, den Inhalt des zweiten TextBlocks zu ersetzen. Anschließend umfasst dessen *InlineCollection* nur noch ein Element statt drei (siehe Abbildung 4.18).

```
private void b3_Click(...)
{
  tb3.Inlines.Add(" Hallo");
  tb3.Inlines.Add(new Italic(new Run(" Welt")));
}
```

Hier werden der *InlineCollection* des dritten TextBlocks mithilfe der Methode Add() zwei Elemente angehängt (siehe Abbildung 4.18). Beim ersten Element handelt es sich um unformatierten Text (Typ String). Das zweite Element ist auf einfache Weise kursiv formatiert. Dazu wird ein neues Element vom Typ Italic erzeugt. Der Inhalt des Elements muss wiederum ein Inline-Element sein, hier vom Typ Run.

```
private void b4_Click(...)
{
  foreach(Run r in tb4.Inlines)
    MessageBox.Show(r.Text);
}
```

Die Textinhalte aller Elemente der *InlineCollection* des vierten TextBlocks werden ohne besonderes Format ausgegeben.

```
private void b5_Click(object sender, RoutedEventArgs e)
{
  Inline na = tb4.Inlines.ElementAt(0);
  tb4.Inlines.InsertBefore(na, new Run(" Anfang "));

  Inline nz = tb4.Inlines.ElementAt(tb4.Inlines.Count - 1);
  Run r = new Run(" Ende");
  r.Background = new SolidColorBrush(Colors.LightGray);
  tb4.Inlines.InsertAfter(nz, r);
}
```

Sie können einer *InlineCollection* an beliebiger Stelle Elemente hinzufügen. Im vorliegenden Beispiel wird dies beim vierten TextBlock vor dem ersten und nach dem letzten Element mithilfe der Methoden InsertBefore() und InsertAfter()

durchgeführt (siehe Abbildung 4.18). Beim ersten Element handelt es sich um unformatierten Text, der aber zum Hinzufügen in einem Run gesetzt werden muss. Das zweite Element ist ein formatierter Run. In beiden Fällen muss ein Verweis vom Typ `Inline` auf das jeweilige Nachbarelement mithilfe der Methode `ElementAt()` ermittelt werden.

Abbildung 4.18   Nach den Änderungen

4.3.3   ToolTip

Ein ToolTip, auch QuickInfo genannt, dient als kontextsensitive Information zu einem bestimmten Steuerelement. Er erscheint rechts unterhalb des Mauszeigers, sobald sich dieser über dem betreffenden Element befindet. Er wird nicht als eigenes Element erstellt, sondern mithilfe der Eigenschaft `ToolTip` eines Elements.

Nachfolgend sehen Sie im Projekt *TBToolTip* zwei QuickInfos. Das erste ist ein einfacher Text, der als Eingabehilfe für eine TextBox dient (siehe Abbildung 4.19). Beim zweiten werden ein Bild und ein Text neben einem Button sichtbar (siehe Abbildung 4.20).

Abbildung 4.19   TextBox mit ToolTip

Abbildung 4.20   Gestalteter ToolTip

Der Aufbau in XAML:

```xaml
<StackPanel>
  <WrapPanel Margin="5">
    <Label>Name:</Label>
    <TextBox ToolTip="Bitte geben Sie Ihren Namen ein"
      Width="80" />
  </WrapPanel>
  <Button x:Name="b1" Click="b1_Click"
      HorizontalAlignment="Left" Margin="5">
    Button mit ToolTip
    <Button.ToolTip>
      <StackPanel>
        <Image Source="work.gif" />
        <TextBlock HorizontalAlignment="Center">Work</TextBlock>
      </StackPanel>
    </Button.ToolTip>
  </Button>
</StackPanel>
```

Der einfache ToolTip für die TextBox wird als Wert der gleichnamigen Eigenschaft gesetzt. Der gestaltete ToolTip erfordert ein Layout. Dieses ist der Wert der Eigenschaft `ToolTip` in der erweiterten Schreibweise. Die Bilddatei wurde dem Projekt als Ressource hinzugefügt, einfach per Drag & Drop. Mehr zu Ressourcen erfahren Sie in Abschnitt 6.2.

Der Inhalt eines ToolTips lässt sich auch per Programmcode festlegen:

```
private void b1_Click(...)
{ b1.ToolTip = "Neuer Inhalt für ToolTip"; }
```

4.3.4 TextBox

Eine TextBox bietet die Möglichkeit, Eingaben vom Benutzer entgegenzunehmen. Die Eigenschaft `Text` gibt den Inhalt der TextBox wieder. Das Ereignis `TextChanged` tritt bei jeder Textänderung auf und kann zum Beispiel zur unmittelbaren Prüfung des Textes genutzt werden.

Der Inhalt einer TextBox kann während der Eingabe auf korrekte Rechtschreibung geprüft werden, wie bei einer Textverarbeitung. Per Programmcode können Sie den gesamten Text oder Teile davon markieren und auf den markierten Text zugreifen. Innerhalb einer TextBox steht Ihnen die Zwischenablage zur Verfügung. Sie können also *Cut*, *Copy* und *Paste* durchführen.

Eine TextBox kann mehrzeilig sein, mit oder ohne ScrollBar. Wie bei einem TextBlock können Sie über die Eigenschaft `TextWrapping` das Verhalten bei Überschreitung des Zeilenrandes bestimmen. Sie können auch festlegen, ob die Taste ⏎ zu einem Zeilenumbruch führt oder nicht.

Im nachfolgenden Projekt *TBTextBox* werden Ihnen einige Möglichkeiten gezeigt (siehe Abbildung 4.21). Die obere TextBox ist einzeilig, mit Ereignishandler. Die untere TextBox ist mehrzeilig. Sie bietet bei Bedarf die Markierung der vorhandenen Rechtschreibfehler und eine ScrollBar.

Abbildung 4.21 Einzeilige und mehrzeilige TextBox

Zunächst der Aufbau der wichtigen Elemente in XAML:

```
<StackPanel>
  <TextBox x:Name="tb1" Width="150" Margin="2"
    TextChanged="tb1_TextChanged">Hallo Welt</TextBox>
  <TextBox x:Name="tb2" Width="150" Height="40" Margin="2"
    TextWrapping="Wrap" AcceptsReturn="True"
    VerticalScrollBarVisibility="Auto"
    SpellCheck.IsEnabled="True">Mehrzeilige TextBox
    miht ScrollBar (falls notwendig)</TextBox>
  <CheckBox x:Name="cb" IsChecked="True"
    Click="cb_Click">SpellCheck</CheckBox>
  ...
</StackPanel>
```

Bei der oberen TextBox führt das Ereignis `TextChanged`, also jede Änderung, zum Aufruf einer Methode. Bei der unteren TextBox wurde die Höhe so eingestellt, dass Text über mehrere Zeilen eingegeben werden kann. Die Eigenschaft `TextWrapping` hat den Wert `Wrap`. So führt die Eingabe eines Textes, der über den Zeilenrand hinausgeht, nicht zu einem horizontalen Scrollen, sondern zu einem Zeilenumbruch. Die Eigenschaft `AcceptsReturn` steht auf `True`, also führt die Taste ⏎ zu einem Zeilenumbruch.

Mit dem Wert `Auto` für die Eigenschaft `VerticalScrollBarVisibility` legen Sie fest, dass die vertikale ScrollBar nur bei Bedarf eingeblendet wird. Die *Attached Property* `IsEnabled` der Klasse `SpellCheck` bestimmt, ob der Text unmittelbar auf korrekte Rechtschreibung geprüft wird. Dieses Feature lässt sich im vorliegenden Programm ein- und ausschalten.

Der zugehörige Programmcode:

```
private void tb1_TextChanged(
    object sender, TextChangedEventArgs e)
{
  if(IsLoaded)
    foreach (TextChange tc in e.Changes)
      MessageBox.Show("Position: " + tc.Offset + ", Plus: "
        + tc.AddedLength + ", Minus: " + tc.RemovedLength);
}
```

Das Objekt der Klasse `TextChangedEventArgs` beinhaltet Informationen zum Ereignis. Die Eigenschaft `Changes` ist eine Auflistung der erfolgten Änderungen. Eine einzelne Änderung ist vom Typ `TextChange`. Die Eigenschaften `Offset`, `AddedLength` und `RemovedLength` informieren darüber, an welcher Position wie viele Elemente zum Text hinzugefügt oder entfernt wurden. Die Zählung für `Offset` beginnt bei 0.

```
private void cb_Click(...)
{ tb2.SetValue(SpellCheck.IsEnabledProperty, cb.IsChecked); }
```

Die Rechtschreibprüfung wird gemäß dem Zustand der CheckBox ein- und ausgeschaltet, indem die Eigenschaft `IsEnabled` über ihre *Dependency Property* verändert wird.

```
private void anzeigen(...)
{ MessageBox.Show(tb2.SelectedText); }
```

Die Eigenschaft `SelectedText` beinhaltet den markierten Text als String.

```
private void text_markieren(...)
{
  tb2.Focus();
  tb2.SelectAll();
}
```

Die Methode `SelectAll()` markiert den gesamten Text. Vorher sollte der Focus in die TextBox gesetzt werden.

```
private void teiltext_markieren(...)
{
  tb2.Focus();
  tb2.SelectionStart = 12;
  tb2.SelectionLength = 7;
}
```

Falls nur ein Teil des Textes markiert werden soll, so können die Eigenschaften `SelectionStart` (Beginn der Markierung) und `SelectionLength` (Länge der Markierung) genutzt werden. Die Zählung für `SelectionStart` beginnt bei 0.

4.3.5 PasswordBox

Eine `PasswordBox` ähnelt zunächst einer TextBox, allerdings fehlen viele Eigenschaften. Dadurch ist das Element besonders geschützt. Unter anderem werden keine direkten Inhalte in XAML angenommen. Es ist kein Cut oder Copy möglich, es kann allerdings ein Text per Paste aus der Zwischenablage eingefügt werden.

Das anzuzeigende Zeichen lässt sich über die Eigenschaft `PasswordChar` einstellen. Falls kein Wert vergeben wurde, werden Bullets angezeigt, wie im Projekt *TBPasswordBox* dargestellt (siehe Abbildung 4.22).

Abbildung 4.22 Zwei PasswordBox-Elemente

Die wichtigen Teile des Aufbaus in XAML:

```
<StackPanel>
  <Label>Passwort:</Label>
  <PasswordBox x:Name="pb1" MaxLength="10" Margin="2" />
  <Label>Passwort-Wiederholung:</Label>
  <PasswordBox x:Name="pb2" MaxLength="10" Margin="2"
    PasswordChar="o" />
</StackPanel>
```

Die Eigenschaft `MaxLength` begrenzt in Elementen vom Typ TextBox oder PasswordBox die Menge der Zeichen, die eingegeben werden kann.

4.3.6 RichTextBox

Die RichTextBox bietet eine Möglichkeit zur formatierten Eingabe, ähnlich wie in einem Editor. Es wird das *Rich Text Format* (RTF) verwendet, ein Dateiformat zum Austausch und zur Speicherung von einfachen Formatierungen.

Innerhalb einer `RichTextBox` steht ein Element vom Typ `FlowDocument`. Dieser Typ kann Zeichen- und Absatzformatierung, mehrere Spalten, Seitennummern und weitere Möglichkeiten zur Gestaltung von Dokumenten beinhalten. Ein kleines Beispiel wird im Projekt *TBRichTextBox* dargestellt (siehe Abbildung 4.23). Ein größeres Beispiel finden Sie im entsprechenden Unterabschnitt über `FlowDocument` in Abschnitt 13.1.11, »RichTextBox«.

Abbildung 4.23 Eine RichTextBox

Der Aufbau in XAML:

```
<RichTextBox Margin="3">
  <FlowDocument>
    <Paragraph>Absatz 1, normal</Paragraph>
    <Paragraph>Absatz 2, <Bold>fett</Bold></Paragraph>
  </FlowDocument>
</RichTextBox>
```

Ein Element der Klasse `Paragraph` beinhaltet einen Absatz mit fortlaufendem Text. Diese Klasse steht hier als ein Beispiel für die Klassen, die von der abstrakten Klasse `Block` abgeleitet sind. Mehr zu dieser Klasse finden Sie in Abschnitt 4.7.3, »Symbolleiste«.

4.4 Auswahl

Steuerelemente vom Typ `ListBox`, `ComboBox` oder `TreeView` dienen zur übersichtlichen Darstellung und Auswahl aus mehreren Möglichkeiten. Die Einträge dieser Steuerelemente stehen in der Eigenschaft `Items`. Dies ist eine Auflistung vom Typ `ItemCollection`. Einträge in der Auflistung sind vom Typ `object` und können daher unterschiedlicher Art sein, wie zum Beispiel Bilder, Layout- oder Steuerelemente.

Zur Ausgabe von zweidimensionalen Tabellen sind Elemente vom Typ `ListView` geeignet. Eine Weiterentwicklung, die auch eine Eingabe ermöglicht, stellt der Typ `DataGrid` dar. Bei beiden Typen wird eine Datenbindung benötigt. Sie werden sinnvollerweise im Zusammenhang mit größeren Datenmengen eingesetzt. Erläuterungen und Beispiele finden Sie in Kapitel 8, »Daten«.

4.4.1 ListBox, Einzel-Auswahl

Eine ListBox listet Einträge auf, von denen der Benutzer einen oder mehrere auswählen kann. Ein Standard-Texteintrag ist vom Typ `ListBoxItem`. Ein Eintrag kann aber auch von einem anderen Typ sein.

Im nachfolgenden Projekt *AuswahlListBox* sehen Sie einige Möglichkeiten zur Arbeit mit einer ListBox (siehe Abbildung 4.24). Es handelt sich hier um eine ListBox, in der nur ein einzelner Eintrag ausgewählt werden kann.

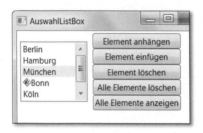

Abbildung 4.24 ListBox mit verschiedenen Typen von Einträgen

Zunächst der Aufbau der ListBox in XAML:

```
<ListBox x:Name="lb" Height="85" Width="100" Margin="5"
    SelectionChanged="lb_SelectionChanged">
  <ListBoxItem>Berlin</ListBoxItem>
  <ListBoxItem Selected="eintrag_Selected"
    Unselected="eintrag_Unselected">Hamburg</ListBoxItem>
  <ListBoxItem Selector.IsSelected="True">München</ListBoxItem>
  <WrapPanel>
     <Image Source="work.gif" Height="12" Width="12" />
     <TextBlock>Bonn</TextBlock>
  </WrapPanel>
  <ListBoxItem>Köln</ListBoxItem>
  <ListBoxItem>Frankfurt</ListBoxItem>
</ListBox>
```

Falls für `Height` und `Width` keine Angaben gemacht werden, dann richtet sich die Höhe nach der Anzahl der Elemente und die Breite nach dem breitesten Eintrag. Dies gilt auch für Veränderungen zur Laufzeit. Im vorliegenden Beispiel sollte sich die Größe der ListBox nicht verändern, daher wurden Werte vergeben. Ein Scrollbalken erscheint bei Bedarf, aber nur, falls die Eigenschaft `Height` einen Wert bekommen hat.

Hat die ListBox den Fokus, so gelangt man durch Eingabe eines einzelnen Zeichens zum ersten Eintrag, der mit dem betreffenden Zeichen beginnt. Dies macht natürlich nur bei geordneten Einträgen Sinn.

Sobald der Benutzer die Auswahl wechselt, tritt für die gesamte ListBox das Ereignis Selection_Changed auf. Für ein einzelnes ListBoxItem können die Ereignisse Selected (ausgewählt) und Unselected (abgewählt) auftreten. Zur Vorauswahl eines Eintrags nutzen Sie die *Attached Property* IsSelected aus der Klasse Selector.

Der vierte Eintrag der ListBox wurde mithilfe eines WrapPanels gestaltet, das ein Bild und einen Text umfasst. Es folgen die Ereignismethoden:

```
private void lb_SelectionChanged(object sender,
    SelectionChangedEventArgs e)
{
  if (IsLoaded && lb.SelectedIndex != -1)
  {
    string s = "Ausgewählt: Index: " + lb.SelectedIndex
      + item_info(lb.SelectedItem);
    if (e.RemovedItems.Count > 0)
      s += "\nAbgewählt:" + item_info(e.RemovedItems[0]);
    MessageBox.Show(s);
  }
}

private string item_info(object obj)
{
  if (obj is ListBoxItem)
    return " Inhalt: " + (obj as ListBoxItem).Content;
  else
    return " Sonstiges";
}
```

Das Ereignis Selection_Changed wird auch beim Start der Anwendung ausgelöst, und zwar durch die Vorauswahl eines Elements. Die Eigenschaft SelectedIndex ergibt die laufende Nummer des Eintrags, wie üblich bei 0 beginnend. Falls kein Eintrag ausgewählt ist, dann wird –1 zurückgeliefert.

Die Eigenschaft SelectedItem verweist auf den ausgewählten Eintrag vom Typ object. Innerhalb der Hilfsmethode item_info() wird untersucht, ob es sich beim ausgewählten Eintrag um ein Element vom Typ ListBoxItem oder um etwas anderes handelt. Im ersten Falle beinhaltet die Eigenschaft Content den Text des Eintrags.

Beim Ereignis Selection_Changed liefert das Objekt der Klasse SelectionChangedEventArgs Informationen über den Wechsel der Auswahl. In der Auflistung RemovedItems stehen die Elemente (vom Typ object), deren Auswahl aufgehoben wurde. Da es sich im vorliegenden Projekt um eine ListBox mit Einfach-

Auswahl handelt, gibt es hier nur ein Element in der Auflistung. Nach einem Löschvorgang ist die Auflistung leer, daher muss vor einem Zugriff mithilfe der Eigenschaft Count die Anzahl der Elemente geprüft werden.

```
private void eintrag_Selected(...)
{ (sender as ListBoxItem).Foreground =
    new SolidColorBrush(Colors.Red); }
private void eintrag_Unselected(...)
{ (sender as ListBoxItem).Foreground =
    new SolidColorBrush(Colors.Black); }
```

Durch diese beiden Methoden wird die Schriftfarbe des ausgewählten Eintrags gewechselt und nach Abwahl wieder zurückgewechselt.

```
private void anhaengen(...)
{
  ListBoxItem lbi = new ListBoxItem();
  lbi.Content = "Dortmund";
  lb.Items.Add(lbi);
  lb.SelectedIndex = lb.Items.Count - 1;
  lb.ScrollIntoView(lbi);
}
```

Es wird ein neues Element vom Typ ListBoxItem erzeugt und gefüllt. Die Auflistungsmethode Add() dient zum Anhängen eines Elements. Das Setzen des Wertes der Eigenschaft SelectedIndex führt zur Auswahl des betreffenden Eintrags. Den letzten Eintrag erreicht man mithilfe der Eigenschaft Items.Count. Dies heißt nicht, dass dieser sich dann auch im sichtbaren Bereich befindet. Die Methode ScrollIntoView() bietet hier Abhilfe. Sie benötigt einen Verweis auf den Eintrag.

```
private void einfuegen(...)
{
  ListBoxItem lbi = new ListBoxItem();
  lbi.Content = "Stuttgart";

  int indexvor;
  if (lb.SelectedIndex != -1)
    indexvor = lb.SelectedIndex;
  else
    indexvor = 0;
  lb.Items.Insert(indexvor, lbi);

  lb.SelectedIndex = indexvor;
  lb.ScrollIntoView(lbi);
}
```

Beim Einfügen eines Elements mithilfe der Auflistungsmethode `Insert()` wird ein Verweis auf ein Vorgängerelement benötigt. Entweder wurde ein Element markiert (`SelectedIndex != -1`), oder es wird ein Element zu Beginn der Liste eingefügt. Dies gelingt auch bei einer leeren Liste.

```
private void loeschen(...)
{
  if (lb.SelectedIndex != -1)
    lb.Items.Remove(lb.SelectedItem);
}
private void alle_loeschen(...)
{ lb.Items.Clear(); }
```

Falls ein Element markiert ist, so wird es mithilfe der Auflistungsmethode `Remove()` gelöscht. Die Auflistungsmethode `Clear()` löscht alle Elemente auf einmal.

```
private void alle_anzeigen(...)
{
  string s = "";
  for (int i = 0; i < lb.Items.Count; i++)
    s += i + ": " + item_info(lb.Items[i]) + "\n";
  MessageBox.Show(s);

  /* Alternativ */
  foreach (object obj in lb.Items)
    s += item_info(obj) + "\n";
}
```

Diese Methode durchläuft alle Elemente der Auflistung mithilfe der laufenden Nummer und zeigt sie an. Eine Alternative bietet die `foreach`-Schleife, allerdings ohne laufende Nummer.

4.4.2 ListBox, Mehrfach-Auswahl

Falls der Benutzer die Möglichkeit haben soll, mehrere Einträge auszuwählen, so muss die Eigenschaft `SelectionMode` einen der Werte `Multiple` oder `Extended` bekommen. Die Werte stammen aus der gleichnamigen Enumeration, der Standardwert ist `Single`.

Beim Wert `Multiple` kann der Benutzer mehrere gewünschte Einträge nacheinander markieren. Sobald er einen ausgewählten Eintrag ein zweites Mal markiert, wird dieser abgewählt. Die Sondertasten [Strg] und [⇧] haben keine Wirkung.

Beim Wert Extended löscht eine einfache Auswahl die bisherige Auswahl. Mithilfe der Sondertaste [Strg] kann der Benutzer mehrere gewünschte Einträge nacheinander markieren. Mithilfe der Sondertaste [⇧] kann er eine Gruppe von aufeinanderfolgenden Einträgen markieren.

Im nachfolgenden Projekt *AuswahlListBoxMehrfach* sehen Sie zwei ListBoxen. Bei der ersten wurde Multiple, bei der zweiten Extended gewählt. Der Benutzer hat die Möglichkeit, Einträge von der einen in die andere ListBox zu verschieben (siehe Abbildung 4.25). Die Einträge werden vor dem einzig ausgewählten Element in der Ziel-ListBox eingefügt. Hat der Benutzer keines markiert, so werden sie am Anfang eingefügt. Hat er mehrere markiert, so wird die Verschiebung nicht durchgeführt.

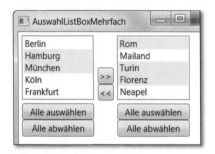

Abbildung 4.25 Nach dem Start

Der Aufbau in XAML besteht aus drei StackPanels innerhalb eines WrapPanel. Das dritte StackPanel ist wie das erste aufgebaut:

```
<WrapPanel>
  <StackPanel>
    <ListBox x:Name="lb1" SelectionMode="Multiple"
        Height="85" Width="100" Margin="5">
      <ListBoxItem>Berlin</ListBoxItem>
      <ListBoxItem Selector.IsSelected="True">
        Hamburg</ListBoxItem>
      <ListBoxItem Selector.IsSelected="True">
        München</ListBoxItem>
      <ListBoxItem>Köln</ListBoxItem>
      <ListBoxItem>Frankfurt</ListBoxItem>
    </ListBox>
    <Button Width="100" Click="links_aus">Alle auswählen</Button>
    <Button Width="100" Click="links_ab">Alle abwählen</Button>
  </StackPanel>
  <StackPanel VerticalAlignment="Center">
```

```
    <Button Click="nach_rechts">&gt;&gt;</Button>
    <Button Click="nach_links">&lt;&lt;</Button>
  </StackPanel>
  <StackPanel>
    <ListBox x:Name="lb2" SelectionMode="Extended"
      Height="85" Width="100" Margin="5">
    ...
</WrapPanel>
```

Zur Vorauswahl kann nun bei mehreren Einträgen die *Attached Property* IsSelected aus der Klasse Selector auf den Wert True gesetzt werden.

Es folgen die Methoden zur Verschiebung:

```
private void nach_rechts(...) { item_move(lb1, lb2); }
private void nach_links(...)  { item_move(lb2, lb1); }

private void item_move(ListBox lbquelle, ListBox lbziel)
{
  int indexvor;
  if (lbziel.SelectedItems.Count == 0)
    indexvor = 0;
  else if (lbziel.SelectedItems.Count == 1)
    indexvor = lbziel.SelectedIndex;
  else
  {
    MessageBox.Show("Max. einen Eintrag beim Ziel markieren");
    return;
  }

  for (int i = lbquelle.Items.Count - 1; i >= 0; i--)
  {
    ListBoxItem lbi = lbquelle.Items[i] as ListBoxItem;
    if (lbi.IsSelected)
    {
      lbquelle.Items.Remove(lbi);
      lbziel.Items.Insert(indexvor, lbi);
    }
  }
}
```

Beide Ereignismethoden führen zur Hilfsmethode item_move(), in der die Einträge von der Quell-ListBox zur Ziel-ListBox verschoben werden. Darin wird zunächst die Auflistung der ausgewählten Einträge geprüft, SelectedItems. Abhängig von deren Größe wird der Zieleintrag gewählt, vor dem die verschobenen Einträge eingefügt werden. In `SelectedIndex` steht immer der erste ausgewählte Eintrag.

Zur Verschiebung werden alle Einträge der Quell-ListBox mithilfe des Index von hinten nach vorne durchlaufen. Dies hat mehrere Gründe:

- Beim Entfernen eines Eintrags verschieben sich die Indizes. Dies wirkt sich nur nach hinten aus.
- Beim Verschieben mehrerer Einträge bleibt die ursprüngliche Reihenfolge erhalten.
- Innerhalb einer `foreach`-Schleife durch die Auflistung `SelectedItems` ist es nicht möglich, Elemente aus der zugrunde liegenden Auflistung `Items` zu entfernen.

Die Eigenschaft `IsSelected` gibt Auskunft darüber, ob der betreffende Eintrag ausgewählt ist. Ist dies der Fall, so kann er mithilfe der Methode `Remove()` aus der Auflistung `Items` entfernt werden. Erst anschließend kann der betreffende Eintrag mithilfe der Methode `Insert()` in der anderen Auflistung eingefügt werden. Eine andere Reihenfolge ist nicht möglich, da ein Eintrag nicht gleichzeitig zwei übergeordnete Elemente haben kann.

4.4.3 ComboBox

Eine ComboBox gibt es in zwei Varianten:

1. Falls die Eigenschaft `IsEditable` auf `False` steht (dies ist der Standard), dient sie als raumsparende ListBox; sie ermöglicht nur die Auswahl.
2. Falls die Eigenschaft `IsEditable` auf `True` steht, dient sie als Kombination aus ListBox und TextBox; sie ermöglicht Auswahl oder Eingabe.

Bei der zweiten Variante ist es möglich, ein oder mehrere Zeichen einzugeben. Falls es einen Eintrag gibt, der mit diesen Zeichen beginnt, so wird dieser ausgewählt. Sobald ein Zeichen eingegeben wird, das dazu führt, dass die Kombination nicht vorkommt, wird die Auswahl zu einer Eingabe, wie bei einem TextBox-Eintrag.

Es gibt bei einer ComboBox keine Mehrfach-Auswahl.

In jedem Fall beinhaltet die Eigenschaft `Text` den aktuellen Eintrag. Dies gilt allerdings erst nach Verlassen der ComboBox, nicht während der Auswahl oder der Eingabe. Falls die Eigenschaft `StaysOpenOnEdit` auf `True` steht und die ComboBox vor der Auswahl oder der Eingabe geöffnet war, dann bleibt sie offen. Dies hilft beim Suchen. Nach der Benutzung klappt die ComboBox wieder zu.

Ein Standard-Texteintrag ist vom Typ `ComboBoxItem`. Ein Eintrag kann aber auch, wie bei der ListBox, anderen Typs sein. Nachfolgend sehen Sie im Projekt *AuswahlComboBox* beide Möglichkeiten, Variante 1 in Abbildung 4.26 und Variante 2 in Abbildung 4.27.

Abbildung 4.26   ComboBox als raumsparende ListBox

Abbildung 4.27   ComboBox mit Eingabe

In Abbildung 4.27 sehen Sie, dass nach Eingabe des Zeichens "F" der Eintrag `Florenz` ausgewählt wurde. Nach Eingabe des Zeichens "o" wurde die Eingabe als neu erkannt. Der Aufbau in XAML:

```
<StackPanel>
  <WrapPanel>
    <ComboBox x:Name="cb1" Width="85" Margin="5"
        SelectionChanged="cb1_SelectionChanged">
      <ComboBoxItem Selector.IsSelected="True">
      Berlin</ComboBoxItem>
      <ComboBoxItem>Hamburg</ComboBoxItem>
      ...
    </ComboBox>
    <TextBlock x:Name="tb1" VerticalAlignment="Center" />
  </WrapPanel>
```

```xml
<WrapPanel>
  <ComboBox x:Name="cb2" Width="85" Margin="5"
      IsEditable="True" StaysOpenOnEdit="True">
    <ComboBoxItem Selector.IsSelected="True">Rom</ComboBoxItem>
    <ComboBoxItem>Mailand</ComboBoxItem>
    ...
  </ComboBox>
  <Button Click="anzeigen" Height="23">Anzeigen</Button>
  <TextBlock x:Name="tb2" VerticalAlignment="Center" />
</WrapPanel>
</StackPanel>
```

Eine Vorauswahl wird, wie bei der ListBox, über `Selector.IsSelected` vorgenommen. Die Ereignismethoden:

```csharp
private void cb1_SelectionChanged(object sender,
    SelectionChangedEventArgs e)
{
  if (IsLoaded && cb1.SelectedIndex != -1)
    tb1.Text = "" + (cb1.SelectedItem as ComboBoxItem).Content;
}
private void anzeigen(...) { tb2.Text = "   " + cb2.Text; }
```

Bei der ersten ComboBox steht die getroffene Auswahl unmittelbar (Ereignis `SelectionChanged`) in der Eigenschaft `SelectedItem` zur Verfügung.

Bei der zweiten ComboBox muss auf die Eigenschaft `Text` zugegriffen werden, da eine neue Eingabe des Benutzers nicht in der Eigenschaft `SelectedItem` steht. Die Eigenschaft `Text` hat anschließend, zum Beispiel nach der Betätigung des Buttons, den richtigen Wert.

4.4.4 TreeView

Ein Element vom Typ `TreeView` bietet die Möglichkeit, Texteinträge und andere Elemente in einer Hierarchie darzustellen. Der Benutzer kann sich Ebenen dieser Hierarchie anzeigen lassen und Einträge auswählen. Ein Standard-Texteintrag ist vom Typ `TreeViewItem`. Ein Eintrag kann aber auch, wie bei ListBox oder ComboBox, anderen Typs sein. Es gibt für jedes Element auf jeder Ebene eine Auflistung vom Typ `ItemCollection`.

Im Projekt *AuswahlTreeView* sehen Sie ein Beispiel mit einer Hierarchie und einem markierten Eintrag (siehe Abbildung 4.28). Einige Elemente der Hierarchie sind bereits aufgeklappt.

Abbildung 4.28 Nach dem Start

Der Aufbau in XAML:

```
<StackPanel>
  <TextBlock x:Name="tb" HorizontalAlignment="Center" />
  <TreeView x:Name="tv" Height="100"
      ScrollViewer.VerticalScrollBarVisibility="Auto"
      SelectedItemChanged="tv_SelectedItemChanged">
    <TreeViewItem Header="Deutschland">
      <TreeViewItem Header="Norden">
        <TreeViewItem Header="Hamburg" />
        <TreeViewItem Header="Kiel" />
        <TreeViewItem Header="Flensburg" />
      </TreeViewItem>
      <TreeViewItem x:Name="tvi_westen" Header="Westen"
          Expanded="tvi_westen_klapp"
          Collapsed="tvi_westen_klapp">
        <TreeViewItem Header="Köln" />
        <TreeViewItem Header="Dortmund" />
      </TreeViewItem>
    </TreeViewItem>
    <TreeViewItem Header="Italien" IsExpanded="True">
      <TreeViewItem Header="Norden" IsExpanded="True">
        <TreeViewItem Header="Mailand" IsSelected="True" />
        <TreeViewItem Header="Turin" />
      </TreeViewItem>
      <TreeViewItem x:Name="tvi_sueden" Header="Süden"
          Selected="tvi_sueden_wahl"
          Unselected="tvi_sueden_wahl">
        <TreeViewItem Header="Neapel" />
        <TreeViewItem Header="Bari" />
        <TreeViewItem Header="Palermo" />
```

```
        </TreeViewItem>
      </TreeViewItem>
  </TreeView>
  ...
</StackPanel>
```

Sobald der Benutzer einen Eintrag auswählt, löst er für den gesamten TreeView das Ereignis `SelectedItemChanged` aus. Der Wert `Auto` für die *Attached Property* `VerticalScrollBarVisibility` der Klasse `ScrollViewer` legt fest, dass ein Scrollbalken bei Bedarf eingeblendet wird. Ein Element vom Typ `TreeViewItem` stellt einen Eintrag dar und kann gegebenenfalls als Container für Unterelemente des gleichen Typs dienen. In der Eigenschaft `Header` steht der sichtbare Text des Eintrags.

Beim Auf- und Zuklappen eines Containers treten beim betreffenden Eintrag die Ereignisse `Expanded` und `Collapsed` auf. Diese steuern den Wert der booleschen Eigenschaft `IsExpanded`. Falls diese den Wert `True` hat, so ist der betreffende Container aufgeklappt. Sie ist allerdings nur sichtbar, wenn auch alle Container darüber aufgeklappt sind.

Ein Eintrag verfügt über die Ereignisse `Selected` und `Unselected`. Diese beeinflussen den Wert der booleschen Eigenschaft `IsSelected`. Falls diese den Wert `True` hat, so ist das betreffende Element markiert.

Es folgen die Methoden für die TreeView-Ereignisse und die Buttons:

```
private void tv_SelectedItemChanged(object sender,
    RoutedPropertyChangedEventArgs<object> e)
{
  if (tv.SelectedItem != null)
  {
    string s = "Ausgewählt: "
      + (tv.SelectedItem as TreeViewItem).Header;
    if(e.OldValue != null)
      s += "\nAbgewählt: " + (e.OldValue as TreeViewItem).Header;
    MessageBox.Show(s);
  }
}
```

Bei einer Reihe von Methoden in diesem Abschnitt muss zunächst kontrolliert werden, ob ein Eintrag ausgewählt ist. Ist dies nicht der Fall, so hat `SelectedItem` den Wert `null`. In der Eigenschaft `Header` steht der sichtbare Inhalt des Eintrags.

Das Objekt der Klasse `RoutedPropertyChangedEventArgs<object>` bietet Informationen über den Eintragswechsel. Die Eigenschaft `OldValue` beinhaltet einen Verweis auf das vorher markierte Element.

```
private void tvi_westen_klapp(...)
{
  if (IsLoaded)
  {
    TreeViewItem tvi = tv.SelectedItem as TreeViewItem;
    MessageBox.Show(tvi.Header
      + ", IsExpanded: " + tvi.IsExpanded);
  }
}
```

Diese Methode wird durch die Ereignisse Expanded (aufgeklappt) und Collapsed (zugeklappt) eines bestimmten Eintrags ausgelöst (Deutschland/Westen). Allerdings muss dieser Eintrag vorher ausgewählt worden sein. Die Methode gibt den Zustand der Eigenschaft IsExpanded dieses Eintrags wieder.

```
private void tvi_sueden_wahl(...)
{
  TreeViewItem tvi = tv.SelectedItem as TreeViewItem;
  MessageBox.Show(tvi.Header
    + ", IsSelected: " + tvi.IsSelected);
}
```

Diese Methode wird durch die Ereignisse Selected (ausgewählt) und Unselected (abgewählt) eines bestimmten Eintrags ausgelöst (Italien/Süden). Sie gibt den Zustand der Eigenschaft IsSelected dieses Eintrags wieder. Die Methode wird aufgrund des Event-Routings auch aufgerufen, falls diese Ereignisse in untergeordneten Elementen dieses Eintrags ausgelöst werden.

```
private void anzeige_oben(...)
{
  if (tv.SelectedItem != null)
  {
    string s;
    TreeViewItem tvi = tv.SelectedItem as TreeViewItem;
    s = "" + tvi.Header;

    TreeViewItem p = tvi;
    while (p.Parent is TreeViewItem)
    {
      p = p.Parent as TreeViewItem;
      s += ", " + p.Header;
    }
    MessageBox.Show("Nach oben: " + s);
  }
}
```

In der Methode `anzeige_oben()` wird die gesamte Hierarchie von unten nach oben bis zum Element der Hauptebene durchlaufen und angezeigt, ausgehend vom aktuell ausgewählten Element. Das jeweils übergeordnete Element ist bekanntlich über die Eigenschaft `Parent` zu erreichen. Solange es sich bei dem Objekt, auf das `Parent` verweist, um ein Objekt des Typs `TreeViewItem` handelt, wird die Hierarchie weiter durchlaufen.

```
private void anzeige_unten(...)
{
  if (tv.SelectedItem != null)
  {
    string s = "";
    TreeViewItem tvi = tv.SelectedItem as TreeViewItem;
    s += " ( " + tvi.Header + elemente_anzeigen(tvi) + " ) ";
    MessageBox.Show("Nach unten: " + s);
  }
}

private string elemente_anzeigen(TreeViewItem tvi)
{
  string s = "";
  foreach(TreeViewItem tvii in tvi.Items)
    s += " ( " + tvii.Header + elemente_anzeigen(tvii) + " ) ";
  return s;
}
```

In der Methode `anzeige_unten()` wird die gesamte Hierarchie von oben nach unten durchlaufen und angezeigt, ausgehend vom aktuell ausgewählten Element. Dazu wird die rekursive Hilfsmethode `elemente_anzeigen()` genutzt. In dieser Methode werden alle Einträge der Auflistung `Items` eines Eintrags durchlaufen und angezeigt. Außerdem wird die Hilfsmethode wiederum für jeden Eintrag aufgerufen.

```
private void element_neu(...)
{
  if (tv.SelectedItem != null)
  {
    TreeViewItem tvi = tv.SelectedItem as TreeViewItem;

    if (tvi.Parent is TreeViewItem)
    {
      TreeViewItem p = tvi.Parent as TreeViewItem;
      TreeViewItem neu = new TreeViewItem();
      neu.Header = "Neues Element";
```

```
      // p.Items.Add(neu);
      p.Items.Insert(p.Items.IndexOf(tvi), neu);
    }
    else
      haupt_neu(tv.Items.IndexOf(tvi));
  }
  else
    haupt_neu(0);
}

private void haupt_neu(int indexvor)
{
  TreeViewItem neu = new TreeViewItem();
  neu.Header = "Neues Element";
  // tv.Items.Add(neu);
  tv.Items.Insert(indexvor, neu);
}
```

In der Methode `element_neu()` wird ein neues Element direkt vor dem markierten Element eingefügt, und zwar auf der gleichen Ebene. Die Methode `IndexOf()` liefert die Nummer eines Eintrags, auf den verwiesen wird. Falls kein Element markiert ist, zum Beispiel bei einem leeren TreeView, erscheint das neue Element als erstes Element der Hauptebene. Als Alternative könnte auch die (hier auskommentierte) Methode `Add()` zum Anhängen eines neuen Elements auf der gleichen Ebene genutzt werden.

Es wird zunächst untersucht, ob ein Eintrag markiert ist. Ist dies der Fall, so wird geprüft, ob er sich auf der Hauptebene oder auf einer Ebene darunter befindet. Das neue Element wird mithilfe der Auflistungsmethode `Insert()` in die Auflistung `Items` des übergeordneten Elements des markierten Eintrags eingefügt.

```
private void unterelement_neu(...)
{
  if (tv.SelectedItem != null)
  {
    TreeViewItem tvi = tv.SelectedItem as TreeViewItem;
    TreeViewItem neu = new TreeViewItem();
    neu.Header = "Neues Unterelement";
    // tvi.Items.Add(neu);
    tvi.Items.Insert(0, neu);
    tvi.ExpandSubtree();
  }
}
```

In der Methode unterelement_neu() wird dem markierten Element ein neues Unterelement hinzugefügt. Als Alternative könnte auch die (hier auskommentierte) Methode Add() zum Anhängen eines neuen Unterelements genutzt werden. Anschließend wird die Methode ExpandSubtree() genutzt, um das neue Unterelement sichtbar zu machen.

```
private void element_loeschen(...)
{
  if (tv.SelectedItem != null)
  {
    TreeViewItem tvi = tv.SelectedItem as TreeViewItem;
    if (tvi.Parent is TreeViewItem)
      (tvi.Parent as TreeViewItem).Items.Remove(tvi);
    else
      tv.Items.Remove(tvi);
  }
}
```

Die Methode element_loeschen() dient zum Löschen des markierten Elements. Dazu wird es mithilfe der Auflistungsmethode Remove() aus der Auflistung Items des übergeordneten Elements des markierten Eintrags entfernt.

```
private void alle_loeschen(...)
{
  foreach(TreeViewItem tvi in tv.Items)
    liste_loeschen(tvi);
  tv.Items.Clear();
}

private void liste_loeschen(TreeViewItem tvi)
{
  foreach (TreeViewItem tvii in tvi.Items)
    liste_loeschen(tvii);
  tvi.Items.Clear();
}
```

Mithilfe der Methode alle_loeschen() werden alle Elemente des TreeView gelöscht. Die rekursive Hilfsmethode liste_loeschen() wird benötigt, damit keine herrenlosen Verweise auf Einträge der unteren Ebenen zurückbleiben.

Allgemein gilt: Eine rekursive Methode zeichnet sich dadurch aus, dass sie sich selber aufruft, gegebenenfalls mehrmals. Die Rekursion muss aufgrund einer bestimmten Bedingung enden, damit sie nicht endlos wird. Im vorliegenden Fall endet sie jeweils bei einem Element auf der untersten Ebene, das keine Unterelemente mehr hat, die in einer weiteren foreach-Schleife durchlaufen werden können.

4.5 Zahlenwerte

In diesem Abschnitt finden Sie Elemente, die Zahlenwerte innerhalb von Zahlenbereichen anschaulich verdeutlichen können: `ProgressBar`, `Slider` und `ScrollBar`. Die beiden Letztgenannten ermöglichen auch die komfortable Eingabe beziehungsweise Auswahl einer Zahl.

4.5.1 ProgressBar

Ein ProgressBar (Fortschrittsbalken) zeigt den Fortschritt eines länger dauernden Vorgangs an. Dies kann ein Lade- oder Suchvorgang sein. Der Benutzer weiß dann, dass noch etwas passiert und wie lange er ungefähr noch warten muss.

Die Eigenschaften `Minimum`, `Maximum` und `Value` sind vom Typ `double` und kennzeichnen die Grenzen und den aktuellen Wert des ProgressBar. Falls Sie die Eigenschaft `Orientation` auf den Wert `Vertical` stellen, sehen Sie einen vertikalen Balken, ansonsten einen horizontalen.

Im nachfolgenden Projekt *ZahlProgressBar* wird der Fortschritt eines Hintergrundvorgangs dargestellt (siehe Abbildung 4.29). Sie können im Projekt außerdem mithilfe der RepeatButtons + und – den Wert des ProgressBar »von Hand« einstellen.

Abbildung 4.29 Zustand des Hintergrundvorgangs

Falls man dem Benutzer mitteilen möchte, dass die Vorgangsdauer unbekannt ist, der Vorgang aber noch andauert, kann der ProgressBar auch den Zustand »undefiniert« verdeutlichen (siehe Abbildung 4.30).

Abbildung 4.30 Undefinierter Zustand

Zunächst der Aufbau in XAML:

```
<StackPanel>
  <WrapPanel>
    <CheckBox x:Name="cb1" ...>Auf</CheckBox>
    <Button Click="starten" ...>Start</Button>
    <ProgressBar x:Name="pbar" Width="140" Margin="5" />
    <Label x:Name="lb" .../>
  </WrapPanel>
  <WrapPanel>
    <RepeatButton Click="auf" ...>+</RepeatButton>
    <RepeatButton Click="ab" ...>-</RepeatButton>
    <CheckBox x:Name="cb2" Click="undefiniert" ...>
      undefiniert</CheckBox>
  </WrapPanel>
</StackPanel>
```

Ohne gesonderte Einstellung liegen die Werte für Minimum und Maximum bei 0 und 100, und der Wert für Value liegt bei 0. Zunächst sehen Sie hier die Ereignismethoden zur Einstellung »von Hand«:

```
private void auf(...)
{  pbar.Value += 5; lb.Content = pbar.Value + " %";  }
private void ab(...)
{  pbar.Value -= 5; lb.Content = pbar.Value + " %";  }
private void undefiniert(...)
{  pbar.IsIndeterminate = (bool)cb2.IsChecked;  }
```

Die Eigenschaft Value wird um den Wert 5 verändert. Entsprechend verändern sich der ProgressBar und die Anzeige der Prozentzahl. Falls der Wert der booleschen Eigenschaft IsIndeterminate auf True steht, so wird der undefinierte Zustand angezeigt (siehe Abbildung 4.30).

Es folgt der Hintergrundvorgang: Zur Erzeugung wird ein Objekt der Klasse BackgroundWorker aus dem Namespace System.Component.Model benötigt. Der in diesem Projekt durchgeführte Hintergrundvorgang ist »künstlich«, eine Zeitverzögerung wird mithilfe der Methode Sleep() der Klasse Thread aus dem Namespace System.Threading erzeugt. Die weiteren Elemente:

```
public partial class MainWindow : Window
{
  BackgroundWorker bgworker;

  public MainWindow()
  {
```

```
    InitializeComponent();
    bgworker = new BackgroundWorker();
    bgworker.WorkerReportsProgress = true;
    bgworker.DoWork +=
      new DoWorkEventHandler(hintergrundvorgang);
    bgworker.ProgressChanged +=
      new ProgressChangedEventHandler(aenderung_fortschritt);
  }

  private void starten(...)
  { if (!bgworker.IsBusy) bgworker.RunWorkerAsync(); }
  ...
}
```

Innerhalb der Fensterklasse wird ein Verweis auf ein Objekt der Klasse `BackgroundWorker` erzeugt. Im Konstruktor der Fensterklasse wird das zugehörige Objekt erzeugt und die Eigenschaft `WorkerReportsProgress` auf `True` gestellt. Dies ermöglicht es dem Hintergrundvorgang, von seinem Fortschritt zu berichten.

Es werden zwei EventHandler hinzugefügt. Diese ermöglichen die wichtigen Teile der folgenden Abläufe:

- Der Benutzer ruft über den Button START die Methode `RunWorkerAsync()` auf. Dies löst das Ereignis `DoWork` aus. Dies führt zur Ausführung der Methode `hintergrundvorgang()`. Damit wird der Hintergrundvorgang gestartet.
- Innerhalb des Hintergrundvorgangs hat der Entwickler dafür gesorgt, dass an geeigneter Stelle mehrmals die Methode `ReportProgress()` aufgerufen wird. Dies löst jeweils das Ereignis `ProgressChanged` aus. Dies führt zur Ausführung der Methode `aenderung_fortschritt()`. Darin wird vom Fortschritt des Hintergrundvorgangs berichtet.

Der BackgroundWorker kann nur eine Aufgabe zur gleichen Zeit ausführen. Daher wird mithilfe der Eigenschaft `IsBusy` überprüft, ob er schon tätig ist.

```
private void hintergrundvorgang(
    object sender, DoWorkEventArgs e)
{
  for (int i = 1; i <= 100; i++)
  {
    Thread.Sleep(50);
    bgworker.ReportProgress(i);
  }
}
```

```
private void aenderung_fortschritt(
   object sender, ProgressChangedEventArgs e)
{
  int wert;
  if ((bool)cb1.IsChecked)
    wert = e.ProgressPercentage;
  else
    wert = 100 - e.ProgressPercentage;

  lb.Content = wert + " %";
  pbar.Value = wert;
}
```

Innerhalb der Methode `hintergrundvorgang()` wird der »künstliche« Vorgang durchgeführt. Hier würde man den Lade- oder Suchvorgang unterbringen, dessen Fortschritt man visualisieren möchte. Die Methode `Sleep()` wartet die angegebene Zahl an Millisekunden. Anschließend wird in der Methode `aenderung_fortschritt()` vom Fortschritt des Vorgangs berichtet. Das Objekt der Klasse `ProgressChangedEventArgs` beinhaltet Informationen über den Fortschritt. Die ganzzahlige Eigenschaft `ProgressPercentage` steht für den Prozentsatz des Fortschritts.

Im vorliegenden Projekt wird er in dem ProgressBar und in einem Label angezeigt. Über die CheckBox kann die Richtung des Balkens festgelegt werden. Ein ProgressBar kann auch abwärts laufen, zum Beispiel bei einem Deinstallations- oder Entladevorgang.

4.5.2 Slider

Das Steuerelement Slider ermöglicht es dem Benutzer, einen Zahlenwert aus einem Zahlenbereich eindeutig einzustellen, und zwar mithilfe eines Schiebers, der auf einer Schiene verschoben wird. Der Schieber ist ein Objekt der Klasse `Thumb`, und die Schiene ist ein Objekt der Klasse `Track`. Die Eigenschaften `Minimum` (Standardwert 0), `Maximum` (Standardwert 10) und `Value` (Standardwert 0) sind vom Typ `double` und kennzeichnen die Grenzen und den aktuellen Wert des Sliders. Das Ereignis `ValueChanged` tritt jedes Mal ein, wenn sich `Value` verändert hat.

Die Eigenschaft `Orientation` ermöglicht es, mithilfe des Werts `Vertical` auch einen vertikalen Slider darzustellen. Falls der Benutzer neben den Thumb klickt, so verändert sich `Value` um den Wert der Eigenschaft `LargeChange` (Standardwert 1).

Zur besseren Orientierung des Benutzers ist es sinnvoll, sogenannte Ticks am Slider anzeigen zu lassen. Dazu muss die Eigenschaft `TickPlacement` einen Wert bekommen, der sich vom Standardwert None unterscheidet. Mögliche Werte aus der gleichnamigen Enumeration sind:

- BottomRight (Ticks beim horizontalen Slider unterhalb und beim vertikalen Slider rechts),
- TopLeft (oberhalb beziehungsweise links) und
- Both (Ticks auf beiden Seiten).

Der Abstand zwischen den Ticks ist normalerweise 1, er lässt sich über die double-Eigenschaft TickFrequency einstellen.

Im nachfolgenden Projekt *ZahlSlider* werden insgesamt fünf Slider mit verschiedenen Eigenschaften dargestellt (siehe Abbildung 4.31). Daneben gibt jeweils ein zusätzliches Label den aktuellen Wert wieder, und zwar mithilfe einer Methode zum Ereignis ValueChanged.

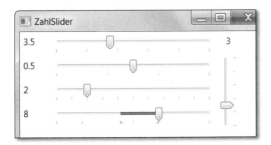

Abbildung 4.31 Slider-Einstellungen

Zunächst der Aufbau der Slider in XAML:

```
...
<Slider x:Name="sl1" Width="220" Value="3.5" LargeChange="0.5"
  TickFrequency="2" TickPlacement="BottomRight" Margin="5"
  ValueChanged="sl1_ValueChanged" />
...
<Slider x:Name="sl2" Width="220" Minimum="-2.5" Maximum="3.5"
  Value="0.5" TickFrequency="2" TickPlacement="BottomRight"
  IsMoveToPointEnabled="True" ValueChanged="sl2_ValueChanged"
  AutoToolTipPlacement="BottomRight" AutoToolTipPrecision="1"
  Margin="5" />
...
<Slider x:Name="sl3" Width="220" Value="2" TickFrequency="1"
  TickPlacement="BottomRight" IsSnapToTickEnabled="True"
  Margin="5" ValueChanged="sl3_ValueChanged" />
...
```

```
<Slider x:Name="sl4" Width="220" Maximum="12" Value="8"
  Ticks="2,5,6,8" TickPlacement="BottomRight" Margin="5"
  IsSnapToTickEnabled="True" SelectionStart="5" SelectionEnd="8"
  IsSelectionRangeEnabled="True"
  ValueChanged="sl4_ValueChanged" />
...
<Slider x:Name="sl5" Orientation="Vertical" Height="100"
  Value="3" TickPlacement="BottomRight" TickFrequency="2"
  Margin="5" ValueChanged="sl5_ValueChanged" />
...
```

Bei Slider 1 steht `Value` zu Beginn auf 3.5 und `LargeChange` auf 0.5. Es geht also in 0.5er-Schritten von 0.0 bis 10.0. Der Abstand der Ticks unterhalb des Sliders ist 2.0.

Slider 2 zeigt Werte zwischen –2.5 und +3.5 an. Die Eigenschaft `IsMoveToPoint-Enabled` wurde auf `True` gesetzt. Dadurch springt der Slider direkt auf den Ort des Mausklicks. Außerdem wird der Wert während des Verschiebens als Tool-Tip unterhalb des Thumb angezeigt. Dafür sorgt der Wert `BottomRight` für die Eigenschaft `AutoToolTipPlacement`. Die gleichnamige Enumeration bietet noch den Wert `TopLeft` und den Standardwert `None`.

Normalerweise kann beim Verschieben des Sliders jeder Zwischenwert erreicht werden. Dies wird über die boolesche Eigenschaft `IsSnapToTickEnabled` mit dem Standardwert `False` erreicht. Mit dem Werte `True` bewirken Sie, dass der Thumb nur auf den Ticks einrastet, dass also keine Zwischenwerte erreicht werden können (siehe Slider 3).

Die Ticks können nicht nur in gleichmäßigen Abständen, sondern auch individuell eingestellt werden, falls nur bestimmte Werte sinnvoll sind (siehe Slider 4). Dazu wird der Eigenschaft `Ticks`, die vom Typ `DoubleCollection` ist, eine Aufzählung von `double`-Werten zugewiesen. Bei diesem Slider sehen Sie auch, dass ein Bereich für den Benutzer hervorgehoben wird. Dazu muss die boolesche Eigenschaft `IsSelectionRangeEnabled` auf `True` gesetzt werden. Den Bereich kennzeichnen Sie anschließend mit Werten für die Eigenschaften `Selection-Start` und `SelectionEnd` vom Typ `double`.

Zu guter Letzt wurde noch ein vertikaler Slider eingesetzt (siehe Slider 5). Die Werte steigen von unten nach oben an. Falls die Eigenschaft `TickPlacement` den Wert `BottomRight` hat, dann werden die Ticks rechts vom Slider angezeigt, entsprechend bei `TopLeft` links vom Slider.

Die Label werden jeweils nach dem Ereignis `ValueChanged` mit dem neuen Wert gefüllt. Als Beispiel folgen die Methoden für Slider 2 und 3:

```
private void s12_ValueChanged(object sender,
    RoutedPropertyChangedEventArgs<double> e)
{
  lb2.Content = Math.Round(s12.Value, 1);
  if(IsLoaded)
    lbalt.Content = "alt: " + Math.Round(e.OldValue, 1);
}

private void s13_ValueChanged(object sender,
    RoutedPropertyChangedEventArgs<double> e)
{ lb3.Content = s13.Value; }
```

Der Wert der Eigenschaft `Value` wird bei Slider 2 (und Slider 5) auf eine Stelle gerundet ausgegeben. Bei Slider 3 (und Slider 4) ist dies nicht notwendig, da sich wegen der Einteilung der Ticks und *SnapToTick* nur ganzzahlige Werte ergeben können. Das Objekt der Klasse `RoutedPropertyChangedEventArgs<double>` bietet Informationen über den Wechsel des Werts. Die Eigenschaft `OldValue` beinhaltet den Wert vor der Änderung.

4.5.3 ScrollBar

Ein ScrollBar ermöglicht normalerweise einen Bildlauf. Er kann aber auch wie ein vereinfachter Slider genutzt werden. Er besteht aus einem Thumb, der auf einer Schiebeleiste bewegt wird; an den Enden gibt es jeweils einen RepeatButton. Es gibt allerdings keine *Ticks*, also auch kein *SnapToTick*. Ebenso gibt es keinen permanenten *AutoToolTip* und keinen *SelectionRange*.

Zusätzlich zum Wert der Eigenschaft `LargeChange` kann auch ein Wert für die Eigenschaft `SmallChange` eingestellt werden. Ersterer wirkt sich bei einem Klick neben den Thumb aus, Letzterer bei einem Klick auf einen der RepeatButtons. Ein kleines Beispiel sehen Sie im Projekt *ZahlScrollBar* (siehe Abbildung 4.32).

Abbildung 4.32 Horizontaler ScrollBar

Der Aufbau des ScrollBar in XAML:

```
<ScrollBar x:Name="sbar" Orientation="Horizontal" Maximum="100"
   Value="20" SmallChange="2" LargeChange="10" Width="200"
   Height="18" Margin="5" ValueChanged="sbar_ValueChanged" />
```

Ohne weitere Angaben ist ein ScrollBar vertikal und durchläuft Werte von 0 bis 1. Zur Änderung dieses Verhaltens sind die Eigenschaften `Minimum` und `Maximum` beziehungsweise `Orientation` einzustellen. Die Betätigung der RepeatButtons ändert `Value` um 2 (`SmallChange`), ein Klick auf die Schiebeleiste um 10 (`LargeChange`). Nach wie vor sind natürlich auch die Zwischenwerte durch direkte Betätigung des Thumb zu erreichen. Das Ereignis `ValueChanged` führt zu folgender Methode:

```
private void sbar_ValueChanged(object sender,
    RoutedPropertyChangedEventArgs<double> e)
{ lb.Content = Math.Round(sbar.Value,0); }
```

4.6 Container

In diesem Abschnitt werden einige Steuerelemente behandelt, die Elemente einer Benutzeroberfläche visuell und/oder funktional gegenüber anderen Elementen hervorheben beziehungsweise zusammenfassen. Es handelt sich um die Elemente des Typs `Border`, `GroupBox`, `Expander` und `TabControl`.

Viele Steuer- und Layoutelemente haben diese Funktionalität. Ein Beispiel wären zwei StackPanel, in denen jeweils eine Gruppe von RadioButtons angeordnet ist. Bei den oben genannten Elementen handelt es sich aber um ihre Hauptaufgabe.

4.6.1 Border

Die Klasse `Border` dient dazu, Elemente mit einem Rahmen zu versehen. Die Eigenschaften `BorderBrush` (vom Typ `Brush`) und `BorderThickness` (vom Typ `Thickness`) stehen für Farbe und Dicke des Rahmens. Sie haben die Standardwerte `Brushes.Transparent` beziehungsweise 0. Es sollte daher beiden Eigenschaften ein Wert zugewiesen werden, damit der Rahmen sichtbar wird. Die Eigenschaft `CornerRadius` der gleichnamigen Struktur kann dazu verwendet werden, einen Eckenradius zu erzeugen, also die Ecken abzurunden.

Die Einstellungen für `BorderThickness` kennen Sie bereits von den Eigenschaften `Margin` und `Padding` (siehe Abschnitt 4.1.4 und 4.1.5). Man kann die vier Seiten des Rahmens also mit einem Wert einheitlich oder mit zwei beziehungsweise vier Werten unterschiedlich gestalten.

Hinsichtlich eines Rahmens gibt es in Abhängigkeit des Elementtyps zwei mögliche Vorgehensweisen:

- *Rahmen als Eigenschaft:* Sie stellen die Eigenschaften `BorderBrush` und `BorderThickness` für das Element ein.
- *Rahmen als Objekt:* Sie betten das Element in ein Objekt des Typs `Border` ein.

Im nachfolgenden Projekt *ContainerBorder* sehen Sie einige Beispiele (siehe Abbildung 4.33).

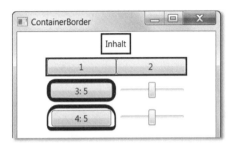

Abbildung 4.33 Nach dem Start

Der Reihe nach werden abgebildet:

- ein Label mit Rahmen
- ein WrapPanel mit Rahmen
- ein Button mit Rahmen und einheitlichem Eckenradius; Dicke und Eckenradius können über einen Slider eingestellt werden.
- ein Button mit Rahmen und uneinheitlichem Eckenradius, wiederum mit Slider-Einstellung

Zunächst der Aufbau in XAML:

```
<StackPanel>
  <Label BorderBrush="Black" BorderThickness="2"
    HorizontalAlignment="Center" Margin="2">Inhalt</Label>
  <Border BorderBrush="Black" BorderThickness="2"
      Width="204" Margin="2">
    <WrapPanel HorizontalAlignment="Center">
      <Button Width="100">1</Button>
      <Button Width="100">2</Button>
    </WrapPanel>
  </Border>
  <WrapPanel HorizontalAlignment="Center">
    <Border x:Name="bo3" BorderBrush="Black" BorderThickness="5"
        CornerRadius="10" Margin="2" Width="100">
      <Button x:Name="bu3">3: 5</Button>
    </Border>
```

```
        <Slider Value="5" ... />
    </WrapPanel>
    <WrapPanel HorizontalAlignment="Center">
        <Border x:Name="bo4" BorderBrush="Black" Margin="2"
            BorderThickness="2, 5, 2, 5" Width="100"
            CornerRadius="15, 15, 5, 5" Padding="5, 3, 5, 1">
            <Button x:Name="bu4">4: 5, 127</Button>
        </Border>
        <Slider Value="5" ... />
    </WrapPanel>
</StackPanel>
```

Beim Label werden direkt die Eigenschaften `BorderBrush` und `BorderThickness` genutzt, um einen schwarzen Rahmen mit Einheitsdicke 2 zu erstellen. Da es horizontal im StackPanel zentriert ist, hat das Label (somit auch der Rahmen) nur die notwendige Breite. Ansonsten würde sich das Label einschließlich Rahmen über die gesamte Breite erstrecken.

Die beiden Buttons 1 und 2 liegen in einem WrapPanel, das in ein Objekt der Klasse `Border` eingebettet ist. Dieses Objekt hat die Breite der beiden Buttons (jeweils 100) plus die Dicke des schwarzen Rahmens (jeweils 2), also 204. Wäre es breiter, würde der Rahmen nicht an den Buttons im Panel »anliegen«. Wäre es schmaler, würde der zweite Button in die nächste Zeile »rutschen«.

Im nächsten WrapPanel ist Button 3 in ein Objekt der Klasse `Border` eingebettet. Dieser Rahmen ist schwarz, hat eine einheitliche Dicke von 5 und einen einheitlichen Eckenradius von 10.

Das letzte WrapPanel beinhaltet Button 4, der ebenfalls in ein Objekt der Klasse `Border` eingebettet ist. Dieser Rahmen ist schwarz. Die `Thickness`-Werte für `BorderThickness` sind: 2 für links, 5 für oben, 2 für rechts und 5 für unten. Der Eckenradius ist: 15 für oben links, 15 für oben rechts, 5 für unten rechts und 5 für unten links. Es wird also auch hier im Uhrzeigersinn vorgegangen. Die `Thickness`-Werte für `Padding` (5, 3, 5, 1) wurden so gewählt, dass der Button den Rahmen zu Beginn nicht berührt.

Es folgen die Ereignismethoden für die beiden Slider:

```
private void sl3_ValueChanged(...)
{
    bo3.BorderThickness = new Thickness(sl3.Value);
    bo3.CornerRadius = new CornerRadius(2 * sl3.Value);
    bu3.Content = "3: " + Math.Round(sl3.Value, 0);
}
```

```
private void sl4_ValueChanged(...)
{
  bo4.BorderThickness =
    new Thickness(2, sl4.Value, 2, 10 - sl4.Value);
  bo4.CornerRadius = new CornerRadius
    (3 * sl4.Value, 3 * sl4.Value, sl4.Value, sl4.Value);
  bu4.Content = "4: " + Math.Round(sl4.Value, 0);
}
```

Die Struktur `Thickness` bietet zwei Konstruktoren. Sie werden hier genauso genutzt, wie Sie es schon bei `Margin` und `Padding` (siehe Abschnitt 4.1.4 und 4.1.5) gesehen haben. Die Struktur `CornerRadius` bietet ebenfalls zwei Konstruktoren. Der Benutzer könnte die Rahmen mithilfe der Methoden so einstellen wie in Abbildung 4.34.

Abbildung 4.34 Rahmen-Einstellungen

4.6.2 GroupBox

Ein Element des Typs `GroupBox` können Sie nutzen, um die Elemente einer Benutzeroberfläche übersichtlich zu gruppieren. Dies wird häufig bei Gruppen von RadioButtons genutzt. Die Eigenschaft `Header` beinhaltet die Bezeichnung der `GroupBox` und kann wiederum aus Steuerelementen gestaltet werden.

Im nachfolgenden Projekt *ContainerGroupBox* werden zwei Gruppen von Elementen jeweils in einer `GroupBox` dargestellt (siehe Abbildung 4.35). Die Sichtbarkeit der zweiten Gruppe kann mithilfe einer CheckBox ein- und ausgeschaltet werden.

Abbildung 4.35 Zwei Elemente vom Typ »GroupBox«

Zunächst der Aufbau in XAML:

```xaml
<WrapPanel>
  <GroupBox Header="Bereich 1" Margin="5" Width="130">
    <StackPanel> ...
      <CheckBox IsChecked="True" Checked="cb1_Checked"
         Unchecked="cb1_Unchecked">Bereich 2 sichtbar</CheckBox>
    </StackPanel>
  </GroupBox>
  <GroupBox x:Name="gb2" Margin="5" Width="120">
    <GroupBox.Header>
      <CheckBox IsChecked="True" Checked="cb2_Checked"
         Unchecked="cb2_Unchecked">Bereich 2 aktiv</CheckBox>
    </GroupBox.Header>
    <StackPanel x:Name="sp2"> ... </StackPanel>
  </GroupBox>
</WrapPanel>
```

Beide Elemente vom Typ GroupBox beinhalten ein StackPanel mit mehreren Steuerelementen. Diese Steuerelemente haben hier keine Funktionalität, sondern stehen nur für beliebige Elemente innerhalb einer GroupBox.

Die erste GroupBox hat einen einfachen Text als Header und eine CheckBox, mit der man die Sichtbarkeit der zweiten GroupBox steuern kann. Bei der zweiten GroupBox besteht der Header aus einer CheckBox, mit der man die Sichtbarkeit (Eigenschaft Visibility) des StackPanels innerhalb der GroupBox steuern kann. Es folgen die Ereignismethoden:

```
private void cb1_Checked(...)
{ if(IsLoaded) gb2.Visibility = Visibility.Visible; }
private void cb1_Unchecked(...)
{ gb2.Visibility = Visibility.Hidden; }
private void cb2_Checked(...)
{ if(IsLoaded) sp2.Visibility = Visibility.Visible; }
private void cb2_Unchecked(...)
{ sp2.Visibility = Visibility.Hidden; }
```

4.6.3 Expander

Ein Element vom Typ Expander wird häufig dann eingesetzt, wenn Sie dem Benutzer Text oder Steuerelemente zur Verfügung stellen wollen, die nicht dauernd angezeigt werden sollen. Ein Expander kann in vier verschiedenen Richtungen aufklappen. Zuständig dafür ist die Eigenschaft ExpandDirection; sie hat den Standardwert Down. Weitere Werte aus der gleichnamigen Enumeration sind Up, Left und Right.

Die boolesche Eigenschaft IsExpanded dient dazu, Auskunft über den aktuellen Zustand des Expanders zu geben und den Expander von außen zu steuern. Die Bezeichnung des Expanders steht in der Eigenschaft Header. Die Ereignisse Expanded und Collapsed treten beim Auf- und Zuklappen auf. Diese Ereignisse beeinflussen außerdem das Layout. Im nachfolgenden Projekt *ContainerExpander* sehen Sie vier aufgeklappte Expander in den vier möglichen Richtungen, jeweils in einer eigenen Grid-Zelle (siehe Abbildung 4.36). Unterhalb des ersten Expanders ist eine zusätzliche CheckBox positioniert.

Abbildung 4.36 Vier Expander in vier Richtungen

Der Aufbau in XAML:

```
<Grid>
  <Grid.ColumnDefinitions> ...
  <StackPanel>
    <Expander x:Name="ex1" Header="1: Ab" IsExpanded="True"
      Collapsed="ex1_klapp" Expanded="ex1_klapp">
      <StackPanel>
        <TextBlock>Text 1</TextBlock>
        <TextBlock>Text 2</TextBlock>
      </StackPanel>
    </Expander>
    <CheckBox x:Name="cb1" IsChecked="True"
      Click="cb1_Click">auf</CheckBox>
  </StackPanel>

  <Expander Header="2: Auf" IsExpanded="True"
      ExpandDirection="Up" Grid.Column="1"
      Background="LightGray">
    <StackPanel>
      <TextBlock>Text 1</TextBlock>
      <TextBlock>Text 2</TextBlock>
    </StackPanel>
  </Expander>
```

```xml
    <Expander Header="3: Re" ExpandDirection="Right"
        Grid.Column="2" MouseEnter="ex3_MouseEnter"
        MouseLeave="ex3_MouseLeave">
      <WrapPanel>
        <Button Margin="2">B1</Button>
        <Button Margin="2">B2</Button>
      </WrapPanel>
    </Expander>

    <Expander IsExpanded="True" ExpandDirection="Left"
        Grid.Column="3" Background="LightGray">
      <Expander.Header>
        <TextBlock RenderTransformOrigin="0.5 0.5">4: Links
          <TextBlock.RenderTransform>
            <TransformGroup>
              <RotateTransform Angle="270" />
              <TranslateTransform Y="15" />
            </TransformGroup>
          </TextBlock.RenderTransform>
        </TextBlock>
      </Expander.Header>
      <WrapPanel FlowDirection="RightToLeft">
        <Button Margin="2">B1</Button>
        <Button Margin="2">B2</Button>
      </WrapPanel>
    </Expander>
</Grid>
```

Ein Expander positioniert sich im übergeordneten Element, hier in der Grid-Zelle, automatisch in Abhängigkeit der Aufklapprichtung. Bei einem vertikalen Expander empfiehlt sich ein StackPanel zur Aufnahme der Elemente, ansonsten ein WrapPanel.

Falls `ExpandDirection` den Wert `Left` hat, so kann man der Eigenschaft `FlowDirection` den Wert `RightToLeft` geben, damit das erste Element unmittelbar am Header des Expanders liegt. Ein Header kann einen einfachen Text enthalten; er kann aber auch gestaltet werden, wie Sie es am letzten Expander sehen. Der TextBlock wurde gedreht und verschoben. Mehr zu solchen zweidimensionalen Transformationen lesen Sie in Abschnitt 9.5.

Die Ereignisse `Expanded` und `Collapsed` sowie die Betätigung der CheckBox führen zu den folgenden Methoden:

```
private void cb1_Click(...)
{ ex1.IsExpanded = (bool)cb1.IsChecked; }
```

```
private void ex1_klapp(...)
{ if (IsLoaded) cb1.IsChecked = ex1.IsExpanded; }
private void ex3_MouseEnter(object sender, MouseEventArgs e)
{ (sender as Expander).IsExpanded = true; }
private void ex3_MouseLeave(object sender, MouseEventArgs e)
{ (sender as Expander).IsExpanded = false; }
```

Der erste Expander kann auch über die Markierung beziehungsweise Entmarkierung der CheckBox bedient werden. Da er auch »herkömmlich« bedient werden kann, muss die Markierung der CheckBox aktuell gehalten werden. Der dritte Expander wird bereits geöffnet, sobald sich die Maus darüber befindet, schon vor dem Click. Er wird geschlossen, sobald sich die Maus wieder aus ihm herausbewegt.

4.6.4 TabControl

Ein Element vom Typ TabControl stellt verschiedene Registerkarten zur Verfügung, auf denen die Elemente platziert werden. Ein TabControl basiert auf Items, wie eine ListBox. Die einzelnen Elemente sind vom Typ TabItem. Die Eigenschaft SelectedIndex einer TabControl beinhaltet die laufende Nummer der aktiven Registerkarte, beginnend bei 0. In der Eigenschaft Header eines TabItem steht die Beschriftung der Registerkarte.

Eine Registerkarte wird vom Benutzer über einen Reiter (*TabStrip*) ausgewählt. Üblicherweise wird der Reiter am oberen Rand platziert. Die zuständige Eigenschaft TabStripPlacement gilt für die gesamte TabControl und ist vom Typ Dock, wie bei einem Element vom Typ DockPanel. Neben dem Standardwert Top gibt es also noch Left, Right und Bottom. Der Wechsel der Registerkarte führt zum Ereignis Selection_Changed.

Im nachfolgenden Projekt *ContainerTabControl* können Sie die verschiedenen Werte für TabStripPlacement wählen (siehe Abbildung 4.37). Außerdem gibt es einen Button auf der ersten Registerkarte, der zu einem Wechsel auf eine andere Karte führt.

Abbildung 4.37 TabControl, Reiter oben

Der Aufbau in XAML:

```xml
<TabControl x:Name="tc" Margin="5"
    SelectionChanged="tc_SelectionChanged">
  <TabItem Header="Ber. 0">
    <WrapPanel Orientation="Vertical">
      <Button>Button 0 A</Button>
      <Button x:Name="b1" Click="b1_Click">Zum Letzten</Button>
    </WrapPanel>
  </TabItem>
  <TabItem Header="Ber. 1" Selector.IsSelected="True">
    <WrapPanel Orientation="Vertical">
      <Button>Button 1 A</Button>
      <Button>Button 1 B</Button>
    </WrapPanel>
  </TabItem>
  <TabItem>
    <TabItem.Header>
      <WrapPanel>
        <TextBlock FontWeight="Bold"
          Margin="0,0,3,0">Letzter</TextBlock>
        <TextBlock>Bereich</TextBlock>
      </WrapPanel>
    </TabItem.Header>
    <WrapPanel Orientation="Vertical">
      <Button>Button 2 A</Button>
      <Button>Button 2 B</Button>
    </WrapPanel>
  </TabItem>
</TabControl>
<WrapPanel RadioButton.Checked="rb_Check"> ... </WrapPanel>
```

Der `Header` eines TabItem kann ein einfacher Text sein. Er kann aber auch gestaltet werden, wie es beim letzten TabItem der Fall ist. Die *Attached Property* `IsSelected` der Klasse `Selector` dient zur Vorauswahl einer Registerkarte. Es folgen die Methoden für die verschiedenen Ereignisse:

```csharp
private void tc_SelectionChanged(object sender,
    SelectionChangedEventArgs e)
{ if (IsLoaded)
    lb.Content = "Aktiver Index: " + tc.SelectedIndex; }

private void b1_Click(...) { tc.SelectedIndex = 2; }

private void rb_Check(object sender, RoutedEventArgs e)
```

```
{
  if (IsLoaded)
  {
    string s = (e.Source as RadioButton).Content.ToString();
    switch (s)
    {
      case "Top": tc.TabStripPlacement = Dock.Top; break;
      case "Left": tc.TabStripPlacement = Dock.Left; break;
      case "Right": tc.TabStripPlacement = Dock.Right; break;
      case "Bottom": tc.TabStripPlacement = Dock.Bottom; break;
    }
  }
}
```

Der Wechsel der Registerkarte, zum Beispiel durch einen Klick auf den Reiter, führt über das Ereignis `Selection_Changed` zur Ausgabe der Nummer der neuen Registerkarte. Falls man die Registerkarte durch ein anderes Ereignis als durch einen Klick auf den Reiter wechseln möchte, so muss dazu der Wert der Eigenschaft `SelectedIndex` geändert werden.

Die vier RadioButtons sollen Ihnen helfen, sich die verschiedenen Reiter-Anordnungen vorzustellen. Das Ereignis `RadioButton.Checked` wurde nur einmalig, beim umgebenden WrapPanel registriert. Es wird vom auslösenden RadioButton zum WrapPanel geroutet. Die ursprüngliche Ereignisquelle lässt sich dann über die Eigenschaft `Source` des Objekts der Klasse `RoutedEventArgs` ermitteln.

4.7 Menüs und Leisten

Haupt- und Kontextmenü sowie Symbol- und Statusleiste sind selbstverständliche Bestandteile einer Benutzeroberfläche. Sie werden in diesem Abschnitt vorgestellt.

Ribbons, also Menübänder, kennt man zum Beispiel in MS Office ab Version 2007. Sie benötigen einen eigenen Typ Vorlage (siehe Abschnitt 6.7, »Ribbonanwendung«).

4.7.1 Hauptmenü

Ein Hauptmenü wird meist mithilfe eines `DockPanel`-Objekts am oberen Fensterrand verankert. Das Hauptelement ist vom Typ `Menu`. Innerhalb dieses Elements gibt es eine hierarchische Struktur von Elementen. Dies können Elemente des Standardtyps `MenuItem` sein, aber auch Elemente anderer Typen, wie zum Beispiel

RadioButton oder ComboBox. Elemente des Typs Separator dienen zur Unterteilung eines längeren Menüs.

Die Beschriftung eines MenuItems steht in der Eigenschaft Header. Falls Sie der Eigenschaft IsCheckable den Wert True geben, erscheint vor dem Header eine Markierung, wie bei einer CheckBox. Ein Bild vor dem Header kann mithilfe der Eigenschaft Icon (vom Typ object) angezeigt werden (siehe Abbildung 4.38 aus dem nachfolgenden Projekt *MenüHaupt*). Ein Unterstrich vor einem Zeichen des Headers ermöglicht die Bedienung per Tastatur ([Alt]+[Zeichen]).

Abbildung 4.38 Aufgeklapptes Menü

Zunächst der Aufbau in XAML:

```
<DockPanel>
  <Menu DockPanel.Dock="Top">
    <MenuItem Header="_Bearbeiten">
      <MenuItem Header="_Kopieren" Click="menu_kopieren" />
      <MenuItem Header="_Ende" Click="menu_ende" />
    </MenuItem>

    <MenuItem Header="_Ansicht">
      <MenuItem Header="_Hintergrund"
        RadioButton.Checked="menu_hintergrund">
        <MenuItem.Icon>
          <Image Source="work.gif" Width="20" />
        </MenuItem.Icon>
        <RadioButton IsChecked="True">Weiß</RadioButton>
        <RadioButton>Gelb</RadioButton>
        <RadioButton>Rot</RadioButton>
      </MenuItem>
      <Separator />
      <WrapPanel>
        <TextBlock VerticalAlignment="Center"
          Margin="0,0,5,0">Schriftgröße</TextBlock>
```

```xml
        <ComboBox x:Name="cb_groesse"
            SelectionChanged="menu_cb_groesse">
          <ComboBoxItem>8</ComboBoxItem>
          <ComboBoxItem>10</ComboBoxItem>
          <ComboBoxItem Selector.IsSelected="True">
            12</ComboBoxItem>
          <ComboBoxItem>18</ComboBoxItem>
        </ComboBox>
      </WrapPanel>
      <Separator />
      <MenuItem x:Name="fett" Header="_Fett"
          IsCheckable="True" Click="menu_fett" />
    </MenuItem>
  </Menu>

  <WrapPanel DockPanel.Dock="Top" Orientation="Vertical">
    <TextBox x:Name="tb" Width="80" Margin="5" />
    <Label x:Name="lb" Margin="5">Hallo Welt</Label>
  </WrapPanel>
</DockPanel>
```

Im Hauptmenüpunkt BEARBEITEN gibt es die Untermenüpunkte KOPIEREN und ENDE. Die Auswahl eines dieser Punkte führt zur Methode für das jeweilige Click-Ereignis. Kopiert wird der Inhalt der TextBox in das Label. ENDE beendet die Anwendung.

Im Hauptmenüpunkt ANSICHT werden die Hintergrundfarbe über RadioButtons, die Schriftgröße über eine ComboBox und das Schriftgewicht über einen Menüeintrag mit Markierung eingestellt.

Die zugehörigen Methoden:

```
private void menu_kopieren(...)
{ lb.Content = tb.Text;
  if (lb.Content.ToString() == "") lb.Content = "(leer)"; }
private void menu_ende(...) { Close(); }

private void menu_hintergrund(...)
{
  if (IsLoaded)
  {
    string s = (e.Source as RadioButton).Content.ToString();
    switch (s)
    {
      case "Weiß": lb.Background =
        new SolidColorBrush(Colors.White); break;
```

```
      case "Gelb": lb.Background =
        new SolidColorBrush(Colors.Yellow); break;
      case "Rot": lb.Background =
        new SolidColorBrush(Colors.Red); break;
    }
  }
}
```

Wie im vorherigen Abschnitt (zum Thema TabControl) wird das Ereignis RadioButton.Checked nur einmalig, und zwar beim umgebenden MenuItem, registriert. Die Ereignisquelle wird über e.Source ermittelt.

```
private void menu_cb_groesse(object sender,
    SelectionChangedEventArgs e)
{ if (IsLoaded && cb_groesse.SelectedIndex != -1)
    lb.FontSize = Convert.ToDouble(
      (cb_groesse.SelectedItem as ComboBoxItem).Content); }
private void menu_fett(...)
{ if (item_fett.IsChecked) lb.FontWeight = FontWeights.Bold;
  else lb.FontWeight = FontWeights.Normal; }
```

Der Eintrag eines ComboBoxItem steht in der Eigenschaft Content. Dieser Wert kann nach der Konvertierung als Schriftgröße übernommen werden. Die Eigenschaft IsChecked eines MenuItem, dessen Eigenschaft IsCheckable auf True steht, übermittelt den aktuellen Zustand dieses Items.

4.7.2 Kontextmenü

Das Hauptelement eines Kontextmenüs ist vom Typ ContextMenu. Intern hat es den gleichen hierarchischen Aufbau wie ein Hauptmenü, mit Elementen des Standardtyps MenuItem beziehungsweise Elementen anderer Typen.

Ein Kontextmenü wird einem Steuerelement über dessen Eigenschaft ContextMenu zugeordnet. Es erscheint, falls der Benutzer mit der rechten Maustaste auf das betreffende Steuerelement klickt. Über die double-Eigenschaften HorizontalOffset und VerticalOffset legen Sie den Abstand zum Steuerelement fest. Der Standardwert ist jeweils 0. Falls Sie parallel zum Öffnen und Schließen eines Kontextmenüs andere Aktionen ausführen möchten, so können Sie die Ereignisse Opened und Closed nutzen.

Häufig gibt es Menüpunkte eines Kontextmenüs auch im Hauptmenü. Es gilt natürlich, die Einträge in beiden Menüs synchron zu halten – wie im nachfolgenden Projekt *MenüKontext* (siehe Abbildung 4.39).

Abbildung 4.39 Aufgeklapptes Kontextmenü

Der Aufbau in XAML:

```
<DockPanel>
  <Menu DockPanel.Dock="Top">
    <MenuItem x:Name="item_fett_hauptmenu" Header="_Fett"
      IsCheckable="True" Click="menu_fett" />
  </Menu>
  <StackPanel>
    <Label x:Name="lb1" Margin="5">Label 1
      <Label.ContextMenu>
        <ContextMenu x:Name="cm" HorizontalOffset="20"
            VerticalOffset="2" Opened="status" Closed="status">
          <MenuItem x:Name="item_fett_kontextmenu" Header="_Fett"
            IsCheckable="True" Click="menu_fett" />
        </ContextMenu>
      </Label.ContextMenu>
    </Label>
    <Label x:Name="lb2" Margin="5" />
  </StackPanel>
</DockPanel>
```

Die Anwendung beinhaltet ein Hauptmenü. Außerdem beinhaltet sie ein Kontextmenü für das erste Label, das mit einem vertikalen und horizontalen Abstand eingeblendet wird. Beide Menüs enthalten ausschließlich den gleichen, markierbaren Menüpunkt. Damit soll das Label in Fett- oder Normalschrift gesetzt werden.

Das zweite Label zeigt mithilfe der Ereignisse Opened und Closed an, ob das Kontextmenü geöffnet oder geschlossen ist. Die Ereignismethoden:

```
private void menu_fett(...)
{
  if ((sender as MenuItem).IsChecked)
  {
    lb1.FontWeight = FontWeights.Bold;
    item_fett_hauptmenu.IsChecked = true;
```

```
    item_fett_kontextmenu.IsChecked = true;
  }
  else
  {
    lbl.FontWeight = FontWeights.Normal;
    item_fett_hauptmenu.IsChecked = false;
    item_fett_kontextmenu.IsChecked = false;
  }
}

private void status(...)
{
  if(cm.IsOpen)
    lb2.Content = "Kontextmenü geöffnet";
  else
    lb2.Content = "Kontextmenü geschlossen";
}
```

Die Methode `menu_fett()` wird aufgerufen, unabhängig davon, in welchem Menü der entsprechende Menüpunkt ausgewählt wurde. Innerhalb der Methode wird, in Abhängigkeit von der Markierung, das Label in Fett- oder Normalschrift gesetzt. Außerdem wird in beiden Menüs der Menüpunkt synchron markiert.

Die Methode `status()` wird beim Öffnen und Schließen des Kontextmenüs genutzt. Die Eigenschaft `IsOpen` gibt Auskunft darüber, welcher Vorgang soeben durchgeführt wurde.

4.7.3 Symbolleiste

In Symbolleisten werden häufig genutzte Bedienungselemente untergebracht. Eine einzelne Symbolleiste ist ein Element vom Typ `ToolBar`. Mehrere Symbolleisten werden in einem Container vom Typ `ToolBarTray` zusammengefasst. Dieser ToolBarTray wird meist mithilfe eines DockPanels an einem Fensterrand verankert. Mit dem Wert `Vertical` für die Eigenschaft `Orientation` können Sie den ToolBarTray auch vertikal anordnen.

Falls aus Platzgründen nicht alle Inhalte einer Symbolleiste im Fenster angezeigt werden können, so kann der Benutzer einen kleinen Pfeil rechts unten an der Symbolleiste bedienen, der ihm den Zugang zu den restlichen Elementen ermöglicht (siehe Abbildung 4.40). Er kann die Symbolleiste auch mit der Maus am linken Rand anfassen, sie verschieben und ihr dadurch zu Lasten der anderen Symbolleisten mehr Platz verschaffen (siehe Abbildung 4.41). Das Verschieben ist allerdings nur möglich, falls die ToolBarTray nicht gesperrt ist, also die Eigenschaft `IsLocked` des ToolBarTray den Standardwert `False` hat.

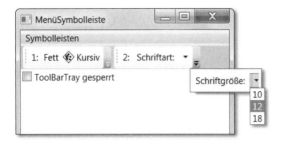

Abbildung 4.40 Zugriff auf Elemente außerhalb

Abbildung 4.41 Symbolleiste verschoben

Innerhalb einer Symbolleiste können, wie auch bei Menüs oder anderen Elementen der WPF, Elemente unterschiedlichen Typs angeordnet werden. Im Projekt *MenüSymbolleiste* sehen Sie einen ToolBarTray mit zwei Symbolleisten. Die Symbolleisten können über das Hauptmenü einzeln ein- und ausgeblendet werden. Der ToolBarTray kann gesperrt werden. Da es im Projekt auf das Verhalten der Symbolleiste selber ankommt, habe ich die Ereignismethoden zu den Steuerelementen auf den Symbolleisten eingespart.

Der XAML-Code:

```
<DockPanel>
  <Menu DockPanel.Dock="Top">
    <MenuItem Header="Symbolleisten">
      <MenuItem x:Name="item_tb1" Header="SL 1"
        IsCheckable="True" IsChecked="True"
        Click="sichtbar_tb1" />
      <MenuItem x:Name="item_tb2" Header="SL 2"
        IsCheckable="True" IsChecked="True"
        Click="sichtbar_tb2" />
    </MenuItem>
  </Menu>
  <ToolBarTray x:Name="tbtray" DockPanel.Dock="Top"
      Background="LightGray">
    <ToolBar x:Name="tb1">
      <Label>1: </Label>
```

```xml
      <ToggleButton>Fett</ToggleButton>
      <ToggleButton>
        <WrapPanel>
          <Image Source="work.gif" Height="16"
            Margin="0,0,3,0" />
          <TextBlock>Kursiv</TextBlock>
        </WrapPanel>
      </ToggleButton>
    </ToolBar>
    <ToolBar x:Name="tb2">
      <Label>2:</Label>
      <Label>Schriftart:</Label>
      <ComboBox>
        <ComboBoxItem>Arial</ComboBoxItem>
        <ComboBoxItem>Tahoma</ComboBoxItem>
        <ComboBoxItem>Verdana</ComboBoxItem>
      </ComboBox>
      <Label>Schriftgröße:</Label>
      <ComboBox>
        <ComboBoxItem>10</ComboBoxItem>
        <ComboBoxItem>12</ComboBoxItem>
        <ComboBoxItem>18</ComboBoxItem>
      </ComboBox>
    </ToolBar>
  </ToolBarTray>
  <CheckBox x:Name="cb" Margin="2" Click="gesperrt">
    ToolBarTray gesperrt</CheckBox>
</DockPanel>
```

Innerhalb der Symbolleisten wird unter anderem eine ComboBox dargestellt. Sie sieht anders aus als eine normale ComboBox (siehe Abbildung 4.40). Dies liegt daran, dass über die Eigenschaft `ComboBoxStyleKey` der ToolBar ein spezieller Style zur Anwendung kommt. Entsprechende Styles gibt es unter anderem auch für Elemente des Typs CheckBox, RadioButton und ToggleButton. Mehr zu Styles und Keys finden Sie in Kapitel 7, »Vorlagen«.

Die Ereignismethoden zum Ein- und Ausblenden beziehungsweise Sperren:

```
private void sichtbar_tb1(...)
{ sichtbar(item_tb1, tb1); }
private void sichtbar_tb2(...)
{ sichtbar(item_tb2, tb2); }
private void sichtbar(MenuItem mi, ToolBar tb)
{ if (mi.IsChecked) tb.Visibility = Visibility.Visible;
  else               tb.Visibility = Visibility.Collapsed; }
```

Die erste Symbolleiste wird über den ersten Hauptmenüeintrag ein- oder ausgeblendet (Eigenschaft Visibility). Das Entsprechende gilt für die zweite Symbolleiste.

```
private void gesperrt(...)
{ tbtray.IsLocked = (bool)cb.IsChecked; }
```

Der ToolBarTray wird über die Checkbox ge- und entsperrt.

4.7.4 Statusleiste

Gemäß ihrem Namen beinhaltet die Statusleiste aktuelle Informationen über den Status einer Anwendung und ihrer Elemente. Das Element vom Typ StatusBar kann aber auch selber Elemente enthalten, wie die Menüs und die Symbolleiste. Sie wird meist mithilfe eines DockPanels am unteren Bildschirmrand verankert. Im nachfolgenden Projekt *MenüStatusleiste* werden die aktuellen Werte von Datum, Fenstergröße und Mausposition dargestellt (siehe Abbildung 4.42).

Abbildung 4.42 Statusleiste

Der Aufbau in XAML:

```
<Window ... Loaded="Window_Loaded"
    SizeChanged="Window_SizeChanged"
    MouseMove="Window_MouseMove">
  <DockPanel>
    <StatusBar DockPanel.Dock="Bottom">
      <TextBlock x:Name="tb1"></TextBlock>
      <Separator />
      <Label>Größe:</Label>
      <TextBlock x:Name="tb2"></TextBlock>
      <Separator />
      <CheckBox x:Name="cb" Click="cb_Click" />
      <WrapPanel x:Name="wp" Visibility="Collapsed">
        <Label>Position:</Label>
        <TextBlock x:Name="tb3"
          VerticalAlignment="Center"></TextBlock>
      </WrapPanel>
    </StatusBar>
```

```
    <Label>Inhalt</Label>
  </DockPanel>
</Window>
```

Nachdem das Fenster geladen wurde, tritt das Ereignis Loaded ein. Sobald die Fenstergröße geändert wird, also auch zu Beginn der Anwendung, wird das Ereignis SizeChanged ausgelöst. Wird die Maus über dem Fenster bewegt, so führt dies zum Ereignis MouseMove. Mehr zu Fensterereignissen sehen Sie in Abschnitt 6.3, »Fenster«, mehr zu Mausereignissen in Abschnitt 5.2, »Maus«. Der zugehörige Code sieht so aus:

```
private void Window_Loaded(...)
{ tb1.Text = DateTime.Today.ToShortDateString(); }
```

Es wird das aktuelle Datum in Kurzform angezeigt.

```
private void Window_SizeChanged(object sender,
    SizeChangedEventArgs e)
{ tb2.Text = (int)Width + "*" + (int)Height; }
```

Breite und Höhe des Fensters sind double-Werte.

```
private void Window_MouseMove(object sender, MouseEventArgs e)
{ tb3.Text = "X:" + (int)e.GetPosition(this).X
    + " Y:" + (int)e.GetPosition(this).Y; }
```

Die Methode GetPosition() des MouseEventArgs-Objekts gibt einen Wert vom Typ Point zurück. Dieser enthält die X- und Y-Komponente als double-Werte.

```
private void cb_Click(...)
{ if ((bool)cb.IsChecked) wp.Visibility = Visibility.Visible;
  else wp.Visibility = Visibility.Collapsed; }
```

Ein Beispiel für ein Steuerelement in der Statusleiste: Der Benutzer kann die Positionsangabe per CheckBox ein- oder ausblenden.

4.8 Datum

Die beiden Steuerelemente vom Typ Calendar und DatePicker dienen zur eindeutigen Auswahl von Datumswerten beziehungsweise Datumsbereichen.

4.8.1 Calendar

Das Element vom Typ Calendar bietet zahlreiche Möglichkeiten zur Datumswahl. Die Eigenschaft SelectionMode dient zur Festlegung des Auswahlmodus. Es gibt dazu die folgenden Werte in der Enumeration CalendarSelectionMode:

- `SingleDate`: Dies ist der Standardwert. Es kann ein einzelner Datumswert per Maus oder Pfeil -Taste bestimmt werden.
- `SingleRange`: Es kann ein einzelner Bereich per Maus und ⇧ -Taste oder per Pfeil - und ⇧ -Taste ausgewählt werden. Je nach Richtung der Auswahl handelt es sich um auf- oder absteigende Daten.
- `MultipleRange`: Es können mehrere getrennte Datumswerte oder Datumsbereiche per Maus, ⇧ - und Strg -Taste oder per Pfeil -, ⇧ - und Strg -Taste bestimmt werden. Die Reihenfolge der Auswahl entscheidet wiederum über die Reihenfolge der Daten. Ein Beispiel sehen Sie in Abbildung 4.43. Zuerst wurde der Bereich 16.03.–17.03., anschließend der Bereich 02.03–03.03. markiert.

Im nachfolgenden Projekt *DatumCalendar* werden die ausgewählten Daten in einem Label angezeigt. Außerdem gibt es die Möglichkeit, den `SelectionMode` zu wechseln.

Abbildung 4.43 Auswahl getrennter Bereiche

Falls der Benutzer im Kopf der Monatsansicht auf März 2012 klickt, so wird ihm die Jahresansicht mit allen 12 Monaten des Jahres 2012 angezeigt. Klickt er anschließend in der Jahresansicht auf 2012, so wird ihm die 12-Jahresansicht mit insgesamt 12 Jahren angezeigt. Ein Klick auf eines der 12 Jahre beziehungsweise einen der 12 Monate führt ihn über die Jahres- wieder zur Monatsansicht.

Ein Klick auf einen der Pfeile bewirkt, dass der benachbarte Monat beziehungsweise das benachbarte Jahr oder die benachbarten 12 Jahre angezeigt werden. Klickt er auf einen der angezeigten letzten Tage des Vormonats oder auf einen der angezeigten ersten Tage des Nachfolgemonats, so wechselt die Anzeige zum entsprechenden Monat.

Der Aufbau in XAML:

```
<Window ...>
  <StackPanel>
    <Label x:Name="lb" HorizontalAlignment="Center" />
    <Calendar x:Name="cal" SelectedDatesChanged="anzeige"
        DisplayDate="3/2/2012" SelectionMode="MultipleRange"
        xmlns:sys="clr-namespace:System;assembly=mscorlib">
      <Calendar.SelectedDates>
        <sys:DateTime>3/16/2012</sys:DateTime>
        <sys:DateTime>3/17/2012</sys:DateTime>
        <sys:DateTime>3/2/2012</sys:DateTime>
        <sys:DateTime>3/3/2012</sys:DateTime>
      </Calendar.SelectedDates>
    </Calendar>
    <WrapPanel HorizontalAlignment="Center"
        RadioButton.Click="umschalten">
      <RadioButton x:Name="sdate" ... </RadioButton>
      <RadioButton x:Name="sange" ... </RadioButton>
      <RadioButton x:Name="mrange" ... </RadioButton>
    </WrapPanel>
  </StackPanel>
</Window>
```

Zunächst muss der Namespace System eingebunden werden, damit der Typ DateTime für die Vorauswahl in XAML zur Verfügung steht. Der Wert der Eigenschaft DisplayDate bestimmt den Monat, der zu Beginn angezeigt wird. Die Eigenschaft SelectedDates beinhaltet alle ausgewählten Daten. Sie ist vom Typ SelectedDatesCollection. Im Beispiel wurde bereits eine Vorauswahl getroffen. Das Ereignis SelectedDatesChanged wird ausgelöst, wenn sich die Datumsauswahl ändert. Dies gilt unabhängig vom Auswahlmodus. Ausgewählte und angezeigte Daten müssen nicht im gleichen Monat liegen.

Die Ereignismethoden:

```
private void umschalten(...)
{
  if ((bool)sdate.IsChecked)
    cal.SelectionMode = CalendarSelectionMode.SingleDate;
  else if ((bool)srange.IsChecked)
    cal.SelectionMode = CalendarSelectionMode.SingleRange;
  else if ((bool)mrange.IsChecked)
    cal.SelectionMode = CalendarSelectionMode.MultipleRange;
}
```

Die Betätigung der RadioButtons führt zur Änderung des Auswahlmodus.

```
private void anzeige(...)
{
  if (cal.SelectedDates.Count > 0)
  {
    if (cal.SelectionMode == CalendarSelectionMode.SingleDate)
    {
      DateTime dt = (DateTime)cal.SelectedDate;
      lb.Content = dt.ToShortDateString();
    }
    else if (cal.SelectionMode ==
            CalendarSelectionMode.SingleRange)
    {
      DateTime dt_start = cal.SelectedDates[0];
      DateTime dt_end = cal.SelectedDates
                          [cal.SelectedDates.Count - 1];
      lb.Content = dt_start.ToShortDateString() + " - "
                + dt_end.ToShortDateString();
    }
    else if (cal.SelectionMode ==
            CalendarSelectionMode.MultipleRange)
    {
      string ausgabe = "";
      foreach (DateTime dt in cal.SelectedDates)
        ausgabe += dt.ToShortDateString() + " ";
      lb.Content = ausgabe;
    }
  }
  else
    lb.Content = "Kein Datum";
}
```

Die Methode `anzeige()` wird beim Wechsel der Auswahl aufgerufen. Ein Wechsel der Auswahl tritt auch beim Laden des Fensters auf, daher werden die ausgewählten Daten sofort angezeigt. Zunächst muss mithilfe der Eigenschaft Count der Auflistung SelectedDates geprüft werden, ob eine Auswahl stattgefunden hat.

Beim Auswahlmodus SingleDate steht in der Eigenschaft SelectedDate ein einzelnes Datum vom Typ DateTime?. Erst nach einer Umwandlung in DateTime (ohne Fragezeichen) stehen Ausgabeformate zur Verfügung. Dem Typ DateTime? kann aber der Wert null zugewiesen werden. Dies entspricht: *kein Datum ausgewählt*.

Beim Auswahlmodus SingleRange werden das erste und das letzte Element aus der Auflistung SelectedDates ermittelt und ausgegeben. Bei MultipleRange werden alle Werte der Auflistung ausgegeben.

Calendar, mit Grenzen

Innerhalb des Objekts vom Typ Calendar können Sie die Anzeige für den Benutzer einschränken. Die Werte der Eigenschaften DisplayDateStart und DisplayDateEnd vom Typ DateTime? kennzeichnen die Grenzen des auswählbaren Bereichs. Darüber hinaus können Sie einzelne Daten innerhalb des auswählbaren Bereichs ausschließen. Diese Daten müssen Sie in der Auflistung BlackoutDates vom Typ CalendarBlackoutDatesCollection eintragen. Es werden jeweils Datumsbereiche als Objekte vom Typ CalendarDateRange notiert. Im Projekt *DatumCalendarGrenzen* wird ein Beispiel behandelt (siehe Abbildung 4.44).

Falls die Woche in der Anzeige nicht mit dem Montag beginnen soll, so können Sie einen Wert vom Typ DayOfWeek für die Eigenschaft FirstDayOfWeek eintragen.

Abbildung 4.44 Eingeschränkte Auswahl

Der Aufbau des Calendar-Objekts in XAML:

```
<Calendar x:Name="cal" FirstDayOfWeek="Sunday"
    DisplayDateStart="2012-3-3" DisplayDateEnd="2012-3-23"
    SelectedDatesChanged="anzeige">
  <Calendar.BlackoutDates>
    <CalendarDateRange Start="2012-3-5" End="2012-3-7" />
    <CalendarDateRange Start="2012-3-16" End="2012-3-17" />
  </Calendar.BlackoutDates>
</Calendar>
```

Die restlichen Elemente sind bereits aus dem vorherigen Projekt bekannt.

4.8.2 DatePicker

Ein DatePicker ermöglicht die Auswahl und Anzeige eines einzelnen Datums mit einem kleinen Steuerelement. Sobald der Benutzer das Icon rechts im DatePicker anklickt, klappt ein komfortabler Kalender auf, ähnlich wie beim Objekt des Typs

Calendar. Die Eigenschaft `SelectedDateFormat` bietet aus der Enumeration `DatePickerFormat` den Standardwert `Short`, außerdem den Wert `Long`. Das ausgewählte Datum wird dann wie bei der Methode `ToShortDateString()` beziehungsweise `ToLongDateString()` des Typs `DateTime` ausgegeben. Im nachfolgenden Projekt *DatumDatePicker* wird das Steuerelement dargestellt (siehe Abbildung 4.45).

Abbildung 4.45 DatePicker

Der Aufbau des Steuerelements in XAML:

```
<StackPanel>
  <Label x:Name="lb" HorizontalAlignment="Center"></Label>
  <DatePicker x:Name="dp" Width="200" SelectedDate="2012-3-20"
    SelectedDateFormat="Long" SelectedDateChanged="anzeige" />
</StackPanel>
```

Der Code des Ereignisses `SelectedDateChanged`:

```
private void anzeige(object sender, SelectionChangedEventArgs e)
{
  if (dp.SelectedDate.HasValue)
  {
    DateTime dt = (DateTime)dp.SelectedDate;
    lb.Content = dt.ToShortDateString();
  }
  else
    lb.Content = "Kein Datum";
}
```

Wie beim Typ `Calendar` ist die Eigenschaft `SelectedDate` vom Typ `DateTime?`. Es kann also vorkommen, dass kein Wert ausgewählt ist. Dies kann man über die boolesche Eigenschaft `HasValue` feststellen.

4.9 Weitere Elemente

Es folgen noch zwei Typen von Elementen, die keiner der anderen Gruppen zugeordnet werden: `Image` und `WebBrowser`.

4.9.1 Image

Ein Objekt vom Typ `Image` für ein Bild wurde bereits häufiger benutzt. Meist dient es als Aufschrift beziehungsweise als »Aufkleber« für ein umgebendes Element. Dies kann ein Layout- oder ein Steuerelement sein.

Die Eigenschaft `Source` vom Typ `ImageSource` verweist auf die Datenquelle. Als Wert kann ein absoluter Pfad angegeben werden. Häufig wird die Bildquelle dem Projekt aber per Drag&Drop hinzugefügt. Dies hat den Vorteil, dass sie ohne Pfad angegeben und gemeinsam mit dem Projekt veröffentlicht beziehungsweise installiert werden kann.

Die `double`-Eigenschaften `Width` und `Height` bestimmen den Raum für die Darstellung des Bildes. Fehlen sie, so wird der Raum des umgebenden Elements genutzt. Die Eigenschaft `Stretch` bestimmt, ob und wie das Bild gedehnt oder gestaucht im Raum dargestellt wird. Sie kann folgende Werte aus der Enumeration `Stretch` annehmen:

- `Fill`: Das Bild füllt den Raum vollständig aus. Es wird eventuell verzerrt.
- `None`: Das Bild behält seine ursprüngliche Größe. Es wird eventuell unten und/oder rechts abgeschnitten.
- `Uniform`: Das Bild wird in der Größe geändert, sodass es vollständig in den Raum passt. Das Verhältnis Breite zu Höhe bleibt. Es entsteht eventuell Leerraum oben und unten oder an den Seiten. `Uniform` ist der Standardwert.
- `UniformToFill`: Das Bild wird in der Größe geändert, sodass es den Raum vollständig ausfüllt. Das Verhältnis Breite zu Höhe bleibt. Es wird eventuell unten oder rechts abgeschnitten.

Im nachfolgenden Projekt *ImageStretch* werden alle vier Möglichkeiten dargestellt (siehe Abbildung 4.46). Innerhalb eines Grid sehen Sie in der ersten Zeile ein Bild, das zu klein für den Raum ist, in der zweiten Zeile ein Bild, das zu groß für den Raum ist.

Abbildung 4.46 Die Eigenschaft »Stretch«

Der Aufbau in XAML:

```xaml
<Window ... Width="400" Height="180">
  <Grid Width="360" Height="130">
    <Grid.ColumnDefinitions>
      <ColumnDefinition Width="90" />
      <ColumnDefinition Width="90" />
      <ColumnDefinition Width="90" />
      <ColumnDefinition Width="90" />
    </Grid.ColumnDefinitions>
    <Grid.RowDefinitions>
      <RowDefinition Height="60" />
      <RowDefinition Height="50" />
      <RowDefinition Height="20" />
    </Grid.RowDefinitions>

    <Button>
      <Image Source="work.gif" Stretch="Fill" />
    </Button>
    <Button Grid.Column="1">
      <Image Source="work.gif" Stretch="None" />
    </Button>
    <Button Grid.Column="2">
      <Image Source="work.gif" Stretch="Uniform" />
    </Button>
    <Button Grid.Column="3">
      <Image Source="work.gif" Stretch="UniformToFill" />
    </Button>

    <Button Grid.Row="1">
      <Image Source="blume.jpg" Stretch="Fill" />
    </Button>
    <Button Grid.Row="1" Grid.Column="1">
      <Image Source="blume.jpg" Stretch="None" />
    </Button>
    <Button Grid.Row="1" Grid.Column="2">
      <Image Source="blume.jpg" Stretch="Uniform" />
    </Button>
    <Button Grid.Row="1" Grid.Column="3">
      <Image Source="blume.jpg" Stretch="UniformToFill" />
    </Button>

    <TextBlock Grid.Row="2" ...>Fill</TextBlock>
    ...
  </Grid>
</Window>
```

Der Raum für das Bild entspricht der Größe der Zellen, also 90 mal 60 in der ersten Zeile und 90 mal 50 in der zweiten Zeile. Das Baustellenbild hat die Originalgröße 40 mal 40, das Bild mit der Blume die Originalgröße 800 mal 600. Beide werden also immer in der Größe verändert, außer beim Wert None. Beim Wert Fill werden sie verzerrt, da die Seitenverhältnisse nie passen. Die Werte werden in geräteunabhängigen Pixeln angegeben.

4.9.2 WebBrowser

Das Element vom Typ WebBrowser ermöglicht Ihnen die Einbindung eines Browsers in Ihre Anwendung. Die Eigenschaft Source vom Typ Uri verweist auf die angezeigte Seite. Der Browser ermöglicht mithilfe der Methode Navigate() die Navigation zu einem URI. Sie können auch mithilfe der Methode NavigateToString() einen HTML-Code aufrufen, der in einer Zeichenkette abgelegt ist. Das Ereignis Navigated tritt ein, sobald der Download des neuen Dokuments gestartet wurde. Nach Abschluss des Downloads wird das Ereignis Load_Completed ausgelöst.

Im nachfolgenden Projekt *BrowserNavi* werden einige Möglichkeiten dargestellt (siehe Abbildung 4.47).

Abbildung 4.47 Eigener Browser

Es wurden einige Buttons, ein Textfeld und eine ComboBox für die History oberhalb des Browser-Elements angeordnet. Der Aufbau in XAML:

```
<Window ... WindowState="Maximized">
  <DockPanel>
    <WrapPanel DockPanel.Dock="Top">
      <Button Margin="5" Click="gehe">Gehe zu:</Button>
      <TextBox x:Name="tb" Margin="5" Width="250"></TextBox>
    </WrapPanel>
    <WrapPanel DockPanel.Dock="Top">
      <Button Margin="5" Click="rueck">Rückwärts</Button>
      <Button Margin="5" Click="vor">Vorwärts</Button>
      <Label VerticalAlignment="Center">History:</Label>
```

```
      <ComboBox x:Name="cb" Width="150" Margin="5"
        SelectionChanged="cb_SelectionChanged" />
    </WrapPanel>
    <WebBrowser x:Name="wb" Source="http://www.galileo-press.de"
      Navigated="wb_Navigated" />
  </DockPanel>
</Window>
```

Die Eigenschaft `WindowState` wurde auf den Wert `Maximized` gesetzt, damit möglichst viele Informationen zu sehen sind. Falls sich der Benutzer verschiedene Seiten anschaut, füllt sich die ComboBox HISTORY mit Einträgen. Falls einer der Einträge ausgewählt wird, so wird die Seite direkt angesteuert. Der Benutzer kann sich auch mit den Buttons vorwärts oder rückwärts durch die Liste der bisher besuchten Seiten bewegen.

Die Ereignismethoden:

```
private void gehe(...)
{
  try { wb.Navigate(new Uri(tb.Text)); }
  catch (UriFormatException) { tb.Text = "( Ungültiger URI )"; }
}
```

Die Methode `Navigate()` fordert den entsprechenden URI an. Bei einem ungültigen URI wird eine `URIFormatException` ausgelöst.

```
private void rueck(...)
{ if (wb.CanGoBack) wb.GoBack(); }
private void vor(...)
{ if (wb.CanGoForward) wb.GoForward(); }
```

Die Methoden `GoBack()` und `GoForward()` ermöglichen den Aufruf der letzten beziehungsweise nächsten Seite in der History. Falls dies nicht möglich ist, wird eine Ausnahme ausgelöst. Daher muss vorher mit den Methoden `CanGoBack()` und `CanGoForward()` geprüft werden.

```
private void wb_Navigated(object sender, NavigationEventArgs e)
{
  cb.Items.Add(wb.Source);
  tb.Text = "" + wb.Source;
}
private void cb_SelectionChanged(object sender,
    SelectionChangedEventArgs e)
{
  wb.Navigate(cb.SelectedItem.ToString());
}
```

Nach dem Wechsel zu einer neuen Seite (Ereignis `Navigated`) wird dessen URI (Eigenschaft `Source`) der ComboBox hinzugefügt und im Textfeld angezeigt. Der Eintrag aus der ComboBox kann mithilfe der Methode `Navigate()` direkt angesteuert werden.

In diesem Kapitel lernen Sie die Ereignisse der verschiedenen Eingabegeräte und das Konzept der gekapselten Kommandos kennen.

5 Ereignisse und Kommandos

Der Benutzer kann Ihre WPF-Anwendungen auf vielfältige Art und Weise bedienen. Neben Tastatur und Maus kann er einen Eingabestift oder einen Touchscreen einsetzen. All diese Geräte erzeugen Eingabe-Ereignisse, die es auszuwerten gilt.

Die WPF ermöglicht es Ihnen, vorgefertigte und eigene Kommandos zu kapseln und sie damit vielseitiger und wartungsfreundlicher zu machen.

5.1 Tastatur

Die Bedienung der Tastatur besteht bekanntlich darin, eine Taste herunterzudrücken und sie wieder loszulassen. In der WPF entsprechen diese Vorgänge den beiden Ereignissen KeyDown und KeyUp. Innerhalb einer Anwendung sollen sie zu Aktionen führen. Dies können Sie zum Beispiel zur Durchführung von Animationen nutzen (siehe Kapitel 11, »Maus«).

Sie können die Ereignisse für ein typisches Eingabe-Steuerelement, wie zum Beispiel eine TextBox, aber auch für das ganze Fenster registrieren. Informationen über das Ereignis, wie zum Beispiel die verwendeten Tasten oder das auslösende Steuerelement, können Sie über ein Objekt der Klasse KeyEventArgs gewinnen.

5.1.1 Anzeige der Tastaturinformationen

Im Projekt *TastaturAnzeige* werden ausgegeben: die Bezeichnungen der Tasten, die in einer TextBox betätigt wurden, die zugehörigen Keycodes aus der Enumeration Key, das *Routed Event* und der Name des Steuerelementes (siehe Abbildung 5.1).

5 | Ereignisse und Kommandos

Abbildung 5.1 Tastenbezeichnungen mit Keycodes

Es wurden nacheinander die Tasten [A], [1] auf dem Ziffernblock, [1] im normalen Tastaturbereich, die Funktionstaste [F1], die Taste für den Umlaut [Ä] und die linke [Strg]-Taste betätigt. Voraussetzung ist, dass der Ziffernblock vorher eingeschaltet wurde. Der Aufbau der Anwendung:

```
<StackPanel>
  <Button Click="leeren_Click">Leeren</Button>
  <TextBox x:Name="tb" KeyDown="tb_KeyDown" />
  <ListBox x:Name="lb" Height="210"></ListBox>
</StackPanel>
```

Falls der Benutzer innerhalb der TextBox eine Taste betätigt, so wird die folgende Ereignismethode aufgerufen:

```
private void tb_KeyDown(object sender, KeyEventArgs e)
{
  if (e.IsRepeat)
    return;
  lb.Items.Add(e.Key + " (" + Convert.ToInt32(e.Key) + ") "
    + e.RoutedEvent.Name + " " + (sender as TextBox).Name);
}
```

Die Eigenschaft IsRepeat des Objekts der Klasse KeyEventArgs gibt an, ob die Taste wiederholt gedrückt wurde. Ist dies der Fall, so können Sie die Methode verlassen, falls Sie die Taste nur einmal erfassen möchten.

Die Eigenschaft Key liefert das Element der Enumeration Key zu der betätigten Taste. Den zugehörigen Keycode können Sie durch die Umwandlung in eine Int32-Zahl ermitteln. Die Eigenschaft RoutedEvent stellt das auslösende Ereignis dar. Dies ist wichtig, falls verschiedene Ereignisse zur gleichen Ereignismethode führen.

5.1.2 Steuerung durch Tasten

Im Projekt *TastaturSteuerung* nutzen Sie einige Tasten, um ein Element innerhalb der Anwendung zu bewegen. Nach dem Start sehen Sie ein kleines Rechteck, das zunächst in der Mitte steht (siehe Abbildung 5.2).

Abbildung 5.2 Nach dem Start

Durch Betätigung einer der Tasten [W] (nach oben), [A] (nach links), [S] (nach unten) oder [D] (nach rechts) können Sie die Lage verändern (siehe Abbildung 5.3).

Abbildung 5.3 Nach einigen Tastendrucken

Der Aufbau der Anwendung:

```
<Window ... KeyDown="Window_KeyDown" KeyUp="Window_KeyUp">
  <Canvas>
    <Rectangle x:Name="rc" Width="20" Height="20"
      Canvas.Left="130" Canvas.Top="25" Fill="Gray" />
  </Canvas>
</Window>
```

Ein Rechteck der Klasse `Rectangle` wird mithilfe von *Attached Properties* in einem Canvas angeordnet. Die Ereignisse `KeyDown` und `KeyUp` registrieren Sie für das gesamte Fenster. Der Code der Ereignismethoden:

```
private void Window_KeyDown(object sender, KeyEventArgs e)
{
  double top = (double)rc.GetValue(Canvas.TopProperty);
  double left = (double)rc.GetValue(Canvas.LeftProperty);

  switch (e.Key)
  {
    case Key.W:
      rc.SetValue(Canvas.TopProperty, top - 5); break;
```

```
    case Key.S:
      rc.SetValue(Canvas.TopProperty, top + 5); break;
    case Key.A:
      rc.SetValue(Canvas.LeftProperty, left - 5); break;
    case Key.D:
      rc.SetValue(Canvas.LeftProperty, left + 5); break;
  }
  rc.Fill = new SolidColorBrush(Colors.LightGray);
}

private void Window_KeyUp(object sender, KeyEventArgs e)
{
  rc.Fill = new SolidColorBrush(Colors.Gray);
}
```

Mithilfe der Methode GetValue() wird jeweils der aktuelle Wert der *Attached Properties* Canvas.Left und Canvas.Top ermittelt. Das Element der Enumeration Key, das zur betätigten Taste (e.Key) gehört, führt zur Änderung des Werts der *Attached Property* mithilfe von SetValue().

Ein permanenter Tastendruck führt zum wiederholten Aufruf der Ereignismethode, also zu einer dauerhaften Bewegung in die gewünschte Richtung. Während der Bewegung ist das Rechteck hellgrau, anschließend ist es wieder grau.

5.2 Maus

Beim Eingabegerät Maus wird zwischen den Maus-Ereignissen, den Maustasten-Ereignissen und den Mausrad-Ereignissen unterschieden. Zu diesen Ereignissen stellen Objekte der Klassen MouseEventArgs, MouseButtonEventArgs und MouseWheelEventArgs weitere Informationen bereit. Dies können sein: Name, Ort und Anzahl des Ereignisses, benutzte Taste, aktueller Status der Maustaste und vieles mehr. Die Ereignisse können Sie für ein Steuerelement, aber auch für das ganze Fenster registrieren.

5.2.1 Anzeige der Mausinformationen

Im nachfolgenden Projekt *MausAnzeige* werten Sie die Ereignisse aus. Als typische Beispiele sehen Sie den Ort, an dem sich beim MouseMove-Ereignis die Maus befindet (siehe Abbildung 5.4), Informationen über eine Maustaste beim Loslassen (siehe Abbildung 5.5) und die Darstellung eines MouseWheel-Ereignisses (siehe Abbildung 5.6).

Abbildung 5.4 MouseMove über einen Button

Abbildung 5.5 Mittlere Maustaste losgelassen

Abbildung 5.6 MouseWheel-Ereignis

Zunächst der Aufbau der Anwendung:

```
<Window ... MouseDown="mdu" MouseUp="mdu" MouseWheel="mwh">
  <Canvas>
    <Label x:Name="lb" />
    <Button Canvas.Left="150" Padding="10" MouseEnter="mbew"
      MouseLeave="mbew">Enter / Leave</Button>
    <Button Canvas.Left="150" Canvas.Top="60" Padding="20"
      MouseMove="mbew">Move</Button>
  </Canvas>
</Window>
```

Die Maustasten-Ereignisse `MouseDown` und `MouseUp` und das Mausrad-Ereignis `MouseWheel` werden hier für das gesamte Fenster registriert. Das Betreten (`MouseEnter`) und das Verlassen (`MouseLeave`) eines Steuerelements beziehen sich auf den ersten Button. Die Bewegung (MouseMove) über einem Steuerelement wird bezüglich des zweiten Buttons angezeigt.

Der Programmcode für MouseEnter, MouseLeave und MouseMove:

```
private void mbew(object sender, MouseEventArgs e)
{
  lb.Content = e.RoutedEvent.Name
    + " X : " + (int)e.GetPosition(this).X
    + " Y : " + (int)e.GetPosition(this).Y;
}
```

Die Eigenschaft RoutedEvent liefert den Namen des Ereignisses. Die Methode GetPosition() liefert die X/Y-Position relativ zum angegebenen Element zurück. In diesem Fall ist es mithilfe von this das Fenster, genauer gesagt: der Client-Bereich des Fensters. Die Position als Objekt der Struktur Point stellt X- und Y-Komponenten als double-Werte bereit.

Der Programmcode für MouseDown und MouseUp:

```
private void mdu(object sender, MouseButtonEventArgs e)
{
  lb.Content = "Ereignis: " + e.RoutedEvent.Name + "\n"
    + "Button-Status: " + e.ButtonState + "\n"
    + "Button: " + e.ChangedButton + "\n"
    + "Anzahl Clicks: " + e.ClickCount + "\n"
    + "Position X: " + (int)e.GetPosition(this).X
    + " Y: " + (int)e.GetPosition(this).Y;
}
```

Auch hier liefert die Eigenschaft RoutedEvent den Namen des Ereignisses. Die Eigenschaft ButtonState gibt den Status des Mausbuttons nach Eintritt des Ereignisses wieder. Dies ist einer der beiden Werte der Enumeration MouseButtonState: Pressed oder Released. Die Eigenschaft ChangedButton liefert den Namen der Maustaste. Dies ist einer der fünf Werte der Enumeration MouseButton: Left, Middle, Right, erste oder zweite erweiterte Maustaste (XButton1, XButton2). Sie können die Reaktion auf das Ereignis davon abhängig machen, ob die Maustaste einfach, doppelt, dreifach oder gar öfter gedrückt wurde. Dazu nutzen Sie die Eigenschaft ClickCount. Auch hier liefert GetPosition() die X/Y-Position.

Der Programmcode für MouseWheel:

```
private void mwh(object sender, MouseWheelEventArgs e)
{
  lb.Content = "Ereignis: " + e.RoutedEvent.Name + "\n"
    + "Änderung um: " + e.Delta + "\n"
```

```
       + "Position X: " + (int)e.GetPosition(this).X
       + " Y: " + (int)e.GetPosition(this).Y;
}
```

`RoutedEvent` und `GetPosition()` liefern wiederum Ereignis und Position. Die Änderung durch die Betätigung des Mausrads wird über die Eigenschaft `Delta` wiedergegeben. Bei der Drehung nach unten ergeben sich vorgegebene Werte wie zum Beispiel –120, –240, –360 und so weiter. Die Drehung nach oben ergibt die entsprechenden positiven Werte.

5.3 Eingabestift

Einen Eingabestift (engl. *Stylus*) nutzen Sie bei berührungsempfindlichen Bildschirmen. Solche Bildschirme haben zum Beispiel Tablet-PCs, Smartphones, PDAs und Digitalisiertabletts. Eingabestifte ermöglichen eine genauere Bedienung. Bewegungen oberhalb und auf dem Bildschirm lösen Ereignisse aus.

Die WPF bietet Ihnen mit den Objekten der Klassen `StylusEventArgs`, `StylusSystemGestureEventArgs`, `StylusButtonEventArgs` und `StylusDownEventArgs` die Möglichkeit, Informationen über diese Ereignisse und die betroffenen Steuerelemente auszuwerten und damit Ihre Anwendungen zu steuern.

Diese Informationen verdeutliche ich Ihnen mithilfe des nachfolgenden Projekts *EingabeStift* (siehe Abbildung 5.7). Es kann natürlich nur mit einem Eingabestift sinnvoll bedient werden.

Abbildung 5.7 Einfache Anwendung für einen Eingabestift

Zunächst der Aufbau:

```
<Window ...>
  <StackPanel>
    <Button Width="80" Height="30" Margin="5"
      StylusSystemGesture="ssg"
      StylusButtonDown="sb" StylusButtonUp="sb"
      StylusDown="sd" StylusUp="s"
      StylusEnter="s" StylusMove="s" StylusLeave="s"
      StylusInAirMove="s"
```

```
            StylusInRange="s" StylusOutOfRange="s">Button</Button>
    </StackPanel>
</Window>
```

Es handelt sich um Ereignisse des Stifts über einem Steuerelement innerhalb Ihrer Anwendung. Dabei müssen Sie zwei Zustände unterscheiden:

▶ Der Stift berührt den Bildschirm.

▶ Der Stift befindet sich nahe oberhalb des Bildschirms, ohne ihn zu berühren.

Das Ereignis `StylusSystemGesture` tritt bei den spezifischen Berührungen oder Bewegungen auf, die der Benutzer mit einem Stift durchführen kann (siehe Ereignismethode `ssg()` weiter unten).

Das Drücken oder Loslassen der Stiftschaltfläche führt zu den Ereignissen `StylusButtonDown` und `StylusButtonUp`. Die Berührung des Bildschirms oder das Abheben nach einer Berührung entspricht den Ereignissen `StylusDown` und `StylusUp`.

Die Ereignisse `StylusEnter`, `StylusMove` und `StylusLeave` entsprechen dem Eintreten, Bewegen und Verlassen des berührenden Stifts bezüglich der Grenzen eines Elements.

Eine Bewegung über einem Element (ohne Berührung) entspricht dem Ereignis `StylusInAirMove`. Sobald der Stift nahe genug am Bildschirm ist, um erkannt zu werden, tritt das Ereignis `StylusInRange` auf. Umgekehrt tritt das Ereignis `StylusOutOfRange` auf, sobald der Stift nicht mehr erkannt wird.

Die Ereignismethoden liefern weitere Informationen:

```
private void s(object sender, StylusEventArgs e)
{
  MessageBox.Show("StylusDevice, Event: " + e.RoutedEvent
    + ", Device: " + e.StylusDevice
    + ", InAir: " + e.InAir
    + ", Inverted: " + e.Inverted);
}
```

Die Eigenschaft `StylusDevice` der Klasse `StylusDevice` steht für den Eingabestift selbst. Die beiden booleschen Eigenschaften `InAir` und `Inverted` geben an, ob sich der Stift nahe oberhalb des Bildschirms befindet beziehungsweise ob der Stift umgekehrt ist.

```
private void ssg(object sender, StylusSystemGestureEventArgs e)
{ MessageBox.Show("SystemGesture: " + e.SystemGesture); }
```

Die Eigenschaft `SystemGesture` liefert Informationen über die Art der Berührung oder Bewegung. Die Werte stammen aus der gleichnamigen Enumeration. Viele Aktionen entsprechen Mausaktionen: `Tap` und `RightTap` entsprechen dem Click, `Drag` und `RightDrag` dem Ziehen, `HoverEnter` und `HoverLeave` dem Betreten und Verlassen, `HoldEnter` dem Drücken und Halten und `TwoFingerTap` dem Doppelklick. Eine schnelle, strichartige Stiftbewegung ist ein `Flick`.

```
private void sb(object sender, StylusButtonEventArgs e)
{
  MessageBox.Show("StylusButton, Event: " + e.RoutedEvent
    + ", Guid: " + e.StylusButton.Guid
    + ", Name: " + e.StylusButton.Name
    + ", State: " + e.StylusButton.StylusButtonState);
}
```

Zur genaueren Betrachtung der Stiftschaltflächen: Die Eigenschaften `Guid` (aus der Struktur `Guid`) und `Name` liefern die ID und den Namen der Stiftschaltfläche. Die Eigenschaft `StylusButtonState` gibt an, ob die Schaltfläche gedrückt ist oder nicht. Die Werte stammen aus der gleichnamigen Enumeration: `Down` oder `Up`.

```
private void sd(object sender, StylusDownEventArgs e)
{ MessageBox.Show("TapCount: " + e.TapCount); }
```

Die Eigenschaft `TapCount` gibt an, wie oft der Stift angetippt wurde.

5.4 Touchscreen

Die WPF ermöglicht in Zusammenarbeit mit einem berührungsempfindlichen Bildschirm (*Touchscreen*) die Auswertung verschiedener Ereignisse:

- *Touch-* und *Multitouch*-Ereignisse: Die verschiedenen Stadien der Berührung des Bildschirms mit einem Finger (oder mehreren Fingern gleichzeitig) und die Position der Berührung(en).
- *Manipulations*-Ereignisse: Die Nutzung komplexer Berührungsaktionen auf dem Bildschirm für einzelne Teile der Anwendung.

Die einzelnen Ereignisse werden mit einem `TouchDevice`, üblicherweise dem Finger, ausgelöst. Ein `TouchDevice`-Objekt hat für jede Berührung eine eindeutige ID, sodass die einzelnen Berührungen voneinander unterschieden werden können. Es gibt einzelne Elemente, deren Scrollbalken direkt per Touch bewegt werden kann.

Bei einem Touch-Ereignis werden über ein `TouchEventArgs`-Objekt weitere Informationen über die Berührung zur Ereignismethode geliefert, unter anderem:

- `GetTouchPoint()`: Liefert ein Objekt des Typs `TouchPoint`. Dieses hat unter anderem die Eigenschaft `Position` vom Typ `Point`. Darin stehen die X- und Y-Koordinaten der Berührung.
- `GetIntermediateTouchPoints()`: Liefert ein Objekt des Typs `TouchPointCollection`. Darin werden die `TouchPoint`-Objekte der letzten Touch-Ereignisse gesammelt.

Es gibt unter anderem folgende Touch-Ereignisse:

- `TouchDown`: Das Berühren des Bildschirms mit dem Finger.
- `TouchMove`: Die Bewegung des berührenden Fingers auf dem Bildschirm. Sie findet mehrfach statt.
- `TouchUp`: Das Abheben des Fingers vom Bildschirm.
- `TouchEnter`: Das Betreten eines Elements mit dem berührenden Finger.
- `TouchLeave`: Das Verlassen eines Elements mit dem berührenden Finger.

Die Manipulationsereignisse werden üblicherweise direkt auf einzelne Elemente angewendet. Sie führen erst zu Aktionen, wenn die boolesche Eigenschaft `IsManipulationEnabled` des betreffenden Elements auf `true` gestellt wurde. Es gibt folgende Transformationsmöglichkeiten:

- *Verschieben:* Berühren eines Objekts mit einem Finger, anschließend Verschieben des Objekts.
- *Skalieren:* Berühren eines Objekts mit zwei Fingern, anschließend Skalieren des Objekts durch Veränderung des Fingerabstands.
- *Drehen:* Berühren eines Objekts mit zwei Fingern, anschließend Drehen des Objekts durch Drehen der beiden Finger umeinander.

Sie können die verschiedenen Aktionen weiterführen, auch nachdem die Berührung geendet hat. Es gibt unter anderem folgende Manipulationsereignisse:

- `ManipulationStarting`: Der Beginn der Berührung des Objekts.
- `ManipulationStarted`: Die Berührung des Objekts hat stattgefunden. Die Position kann festgestellt werden.
- `ManipulationDelta`: Die Veränderung der Berührung. Sie findet mehrfach statt. Art und Umfang der Aktion können festgestellt werden.
- `ManipulationInertiaStarting`: Das Abheben vom Bildschirm. Bei einer weiterführenden Bewegung kann seine Trägheit, somit also das realistische Nachlassen der Bewegung eingestellt werden.

- `ManipulationCompleted`: Das Ende der Aktion, inklusive der (träge) weiterführenden Aktionen.
- `ManipulationBoundaryFeedback`: Das Auftreffen des bewegten Objekts auf eine Grenze innerhalb der Anwendung.

Im nachfolgenden Projekt *TouchBildschirm* sehen Sie zwei eingerahmte Canvas und eine ComboBox. Zu dem linken Canvas sind Touch-Ereignisse, zum rechten Canvas Manipulationsereignisse registriert. Informationen zu den ausgelösten Ereignissen werden in der ComboBox aufgelistet.

Der XAML-Code:

```
<Window ...>
  <Canvas>
    <Border BorderBrush="Black" BorderThickness="1" Margin="3">
      <Canvas x:Name="cvt" Width="180" Height="120"
        TouchDown="td" TouchMove="td" TouchUp="td" />
    </Border>
    <Border BorderBrush="Black" BorderThickness="1" Margin="3"
        Canvas.Left="195">
      <Canvas x:Name="cvm" Width="180" Height="120"
        IsManipulationEnabled="True"
        ManipulationStarting="msi" ManipulationStarted="msd"
        ManipulationDelta="md" ManipulationInertiaStarting="mis"
        ManipulationCompleted="mc" />
    </Border>
    <ComboBox x:Name="lb" IsEditable="False" Canvas.Top="130"
      Canvas.Left="10" Width="360" Height="23" />
  </Canvas>
</Window>
```

Die drei verwendeten Touch-Ereignisse führen alle zur selben Methode:

```
private void td(object sender, TouchEventArgs e)
{
  lb.Items.Add(e.RoutedEvent + " ID: " + e.TouchDevice.Id
    + " X: " + e.GetTouchPoint(cvt).Position.X
    + " Y: " + e.GetTouchPoint(cvt).Position.Y);
}
```

Bei jedem Touch-Ereignis werden die Art (`TouchDown`, `TouchMove`, `TouchUp`), die eindeutige ID des Ereignisses und die Position relativ zum Canvas geliefert.

Die Manipulationsereignisse führen zu verschiedenen Methoden, da die jeweiligen `...EventArgs`-Objekte unterschiedliche Informationen bieten.

5 | Ereignisse und Kommandos

Zunächst die Startmethoden:

```
private void msi(object sender, ManipulationStartingEventArgs e)
{
  lb.Items.Add("Starting, Container: "
    + e.ManipulationContainer.ToString());
}
private void msd(object sender, ManipulationStartedEventArgs e)
{
  lb.Items.Add("Started, X: " + e.ManipulationOrigin.X
    + " Y: " + e.ManipulationOrigin.Y);
}
```

Nur während des `ManipulationStarting`-Ereignisses kann das Element bestimmt werden, das als Container verwendet wird, auf den sich alle Ereignisse und Berechnungen beziehen. Nach dem `ManipulationStarted`-Ereignis liefert die Eigenschaft `ManipulationOrigin` vom Typ `Point` die Position der Start-Berührung an.

Die Methode zum Ereignis `ManipulationDelta`:

```
private void md(object sender, ManipulationDeltaEventArgs e)
{
  lb.Items.Add("Delta, TrX: " + e.DeltaManipulation.Translation.X
    + " TrY: " + e.DeltaManipulation.Translation.Y
    + " SkX: " + e.DeltaManipulation.Scale.X
    + " SkY: " + e.DeltaManipulation.Scale.Y
    + " Rot: " + e.DeltaManipulation.Rotation);
}
```

Während der Manipulation tritt dieses Ereignis mehrfach auf. Das gelieferte `ManipulationDeltaEventArgs`-Objekt hat die Eigenschaft `DeltaManipulation` vom Typ `ManipulationDelta`. Dieses beinhaltet die folgenden Eigenschaften:

- `Translation` vom Typ `Vector`, für den Wert der Verschiebung
- `Scale` vom Typ `Vector`, für den Wert der Skalierung
- `Rotation` vom Typ `double`, für den Wert der Drehung in Grad

Die Methode zum Ereignis `ManipulationInertiaStarting`:

```
private void mis(object sender,
  ManipulationInertiaStartingEventArgs e)
{
  lb.Items.Add(
    "Trägheit, TrGX: " + e.InitialVelocities.LinearVelocity.X
    + " TrGY: " + e.InitialVelocities.LinearVelocity.Y
    + " SkGX: " + e.InitialVelocities.ExpansionVelocity.X
```

```
            + " SkGY: " + e.InitialVelocities.ExpansionVelocity.Y
            + " RotG: " + e.InitialVelocities.AngularVelocity);
}
```

Zum Zeitpunkt des Abhebens werden die verschiedenen Aktionen mit einer bestimmten Geschwindigkeit ausgeführt. Diese sollte aufgrund der Trägheit nachlassen. Das gelieferte `ManipulationInertiaStartingEventArgs`-Objekt hat die Eigenschaft `InitialVelocities` vom Typ `ManipulationVelocities`. Dieses beinhaltet die folgenden Eigenschaften:

- `LinearVelocity` vom Typ `Vector`, für den Wert der Verschiebung pro Millisekunde
- `ExpansionVelocity` vom Typ `Vector`, für den Wert der Skalierung pro Millisekunde
- `AngleVelocity` vom Typ `double`, für den Wert der Drehung in Grad pro Millisekunde

Die Methode zum Ereignis `ManipulationCompleted`:

```
private void mc(object sender, ManipulationCompletedEventArgs e)
{
  lb.Items.Add(
      "Total, TrX: " + e.TotalManipulation.Translation.X
    + " TrY: " + e.TotalManipulation.Translation.Y
    + " SkX: " + e.TotalManipulation.Scale.X
    + " SkY: " + e.TotalManipulation.Scale.Y
    + " Rot: " + e.TotalManipulation.Rotation);
}
```

Nach dem Ende der Manipulation tritt dieses Ereignis auf. Das gelieferte `ManipulationCompletedEventArgs`-Objekt hat die Eigenschaft `TotalManipulation` vom bereits bekannten Typ `ManipulationDelta`. Es werden die Werte der gesamten Veränderung geliefert.

5.5 Kommandos

Häufig vorkommende Aufgaben können Sie in Kommandos kapseln. Diese ermöglichen eine deutliche Trennung zwischen Design und Programmierung und verbessern die Wartbarkeit einer Anwendung. In der WPF gibt es zahlreiche vorgefertigte Kommandos aus folgenden Gruppen:

- `ApplicationCommands` für Anwendungen. Beispiele: `Close`, `Print`
- `ComponentCommands` für Komponenten. Beispiele: `MoveRight`, `SelectToEnd`

- `EditingCommands` für Dokumente. Beispiele: `AlignRight`, `ToggleBold`
- `MediaCommands` für Medien. Beispiele: `Play`, `Rewind`
- `NavigationCommands` zur Navigation. Beispiele: `NextPage`, `Refresh`

Zum Teil sind diese vorgefertigten Commands bereits für definierte Einsatzzwecke vollständig implementiert. Ein anderer Teil dieser vorgefertigten Commands ist nur teilweise implementiert. Sie müssen das jeweilige Command dann vervollständigen, indem Sie es an die Elemente in Ihrer Anwendung anpassen. Diese Anpassung wird über ein `CommandBinding` zwischen dem Command und einer oder mehreren Ereignismethoden realisiert.

Tastenkombinationen zu Erleichterung der Benutzung lassen sich mit Commands verbinden. Neben den vorgefertigten Commands können Sie auch eigene Commands erstellen und einsetzen.

5.5.1 Eingebaute Kommandos

Im Projekt *KommandosEingebaut* verdeutliche ich Ihnen die Kapselung und die Mehrfachverwendung von Kommandos. Genutzt werden ein fertig implementiertes `EditingCommand` und ein teilweise implementiertes `ApplicationCommand`.

Der Benutzer kann Text in zwei Steuerelementen vom Typ `RichTextBox` markieren und fett beziehungsweise nicht fett formatieren. Außerdem kann er die Anwendung über zwei verschiedene Buttons beenden, falls bestimmte Bedingungen zutreffen (siehe Abbildung 5.8).

Mehr über das Steuerelement `RichTextBox` finden Sie in Abschnitt 13.1.11.

Abbildung 5.8 Eingebaute Kommandos

Zunächst geht es um den Aufbau des Kommandos, inklusive der Bindung an die Ereignismethoden:

```
<Window ...>
  <Window.CommandBindings>
    <CommandBinding Command="ApplicationCommands.Close"
```

```
          CanExecute="erlaubt" Executed="ausfuehren" />
  </Window.CommandBindings>
  ...
</Window>
```

Das Application-Kommando `Close` ist nicht fertig implementiert, daher benötigt es noch die Verbindung zu Ereignismethoden mithilfe einer `CommandBinding`. Objekte dieser Klasse stehen innerhalb der Auflistung `CommandBindings`, die Sie einem Element der Anwendung zuordnen. Falls Sie die Auflistung dem Fenster zuordnen, dann stehen die `CommandBindings` allen Elementen des Fensters zur Verfügung.

In der Eigenschaft `Command` der `CommandBinding` steht das Kommando. Über das Ereignis `CanExecute` können Sie prüfen, ob das Kommando ausgeführt werden darf. Das Ereignis `Executed` tritt bei Ausführung des Kommandos auf. Die zugehörigen Ereignismethoden:

```
private void erlaubt(object sender, CanExecuteRoutedEventArgs e)
{ if (bearbeitet1 || bearbeitet2) e.CanExecute = false;
  else                             e.CanExecute = true; }
private void ausfuehren(object sender, ExecutedRoutedEventArgs e)
{ Close(); }
```

Die Methode für das Ereignis `CanExecute` (hier: `erlaubt()`) prüft die Durchführbarkeit der geplanten Aktion und liefert einen booleschen Wert. Dieser Wert ist hier von bestimmten Bedingungen abhängig, die weiter unten erläutert werden. Die Methode für das Ereignis `Executed` (hier: `ausfuehren()`) führt die geplante Aktion aus. Diese Aktion sollte natürlich im Zusammenhang mit dem Schließen der Anwendung stehen.

Das Kommando steht nunmehr vollständig zur Verfügung und kann von mehreren Steuerelementen genutzt werden. Ein weiterer Vorteil dieses vorgefertigten Commands: Die Eigenschaft `IsEnabled` der betreffenden Steuerelemente wird in Abhängigkeit von der Prüfung durch `CanExecute` gesetzt.

Der weitere Aufbau der Anwendung:

```
<Window ...>
  ...
  <StackPanel>
    <WrapPanel HorizontalAlignment="Center">
      <Button Command="EditingCommands.ToggleBold"
        CommandTarget="{Binding ElementName=rtb1}"
        Margin="5" Width="50">Fett 1</Button>
      <Button Command="EditingCommands.ToggleBold"
```

```
        CommandTarget="{Binding ElementName=rtb2}"
        Margin="5" Width="50">Fett 2</Button>
      <Button Command="ApplicationCommands.Close"
        Margin="5" Width="50">Ende 1</Button>
      <Button Command="ApplicationCommands.Close"
        Margin="5" Width="50">Ende 2</Button>
    </WrapPanel>
    <RichTextBox x:Name="rtb1" Margin="5" Height="35"
      TextChanged="tc1" />
    <RichTextBox x:Name="rtb2" Margin="5" Height="35"
      TextChanged="tc2" />
  </StackPanel>
</Window>
```

Zwei Buttons setzen das vorgefertigte Editing-Kommando ToggleBold um. Es ist bereits vollständig implementiert. Eine CommandBinding an Ereignismethoden ist also nicht mehr nötig. Allerdings benötigt das Kommando die Bindung zu dem Steuerelement, in dem das Formatieren des markierten Inhalts stattfindet. Diese Bindung wird über die Eigenschaft CommandTarget hergestellt.

Es gibt zwei Buttons, die das vorgefertigte Application-Kommando Close umsetzen. Es wurde erst in dieser Anwendung vervollständigt. Außerdem gibt es zwei Steuerelemente vom Typ RichTextBox. Eine Bearbeitung des Textes darin löst jeweils das Ereignis TextChanged aus. Die zugehörigen Ereignismethoden im Zusammenhang der Fensterklasse:

```
public partial class MainWindow : Window
{
  bool bearbeitet1, bearbeitet2;
  public MainWindow()
  {
    InitializeComponent();
    bearbeitet1 = false;
    bearbeitet2 = false;
  }
  ...
  private void tc1(object sender, TextChangedEventArgs e)
  { bearbeitet1 = true; }
  private void tc2(object sender, TextChangedEventArgs e)
  { bearbeitet2 = true; }
}
```

Sobald einer der Texte bearbeitet wird, wird die zugehörige boolesche Variable gesetzt. In der Methode zum Ereignis CanExecute des Application-Kommandos Close wird dadurch das Schließen des Fensters verhindert.

5.5.2 Kommandos mit Eingabegesten verbinden

Sie können Kommandos mit Eingabegesten verbinden. Damit werden Ihre Anwendungen einfacher bedienbar. Dies gilt besonders dann, wenn Sie sich an verbreitete Konventionen halten. Ein Beispiel für eine Konvention ist, DATEI ÖFFNEN mit [Strg]+[O] zu verknüpfen.

Hinweis: Der Begriff *Eingabegeste* wird hier als Oberbegriff für Tastenkombinationen und Mausaktionen verstanden. Er hat nichts mit den Gesten für berührungsempfindliche Bildschirme zu tun.

Der Benutzer muss natürlich wissen, welche Aktionen welche Wirkung haben. Häufig werden diese Informationen neben den entsprechenden Menübefehlen angegeben.

Im Projekt *KommandosInput* wird das Editing-Kommando ToggleBold mit den Tastenkombinationen [Strg]+[F], Funktionstaste [F12] und [Strg]+[Alt]+[G] sowie den Mausaktionen RECHTER DOPPELKLICK und DREHUNG DES MAUSRADS verbunden. Wie im vorherigen Beispiel wird damit Text in einem Steuerelement vom Typ RichTextBox fett formatiert. Die Information über die Bedienung wird neben dem Menüpunkt BEARBEITEN • FETT angegeben (siehe Abbildung 5.9).

Abbildung 5.9 Tasten- und Mausbedienung

Der Aufbau der Anwendung:

```
<Window ...>
  <Window.InputBindings>
    <KeyBinding Command="EditingCommands.ToggleBold"
      CommandTarget="{Binding ElementName=rtb}"
      Key="F" Modifiers="Control" />
    <KeyBinding Command="..." CommandTarget="..." Key="F12" />
    <KeyBinding Command="..." CommandTarget="..."
      Key="G" Modifiers="Control+Alt" />
    <MouseBinding Command="..." CommandTarget="..."
      MouseAction="WheelClick" />
  </Window.InputBindings>
  ...
    <MenuItem Header="Fett (Strg+F) (F12) (Strg+Alt+G)
```

```
            (RightDoubleClick) (WheelClick)"
        Command="EditingCommands.ToggleBold"
        CommandTarget="{Binding ElementName=rtb}" />
    ...
</Window>
```

Die Verbindung zwischen dem Editing-Kommando `ToggleBold` und den Tastenkombinationen wird mithilfe einer `KeyBinding` hergestellt. Mausaktionen stehen innerhalb einer `MouseBinding`. Objekte dieser Klassen stehen innerhalb der Auflistung `InputBindings`, die Sie einem Element der Anwendung zuordnen. Falls Sie die Auflistung dem Fenster zuordnen, dann stehen die `InputBindings` allen Elementen des Fensters zur Verfügung.

In der Eigenschaft `Command` der `KeyBinding` steht das Kommando. Es benötigt weiterhin die Bindung zu dem RichTextBox-Steuerelement `rtb`, in dem das Formatieren stattfindet. Die Bindung wird über die Eigenschaft `CommandTarget` hergestellt.

Bei Tastenkombinationen beinhalten die Eigenschaften `Key` und `Modifiers` die Taste und gegebenenfalls die Sondertasten. Falls es mehrere Sondertasten gibt, die der Benutzer gleichzeitig betätigen muss, so verbinden Sie sie über ein + miteinander. Werte für die Eigenschaft `Key` kommen aus der Enumeration `Key` (siehe Abschnitt 5.1.1, »Anzeige der Tastaturinformationen«). Werte für die Eigenschaft `Modifiers` kommen aus der Enumeration `ModifierKeys`. Es gibt die Werte `None`, `Alt`, `Control`, `Shift` und `Windows` (für die Windows-Taste).

Der Name der Mausaktion steht in der Eigenschaft `MouseAction`. Werte für die Eigenschaft kommen aus der Enumeration `MouseAction`. Es gibt die Werte `None`, `LeftClick`, `MiddleClick`, `RightClick`, `WheelClick`, `LeftDoubleClick`, `MiddleDoubleClick` und `RightDoubleClick`.

Eingabegesten können Sie eigenen Kommandos direkt bei ihrer Erzeugung zuordnen (siehe dazu den nächsten Abschnitt).

5.5.3 Eigene Kommandos

Um ein eigenes Kommando zu erstellen, benötigen Sie eine neue statische Klasse. Das Kommando ist eine statische Eigenschaft dieser Klasse, vom Typ `RoutedCommand`. Sie müssen sie über ein `CommandBinding` mit Ereignismethoden verbinden. Den Aufruf des Kommandos können Sie noch über Eingabegesten vereinfachen, wie es in Abschnitt 5.5.2 gezeigt wurde.

Im nachfolgenden Projekt *KommandosEigene* werden zwei Kommandos erzeugt. Der Aufruf der Kommandos wird jeweils über eine CheckBox gestattet und über einen Button durchgeführt (siehe Abbildung 5.10).

Abbildung 5.10 Eigene Kommandos

Zunächst folgt hier der Aufbau der neuen Klasse meineKommandos, in der die beiden eigenen Kommandos erzeugt werden:

```
using System;
using System.Windows.Input;
namespace KommandosEigene
{
  public static class meineKommandos
  {
    private static RoutedCommand ausgabe_eins;
    public static RoutedCommand Ausgabe_Eins
    { get { return ausgabe_eins; } }

    private static RoutedCommand ausgabe_zwei;
    public static RoutedCommand Ausgabe_Zwei
    { get { return ausgabe_zwei; } }

    static meineKommandos()
    {
      ausgabe_eins = new RoutedCommand();

      InputGestureCollection meineGestensammlung =
        new InputGestureCollection();

      KeyGesture meineGeste_StrgZ = new KeyGesture(Key.Z,
        ModifierKeys.Control);
      meineGestensammlung.Add(meineGeste_StrgZ);

      MouseGesture meineGeste_RightDoubleClick =
        new MouseGesture(MouseAction.RightDoubleClick);
      meineGestensammlung.Add(meineGeste_RightDoubleClick);
```

```
        ausgabe_zwei = new RoutedCommand("Kommando Zwei",
          typeof(meineKommandos), meineGestensammlung);
      }
    }
}
```

Der Namespace `System.Windows.Input` wird für die Klasse `RoutedCommand` benötigt. Es werden die beiden neuen Kommandos `Ausgabe_eins` und `Ausgabe_zwei` als statische Eigenschaften der Klasse angelegt, die vom Typ `RoutedCommand` sind.

Das RoutedCommand `ausgabe_eins` wird ohne Parameter erzeugt. Zu diesem Kommando können Sie später noch Eingabegesten hinzufügen.

Zum Vergleich wird das RoutedCommand `ausgabe_zwei` schon mit einer fertigen Sammlung von Eingabegesten erzeugt. Dazu müssen Sie zunächst eine leere Auflistung des Typs `InputGestureCollection` anlegen. Sie können dann eine neue Tastenkombination vom Typ `KeyGesture` oder eine neue Mausaktion vom Typ `MouseGesture` erzeugen.

Beide Gesten werden der Auflistung jeweils mithilfe der Methode `Add()` hinzugefügt. Das Kommando selbst wird nun mit drei Parametern erzeugt:

▶ mit dem selbst gewählten Namen des Kommandos

▶ mit dem Typ des Besitzers des Kommandos, also dem Typ dieser Klasse

▶ mit der Auflistung der Eingabegesten

Es folgt der Aufbau der Anwendung, in der die beiden neuen Kommandos eingesetzt werden:

```
<Window ... xmlns:ke="clr-namespace:KommandosEigene" ...>
  <Window.CommandBindings>
    <CommandBinding Command="ke:meineKommandos.Ausgabe_Eins"
      CanExecute="Ausgabe_Eins_erlaubt"
      Executed="Ausgabe_Eins_ausgefuehrt" />
    <CommandBinding Command="ke:meineKommandos.Ausgabe_Zwei"
      CanExecute="Ausgabe_Zwei_erlaubt"
      Executed="Ausgabe_Zwei_ausgefuehrt" />
  </Window.CommandBindings>
  <StackPanel>
    <CheckBox x:Name="cb1" Width="100" Margin="5">
      "Eins" erlaubt</CheckBox>
    <Button Command="ke:meineKommandos.Ausgabe_Eins"
      Width="100" Margin="5">Eins</Button>
    <CheckBox x:Name="cb2" Width="100" Margin="5">
      "Zwei" erlaubt</CheckBox>
```

```xml
    <Button Command="ke:meineKommandos.Ausgabe_Zwei"
      Width="100" Margin="5">Zwei</Button>
  </StackPanel>
</Window>
```

Zunächst müssen Sie den lokalen Namespace dieses Projekts (*KommandosEigene*) einbinden, ansonsten wäre die Klasse `meineKommandos` hier nicht bekannt. Als selbst gewähltes Kürzel für den Namespace wird hier im weiteren Verlauf des XAML-Codes `ke` verwendet.

Beide Kommandos verbinden Sie jeweils über ein `CommandBinding` mit Methoden zu den Ereignissen `CanExecute` und `Executed` (vergleiche Abschnitt 5.5.1, »Eingebaute Kommandos«). Den beiden Buttons ordnen Sie jeweils ein Kommando zu. Nachfolgend sehen Sie die Ereignismethoden:

```
private void Ausgabe_Eins_erlaubt(object sender,
    CanExecuteRoutedEventArgs e)
{ e.CanExecute = (bool) cb1.IsChecked; }

private void Ausgabe_Eins_ausgefuehrt(object sender,
    ExecutedRoutedEventArgs e)
{ MessageBox.Show("Eins"); }

private void Ausgabe_Zwei_erlaubt(object sender,
    CanExecuteRoutedEventArgs e)
{ e.CanExecute = (bool)cb2.IsChecked; }

private void Ausgabe_Zwei_ausgefuehrt(object sender,
    ExecutedRoutedEventArgs e)
{ MessageBox.Show("Zwei"); }
```

Die beiden Methoden ..._erlaubt() liefern das Ergebnis zum Ereignis `CanExecute`. Sie ändern auch die Optik der Buttons. Es lässt sich leicht erkennen, ob ein Button bedienbar ist oder nicht (siehe Abbildung 5.10). Die beiden Methoden ..._ausgefuehrt() führen die Aktionen gemäß dem jeweiligen `Executed`-Ereignis durch.

In diesem Kapitel lernen Sie den Aufbau einer WPF-Anwendung und verschiedene Formen von Anwendungen kennen.

6 Anwendungen

In diesem Kapitel wird der grundsätzliche Aufbau von WPF-Anwendungen erläutert. Innerhalb Ihrer Anwendungen wiederum können Sie auf Ressourcen zugreifen. Es wird dargestellt, welcher Art diese Ressourcen sind und auf welche Weise Sie darauf zugreifen können.

Standard-Anwendungen sind aus Fenstern zusammengesetzt. Sie lernen Eigenschaften und Ereignisse von Fenstern und den Datenaustausch zwischen den Fenstern kennen. Eine Alternative bietet die Navigation mit Seiten.

In ihrer Vielfalt bietet die WPF auch die Möglichkeit, Gadgets zu erstellen. Mit wenig Aufwand lassen sich Desktop-Anwendungen in Browser-Anwendungen, sogenannte XBAPs, umwandeln. Es wird auch erläutert, welchen Einschränkungen diese unterliegen.

6.1 Allgemeiner Aufbau

Zunächst wird eine minimale WPF-Anwendung mit einem leeren Fenster entwickelt. Diese wird anschließend um ein Steuerelement erweitert. Dabei wird die Reihenfolge der Ereignisse beim Start und beim Beenden einer Anwendung verdeutlicht. Im letzten Abschnitt geht es um Aufrufparameter und den Rückgabewert einer Anwendung.

6.1.1 Einfache Anwendung

In diesem Abschnitt wird eine einfache Anwendung entwickelt, die nur aus einem leeren Fenster besteht, das der Benutzer vergrößern, verkleinern, verschieben und schließen kann (siehe Abbildung 6.1). Daran wird Ihnen der Minimal-Aufbau einer WPF-Anwendung verdeutlicht (Projekt *AnwendungEinfach*).

Abbildung 6.1 Ein einfaches Fenster

Zur Erstellung sind folgende Schritte durchzuführen:

- Erstellen Sie eine WPF-Anwendung, hier mit dem Namen AnwendungEinfach.
- Löschen Sie im Projektmappenexplorer die Dateien *App.xaml* und *MainWindow.xaml*. Dabei werden die zugehörigen Programmcode-Dateien ebenfalls gelöscht.
- Fügen Sie dem Projekt eine neue Klasse hinzu, hier mit dem Namen meinFenster. Dabei wird die Datei *meinFenster.cs* erzeugt.

Darin muss sich lediglich der folgende Programmcode befinden:

```
using System;
using System.Windows;
namespace AnwendungEinfach
{
  class meinFenster : Window
  {
    [STAThread]
    public static void Main()
    {
      Application a = new Application();
      meinFenster mf = new meinFenster();
      a.Run(mf);
    }
  }
}
```

Sie benötigen die Namespaces System und System.Windows. Die Klasse meinFenster erbt die grundsätzlichen Eigenschaften und Ereignisse von der Klasse Window.

Für viele Elemente der Anwendung ist es erforderlich, dass sie in einem *Single-Threaded Apartment Thread* (STAThread) läuft. Dies kennzeichnet die Art der Kommunikation dieser Anwendung mit anderen Prozessen und geht noch auf die Zeit vor der WPF und vor .NET zurück.

Innerhalb der bekannten statischen Methode `Main()` wird eine Instanz der Anwendungsklasse `Application` und eine Instanz der Fensterklasse `meinFenster` erzeugt. Mithilfe der Methode `Run()` wird die Anwendung gestartet und das angegebene Fenster geöffnet.

6.1.2 Anwendung mit Steuerelement

In diesem Abschnitt wird die vorherige Minimal-Anwendung um ein Steuerelement mit Eigenschaften und einem Ereignishandler ergänzt. Das Projekt *AnwendungElement* sehen Sie in Abbildung 6.2.

Abbildung 6.2 Fenster mit Steuerelement

Die Erstellung des Projekts wurde bereits im vorherigen Abschnitt beschrieben. Der Code in der Datei *meinFenster.cs* wurde erweitert:

```
using System;
using System.Windows;
using System.Windows.Controls;
namespace AnwendungElement
{
  class meinFenster : Window
  {
    public meinFenster()
    {
      Button b = new Button();
      b.Margin = new Thickness(5);
      b.Content = "Hallo";
      b.Click += new RoutedEventHandler(b_Click);

      this.Width = 250;
      this.Height = 80;
      this.Title = "AnwendungElement";
      this.Content = b;
    }

    private void b_Click(object sender, RoutedEventArgs e)
    { MessageBox.Show("Hallo"); }
```

```
        [STAThread]
        public static void Main() { ... }
    }
}
```

Es wird zusätzlich der Namespace `System.Windows.Controls` für den Button (und andere Steuerelemente) benötigt. Im Konstruktor des Fensters wird ein Button mit Werten für die Eigenschaften `Margin` und `Content` erzeugt. Für das Click-Ereignis des Buttons wird ein Delegate vom Typ `RoutedEventHandler` hinzugefügt. Dieser verweist auf die zugehörige Ereignismethode `b_Click()`.

Die Eigenschaften `Width`, `Height` und `Title` des Fensters bekommen Werte. Als Letztes wird der Button als `Content` für das Fenster festgelegt. Da der Button das einzige Element des Fensters ist, kann auf ein umgebendes Layout-Element verzichtet werden. Die `Main`-Methode bleibt unverändert. Damit endet die Minimal-Anwendung.

6.1.3 Reihenfolge der Ereignisse

Bei *AnwendungReihenfolge* handelt es sich wieder um ein Projekt, das auf gewohnte Art und Weise nach der Vorlage WPF-ANWENDUNG mit *MainWindow.xaml* und *App.xaml* erzeugt wird. Es verdeutlicht, in welcher Reihenfolge die einzelnen Elemente beim Start der Anwendung initialisiert und geladen werden. Damit wird klar, welche Daten zu welchem Zeitpunkt bereits vorhanden sind beziehungsweise von Ihnen schon geändert werden können.

Außerdem sehen Sie die Reihenfolge beim Beenden der Anwendung. Das Schließen des Fensters können Sie aufgrund von bestimmten Bedingungen abbrechen. Zum richtigen Zeitpunkt können Sie noch Daten sichern und Aufräumarbeiten durchführen.

Die Anwendung beinhaltet ein Fenster, in dem mithilfe eines StackPanels zwei Buttons angeordnet werden (siehe Abbildung 6.3). Mithilfe von zwei RadioButtons legt der Benutzer fest, ob das Fenster geschlossen werden kann.

Abbildung 6.3 Verdeutlichung der Reihenfolge

Der Start läuft wie folgt ab:

1. Die Anwendung wird gestartet.
2. Button 1 ist initialisiert.
3. Button 2 ist initialisiert.
4. Das StackPanel ist initialisiert.
5. Das Fenster ist initialisiert.
6. Das Fenster ist geladen.
7. Das StackPanel ist geladen.
8. Button 1 ist geladen.
9. Button 2 ist geladen.

Das Beenden der Anwendung, falls das Fenster geschlossen werden kann, erfolgt so:

1. Das Fenster wird geschlossen.
2. Das Fenster ist entladen.
3. Die Anwendung wird beendet.
4. Das Fenster ist geschlossen.

Es sind Ereignismethoden für die Anwendung und für das Fenster definiert. Den Aufbau der Anwendung sehen Sie in der Datei *App.xaml*:

```
<Application x:Class="AnwendungReihenfolge.App"
  xmlns="http://..." xmlns:x="http://..."
  StartupUri="MainWindow.xaml"
  Startup="Application_Startup"
  Exit="Application_Exit">
</Application>
```

In der Eigenschaft `StartupUri` wird die Startdatei für die Anwendung festgelegt. Die Ereignisse `Startup` (Starten der Anwendung) und `Exit` (Beenden der Anwendung) führen zu den Ereignismethoden der Anwendung.

Der Programmcode in der Datei *App.xaml.cs*:

```
public partial class App : Application
{
  private void Application_Startup(object sender,
                        StartupEventArgs e)
  { MessageBox.Show("Anwendung gestartet"); }
  private void Application_Exit(object sender, ExitEventArgs e)
  { MessageBox.Show("Anwendung beendet"); }
}
```

Die Instanz der Klasse `StartupEventArgs` kann zur Übermittlung von Aufrufparametern dienen. Entsprechend können Sie die Instanz der Klasse `ExitEventArgs` zur Übermittlung von Rückgabeparametern verwenden (siehe den nächsten Abschnitt).

Der Aufbau des Fensters in der Datei *MainWindow.xaml*:

```xml
<Window ... Initialized="Window_Initialized"
    Loaded="Window_Loaded" Closing="Window_Closing"
    Unloaded="Window_Unloaded" Closed="Window_Closed">
  <StackPanel x:Name="StP" Initialized="init" Loaded="load">
    <Button x:Name="Bu1" Initialized="init"
       Loaded="load">Bu 1</Button>
    <Button x:Name="Bu2" Initialized="init"
       Loaded="load">Bu 2</Button>
    <RadioButton IsChecked="True">Schließen</RadioButton>
    <RadioButton x:Name="rb2" >Nicht schließen</RadioButton>
  </StackPanel>
</Window>
```

Die Ereignisse `Initialized`, `Loaded`, `Closing`, `Unloaded` und `Closed` führen zu den Ereignismethoden des Fensters. Die Ereignisse `Initialized` und `Loaded` des StackPanels und der Buttons führen zu den Ereignismethoden der Elemente.

Der Programmcode in der Datei *MainWindow.xaml.cs*:

```csharp
private void Window_Initialized(object sender, EventArgs e)
{ MessageBox.Show("Fenster ist initialisiert"); }
private void Window_Loaded(object sender, RoutedEventArgs e)
{ MessageBox.Show("Fenster ist geladen"); }

private void Window_Closing(object sender,
    System.ComponentModel.CancelEventArgs e)
{
  if ((bool)rb2.IsChecked)
  {
    e.Cancel = true;
    MessageBox.Show("Fenster wird nicht geschlossen");
  }
  else
    MessageBox.Show("Fenster wird geschlossen");
}

private void Window_Unloaded(object sender, RoutedEventArgs e)
{ MessageBox.Show("Fenster ist entladen"); }
private void Window_Closed(object sender, EventArgs e)
```

```
{ MessageBox.Show("Fenster ist geschlossen"); }

private void init(object sender, EventArgs e)
{ MessageBox.Show(((FrameworkElement)sender).Name
    + " initialisiert"); }
private void load(object sender, RoutedEventArgs e)
{ MessageBox.Show(((FrameworkElement)sender).Name
    + " geladen"); }
```

Der zweite Parameter der Methode `Window_Closing()` ist vom Typ `CancelEventArgs` aus dem Namespace `System.Component.Model`. Wird dessen Eigenschaft `Cancel` auf `true` gesetzt, so wird das Schließen des Fensters abgebrochen. Außerdem könnten Sie in dieser Methode noch Daten sichern und Aufräumarbeiten durchführen.

6.1.4 Aufruf von der Kommandozeile

Wie bereits angesprochen, können Sie die Ereignisse `Startup` und `Exit` der Anwendung nutzen, um bei einem Aufruf der Anwendung von der Kommandozeile Aufrufparameter zu übermitteln beziehungsweise einen Rückgabewert an Windows zu liefern.

Dies verdeutliche ich Ihnen im Projekt *AnwendungKommandozeile*. Darin werden der Anwendung zwei ganze Zahlen übergeben. Die Summe der beiden Zahlen wird an Windows geliefert.

Der Aufruf von der Kommandozeile erfolgt während der Entwicklung eines Projekts aus dem Verzeichnis *C:\Users\[Benutzername]\Documents\Visual Studio 2010\Projects\AnwendungKommandozeile\AnwendungKommandozeile\bin\Debug*.

Ein Beispielaufruf: `AnwendungKommandozeile 4 8`. Nach Ablauf der Anwendung wird der Wert 12 an Windows zurückgeliefert. Zum Aufruf der Anwendung und zur Ausgabe des Wertes eignet sich eine kleine Batch-Datei (hier *anw.bat*) im oben genannten Verzeichnis:

```
@echo off
AnwendungKommandozeile 4 8
echo %errorlevel%
```

Der Aufbau der Anwendung in der Datei *App.xaml* sieht aus wie im vorherigen Projekt:

```
<Application x:Class="AnwendungKommandozeile.App"
    xmlns="http://..." xmlns:x="http://..."
```

```
    StartupUri="MainWindow.xaml"
    Startup="Application_Startup"
    Exit="Application_Exit">
</Application>
```

Der Programmcode der Anwendungsklasse App in der Datei *App.xaml.cs* wurde geändert:

```
public partial class App : Application
{
  public static int arg0, arg1, erg;

  private void Application_Startup(object sender,
                                   StartupEventArgs e)
  {
    MessageBox.Show(System.Environment.CommandLine);
    MessageBox.Show(String.Join(", ", e.Args));

    if (e.Args.Count() > 0)
    {
      arg0 = Convert.ToInt32(e.Args[0]);
      arg1 = Convert.ToInt32(e.Args[1]);
    }
    else
    { arg0 = 0; arg1 = 0; }
    erg = arg0 + arg1;
  }

  private void Application_Exit(object sender, ExitEventArgs e)
  { e.ApplicationExitCode = erg; }
}
```

Sie vereinbaren die öffentlichen Klassenvariablen arg0, arg1 und erg. Diese dienen zur Übermittlung der Aufrufparameter und des Ergebnisses an die Fensterinstanz. Die Nutzung sehen Sie weiter unten.

Es wird vereinfachend davon ausgegangen, dass der Benutzer die Anwendung fehlerfrei aufruft. Bei einem Aufruf mit oben angegebener Batch-Datei erscheinen die Ausgaben gemäß Abbildung 6.4 und Abbildung 6.5.

Abbildung 6.4 Ausgabe von »System.Environment.CommandLine«

Abbildung 6.5 Ausgabe von »e.Args«

Beschreibung der Methode »Application_Startup()«

Die Eigenschaft `CommandLine` der Klasse `System.Environment` beinhaltet das in Abbildung 6.4 dargestellte Aufrufkommando der Anwendung. Die Eigenschaft `Args` der Instanz der Klasse `StartupEventArgs` beinhaltet eine Auflistung der Aufrufparameter (siehe Abbildung 6.5).

Falls der Aufruf aus der Entwicklungsumgebung erfolgte, so liefert die Methode `Count()` den Wert 0, da es keine Aufrufparameter gibt. Die Variablen `arg0` und `arg1` bekommen dann den Wert 0. Falls der Aufruf über die oben angegebene Batch-Datei erfolgte, so bekommen `arg0` und `arg1` die Werte der Aufrufparameter.

Beschreibung der Methode »Application_Exit()«

Der Wert der Eigenschaft `ApplicationExitCode` der Instanz der Klasse `ExitEventArgs` dient zur Übermittlung des Rückgabeparameters.

In der Fensterinstanz stehen die Aufrufparameter über die beiden öffentlichen Klassenvariablen `arg0` und `arg1` aus der Anwendungsklasse zur Verfügung. Falls der Benutzer den Button aus Abbildung 6.6 betätigt, so sieht er das Ergebnis aus Abbildung 6.7.

Abbildung 6.6 Aufruf der Werte

Abbildung 6.7 Werte

Nachfolgend der zugehörige Programmcode:

```
private void b_Click(...) { MessageBox.Show
   (App.arg0 + " + " + App.arg1 + " = " + App.erg); }
```

6.2 Ressourcen

Bestandteile einer Anwendung, die Sie häufig benötigen, sollten Sie in Ressourcen anlegen. Physische Ressourcen sind zum Beispiel Bild- oder Sounddateien. Logische Ressourcen sind Bestandteile des Codes, die von mehreren Steuerelementen verwendet werden.

Ressourcen sind austauschbar und erleichtern die Pflege einer Anwendung. Logische Ressourcen organisieren Sie in Ressourcen-Wörterbüchern (*Resource Dictionaries*). In Abschnitt 7.4, »Skins«, finden Sie eine Anwendung zu diesem Thema.

6.2.1 Physische Ressourcen

Physische Ressourcen sind Dateien, die Sie dem Projekt hinzufügen. Dies können Sie auf zwei Arten machen:

- per Drag&Drop in den Projektmappenexplorer
- über den Menüpunkt PROJEKT • VORHANDENES ELEMENT HINZUFÜGEN

Anschließend sehen Sie die Datei im Projektmappenexplorer. In Abbildung 6.8 sind dies die Bilddateien *computer.gif* und *paint.gif* sowie die Sounddatei *tada.wav* im Projekt *RessourcenPhysisch*.

Abbildung 6.8 Physische Ressourcen

Die Bilder werden im Projekt angezeigt, entweder unmittelbar nach Aufruf oder nach einer Benutzeraktion. Die Sounddatei soll der Benutzer bei Bedarf abspielen können. Im Falle der Sounddatei ist es allerdings notwendig, die Eigenschaft IN AUSGABEVERZEICHNIS KOPIEREN auf IMMER KOPIEREN zu stellen (siehe Abbildung 6.9). Alle Dateien stehen nun im Projektverzeichnis und sind bei einer Installation eingeschlossen.

Abbildung 6.9 Die Eigenschaft »In Ausgabeverzeichnis kopieren«

Die Anwendung sieht zunächst so aus wie in Abbildung 6.10.

Abbildung 6.10 Nach dem Start

Die RadioButtons geben die Möglichkeit, das Bild zu wechseln (siehe Abbildung 6.11).

Abbildung 6.11 Nach einem Wechsel der Auswahl

Zunächst der Aufbau des Fensters:

```
<StackPanel>
  <Image x:Name="im" Source="computer.gif"
    Height="32" Width="32" />
  <RadioButton x:Name="computer"
    Click="rb_Click" IsChecked="True">Computer</RadioButton>
  <RadioButton x:Name="paint"
```

```
    Click="rb_Click">Paint</RadioButton>
  <Button Width="60" Click="b_Click">Sound</Button>
</StackPanel>
```

Die Eigenschaft Source des Steuerelements Image bekommt als Wert den Dateinamen. Es ist kein Pfad notwendig, da die Datei eine Ressource des Projekts ist. Beide RadioButtons führen zur gleichen Ereignismethode.

Im Programmcode muss der Namespace System.Media eingebunden werden. Es folgt der Code:

```
private void rb_Click(object sender, RoutedEventArgs e)
{
  Control c = (Control)sender;
  im.Source = new BitmapImage(new Uri(c.Name + ".gif",
                                      UriKind.Relative));
}

private void b_Click(object sender, RoutedEventArgs e)
{
  SoundPlayer sp = new SoundPlayer("tada.wav");
  sp.Play();
}
```

Der Name des aufrufenden RadioButtons dient hier als Teil des Dateinamens. Der Konstruktor der BitmapImage-Klasse stellt ein BitmapSource-Objekt zum Laden von Bildern über ein Uri-Objekt bereit. Die Zeichenfolge des URI können Sie mithilfe eines Wertes aus der Enumeration UriKind absolut oder relativ angeben. Bei einer Ressource innerhalb des Projekts eignet sich der Wert Relative.

Die Klasse SoundPlayer aus dem Namespace System.Media eignet sich zur einfachen Wiedergabe einer WAV-Datei. Den Namen der Datei können Sie im Konstruktor als Wert für die Eigenschaft SoundLocation angeben. Hier ist dies die hinzugefügte Projekt-Ressource. Das Abspielen mithilfe der Methode Play() gelingt Ihnen allerdings nur, wenn Sie die Eigenschaft IN AUSGABEVERZEICHNIS KOPIEREN der Ressourcendatei auf IMMER KOPIEREN gestellt haben, wie bereits oben erwähnt wurde. Mehr zu Audio- und Videodateien finden Sie in Kapitel 12, »Audio und Video«.

6.2.2 Logische Ressourcen

Logische Ressourcen sind Bestandteile des Codes, die von mehreren Steuerelementen verwendet werden. Dies können zum Beispiel Vorlagen sein. Logische Ressourcen haben unterschiedliche Gültigkeitsbereiche:

- Falls sie in der Anwendungsdatei *App.xaml* definiert werden, gelten sie für die gesamte Anwendung.
- Falls sie in der Fensterdatei definiert werden, zum Beispiel in *MainWindow.xaml*, gelten sie nur für dieses Fenster.

Sie müssen am Ort ihrer Definition eindeutig gekennzeichnet sein, zum Beispiel durch einen Schlüssel. Sollte es zwei logische Ressourcen mit gleichem Schlüssel in der Anwendungsdatei und in einer Fensterdatei geben, so wird diejenige genutzt, die dem Steuerelement »näher« ist, also die Ressource aus der Fensterdatei. Logische Ressourcen können statisch oder dynamisch sein:

- *Statische Ressourcen* werden bereits frühzeitig geprüft. Sie werden mit der Anwendung (beziehungsweise mit dem Fenster) geladen und stehen so schneller zur Verfügung als dynamische Ressourcen. Sie müssen allerdings vor ihrer Nutzung definiert sein.
- *Dynamische Ressourcen* müssen nicht vor ihrer Nutzung definiert sein. Der Benutzer kann sie während der Laufzeit austauschen. Dynamische Ressourcen werden erst geladen, wenn der Benutzer sie zur Laufzeit benötigt, allerdings ist dann die Ladezeit länger als bei statischen Ressourcen.

Nachfolgend sehen Sie die Anwendung *RessourcenLogisch*. Darin werden statische und dynamische Ressourcen sowohl anwendungsweit als auch fensterweit definiert und genutzt. Als einfaches Beispiel für eine Ressource dienen Pinsel unterschiedlicher Farbe. Nach dem Start sieht die Anwendung so aus wie in Abbildung 6.12.

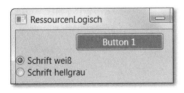

Abbildung 6.12 Nach dem Start

Nach einem Wechsel der Auswahl sieht die Anwendung so aus wie in Abbildung 6.13.

Abbildung 6.13 Nach dem Wechsel der Auswahl

Zunächst sind hier die anwendungsweiten Ressourcen in der Datei *App.xaml*:

```xml
<Application.Resources>
  <SolidColorBrush x:Key="fgbrush">White</SolidColorBrush>
  <SolidColorBrush x:Key="bgbrush">Red</SolidColorBrush>
</Application.Resources>
```

Die Ressourcen werden in der Auflistung Resources des Application-Objekts definiert. Es wird ein weißer Pinsel mit dem Schlüssel fgbrush und ein roter Pinsel mit dem Namen bgbrush definiert. Damit ist noch nichts darüber ausgesagt, ob, wann, bei welchem Steuerelement und für welche Eigenschaft Sie die Ressourcen nutzen.

Es folgen die fensterweiten Ressourcen, die in der Datei *MainWindow.xaml* definiert sind:

```xml
<Window ... Background="{DynamicResource winbrush}">
  <Window.Resources>
    <SolidColorBrush x:Key="winbrush">LightGray</SolidColorBrush>
    <SolidColorBrush x:Key="bgbrush">Gray</SolidColorBrush>
  </Window.Resources>
  ...
</Window>
```

Die Ressourcen werden in der Auflistung Resources des Window-Objekts definiert. Innerhalb des Fensters hat der graue Pinsel mit dem Schlüssel bgbrush Vorrang gegenüber dem roten Pinsel mit dem gleichnamigen Schlüssel aus *App.xaml*.

Der hellgraue Pinsel mit dem Schlüssel winbrush kommt als Hintergrundfarbe für das Fenster zum Einsatz. Dieser Einsatz findet vor der Definition statt, daher kann er nur dynamisch, also über DynamicResource, erfolgen.

Der Aufbau der Steuerelemente innerhalb des Fensters:

```xml
<StackPanel>
  <Button x:Name="b" Background="{StaticResource bgbrush}"
    Foreground="{StaticResource fgbrush}" Width="120"
    Margin="5">Button 1</Button>
  <RadioButton IsChecked="True" Click="rb1_Click">
    Schrift weiß</RadioButton>
  <RadioButton Click="rb2_Click">Schrift hellgrau</RadioButton>
</StackPanel>
```

Beim Button kommen zwei statische Ressourcen, und zwar über StaticResource, zum Einsatz: zum einen der graue Pinsel aus den Fensterressourcen für die Hintergrundfarbe, zum anderen der weiße Pinsel aus den Anwendungsressourcen für die Schriftfarbe.

Die Betätigung der RadioButtons führt zu folgenden Ereignismethoden:

```
private void rb1_Click(...)
{ b.Foreground = FindResource("fgbrush") as Brush; }
private void rb2_Click(...)
{ b.Foreground = FindResource("winbrush") as Brush; }
```

Die Methode `FindResource()` sucht nach einer Ressource mit dem genannten Schlüssel. Nach einer Typkonvertierung können Sie diesen Schlüssel für die Schriftfarbe des Buttons nutzen.

Logische Ressourcen organisieren Sie in Ressourcen-Wörterbüchern (*Resource Dictionaries*). Diese stellen eine Sammlung von WPF-Ressourcen dar. In Abschnitt 7.4, »Skins«, finden Sie eine Anwendung zu diesem Thema.

6.3 Fenster

Die meisten Desktop-Anwendungen, auch in diesem Buch, werden in Fenstern dargestellt. Die Klasse `Window` stellt Fenster mit einer Vielzahl an Eigenschaften und Ereignissen zur Verfügung. Einige werden hier erläutert.

Außerdem verdeutliche ich den Aufruf von Unterfenstern, also eigenen Dialogfeldern, und den Austausch von Daten zwischen Haupt- und Unterfenstern.

In der WPF gibt es nur wenige Möglichkeiten, auf Standard-Dialogfelder zuzugreifen. Das Standard-Dialogfeld zum Drucken wird mithilfe der Klasse `PrintDialog` aufgerufen (siehe Abschnitt 13.3, »Drucken«).

In Windows Forms gibt es die Standard-Dialogfelder zur Auswahl einer Datei, eines Verzeichnisses, einer Farbe oder einer Schrift. Die Integration derselben in eine WPF-Anwendung und die Umsetzung der Ergebnisse stelle ich in Abschnitt 14.1.2, »Windows Forms-Standard-Dialogfelder in WPF«, dar.

6.3.1 Eigenschaften und Ereignisse von Fenstern

Bereits häufig benutzt wurden die Eigenschaften `Title`, `Height` und `Width`. Einige Fensterereignisse und ihre Ablaufreihenfolge wurden in Abschnitt 6.1.3, »Reihenfolge der Ereignisse«, erläutert.

In diesem Abschnitt stelle ich im Projekt *FensterMember* ein Fenster mit einer Reihe von Bedienungsmöglichkeiten und Informationen vor, die weitere Eigenschaften und Ereignisse verdeutlichen (siehe Abbildung 6.14).

Abbildung 6.14 Nach dem Start

Zunächst der Aufbau des Fensters. Der Aufbau der Steuerelemente wird nicht gesondert wiedergegeben, sondern es werden hier nur die Auswirkungen der Bedienung gezeigt.

```
<Window ... WindowStartupLocation="CenterScreen"
   ShowInTaskbar="False" ResizeMode="NoResize"
   Topmost="True" LocationChanged="Window_LocationChanged"
   StateChanged="Window_StateChanged"
   SizeChanged="Window_SizeChanged">
   ...
</Window>
```

Die Eigenschaft `WindowStartupLocation` legt fest, an welcher Position das betreffende Fenster zum Start auf dem Bildschirm erscheint. Als Eigenschaftswerte sind Elemente der gleichnamigen Enumeration zugelassen:

- Der Standardwert `Manual` überlässt den Eigenschaften `Top` und `Left` die Anordnung. Falls diese nicht vorhanden sind, so wird eine Standard-Einstellung genommen.
- Der Wert `CenterOwner` legt fest, dass ein Unterfenster im Zentrum des besitzenden, also aufrufenden Fensters liegt. Ein Beispiel sehen Sie im nächsten Abschnitt.
- Hier wurde der Wert `CenterScreen` gewählt, der das Fenster in der Mitte des Bildschirms platziert. Dies ergibt beim hier benutzten Laptop die angezeigten Werte für `Top` und `Left`.

Die Eigenschaft `ShowInTaskbar` steht normalerweise auf `True`. Dies führt dazu, dass das Fenster in der Taskbar angezeigt wird. Hier wurde der Wert `False` gewählt. Den Wert kann der Benutzer auch zur Laufzeit ändern.

Mithilfe der Eigenschaft `ResizeMode` wird festgelegt, ob der Benutzer die Größe des Fensters verändern kann. Als Eigenschaftswerte sind Elemente der gleichnamigen Enumeration zugelassen:

- Der Standardwert `CanResize` erlaubt die Größenänderung, das Minimieren und das Maximieren.
- Der Wert `CanResizeWithGrip` zeigt zusätzlich noch einen Ziehpunkt unten rechts an.
- Der Wert `CanMinimize` erlaubt nur die Minimierung und Wiederherstellung.
- Hier wurde der Wert `NoResize` gewählt, der gar keine Größenänderung erlaubt.

Die Einstellungen gelten nur für Benutzeraktionen. Per Programmcode können Sie Größenänderungen jederzeit durchführen.

Die Eigenschaft `Topmost` steht normalerweise auf `False`. Dies führt dazu, dass das Fenster von einem anderen Fenster der gleichen Anwendung oder einer anderen Anwendung verdeckt werden kann. Hier wurde der Wert `True` gewählt; das Fenster ist damit immer das oberste. Der Wert kann auch zur Laufzeit geändert werden.

Die Ereignisse `LocationChanged`, `StateChanged` und `SizeChanged` werden bei Änderung des Ortes, des Fensterstatus und der Größe ausgelöst und führen zu den nachfolgenden Ereignismethoden:

```
private void Window_LocationChanged(...)
{ lb1.Content = "Location: Top " + (int)Top
    + " / Left " + (int)Left; }
private void Window_StateChanged(...)
{ lb2.Content = "State: " + WindowState; }

private void Window_SizeChanged(..., SizeChangedEventArgs e)
{ lb3.Content = "Size: Height " + (int)e.NewSize.Height
    + " / Width " + (int)e.NewSize.Width; }
```

Es gibt insgesamt drei Label zur Anzeige. Das erste Label zeigt die Werte von `Top` und `Left` nach einer Änderung des Ortes an. Im zweiten Label wird über den Wert von `WindowState` der Fensterstatus nach einer Änderung angezeigt. Dies ist einer der Werte aus der gleichnamigen Enumeration: entweder `Maximized`, `Minimized` oder `Normal`. Der Start der Anwendung führt übrigens nicht zu einer Änderung des Fensterstatus.

Nach einer Änderung der Größe bietet die Instanz der Klasse `SizeChangedEventArgs` eine Reihe von Informationen. Dies sind zum Beispiel die vorherige Größe (`PreviousSize`) und die neue Größe (`NewSize`).

Die Bedienung der drei Checkboxen (siehe Abbildung 6.14) führt zu den nachfolgenden Ereignismethoden:

```
private void cb1_Click(...)
{ ShowInTaskbar = (bool)cb1.IsChecked; }
private void cb3_Click()
{ Topmost = (bool)cb3.IsChecked; }

private void cb2_Checked(...)
{ ResizeMode = ResizeMode.CanResize; }
private void cb2_Unchecked(...)
{ ResizeMode = ResizeMode.NoResize; }
```

Die Werte der Eigenschaften `ShowInTaskbar` und `Topmost` richten sich jeweils nach dem Wert der zugehörigen CheckBox. Außerdem kann der Benutzer zwei der vier möglichen Werte der Eigenschaft `ResizeMode` einstellen.

Zu guter Letzt kann der Benutzer über insgesamt vier Buttons Änderungen der Größe und des Orts durchführen (siehe Abbildung 6.14).

```
private void b1_Click(...)
{ SizeToContent = SizeToContent.WidthAndHeight; }
private void b2_Click(...)
{ SizeToContent = SizeToContent.Manual;
  Height = 200; Width = 300; }

private void b3_Click(...)
{ Height = Height + 20; Width = Width + 20; }
private void b4_Click(...)
{ Top = Top + 50; Left = Left + 50; }
```

Eine besondere Möglichkeit zur Einstellung der Größe bietet die Eigenschaft `SizeToContent`: eine Anpassung der Größe an den Inhalt. Als Werte sind Elemente der gleichnamigen Enumeration zugelassen:

- Der Standardwert `Manual` gibt an, dass die Größe nicht dem Inhalt angepasst wird.
- Mit den Werten `Height` beziehungsweise `Width` wird festgelegt, dass die Größe an die Höhe beziehungsweise an die Breite des Inhalts angepasst wird.
- Der Wert `WidthAndHeight` bedeutet: Die Anpassung erfolgt sowohl an die Breite als auch an die Höhe des Inhalts.

Falls im Beispiel zuerst `b1_Click()` durchlaufen wurde, so muss für die Änderung von `Width` und `Height` in `b2_Click()` zunächst wieder der Wert `Manual` eingestellt werden. Der Benutzer kann Größenänderungen jedoch unabhängig vom aktuellen Wert der Eigenschaft `SizeToContent` durchführen (vorausgesetzt, der Wert der Eigenschaft `ResizeMode` lässt dies zu).

Rufen Sie zur Verdeutlichung die Anwendung *FensterMember* auf, führen Sie die möglichen Aktionen durch, und beachten Sie die Auswirkungen.

6.3.2 Eigene Dialogfelder

Vom Hauptfenster einer Anwendung aus kann der Benutzer Unterfenster aufrufen, also eigene Dialogfelder. Diese dienen häufig zur Einstellung von Werten für das Hauptfenster. Daher ist der Austausch von Daten zwischen Haupt- und Unterfenster zu betrachten.

Im Projekt *FensterUnter* ist zunächst das Hauptfenster mit einem eingegebenen Text zu sehen (siehe Abbildung 6.15).

Abbildung 6.15 Nach Start und Eingabe

Nach dem Aufruf des neuen Fensters erscheint dieses mit dem übermittelten Text (siehe Abbildung 6.16).

Abbildung 6.16 Unterfenster mit übermittelten Daten

Im neuen Fenster kann der Benutzer den Text ändern. Nach dem Schließen erscheint das Hauptfenster mit dem geänderten Text (siehe Abbildung 6.17).

Sie erzeugen ein neues Fenster in einer Anwendung über den Menüpunkt Projekt • Fenster hinzufügen. Nachdem Sie dem Fenster einen Namen gegeben haben (hier: `Unterfenster`), erscheinen die beiden Dateien *Unterfenster.xaml* und *Unterfenster.xaml.cs* zur weiteren Bearbeitung.

Abbildung 6.17 Hauptfenster mit übermittelten Daten

Hier sehen Sie zunächst die Ereignismethode für den Button im Hauptfenster:

```
private void b_Click(...)
{
  Unterfenster uf = new Unterfenster(tb.Text);
  uf.Owner = this;

  if (uf.ShowDialog() == true)
  {
    lb.Content = "Beendet mit Ok";
    tb.Text = uf.Eingabetext;
  }
  else
    lb.Content = "Beendet mit Abbrechen";
}
```

Es wird eine Instanz der Klasse des Unterfensters erzeugt. Die Klasse ist weiter unten definiert. Der Konstruktor dient zur Übermittlung der Daten an das Unterfenster. Das Hauptfenster wird zum Owner (Besitzer) des Unterfensters erklärt. Dies ist nur für die Platzierung des Unterfensters, nicht unbedingt für das logische Zusammenspiel der beiden Fenster notwendig.

Mithilfe der Methode ShowDialog() wird das Unterfenster modal geöffnet. Dies bedeutet, dass es erst geschlossen werden muss, bevor man das Hauptfenster wieder bedienen kann. Aus der Unterfensterklasse kann in diesem Fall ein Wert vom Typ bool? zurückgeliefert werden. Damit teilen Sie dem Hauptfenster mit, ob die Bedienung des Unterfensters ordnungsgemäß beendet oder abgebrochen wurde. Ein Aufruf mit der Methode Show() hätte zu einem nicht-modalen Aufruf geführt.

Nur im ersten Fall erscheinen die Daten, die im Unterfenster eingegeben wurden, auch im Hauptfenster. Diese Daten werden über eine Property des Unterfensters weitergegeben. Das Unterfenster ist so aufgebaut:

```
<Window ... WindowStartupLocation="CenterOwner"> ... </Window>
```

Die Platzierung wurde über die Eigenschaft WindowStartupLocation festgelegt. Da das Hauptfenster als Owner festgelegt wurde, kann sich der Eigenschaftswert CenterOwner auswirken.

Es folgt der Programmcode für das Unterfenster:

```
public partial class Unterfenster : Window
{ string eingabetext;

  public Unterfenster(string et)
  { InitializeComponent(); tb.Text = et; }

  private void ok_Click(...)
  { eingabetext = tb.Text; DialogResult = true; }

  private void abbr_Click(...)
  { DialogResult = false; }

  public string Eingabetext
  { get{return eingabetext;} }
}
```

Der Konstruktor wurde erweitert. Auf diese Weise können der Unterfenster-Instanz bei der Erzeugung Daten aus dem Hauptfenster übermittelt werden.

Abhängig vom betätigten Button wird der Eigenschaft DialogResult einer der Werte true oder false gegeben. Dies führt dazu, dass der Programmcode im Hauptfenster an der Stelle des Aufrufs durch ShowDialog() weitergeführt wird. Außerdem wird übermittelt, auf welche Weise das Unterfenster beendet wurde.

Im Falle der ordnungsgemäßen Beendigung wurden vorher die Daten, die an das Hauptfenster übergeben werden sollen, einer Property des Unterfensters zugewiesen. Damit stehen sie im Hauptfenster zur Verfügung.

6.4 Navigation mit Seiten

Die Navigation mit Seiten bietet eine Alternative zur klassischen Fenstertechnik. In diesem Abschnitt stelle ich zwei Möglichkeiten vor:

- eine *Reihe von Seiten*, die der Benutzer nacheinander aufruft, ähnlich einer *MS Power Point*-Präsentation
- ein *Frame mit Unterseiten*, die der Benutzer in beliebiger Reihenfolge aufruft, ähnlich einer Anwendung mit Frames in einem Browser

6 | Anwendungen

Seiten sind Instanzen der Klasse Page. Sie ähneln Fenstern, haben aber eine eingeschränkte Funktionalität. Sie können nicht einzeln auftreten, sondern nur innerhalb einer Steuerseite der Klasse NavigationWindow.

6.4.1 Eine Reihe von Seiten

Im Projekt *NavigationReihe* werden insgesamt drei verschiedene Seiten angezeigt, die der Benutzer der Reihe nach durchlaufen kann.

Ablauf

Nach dem Start erscheint Seite 1 (siehe Abbildung 6.18).

Abbildung 6.18 Nach dem Start, auf Seite 1

Von Seite 1 aus kann der Benutzer auf verschiedene Arten zur Seite 2 gelangen. Dabei können auch Daten zwischen den Seiten transportiert werden, wie es in Abbildung 6.19 zu sehen ist.

Abbildung 6.19 Inhalt der Seite 2

Von Seite 2 aus sind die Seiten 1 und 3 erreichbar. Die Seite 3 sieht so aus wie in Abbildung 6.20.

Navigation mit Seiten | **6.4**

Abbildung 6.20 Inhalt der Seite 3

Die Klasse `NavigationWindow` stellt automatisch eine browserähnliche Navigation mit Vorwärts- und Rückwärts-Buttons und einer History zur Verfügung, wie sie in Abbildung 6.18 bis Abbildung 6.20 zu sehen sind. Für die Anwendung benötigen Sie die vier Dateien *MainWindow.xaml*, *Seite1.xaml*, *Seite2.xaml* und *Seite3.xaml*, jeweils mit zugehöriger Codedatei (siehe Abbildung 6.21). Weiter unten wird erläutert, wie Sie die Dateien hinzufügen.

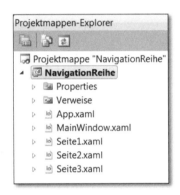

Abbildung 6.21 Projektdateien

Navigationsdatei

Hier sehen Sie zunächst den Aufbau der Navigation in der Datei *MainWindow.xaml*:

```
<NavigationWindow x:Class="NavigationReihe.MainWindow"
    xmlns="http://..." xmlns:x="http://..."
    Height="200" Width="300" Source="Seite1.xaml" />
```

Als Grundlage zur Erstellung dient eine klassische WPF-Anwendung. Statt eines `Window` wird ein `NavigationWindow` verwendet; die Klasse muss also geändert werden. Ein Inhalt wird nicht benötigt. Ebenso wenig wird ein Titel gebraucht, da dieser jeweils auf den Seiten steht. Die Eigenschaft `Source` verweist auf den URI der ersten Page, die nach dem Start im `NavigationWindow` angezeigt wird.

Im Programmcode müssen Sie die Basisklasse ebenfalls ändern:

177

```
public partial class MainWindow : NavigationWindow { ... }
```

Nun fügen Sie die Seiten hinzu, jeweils über den Menüpunkt PROJEKT • SEITE HINZUFÜGEN.

Seite 1

Im Folgenden sehen Sie die wichtigen Teile des `Page`-Objekts in der Datei *Seite1.xaml* (siehe Abbildung 6.18):

```
<Page x:Class="NavigationReihe.Seite1"
    xmlns="http://..." xmlns:x="http://..."
    WindowTitle="NavigationReihe, Seite 1">
...
    <TextBlock ...>
        <Hyperlink NavigateUri="Seite2.xaml">
            Vorwärts zur Seite 2</Hyperlink>
    </TextBlock>
...
</Page>
```

Einige Eigenschaften aus einer Standard-Page benötigen Sie hier nicht mehr; Sie können sie löschen. Sichtbar ist nicht der Anwendungstitel, sondern der jeweilige Seitentitel. Dieser wird über die Eigenschaft `WindowTitle` festgelegt.

Hyperlinks sind Inline-Elemente eines Dokuments (siehe auch Abschnitt 13.1.7, »Inlines«). Sie müssen sie innerhalb eines Steuerelements, zum Beispiel in einem `TextBlock`-Objekt, platzieren. Die Eigenschaft `NavigateUri` verweist auf den URI der Page, die bei Betätigung des Hyperlinks aufgerufen wird.

Es folgt der Programmcode der Klasse `Seite1`:

```
public partial class Seite1 : Page
{ public Seite1() { InitializeComponent(); }

    private void vorwaerts_Click(...)
    { NavigationService.Navigate(new Uri("Seite2.xaml",
        UriKind.Relative)); }

    private void daten_Click(...)
    { NavigationService.Navigate(new Seite2(tb.Text)); }
}
```

Über die Eigenschaft `NavigationService` können Sie auf den Navigationsdienst des übergeordneten `NavigationWindow` zugreifen. Die Methode `Navigate()` kann das gewünschte Ziel über einen URI oder ein Objekt erreichen.

- Beim Zugriff per URI können Sie die Zeichenfolge des URI mithilfe der Enumeration UriKind absolut oder relativ angeben. Bei Pages innerhalb eines Projekts eignet sich der Wert Relative.
- Beim Zugriff per Objekt wird eine neue Instanz der Klasse für Seite 2 erzeugt. Der Konstruktor dient zur Übermittlung der Daten aus der Textbox an das Unterfenster.

Seite 2

Die zweite Page in *Seite2.xaml* sehen Sie in Abbildung 6.19. Zwei Elemente der Klasse Hyperlink, jeweils in einem Textblock, führen zu den Seiten 1 und 3, ähnlich wie in *Seite1.xaml*. Der Programmcode in *Seite2.xaml.cs*:

```
public partial class Seite2 : Page
  { public Seite2() { InitializeComponent(); }

  public Seite2(string s)
  {
    InitializeComponent();
    lb.Content = "Daten von Seite 1: " + s;
  }

  private void journal_Click(...)
  {
    if (NavigationService.CanGoBack)
      NavigationService.GoBack();
  }
}
```

Der Benutzer kann die zweite Seite auf verschiedene Arten aufrufen. Daher wird neben dem Standard-Konstruktor noch ein weiterer Konstruktor benötigt, dem bei der Erzeugung der Instanz Daten von der aufrufenden Seite 1 übergeben werden können.

Die Funktionalität der Vorwärts- und Rückwärts-Buttons des NavigationWindow können Sie auch per Programmcode nutzen. Die Methoden GoForward() und GoBack() des Navigationsdienstes dienen dazu. Vor der Ausführung sollten Sie zur Sicherheit die Eigenschaften CanGoForward beziehungsweise CanGoBack abfragen.

Seite 3

Die dritte Page in *Seite3.xaml* sehen Sie in Abbildung 6.20. Ein Element der Klasse Hyperlink, das in einem Textblock steht, führt zur Seite 2, ähnlich wie in *Seite1.xaml*.

6.4.2 Frame mit Unterseiten

Im Projekt *NavigationFrame* kann sich der Benutzer zwei verschiedene Seiten in beliebiger Reihenfolge anzeigen lassen.

Ablauf

Nach dem Start erscheint nur die Steuerung (siehe Abbildung 6.22).

Abbildung 6.22 Steuerung

Von hier aus kann der Benutzer die beiden Seiten über Hyperlinks erreichen. Als Beispiel sehen Sie in Abbildung 6.23 die Seite 1.

Abbildung 6.23 Anzeige der Seite 1

Auch hier stellt die Klasse NavigationWindow eine browserähnliche Navigation mit Vorwärts- und Rückwärts-Buttons und einer History zur Verfügung. Für die Anwendung benötigen Sie die fünf XAML-Dateien *MainWindow.xaml*, *Aufbau.xaml*, *Steuerung.xaml*, *Seite1.xaml* und *Seite2.xaml*, jeweils mit einer Programmcodedatei (siehe Abbildung 6.24).

Abbildung 6.24 Projektdateien

Navigationsdatei

Hier ist zunächst der Aufbau der Navigation in der Datei *MainWindow.xaml*:

```
<NavigationWindow x:Class="NavigationFrame.MainWindow"
  xmlns="http://..." xmlns:x="http://..."
  Title="NavigationFrame" Height="200" Width="300"
  Source="Aufbau.xaml" />
```

Wie im vorherigen Projekt wird eine klassische WPF-Anwendung mit einem `NavigationWindow` verwendet. Die Eigenschaft `Source` verweist auf den URI der ersten Page, die nach dem Start im `NavigationWindow` angezeigt wird. In dieser Page ordnen Sie zwei Bereiche an, in denen wiederum jeweils eine Page erscheint. Der Titel der Anwendung wird hier mithilfe der Eigenschaft `Title` festgelegt. Die Klasse wird im Programmcode wie folgt geändert:

```
public partial class MainWindow : NavigationWindow { ... }
```

Nun fügen Sie die Seiten hinzu, und zwar jeweils über den Menüpunkt Projekt • Seite hinzufügen.

Aufbauseite

Es folgt das Layout der Aufbauseite in der Datei *Aufbau.xaml*:

```
<Page x:Class="NavigationFrame.Aufbau"
    xmlns="http://..." xmlns:x="http://...">
  <Grid>
    <Grid.ColumnDefinitions>
      <ColumnDefinition Width="90" />
      <ColumnDefinition />
    </Grid.ColumnDefinitions>
    <Frame Grid.Row="0" Grid.Column="0"
      Source="Steuerung.xaml" />
    <Frame x:Name="fr" Grid.Row="0" Grid.Column="1" />
  </Grid>
</Page>
```

Das Grid-Layout der Aufbauseite umfasst zwei Spalten. Eine davon hat eine feste Breite. In beiden Spalten wird ein Steuerelement der Klasse `Frame` erzeugt. Die Eigenschaft `Source` des linken Frames verweist auf den URI der Page, die links angezeigt wird.

Der rechte Frame bekommt einen Namen, damit er später als Ziel für die Navigation dienen kann. Zunächst wird im rechten Frame noch keine Seite angezeigt.

6 | Anwendungen

Steuerungsseite

Es folgt der Code der Steuerungsseite, der in der Datei *Steuerung.xaml* steht:

```
<Page x:Class="NavigationFrame.Steuerung"
    xmlns="http://..." xmlns:x="http://..."
    Background="LightGray">
  ...
  <Hyperlink NavigateUri="Seite1.xaml" TargetName="fr">
    Zur Seite 1</Hyperlink>
  ...
  <Hyperlink NavigateUri="Seite2.xaml" TargetName="fr">
    Zur Seite 2</Hyperlink>
  ...
</Page>
```

Die Eigenschaft `NavigateUri` der beiden Hyperlink-Objekte verweist auf die URI der Seiten, die nach der Betätigung angezeigt werden sollen. Mithilfe der Eigenschaft `TargetName` wird festgelegt, dass die Seiten im rechten Frame erscheinen. In *Seite1.xaml* und *Seite2.xaml* steht jeweils eine einfache Page ohne besondere Elemente.

6.5 Gadgets

Die visuellen Mittel der WPF bieten auch die Möglichkeit, »technische Spielereien« (Gadgets) herzustellen. Nachfolgend wird Ihnen eine Anwendung vorgestellt, deren Oberfläche aus drei halbtransparenten Elementen besteht. Dabei handelt es sich um zwei Kreise und einen Button, die scheinbar nicht miteinander verbunden sind. In Abbildung 6.25 sehen Sie die Anwendung mit dem Namen *Gadget*. Sie »schwebt« gerade vor dem Hintergrund einer anderen Anwendung: in einem Browser wird der Wikipedia-Artikel über Gadgets gezeigt.

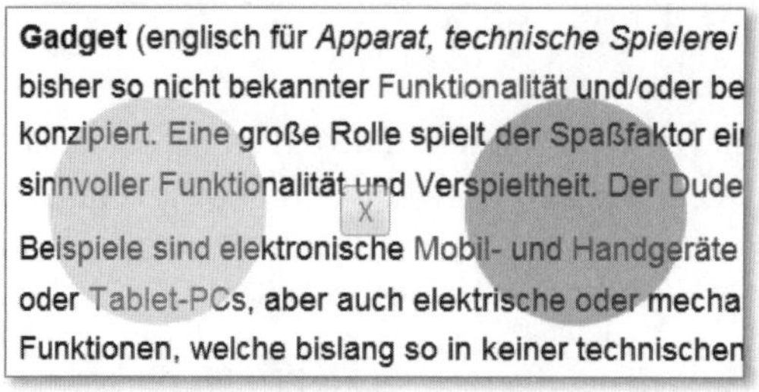

Abbildung 6.25 Gadget-Anwendung

Sobald sich die Maus über dem linken Kreis befindet, wird ein Hilfstext eingeblendet. Dieser informiert den Benutzer darüber, dass er die Oberfläche mithilfe der Maus auf dem rechten Kreis verschieben kann. Der Button dient zum Beenden. Zunächst die Fenstereigenschaften:

```
<Window ... Height="200" Width="300"
    AllowsTransparency="True"
    WindowStyle="None" Background="Transparent">
    ...
</Window>
```

Die Eigenschaft `AllowsTransparency` legt fest, ob der Clientbereich des Fensters Transparenz unterstützt. Der Wert `True` ist hier die Voraussetzung für die weiteren Einstellungen. Die verschiedenen Werte der Enumeration `WindowStyle` stehen für die Art des Rahmens um den Clientbereich des Fensters. Es gibt die folgenden Werte:

- `None`: ohne Rahmen und Titelleiste. Dieser Wert wird hier genutzt.
- `SingleBorderWindow`: einfacher Rahmen; der Standardwert
- `ThreeDBorderWindow`: 3D-Rahmen
- `ToolWindow`: Verankertes Toolfenster

Mithilfe des Werts `Transparent` wird der Hintergrund des Fensters (Eigenschaft `Background`) durchsichtig. Es folgen das Layout und die Steuerelemente:

```
<Grid>
  <Grid.ColumnDefinitions>
    <ColumnDefinition Width="110" />
    <ColumnDefinition Width="*" />
    <ColumnDefinition Width="110" />
  </Grid.ColumnDefinitions>
  <Ellipse Fill="LightGray" Opacity="0.5" Width="100"
    Height="100" Grid.Column="0" MouseEnter="links_ein"
    MouseLeave="links_aus"/>
  <TextBlock x:Name="tb" Visibility="Hidden"
    HorizontalAlignment="Center" VerticalAlignment="Center"
    Grid.Column="0" MouseMove="links_ein">
    Verschieben:<LineBreak />rechte Seite</TextBlock>
  <Button Width="23" Height="23" Opacity="0.5"
    Grid.Column="1" Click="ende">X</Button>
  <Ellipse Fill="Gray" Opacity="0.5" Width="100" Height="100"
    Grid.Column="2" MouseLeftButtonDown="rechts" />
</Grid>
```

Das Layout beinhaltet drei Spalten. Die Elemente darin ordnen Sie mithilfe der *Attached Property* `Grid.Column` an. Der Wert 0.5 für die Eigenschaft `Opacity` sorgt dafür, dass die beiden Kreise und der Button halbtransparent dargestellt werden. Die Ereignisse `MouseEnter` und `MouseLeave` auf dem linken Kreis, `MouseMove` auf dem Textblock, `Click` auf dem Button und `MouseLeftButtonDown` auf dem rechten Kreis führen zu den Ereignismethoden:

```
private void links_ein(object sender, MouseEventArgs e)
{ tb.Visibility = Visibility.Visible; }

private void links_aus(object sender, MouseEventArgs e)
{ tb.Visibility = Visibility.Hidden; }

private void rechts(object sender, MouseButtonEventArgs e)
{ DragMove(); }

private void ende (...) { Close(); }
```

Der Textblock wird sichtbar, sobald die Maus im linken Kreis steht. Nach dem Verlassen wird der Textblock wieder ausgeblendet. Die Sichtbarkeit wird über die Werte aus der Enumeration `Visibility` verändert.

Auch die Bewegung der Maus über dem eingeblendeten Textblock führt zur Sichtbarkeit. Andernfalls würden sich unschöne Flackereffekte ergeben, weil die Maus den Kreis verlässt, sobald sie über dem Textblock schwebt.

Die Methode `DragMove()` ermöglicht das Ziehen mithilfe der linken Maustaste.

6.6 Browseranwendung

Die Vorteile der WPF bieten sich auch in einer WPF-Browseranwendung. Sie wird XBAP genannt, für *XAML Browser Application*. Die Dateiendung ist ebenfalls *.xbap*. Der Browser arbeitet in diesem Falle als Navigationshost, wie ein Fenster der Klasse `NavigationWindow`, in dem einzelne Seiten der Klasse `Page` abgerufen werden. Diese Technik haben Sie bereits in Abschnitt 6.4, »Navigation mit Seiten«, kennengelernt. Sie können in XBAPs viele komfortable Features der WPF einsetzen. Allerdings gibt es einige Sicherheitseinschränkungen.

Den Aufruf einer XBAP-Anwendung ermöglicht ein lokaler Server des Visual Studio: der *Windows Presentation Foundation-Host*. Falls der Internet Explorer Ihr Standard-Browser ist, so führt der Aufruf direkt zur Darstellung im IE (siehe Abbildung 6.26).

Browseranwendung | 6.6

Abbildung 6.26 Anwendung im Internet Explorer 9

Zur Erstellung einer XBAP wählen Sie in Visual Studio 2010 die Vorlage WPF-BROWSERANWENDUNG. Es wird automatisch eine Seite mit dem Namen *Page1.xaml* erstellt. Dies ist die erste Seite Ihrer neuen Anwendung.

Im nachfolgenden Projekt *Browseranwendung* werden zwei Seiten angezeigt, die miteinander verlinkt sind. Auf der ersten Seite wird versucht, eine Datei auszuwählen und eine Datei zum Lesen zu öffnen (siehe Abbildung 6.26).

Der Aufbau von *Page1.xaml*:

```
<Page x:Class="Browseranwendung.Page1" xmlns="..." xmlns:x="...">
  <WrapPanel>
    <Label Margin="5">Hier ist Seite 1</Label>
    <TextBlock Margin="5" VerticalAlignment="Center">
      <Hyperlink NavigateUri="Seite2.xaml">
        Zur Seite 2</Hyperlink>
    </TextBlock>
    <Button Margin="5" Click="seite2">Zur Seite 2</Button>
    <Button Margin="5" Click="auswahl">Datei-Auswahl</Button>
    <Button Margin="5" Click="oeffnen">Datei öffnen</Button>
  </WrapPanel>
</Page>
```

Sie können in bekannter Form auf die Navigationsdienste des Navigationshosts zugreifen: Über Hyperlinks, über `NavigationService` (siehe Programmcode) und über die Browser-Buttons können Sie zwischen den Seiten navigieren. Viele andere Möglichkeiten und Steuerelemente der WPF stehen ebenfalls zur Verfügung.

Kommen wir zu einigen Sicherheitseinschränkungen. Zunächst sehen wir uns die Voraussetzungen für den nachfolgenden Programmcode an.

In der WPF steht kein Standard-Dialogfeld zur Dateiauswahl zur Verfügung, daher wird er hier aus *Windows Forms* übernommen. Dazu ist es notwendig, einen Verweis auf die .NET-Komponente `System.Windows.Forms` und den gleichnamigen Namespace zum Projekt hinzuzufügen. Mehr zur Interaktion zwischen Windows Forms und WPF finden Sie in Abschnitt 14.1. Zum Öffnen einer Datei wird die Klasse `FileStream` aus dem Namespace `System.IO` benötigt.

Der Programmcode in der Datei *Page1.xaml.cs*:

```
public partial class Page1 : Page
{
  ...
  private void seite2(...)
  { NavigationService.Navigate(new Uri("Seite2.xaml",
      UriKind.Relative)); }

  private void auswahl(...)
  {
    OpenFileDialog ofd = new OpenFileDialog();
    // ofd.InitialDirectory = "C:\\Temp";
    // ofd.Title = "Datei zum Öffnen auswählen";
    ofd.Filter = "Tabellen (*.xls)|*.xls| Texte
       (*.txt;*.doc)|*.txt;*.doc| Alle Dateien (*.*)|*.*";

    DialogResult dr = ofd.ShowDialog();
    System.Windows.MessageBox.Show(dr.ToString());
    // System.Windows.MessageBox.Show("Auswahl: " +
       ofd.FileName);
  }

  private void oeffnen(...)
  { FileStream fs = new FileStream("test.txt", FileMode.Open); }
}
```

Bei der Benutzung werden Sie feststellen, dass es möglich ist, den Dialog zur Dateiauswahl zu öffnen. Allerdings tritt eine `SecurityException` auf, falls Sie ein Startverzeichnis oder einen Titel festlegen möchten oder den Namen der ausgewählten Datei ermitteln möchten. Auch das Öffnen einer Datei zum Lesen führt zu einer `SecurityException`.

6.7 Ribbonanwendung

Ribbonanwendungen sind seit der Einführung von MS Office 2007 bekannt. Bei dem Ribbon handelt es sich um das Menüband, das in den MS Office-Anwendungen das Menü und die Symbolleisten abgelöst hat.

Sie können Ribbonanwendungen mithilfe der WPF und Visual Studio erzeugen, nachdem Sie die Datei *Microsoft Ribbon for WPF.msi* (ca. 3,5 MB) installiert haben. Diese Datei können Sie bei Microsoft herunterladen, sie befindet sich aber auch auf dem Datenträger zu diesem Buch. Die Installation sorgt dafür, dass die .NET-Komponente `RibbonControlsLibrary` hinzugefügt wird.

Bei der Erzeugung eines neuen Projekts wählen Sie die neu hinzugekommene Vorlage WPF RIBBON APPLICATION. Anschließend haben Sie bereits das Grundgerüst einer Ribbonanwendung vor sich, die Sie sofort starten können (siehe Abbildung 6.27).

Abbildung 6.27 Grundgerüst einer Ribbonanwendung

Eine Ribbonanwendung ist wie folgt aufgebaut: Innerhalb eines `RibbonWindow`-Objekts gibt es ein `Ribbon`-Objekt für das gesamte Menüband. Darin befindet sich ein `RibbonApplicationMenu`-Objekt für das einzige Anwendungsmenü. Bei MS Word 2010 finden sich im Anwendungsmenü unter anderem die zentralen Befehle SPEICHERN, ÖFFNEN, SCHLIESSEN, NEU und DRUCKEN.

Die Registerkarten des Ribbons stehen in `RibbonTab`-Objekten. Die einzelnen Registerkarten kann man per Mausklick oder auch mithilfe des Mausrads auswählen. Jede Registerkarte ist in Gruppen unterteilt, und diese stehen in `RibbonGroup`-Objekten. Die Gruppen bilden die Container für die speziellen Ribbon-Steuerelemente, von denen es zahlreiche Typen gibt.

Nachfolgend wird das Projekt *RibbonAnwendung* dargestellt (siehe Abbildung 6.28). Darin wurden einige Änderungen und Ergänzungen zum Grundgerüst vorgenommen. Alle verwendeten Bilder wurden dem Projekt als Ressourcen hinzugefügt, und zwar per Drag&Drop im Projektmappenexplorer.

Abbildung 6.28 Eigene Ribbonanwendung

Der XAML-Code:

```xml
<mband:RibbonWindow x:Class="RibbonAnwendung.MainWindow"
    xmlns="http://..." xmlns:x="http://..."
    xmlns:mb="clr-namespace:Microsoft.Windows.Controls.Ribbon;
    assembly=RibbonControlsLibrary"
    Title="RibbonAnwendung" Width="400" Height="250">
  <mb:Ribbon>
    <mb:Ribbon.ApplicationMenu>
      <mb:RibbonApplicationMenu SmallImageSource="work.gif"
          mb:RibbonApplicationMenuItem.Click="rami_Click">
        <mb:RibbonApplicationMenuItem Header="Menüpunkt 1"
          ImageSource="computer.gif" />
        <mb:RibbonApplicationMenuItem Header="Menüpunkt 2"
          ImageSource="ms.gif" />
        <mb:RibbonApplicationMenuItem Header="Menüpunkt 3"
          ImageSource="paint.gif" />
      </mb:RibbonApplicationMenu>
    </mb:Ribbon.ApplicationMenu>

    <mb:RibbonTab Header="Registerkarte 1">
      <mb:RibbonGroup Header="Gruppe 1a">
        <mb:RibbonButton LargeImageSource="blume.jpg"
          Label="Button 1" Click="rb1_Click" />
        <mb:RibbonButton SmallImageSource="work.gif"
          Label="Button 2" Click="rb2_Click" />
        <mb:RibbonComboBox>
          <mb:RibbonGallery x:Name="rgc"
            SelectedValue="Eintrag 2"
            SelectedValuePath="Content"
            SelectionChanged="rgc_SelectionChanged">
            <mb:RibbonGalleryCategory>
              <mb:RibbonGalleryItem Content="Eintrag 1" />
              <mb:RibbonGalleryItem Content="Eintrag 2" />
            </mb:RibbonGalleryCategory>
          </mb:RibbonGallery>
        </mb:RibbonComboBox>
      </mb:RibbonGroup>
      <mb:RibbonGroup Header="Gruppe 1b">
        <mb:RibbonToggleButton LargeImageSource="computer.gif"
          Label="TB" Click="rtb_Click" />
        <mb:RibbonCheckBox
          Label="CheckBox" Click="rcb_Click" />
      </mb:RibbonGroup>
    </mb:RibbonTab>
```

```xml
    <mb:RibbonTab Header="Registerkarte 2">
      <mb:RibbonGroup Header="Gruppe 2a"
          mb:RibbonRadioButton.Click="rrb_Click">
        <mb:RibbonRadioButton SmallImageSource="paint.gif"
            Label="RB1" />
        <mb:RibbonRadioButton SmallImageSource="ms.gif"
            Label="RB2" />
        <mb:RibbonRadioButton SmallImageSource="work.gif"
            Label="RB3" />
      </mb:RibbonGroup>

      <mb:RibbonGroup Header="Gruppe 2b">
        <mb:RibbonMenuButton Label="Menü"
            mb:RibbonMenuItem.Click="rmi_Click">
          <mb:RibbonMenuItem Header="Menüpunkt 1" />
          <mb:RibbonMenuItem Header="Menüpunkt 2">
            <mb:RibbonMenuItem Header="Menüpunkt 2a"
              ImageSource="work.gif" />
            <mb:RibbonMenuItem Header="Menüpunkt 2b"
              ImageSource="ms.gif" />
          </mb:RibbonMenuItem>
          <mb:RibbonMenuItem Header="Menüpunkt 3" />
        </mb:RibbonMenuButton>
      </mb:RibbonGroup>
    </mb:RibbonTab>
  </mb:Ribbon>
</mb:RibbonWindow>
```

Es wird der Namespace `Microsoft.Windows.Controls.Ribbon` aus der .NET-Komponente `RibbonControlsLibrary` eingebunden. Er bekommt hier den lokalen Namen `mb`. Als Fenster wird ein `RibbonWindow`-Objekt verwendet. Dieses beinhaltet ein `Ribbon`-Objekt (das Menüband) mit einem `RibbonApplicationMenu`-Objekt für das Anwendungsmenü (siehe Abbildung 6.29). Innerhalb des Menüs stehen die einzelnen `RibbonApplicationMenuItem`-Objekte. Das Ereignis *Klick auf Menüeintrag* wurde hier an das übergeordnete Anwendungsmenü weitergeleitet.

Viele Ribbonelemente haben die Eigenschaften `LargeImageSource` und `SmallImageSource`. Diese verweisen auf die Bilder zur Darstellung des Elements, in großer oder kleiner Ausführung. Beim Element `RibbonMenuItem` (für Menüeinträge) steht das Bild in der Eigenschaft `ImageSource`, der Text in der Eigenschaft `Header`.

Es folgt die Registerkarte 1 (Typ `RibbonTab`), die in zwei Gruppen (Typ `RibbonGroup`) unterteilt ist (siehe Abbildung 6.28). In Gruppe 1a sehen Sie zwei `RibbonButton`-Objekte, einmal mit einem großen, einmal mit einem kleinen Bild.

Abbildung 6.29 Das Anwendungsmenü der eigenen Ribbonanwendung

Weiter steht in Gruppe 1a ein `RibbonComboBox`-Objekt. Eine ComboBox können Sie in mehrere Galerien (Typ `RibbonGallery`) unterteilen und eine Galerie wiederum in mehrere Kategorien (Typ `RibbonGalleryCategory`). Dies gibt Ihnen eine Möglichkeit zur unterschiedlichen Gestaltung der Einträge (Typ `RibbonGalleryItem`). Ein `RibbonGallery`-Objekt verweist mithilfe der Eigenschaften `SelectedValue` und `SelectedValuePath` auf den aktuellen Eintragswert und die zugehörige Eigenschaft. Das Ereignis `SelectionChanged` tritt beim Wechsel der Auswahl ein.

In der Gruppe 1b stehen ein ToggleButton (Typ `RibbonToggleButton`) und eine CheckBox (Typ `RibbonCheckBox`).

Die Registerkarte 2 ist ebenfalls in zwei Gruppen unterteilt (siehe Abbildung 6.30). In Gruppe 2a sehen Sie drei RadioButtons (Typ `RibbonRadioButton`). Das Ereignis *Klick auf RadioButton* wurde hier an die übergeordnete Gruppe weitergeleitet. In Gruppe 2b steht ein Menü (Typ `RibbonMenuButton`) mit Einträgen und Untereinträgen (Typ `RibbonMenuItem`). Das Ereignis *Klick auf Eintrag* wurde hier an das übergeordnete Menü weitergeleitet.

Abbildung 6.30 Zweite Registerkarte der eigenen Ribbonanwendung

Es folgen die Ereignismethoden:

```csharp
private void rami_Click(object sender, RoutedEventArgs e)
{
  MessageBox.Show(
    (e.Source as RibbonApplicationMenuItem).Header + "");
}

private void rb1_Click(...) { MessageBox.Show("Button 1"); }
private void rb2_Click(...) { MessageBox.Show("Button 2"); }

private void rgc_SelectionChanged(object sender,
    RoutedPropertyChangedEventArgs<object> e)
  {
    if(IsLoaded)
      MessageBox.Show(
        (rgc.SelectedItem as RibbonGalleryItem).Content + "");
  }

private void rtb_Click(...)
{
  if ((sender as RibbonToggleButton).IsChecked == true)
    MessageBox.Show("Ein");
  else
    MessageBox.Show("Aus");
}
private void rcb_Click(...)
{
  if ((sender as RibbonCheckBox).IsChecked == true)
    MessageBox.Show("Ein");
  else
    MessageBox.Show("Aus");
}

private void rrb_Click(...)
{ MessageBox.Show((e.Source as RibbonRadioButton).Label); }
private void rmi_Click(...)
{ MessageBox.Show((e.Source as RibbonMenuItem).Header + ""); }
```

Der Verweis auf das auslösende Objekt wird jeweils umgewandelt. Anschließend wird die passende Ausgabe gemacht.

Vorlagen bieten die Möglichkeit, das Erscheinungsbild einer Anwendung mit geringem Aufwand anzupassen und die Arbeit von Entwickler und Designer zu trennen.

7 Vorlagen

Die WPF bietet verschiedene Arten von Vorlagen, mit denen Sie einer Anwendung ein individuelles und einheitliches Aussehen geben können: *Styles*, *Trigger*, *Templates* und *Skins*.

Vorlagen bieten im Idealfall die Möglichkeit, die Programmierung durch den Entwickler und die Gestaltung durch den Designer voneinander zu trennen. Dies vereinfacht auch die Wartung einer Anwendung.

Sie nutzen Styles, um den Steuerelementen Ihrer Benutzeroberflächen ein einheitliches Aussehen zu geben. Trigger helfen Ihnen, auf Ereignisse innerhalb der Anwendung zu reagieren. Mithilfe von Templates können Sie eigene Steuerelemente gestalten, und die Benutzer Ihrer Anwendung können Skins dazu nutzen, um »mal eben« das Aussehen der Benutzeroberfläche auszutauschen.

In diesem Kapitel erläutere ich Vorlagen anhand einfacher Beispiele, damit Sie die Techniken schnell umsetzen können. Sie können anschließend sehr bunte, fantasievolle Vorlagen entwerfen. Denken Sie aber daran: Der Benutzer soll die Anwendungen nicht nur schön finden, sondern auch leicht und intuitiv bedienen können.

7.1 Styles

Sie möchten den Steuerelementen einer Oberfläche ein einheitliches Aussehen geben? Dann gibt es zwei Möglichkeiten:

- Sie legen die Eigenschaftswerte mehrmals fest, und zwar bei jedem Steuerelement.
- Sie legen die Eigenschaftswerte einmalig innerhalb eines selbst definierten Styles fest. Anschließend ordnen Sie diesen Style jedem Steuerelement zu.

Die zweite Variante ist übersichtlicher und benötigt weniger Programmcode.

Styles haben in der WPF viele Parallelen zu den Cascading Style Sheets (CSS), wie Sie sie aus der Gestaltung von Webseiten kennen. Sie können Eigenschaften zentral definieren und direkt bei einem Steuerelement individuell ergänzen oder überschreiben. Sie können Styles an Steuerelement-Typen binden, aber auch allgemein definieren. Sowohl typgebundene als auch allgemeine Styles können vererbt werden.

In XAML definieren Sie Styles als *Ressourcen*, siehe auch Abschnitt 6.2. Demzufolge unterscheiden sie sich:

- nach dem Zeitpunkt der Nutzung: statisch oder dynamisch
- nach dem Gültigkeitsbereich: fensterweit oder anwendungsweit

7.1.1 Benannte Styles

In diesem Abschnitt zeige ich Ihnen zunächst die *benannten Styles*. Wir verwenden dazu das Projekt *StylesBenannt*. Benannte Styles werden auch *explizite Styles* genannt, da Sie sie einem Steuerelement explizit zuweisen müssen.

In Abbildung 7.1 sehen Sie eine Oberfläche, in der vier verschiedene Steuerelemente (Button, CheckBox, TextBox und Separator) denselben Style nutzen. Zum Vergleich sehen Sie am oberen Rand einen Button ohne Style.

Abbildung 7.1 Nach dem Start

Nach der Auswahl des zweiten Styles ändert sich das Aussehen der vier Steuerelemente (siehe Abbildung 7.2).

Abbildung 7.2 Nach der Auswahl des zweiten Styles

Im Folgenden sehen Sie zunächst die Definition des ersten Styles als Ressource für das Fenster:

```
<Window.Resources>
  <Style x:Key="meinStyle1">
    <Setter Property="Control.FontSize" Value="16" />
    <Setter Property="Control.FontFamily" Value="Courier New" />
    <Setter Property="TextBox.TextAlignment" Value="Right" />
    <Setter Property="Control.Margin" Value="1" />
    <Setter Property="Control.Width">
      <Setter.Value>190</Setter.Value>
    </Setter>
  </Style>
</Window.Resources>
```

Einen benannten Style kennzeichnen Sie mit einem Schlüssel (x:Key). Der Schlüssel muss im betreffenden Gültigkeitsbereich eindeutig sein. Jede Eigenschaft wird innerhalb des Styles mit einem Setter gesetzt. Der Name der Eigenschaft steht im Attribut Property, der Eigenschaftswert im Attribut Value. Statt Attributen können Sie auch *Property Elements* verwenden, wie beim letzten Setter für die Eigenschaft Width. Setter können Sie nur für *Dependency Properties* verwenden.

Für das Attribut Property müssen Sie vor der Eigenschaft immer einen Steuerelement-Typ angeben. Bei vielen Eigenschaften wird dafür der übergeordnete Steuerelement-Typ Control verwendet, um deutlich zu machen, dass Sie die betreffende Eigenschaft bei verschiedenen Steuerelement-Typen nutzen können. Die Eigenschaft muss für den betreffenden Steuerelement-Typ existieren, daher können Sie zum Beispiel die Eigenschaft TextAlignment nicht für den Typ Control angeben.

Der zweite Style wird auf die gleiche Art, nur mit anderen Eigenschaftswerten, aufgebaut. Auf eine Darstellung wird hier verzichtet.

Es folgt der Aufbau der Oberfläche. Sie ordnen den definierten Style den einzelnen Steuerelementen als Ressource zu, und zwar über das Attribut Style:

```
<StackPanel>
  <Button>ohne Style</Button>
  <Button x:Name="bu" Style="{StaticResource meinStyle1}">
    meinStyle1</Button>
  <CheckBox x:Name="cb" Style="{StaticResource meinStyle1}"
    FontSize="10" FontWeight="Bold">
    meinStyle1 (überschrieben)</CheckBox>
  <TextBox x:Name="tb" Style="{StaticResource meinStyle1}">
    meinStyle1</TextBox>
  <Separator x:Name="sp" Style="{StaticResource meinStyle1}" />
  ...
</StackPanel>
```

Bei CheckBox können Sie die Ähnlichkeit von Styles und CSS erkennen:

- Die Eigenschaft FontWeight wird zu den vorhandenen Style-Eigenschaften individuell hinzugefügt.
- Der Eigenschaftswert für FontSize wird individuell überschrieben, da der Wert, der näher am Steuerelement steht, Vorrang hat.

Nicht vorhandene Eigenschaften werden ignoriert. Im vorliegenden Beispiel

- wird die Eigenschaft TextAlignment von Button, CheckBox und Separator ignoriert und nur von TextBox genutzt.
- werden außerdem die Eigenschaften FontSize und FontFamily von Separator ignoriert. Er nutzt nur die Eigenschaften Margin und Width.

Es folgt die dynamische Zuordnung eines Styles über Programmcode:

```
private void rb2_Checked(...)
{
  Style st = FindResource("meinStyle2") as Style;
  bu.Style = st;
  cb.Style = st;
  tb.Style = st;
  sp.Style = st;
  ...
}
```

Zunächst wird die Ressource, also der Style meinStyle2, mithilfe der Methode FindResource() gesucht. Sie wird dem Style st nach der expliziten Typkonvertierung zugewiesen. Anschließend können Sie diesen Style st der Eigenschaft Style der gewünschten Steuerelemente zuweisen.

7.1.2 Typ-Styles

Typ-Styles dienen zur Definition von Eigenschaften, die nur für einen bestimmten Steuerelement-Typ gelten. Sie werden auch *implizite Styles* genannt, da sie implizit gelten, also ohne gesonderte Zuweisung. Dabei sind einige Besonderheiten zu beachten, wie Sie im Projekt *StylesType* sehen können (siehe Abbildung 7.3).

Abbildung 7.3 Typ-Styles

Zunächst die Style-Definition:

```
<Window.Resources>
  <Style TargetType="{x:Type Button}">
    <Setter Property="FontSize" Value="16" />
  </Style>
  <Style x:Key="meinAndererStyle">
    <Setter Property="Control.FontFamily" Value="Courier New" />
  </Style>
  <Style x:Key="meinCheckBoxStyle"
      TargetType="{x:Type CheckBox}">
    <Setter Property="FontSize" Value="16" />
  </Style>
</Window.Resources>
```

- Der erste Style ist ein Typ-Style. Sie geben den Steuerelement-Typ Button über das Attribut TargetType und x:Type an. Alle Buttons bekommen automatisch den Typ-Style, außer Sie weisen einem Button explizit einen anderen, benannten Style zu.

- Der zweite Style ist ein benannter Style. Er gilt nur für die Steuerelemente, denen Sie ihn explizit zuweisen.

- Der dritte Style ist eine Kombination aus Typ-Style und benanntem Style. Er gilt für CheckBoxen und auch nur, wenn Sie ihn explizit zuweisen.

In Typ-Styles wird beim Attribut Property der Name des Steuerelement-Typs nicht angegeben. Dieser ist bereits über TargetType festgelegt.

Innerhalb eines Gültigkeitsbereichs (Application.Resources oder Window.Resources) können Sie für einen Steuerelement-Typ nur einen Typ-Style definieren.

Die Zuweisung der genannten Styles für das gezeigte Beispiel:

```
<StackPanel>
  <Button>mein Button-Style</Button>
  <Button Style="{StaticResource meinAndererStyle}">
    mein anderer Style</Button>
  <CheckBox>ohne CheckBox-Style</CheckBox>
  <CheckBox Style="{StaticResource meinCheckBoxStyle}">
    mit CheckBox-Style</CheckBox>
</StackPanel>
```

- Dem ersten Button wird automatisch der Typ-Style für Buttons zugewiesen.
- Dem zweiten Button wird der benannte Style explizit zugewiesen, daher gilt der Typ-Style nicht.
- Der ersten CheckBox wird gar kein Style zugewiesen, da der Typ-Style für CheckBoxen gleichzeitig ein benannter Style ist und hier nicht explizit zugewiesen wurde.
- Im Gegensatz dazu wird der zweiten CheckBox der benannte Typ-Style explizit zugewiesen.

7.1.3 Vererbung benannter Styles

Styles können vererbt werden. Neben Standard-Styles für das allgemeine Aussehen können Sie auch davon abgeleitete Styles für bestimmte Sonderfälle definieren. Im Projekt *StylesVererbungBenannt* werden zunächst benannte Styles vererbt (siehe Abbildung 7.4).

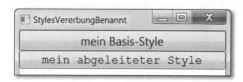

Abbildung 7.4 Vererbung benannter Styles

Die Style-Definition:

```
<Window.Resources>
  <Style x:Key="meinBasisStyle">
    <Setter Property="Control.FontSize" Value="16" />
  </Style>
  <Style x:Key="meinAbgeleiteterStyle"
      BasedOn="{StaticResource meinBasisStyle}">
    <Setter Property="Control.FontFamily" Value="Courier New" />
  </Style>
</Window.Resources>
```

Der erste Style ist ein benannter Style. Er dient als Basis für die Vererbung. Der zweite Style ist ebenfalls benannt. Das Attribut BasedOn gibt an, auf welchem Style er basiert. Damit übernimmt er alle Eigenschaften des ersten Styles. Sie können die Eigenschaften in diesem abgeleiteten Style sowohl ergänzen als auch überschreiben. Es gibt keine Mehrfachvererbung.

Die Zuweisung der Styles erfolgt in der gewohnten Weise:

```
<StackPanel>
  <Button Style="{StaticResource meinBasisStyle}">
    mein Basis-Style</Button>
  <Button Style="{StaticResource meinAbgeleiteterStyle}">
    mein abgeleiteter Style</Button>
</StackPanel>
```

Der zweite Button hat sowohl Schriftgröße als auch Schriftart übernommen, da ihm der abgeleitete Style zugewiesen wurde.

7.1.4 Vererbung von Typ-Styles

Typ-Styles können ebenfalls vererbt werden. Damit ist es Ihnen möglich, sowohl einen Standard-Style als auch davon abgeleitete Styles für einen einzelnen Steuerelement-Typ zu definieren. Ein Beispiel finden Sie im Projekt *StylesVererbungType* (siehe Abbildung 7.5).

Abbildung 7.5 Vererbung von Typ-Styles

Zunächst die Style-Definition:

```
<Window.Resources>
  <Style TargetType="{x:Type Button}">
    <Setter Property="FontSize" Value="16" />
  </Style>
  <Style x:Key="abgButtonStyle" TargetType="{x:Type Button}"
    BasedOn="{StaticResource {x:Type Button}}">
    <Setter Property="FontFamily" Value="Courier New" />
  </Style>
</Window.Resources>
```

Beide Styles gelten für den Steuerelement-Typ Button (siehe TargetType). Das Attribut BasedOn des abgeleiteten Styles verweist auf den Basis-Typ-Style.

Falls Sie den abgeleiteten Style im gleichen Gültigkeitsbereich wie den Basis-Style definieren, dann müssen Sie ihn benennen, denn es gilt weiterhin: Für einen Steuerelement-Typ dürfen Sie nur einen einzigen reinen Typ-Style definieren.

Selbst wenn Sie den Basis-Style in den Anwendungsressourcen und den abgeleiteten Style in den Fensterressourcen definieren, ist eine Benennung sinnvoll. Ansonsten würden Sie automatisch immer nur auf den abgeleiteten Style zugreifen, da er näher am Steuerelement liegt.

Es folgt die Zuweisung der Styles:

```
<StackPanel>
  <Button>Button-Style, Basis</Button>
  <Button Style="{StaticResource abgButtonStyle}">
    Button-Style, abgeleitet</Button>
</StackPanel>
```

Dem ersten Button wird automatisch der einzig vorhandene reine Typ-Style zugewiesen, also der Basis-Typ-Style. Dem zweiten Button wird der benannte Style – hier also der abgeleitete Typ-Style – zugewiesen.

7.1.5 Verwandte Steuerelement-Typen

Weitere Flexibilität bei der Style-Definition gewinnen Sie, indem Sie einen Basis-Style definieren, der für einen Basis-Typ gilt. Anschließend können Sie abgeleitete Styles für diesen Steuerelement-Typ oder für unterschiedliche abgeleitete Steuerelement-Typen definieren. Ein Beispiel finden Sie im Projekt *StylesTypHierarchie* (siehe Abbildung 7.6).

Abbildung 7.6 Verwandte Steuerelement-Typen

Zunächst die Style-Definition:

```
<Window.Resources>
  <Style TargetType="{x:Type ButtonBase}">
    <Setter Property="FontSize" Value="16" />
  </Style>
  <Style TargetType="{x:Type CheckBox}"
      BasedOn="{StaticResource {x:Type ButtonBase}}">
    <Setter Property="FontFamily" Value="Courier New" />
  </Style>
  <Style TargetType="{x:Type RadioButton}"
      BasedOn="{StaticResource {x:Type ButtonBase}}">
    <Setter Property="FontFamily" Value="Verdana" />
  </Style>
</Window.Resources>
```

Als Erstes wird ein Style für den Steuerelement-Typ `ButtonBase` definiert. Dies ist unter anderem der Basis-Typ für CheckBoxen, RadioButtons und Buttons. Dieser Style wird anschließend von zwei weiteren Styles geerbt: einem für den Steuerelement-Typ `CheckBox` und einem für den Steuerelement-Typ `RadioButton`.

Es folgt die Zuweisung der Styles:

```
<StackPanel>
  <CheckBox>mein CheckBox-Style</CheckBox>
  <RadioButton>mein RadioButton-Style</RadioButton>
  <Button>ohne Style</Button>
</StackPanel>
```

Der CheckBox und dem RadioButton wird der jeweilige abgeleitete Typ-Style automatisch zugewiesen. Dem Button wird kein Style zugewiesen. Zwar erbt der Steuerelement-Typ `Button` vom Steuerelement-Typ `ButtonBase`, jedoch gibt es keinen Style für den Steuerelement-Typ `Button` selbst.

7.1.6 EventSetter

Innerhalb eines Styles können Sie EventSetter definieren. Diese dienen zur Reaktion auf Ereignisse. Alle Steuerelemente, denen ein Style mit einem EventSetter zugewiesen wird, reagieren dann auf das entsprechende Ereignis. Sie müssen dieses Ereignis also nicht mehr für jedes Steuerelement einzeln registrieren.

Falls ein Steuerelement-Typ nicht über das betreffende Ereignis verfügt, so wird das Ereignis ignoriert, wie dies auch bei einer nicht existierenden Eigenschaft der Fall ist. Beispiel: Einem Separator können Sie über einen Style weder die Eigenschaft Schriftgröße noch das Ereignis Click zuordnen.

Wird ein Style vererbt, so wird auch der EventSetter vererbt. Dasselbe Ereignis können Sie an mehreren Stellen registrieren. Dabei richtet sich die Bearbeitungsreihenfolge nach dem Bubbling-Prinzip der *Routed Events* (siehe auch Abschnitt 2.6, »Routed Events«:

- Zuerst wird die Ereignismethode durchlaufen, die direkt im Steuerelement selbst registriert wurde.
- Dann wird die Ereignismethode durchlaufen, die im abgeleiteten Style registriert wurde.
- Danach wird die Ereignismethode durchlaufen, die im Basis-Style registriert wurde.

In Abbildung 7.7 sehen Sie das Projekt *StylesEventSetter* – ein Beispiel mit drei Buttons, einem Separator und einer CheckBox, das einige Möglichkeiten verdeutlicht.

Abbildung 7.7 Styles mit Event Settern

Zunächst die Style-Definition:

```
<Window.Resources>
  <Style x:Key="basStyle">
    <Setter Property="Control.FontSize" Value="16" />
    <EventSetter Event="Button.Click" Handler="bas_Click" />
  </Style>
```

```xml
<Style x:Key="abgStyle" BasedOn="{StaticResource basStyle}">
    <Setter Property="Control.FontFamily" Value="Courier New" />
    <EventSetter Event="Button.Click" Handler="abg_Click" />
</Style>
</Window.Resources>
```

Es werden zwei benannte Styles definiert. Der zweite Style erbt vom ersten Style. In beiden Styles wird jeweils ein EventSetter eingeführt. Das Attribut `Event` dient dazu, das Ereignis `Click` des Steuerelement-Typs `Button` zu registrieren. Das Attribut `Handler` verweist auf die jeweilige Ereignismethode.

Es folgt die Zuweisung der Styles:

```xml
<StackPanel>
    <Button Style="{StaticResource abgStyle}">Button 1</Button>
    <Separator Style="{StaticResource abgStyle}" />
    <Button Style="{StaticResource abgStyle}"
        Click="b2_Click">Button 2</Button>
    <CheckBox Style="{StaticResource abgStyle}"
        Click="cb_Click">CheckBox</CheckBox>
    <Button Style="{StaticResource abgStyle}"
        Click="b3_Click">Button 3</Button>
</StackPanel>
```

Allen Steuerelementen wird der abgeleitete Style zugewiesen. Die Reaktionen auf einen Click sind jedoch unterschiedlich:

- Ein Click auf den ersten Button ruft die beiden Ereignismethoden `abg_Click()` und `bas_Click()` auf, und zwar in dieser Reihenfolge.
- Ein Click auf den Separator führt zu keiner Reaktion, da dieser Steuerelement-Typ nicht über das Ereignis Click verfügt. Die EventSetter werden also ignoriert.

Bei den restlichen Steuerelementen ist zusätzlich das Click-Ereignis direkt registriert, und zwar mit den folgenden Ereignismethoden:

```csharp
private void b2_Click(...) { MessageBox.Show("b2_Click"); }
private void cb_Click(...) { MessageBox.Show("cb_Click"); }
private void b3_Click(object sender, RoutedEventArgs e)
{ MessageBox.Show("b3_Click");
    e.Handled = true; }
```

Die Reaktion hängt davon ab, ob das Event-Routing vollständig durchgeführt wird oder nicht:

- Beim zweiten Button und bei der CheckBox wird die jeweilige Ereignismethode für das direkt registrierte Click-Ereignis als erste durchlaufen. Anschließend folgen die beiden anderen Methoden in der gleichen Reihenfolge wie beim ersten Button.

- Beim dritten Button wird nur die Ereignismethode für das direkt registrierte Click-Ereignis durchlaufen. Innerhalb dieser Methode wird die Eigenschaft Handled auf true gestellt. Damit erklären Sie das Event-Routing für beendet.

7.2 Property Trigger

Trigger reagieren auf Änderungen innerhalb einer Anwendung. In der WPF gibt es mehrere Arten von Triggern:

- *Property Trigger* reagieren auf die Änderung einer Eigenschaft. Diese Trigger behandle ich im vorliegenden Abschnitt.
- *Data Trigger* dienen dazu, auf Änderung bei Dateninhalten zu reagieren (siehe Abschnitt 8.6).
- *Event Trigger* werden zur Steuerung von Animationen eingesetzt (siehe Abschnitt 11.3).

7.2.1 Einfache Property Trigger

Ein Property Trigger kontrolliert permanent den Wert einer Eigenschaft. Ein einfacher Property Trigger arbeitet mit einer Bedingung: Falls die kontrollierte Eigenschaft einen bestimmten Wert annimmt, so wird eine Änderung durchgeführt. Falls die kontrollierte Eigenschaft diesen Wert wieder verliert, so wird die Änderung rückgängig gemacht. Ein Property Trigger entspricht in seiner Wirkung also gleich zwei Ereignismethoden.

Das nachfolgende Beispiel im Projekt *TriggerProperty* zeigt, wie die Eigenschaft IsChecked eines RadioButtons zur Triggerung genutzt wird (siehe Abbildung 7.8).

Abbildung 7.8 Nach dem Start

Beiden RadioButtons wurde der gleiche Style zugewiesen. In diesem Style sorgt ein Property Trigger dafür, dass die ausgewählte Option automatisch fett dargestellt wird. Nach Auswahl des zweiten RadioButtons ändert sich also das Bild (siehe Abbildung 7.9).

Abbildung 7.9 Nach einem Wechsel der Auswahl

Hier sehen Sie zunächst die Definition des Property Trigger. Sie wird meist in einem Style untergebracht:

```
<Window.Resources>
  <Style TargetType="{x:Type RadioButton}">
    <Setter Property="FontSize" Value="16" />
    <Style.Triggers>
      <Trigger Property="IsChecked" Value="True">
        <Setter Property="FontWeight" Value="Bold" />
      </Trigger>
    </Style.Triggers>
  </Style>
</Window.Resources>
```

Innerhalb eines Styles können Sie in der Auflistung `Triggers` mehrere Property Trigger anlegen. Ein `Trigger` verweist über das Attribut `Property` auf die permanent kontrollierte Eigenschaft und über das Attribut `Value` auf den Wert, der zu der Änderung führt. Hier ist dies die Eigenschaft `IsChecked` des RadioButtons. Falls sich diese auf `True` ändert, so werden der oder die zugehörigen Setter aktiviert. Hier gibt es nur einen Setter, der den Schriftschnitt auf `Bold` stellt.

Das Besondere daran ist: Sobald die Eigenschaft `IsChecked` des RadioButtons wieder auf `False` steht, wird die Änderung rückgängig gemacht.

Der Typ-Style wird den beiden RadioButtons automatisch zugeordnet.

7.2.2 Multi-Trigger

Ein Multi-Trigger ist ein Property Trigger, der mit mehreren Bedingungen arbeitet: Falls mehrere Eigenschaften jeweils einen bestimmten Wert annehmen, so wird eine Änderung durchgeführt. Falls eine dieser Eigenschaften diesen Wert wieder verliert, so wird die Änderung rückgängig gemacht. Sie verknüpfen also mehrere Bedingungen über ein logisches »Und« miteinander.

Ein Beispiel sehen Sie im Projekt *TriggerMulti* (siehe Abbildung 7.10).

7 | Vorlagen

Abbildung 7.10 Nach dem Start

Auch hier soll die Auswahl eines RadioButtons dazu führen, dass die jeweilige Auswahl fett dargestellt wird – allerdings nur, wenn sich gleichzeitig die Maus darüber befindet. Es müssen also zwei Bedingungen zutreffen (siehe Abbildung 7.11).

Abbildung 7.11 Mauszeiger über Auswahl

Es folgt die Style-Definition mit dem Multi-Trigger:

```
<Window.Resources>
  <Style TargetType="{x:Type RadioButton}">
    <Setter Property="FontSize" Value="16" />
    <Style.Triggers>
      <MultiTrigger>
        <MultiTrigger.Conditions>
          <Condition Property="IsChecked" Value="True" />
          <Condition Property="IsMouseOver" Value="True" />
        </MultiTrigger.Conditions>
        <Setter Property="FontWeight" Value="Bold" />
      </MultiTrigger>
    </Style.Triggers>
  </Style>
</Window.Resources>
```

In einem Style können Sie mehrere Multi-Trigger anlegen. Innerhalb eines `MultiTrigger` legen Sie die Bedingungen in der Auflistung `Conditions` an. Hier sind dies zwei Bedingungen:

- `IsChecked` muss auf `True` stehen, und
- `IsMouseOver` muss auf `True` stehen.

Falls beides zutrifft, so wird der Schriftschnitt auf `Bold` gestellt. Falls eine der beiden Bedingungen nicht mehr zutrifft, so wird dies wieder rückgängig gemacht.

Wie im vorherigen Beispiel wird der Typ-Style den beiden RadioButtons automatisch zugeordnet.

7.3 Control Templates

In der WPF gibt es *Data Templates* und *Control Templates*. Data Templates legen das Verhalten von Datenobjekten fest; ich erläutere sie in Abschnitt 8.5.

In diesem Abschnitt geht es um Control Templates. Sie legen das Aussehen der Steuerelemente einer Anwendung fest. In der WPF gibt es für jedes Steuerelement ein vorgefertigtes Control Template. Sie haben darüber hinaus die Möglichkeit, eigene Control Templates zu definieren, also das Aussehen der Steuerelemente selbst zu gestalten. Dies geht über den Einsatz von Styles weit hinaus.

7.3.1 Ein erstes Control Template

Control Templates definieren Sie in XAML meist zentral als Anwendungs-Ressource (Datei *App.xaml*), weil sie im gesamten Projekt benötigt werden. Im Projekt *TemplatesErstes* sehen Sie einen selbst definierten Button (siehe Abbildung 7.12).

Abbildung 7.12 Selbst gestalteter Button

Hier sehen Sie zunächst die Definition des Control Templates in der Datei *App.xaml*:

```
<Application.Resources>
  <ControlTemplate x:Key="meinTemplate"
      TargetType="{x:Type Button}">
    <Grid>
      <Ellipse Width="50" Height="50" Fill="DarkGray" />
      <Ellipse Width="40" Height="40" Fill="LightGray" />
    </Grid>
  </ControlTemplate>
</Application.Resources>
```

Ein einzeln definiertes Control Template muss immer über einen Schlüssel identifizierbar sein (x:Key). Control Templates ordnen Sie meist einem Steuerelement-

Typ zu, hier dem Steuerelement-Typ Button. Dies geschieht mithilfe der Eigenschaft TargetType. Innerhalb des Control Templates wird der geometrische Aufbau angegeben. Dies sind hier zwei konzentrische Kreise unterschiedlicher Größe und Farbe.

Die Zuweisung des Control Templates erfolgt so:

```
<WrapPanel>
  <Button Template="{StaticResource meinTemplate}"
    Click="b1_Click" />
</WrapPanel>
```

Das Control Template wird über das Attribut Template zugewiesen. Der Button behält seine sonstige Funktionalität. Daher führt der Click zum gewohnten Ergebnis.

7.3.2 Control Template mit Trigger

Property Trigger haben Sie bereits in Abschnitt 7.2 kennengelernt. Dort wurden sie innerhalb von Styles definiert. Alle Steuerelemente, denen dieser Style zugewiesen wurde, reagierten auf den Trigger.

Einen Schritt weiter gehen Sie, indem Sie Property Trigger innerhalb eines Control Templates definieren. Damit reagieren alle Steuerelemente, die gemäß diesem Control Template aufgebaut sind, auf den Trigger. Ein Beispiel mit zwei selbst gestalteten RadioButtons folgt im Projekt *TemplatesTrigger* (siehe Abbildung 7.13).

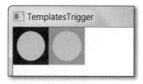

Abbildung 7.13   Erste Option ausgewählt

Nach der Auswahl der zweiten Option sieht es so aus wie in Abbildung 7.14.

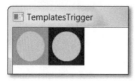

Abbildung 7.14   Zweite Option ausgewählt

Hier sehen Sie zunächst die Definition des Control Templates:

```xml
<Application.Resources>
  <ControlTemplate x:Key="meinTemplate"
      TargetType="{x:Type RadioButton}">
    <Grid>
      <Rectangle x:Name="aussen" Width="50" Height="50"
        Fill="DarkGray" />
      <Ellipse Width="40" Height="40" Fill="LightGray" />
    </Grid>
    <ControlTemplate.Triggers>
      <Trigger Property="IsChecked" Value="True">
        <Setter TargetName="aussen"
          Property="Fill" Value="Black" />
      </Trigger>
    </ControlTemplate.Triggers>
  </ControlTemplate>
</Application.Resources>
```

Der RadioButton wird mithilfe eines Quadrats und eines Kreises unterschiedlicher Größe und Farbe gestaltet. Das Quadrat bekommt einen Namen, damit es als Ziel für den Trigger dienen kann.

Der Trigger wird innerhalb des Control Templates in der Auflistung `Triggers` definiert. Innerhalb des Triggers wird der Eigenschaft `Fill` der Wert `Black` zugewiesen, falls der betreffende RadioButton ausgewählt ist. Da es sich bei `Fill` nicht um eine Eigenschaft des RadioButtons selbst handelt, wird mithilfe des Attributs `TargetName` das Ziel ausgewählt, das die gewünschte Farbe annehmen soll. Sie müssen das Ziel definieren, bevor Sie es auswählen.

Die Zuweisung des Control Templates erfolgt in gewohnter Weise:

```xml
<WrapPanel>
  <RadioButton Template="{StaticResource meinTemplate}"
    IsChecked="True" />
  <RadioButton Template="{StaticResource meinTemplate}" />
</WrapPanel>
```

7.3.3 Control Template mit Bindung

Steuerelemente, die nach einem Control Template aufgebaut wurden, müssen nicht immer identisch aussehen. Sie können individuelle Werte direkt im Steuerelement vereinbaren. Sie müssen nur vorher definieren, an welche Eigenschaft des Control Templates Sie den Wert weiter reichenmöchten. Dies wird Ihnen durch das `TemplateBinding` ermöglicht.

Im nachfolgenden Projekt *TemplatesBindung* werden die Eigenschaften `BorderBrush`, `Background` und `Content` eines Buttons mit Werten belegt, um sie an das Control Template weiterzureichen (siehe Abbildung 7.15).

Abbildung 7.15 Individuelle Eigenschaften

Hier sehen Sie zunächst die Definition des Control Templates:

```
<Application.Resources>
  <ControlTemplate x:Key="meinTemplate"
     TargetType="{x:Type Button}">
   <Grid>
     <Ellipse Width="50" Height="50"
       Fill="{TemplateBinding BorderBrush}" />
     <Ellipse Width="40" Height="40"
       Fill="{TemplateBinding Background}" />
     <ContentControl HorizontalAlignment="Center"
        VerticalAlignment="Center"
        Content="{TemplateBinding Content}" />
   </Grid>
  </ControlTemplate>
</Application.Resources>
```

Die beiden konzentrischen Kreise werden nicht mit einer festgelegten Farbe gefüllt, sondern individuell mithilfe eines `TemplateBinding`. Der äußere Kreis dient zur Übernahme der Eigenschaft `BorderBrush`, der innere Kreis zur Übernahme der Eigenschaft `Background` des Buttons.

Zur Übernahme der Eigenschaft `Content` des Buttons können Sie ein Steuerelement vom Typ `ContentControl` nutzen. Dessen Eigenschaft `Content` wiederum übernimmt den individuellen Content des Buttons über ein `TemplateBinding`. Das `ContentControl` wurde horizontal und vertikal zentriert, damit der Content geometrisch an der richtigen Stelle landet.

Die Zuweisung des Control Templates mit der Angabe der individuellen Eigenschaften sieht so aus:

```
<WrapPanel>
  <Button Template="{StaticResource meinTemplate}"
     BorderBrush="Black" Background="White">B 1</Button>
```

```
    <Button Template="{StaticResource meinTemplate}">B 2</Button>
</WrapPanel>
```

Beim ersten Button wird die Randfarbe (`Black`) als Füllfarbe an den äußeren Kreis und der Hintergrund (`White`) als Füllfarbe an den inneren Kreis über das `TemplateBinding` weitergereicht. Der Content (B 1) wird über das `TemplateBinding` im `ContentControl` weitergegeben.

Der zweite Button verfügt über keine individuelle Farbgebung, also werden die Standardfarben eines Buttons verwendet.

7.3.4 Control Template in Typ-Style

Control Templates können Sie auch innerhalb eines Typ-Styles anwenden. Damit entfällt die explizite Zuweisung. Nachfolgend sehen Sie dazu zwei Varianten:

- Im Projekt *TemplatesStylesIntern* wird das gesamte Control Template innerhalb des Styles definiert.
- Im Projekt *TemplatesStylesExtern* wird das Control Template außerhalb des Styles definiert und im Style zugewiesen.

In beiden Projekten wird das gleiche Control Template verwendet, das Sie bereits im Projekt *TemplatesBinding* im vorherigen Abschnitt kennengelernt haben. Zur Darstellung kann weiterhin Abbildung 7.15 dienen.

Es folgen Template und Style für das Projekt *TemplatesStylesIntern*:

```
<Window.Resources>
  <Style TargetType="{x:Type Button}">
    <Setter Property="Template">
      <Setter.Value>
        <ControlTemplate TargetType="{x:Type Button}">
          <Grid> ... </Grid>
        </ControlTemplate>
      </Setter.Value>
    </Setter>
  </Style>
</Window.Resources>
```

Im Style wird ein `Setter` definiert. Das Attribut `Property` hat den Wert `Template`. Das Attribut `Value` hat als »Wert« die Definition des Control Templates. Ein Schlüssel ist für das Control Template nicht mehr notwendig, da es innerhalb des Styles definiert wurde.

Es folgen Template und Style für das Projekt *TemplatesStylesExtern*:

```
<Window.Resources>
  <ControlTemplate x:Key="meinTemplate"
      TargetType="{x:Type Button}">
    <Grid> ... </Grid>
  </ControlTemplate>
  <Style TargetType="{x:Type Button}">
    <Setter Property="Template"
      Value="{StaticResource meinTemplate}" />
  </Style>
</Window.Resources>
```

Das Control Template hat diesmal einen eindeutigen Schlüssel. Dieser Schlüssel wird als Ressource dem Attribut Value des Setters zugewiesen.

Für beide Projekte gilt:

▶ Den inneren Aufbau des Control Templates können Sie dem vorherigen Abschnitt entnehmen.

▶ Die Anwendung des Control Templates ist jetzt einfacher, da es innerhalb eines Typ-Styles definiert wurde. Die explizite Zuweisung entfällt:

```
<WrapPanel>
  <Button BorderBrush="Black" Background="White">B 1</Button>
  <Button>B 2</Button>
</WrapPanel>
```

7.4 Skins

Viele Anwendungen bieten dem Benutzer die Möglichkeit, das Aussehen der Benutzeroberfläche schnell zu wechseln, um sie dem persönlichen Geschmack anzupassen.

Eine einfache Lösung dazu konnten Sie bereits in Abschnitt 7.1.1, »Benannte Styles«, sehen, nämlich im Projekt *StylesBenannt*. Dort wurden Styles per Programmcode dynamisch zugewiesen.

Zum schnellen Austausch ganzer Style-Sammlungen, also zum Wechsel eines Skins, bieten sich in der WPF Ressourcen-Wörterbücher an. Der Entwickler legt für jeden Skin eine Sammlung von Styles für die verschiedenen Steuerelemente an. Jede Style-Sammlung wird in einem eigenen Wörterbuch für dynamische Ressourcen gespeichert, die gemeinsam mit der Anwendung ausgeliefert werden. Dem Benutzer wird die Möglichkeit gegeben, das Ressourcen-Wörterbuch zu wechseln.

Ein Beispiel mit zwei Skins bietet das Projekt *SkinsRessourcen* (siehe Abbildung 7.16).

Abbildung 7.16 Nach dem Start

Nach Auswahl des zweiten Skins sieht es so aus wie in Abbildung 7.17.

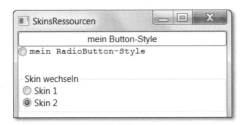

Abbildung 7.17 Nach Auswahl des zweiten Skins

Ein neues Ressourcen-Wörterbuch fügen Sie dem Projekt über den Menüpunkt PROJEKT • RESSOURCEN-WÖRTERBUCH HINZUFÜGEN hinzu. Darin wird die Style-Sammlung angelegt, was hier am Beispiel der Datei *redir1.xaml* gezeigt ist:

```
<ResourceDictionary ...>
  <Style x:Key="meinButtonStyle" TargetType="{x:Type Button}">
    <Setter Property="FontFamily" Value="Courier New" />
    <Setter Property="Background" Value="LightGray" />
  </Style>
  <Style x:Key="meinRadioButtonStyle"
      TargetType="{x:Type RadioButton}">
    <Setter Property="FontFamily" Value="Tahoma" />
    <Setter Property="FontSize" Value="16" />
  </Style>
</ResourceDictionary>
```

Es handelt sich um benannte Styles für jeden Steuerelement-Typ. Das zweite Ressourcen-Wörterbuch wird auf die gleiche Art in der Datei *redir2.xaml* angelegt, nur mit anderen Eigenschaftswerten. In allen Ressourcen-Wörterbüchern sollten Sie dieselben Style-Namen verwenden. Es folgt der Aufbau des Teils der Oberfläche, dessen Aussehen der Benutzer austauschen kann:

```xml
<Window ... Initialized="Window_Initialized">
  <StackPanel>
    <Button Style="{DynamicResource meinButtonStyle}">
      mein Button-Style</Button>
    <RadioButton Style="{DynamicResource meinRadioButtonStyle}">
      mein RadioButton-Style</RadioButton>
    ...
  </StackPanel>
</Window>
```

Beachten Sie, dass das `Initialized`-Ereignis des Fensters, das noch vor dem `Loaded`-Ereignis liegt, zum Durchlauf einer Methode führt. Die Styles weisen Sie als dynamische Ressourcen zu. Diese dynamischen Ressourcen liegen im jeweiligen Ressourcen-Wörterbuch.

Der Programmcode für die Zuweisung der Ressourcen:

```
private void Window_Initialized(object sender, EventArgs e)
{ rd_laden("redir1.xaml"); }
private void rb1_Checked(object sender, RoutedEventArgs e)
{ rd_laden("redir1.xaml"); }
private void rb2_Checked(object sender, RoutedEventArgs e)
{ rd_laden("redir2.xaml"); }

private void rd_laden(string rd_datei)
{
  FileStream fs = new FileStream("..\\..\\" + rd_datei,
    FileMode.Open);
  ResourceDictionary rd = XamlReader.Load(fs)
    as ResourceDictionary;
  Application.Current.Resources = rd;
}
```

Sowohl die Initialisierung des Fensters als auch die Auswahl eines Skins durch den Benutzer führt jeweils zum Aufruf der Methode `rd_laden()`. Darin wird ein Objekt der Klasse `FileStream` angelegt, das zum Öffnen der jeweiligen Projekt-Datei mit dem Ressourcen-Wörterbuch dient. Für die Klasse `FileStream` wird der Namespace `System.IO` benötigt.

Die Methode `Load()` der Klasse `XamlReader` liefert das Stammelement der XAML-Struktur aus dem gelesenen Filestream. Das gelieferte Stammelement wird nach einer Typkonvertierung der Auflistung `Application.Current.Resources` als neuer Wert zugewiesen. Damit ist gleichzeitig auch der Gültigkeitsbereich der Ressourcen aus dem geladenen Wörterbuch festgelegt: Sie gelten für die gesamte aktuelle Anwendung. Für die Klasse `XamlReader` wird der Namespace `System.Windows.Markup` benötigt.

Styles innerhalb eines Ressourcen-Wörterbuchs können keine EventSetter enthalten, da der Handler des EventSetters Programmcode benötigt.

Die Verbindung zwischen einer Anwendung und den zugrunde liegenden Daten wird in der WPF mit einer neuen Technologie direkt unterstützt.

8 Daten

Die WPF bietet eine Technologie zur direkten Datenbindung zwischen Anwendungsdaten und der Benutzeroberfläche beziehungsweise zwischen den Elementen der Benutzeroberfläche. Die Quelle einer Datenbindung können zum Beispiel Objekte oder Inhalte von Datenbanken sein. Es gibt die Möglichkeit, die Quelldaten vor der Weitergabe zu validieren.

Bei größeren Datenmengen bietet sich das Steuerelement DataGrid zur Darstellung und Bearbeitung an. Die Form der Darstellung kann mithilfe eines DataTemplate einheitlich gestaltet werden. DataTrigger kontrollieren bestimmte Datenwerte und reagieren auf Änderungen.

8.1 Datenbindung

Es wird zunächst die Datenbindung zwischen zwei Elementen der Benutzeroberfläche erläutert. Eine Änderung der Daten der Quelle führt dabei zu einer Aktualisierung der Daten des Ziels. Dies wird intern mithilfe von *Dependency Properties* realisiert.

8.1.1 Setzen und Lösen einer Bindung

Sie können eine Datenbindung zur Entwurfszeit in XAML erstellen. Zusätzlich können Sie eine Datenbindung auch zur Laufzeit per Programmcode erzeugen, ändern oder entfernen. Im nachfolgenden Projekt *DatenBindung* wird die Bindung einer TextBox an verschiedene Label dargestellt (siehe Abbildung 8.1).

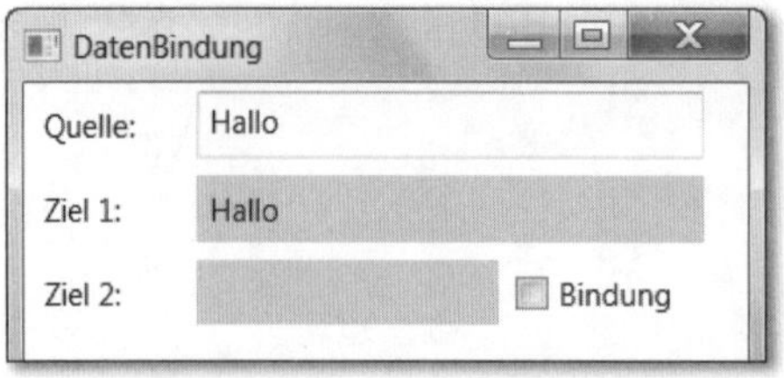

Abbildung 8.1 TextBox, gebunden an Label

Zunächst der Code in XAML:

```xaml
<StackPanel>
  <WrapPanel>
    <Label Margin="3" Width="60">Quelle:</Label>
    <TextBox x:Name="tb" Margin="3" Width="200">Hallo</TextBox>
  </WrapPanel>
  <WrapPanel>
    <Label Margin="3" Width="60">Ziel 1:</Label>
    <Label Margin="3" Width="200" Background="LightGray"
      Content="{Binding ElementName=tb, Path=Text}" />
  </WrapPanel>
  <WrapPanel>
    <Label Margin="3" Width="60">Ziel 2:</Label>
    <Label x:Name="lb" Margin="3" Width="120"
      Background="LightGray" Height="25" />
    <CheckBox x:Name="cb" Margin="3" VerticalAlignment="Center"
      Checked="cb_Checked" Unchecked="cb_Unchecked">
      Bindung</CheckBox>
  </WrapPanel>
</StackPanel>
```

Die TextBox hat den Namen tb. Die Eigenschaft Text der TextBox ist an die Eigenschaft Content des Labels nach Ziel 1 gebunden. Zur verkürzten Schreibweise der Bindung wurde eine *Markup Extension* verwendet (siehe Abschnitt 2.5). Natürlich wäre auch die längere Schreibweise über *Property Elements* möglich gewesen (siehe Abschnitt 2.2). Die Bindung hat Eigenschaften: ElementName und Path. Als Werte für diese Eigenschaften werden der Name und die verbindende Eigenschaft des Quellelements benötigt.

Das Label nach Ziel 2 wird erst zur Laufzeit an die Textbox gebunden, und zwar nachdem die Markierung der CheckBox gesetzt wurde. Diese Bindung wird durch ein Löschen der Markierung wieder gelöst. Die zugehörigen Ereignismethoden sehen so aus:

```
private void cb_Checked(...)
{
  Binding bi = new Binding();
  bi.ElementName = "tb";
  bi.Path = new PropertyPath("Text");

  // lb.SetBinding(Label.ContentProperty, bi);
  BindingOperations.SetBinding(lb, Label.ContentProperty, bi);
}

private void cb_Unchecked(...)
{
  BindingOperations.ClearBinding(lb, Label.ContentProperty);
  // BindingOperations.ClearAllBindings(lb);
}
```

Um eine neue Datenbindung zu erstellen, wird zunächst ein neues Objekt der Klasse `Binding` erzeugt. Anschließend werden die Eigenschaften `ElementName` und `Path` für die Quelle gesetzt. Für die Eigenschaft `Path` wird ein Objekt der Klasse `PropertyPath` benötigt. Der Konstruktor-Parameter ist der Name der Eigenschaft als `String`. Das Ziel können Sie auf zwei Arten definieren:

- Bei der ersten Variante wird für das Zielobjekt die Methode `SetBinding()` aufgerufen. Diese verlangt als ersten Parameter die *Dependency Property* des Ziels, als zweiten Parameter die vorher erstellte Bindung inklusive Quelldaten.

- Die zweite Variante bedient sich einer der vielen statischen Methoden der Klasse `BindingOperations`. Die Methode `SetBinding()` dieser Klasse verlangt zunächst den Namen des Ziels, anschließend wie ihr Namensvetter die *Dependency Property* des Ziels und die vorher erstellte Bindung.

Auch zum Lösen der Datenbindung gibt es zwei Möglichkeiten:

- Die statische Methode `ClearBinding()` der Klasse `BindingOperations` löst die Bindung an eine bestimmte *Dependency Property* des Ziels. Hier ist dies `ContentProperty`.

- Die statische Methode `ClearAllBindings()` löst die Bindung an alle *Dependency Properties* des Ziels.

8.1.2 Richtung und Zeitpunkt einer Bindung

Es gibt verschiedene Möglichkeiten, die Richtung einer Datenbindung festzulegen. Dazu dient die Eigenschaft `Mode` der Bindung. Sie kann Werte aus der gleichnamigen Enumeration enthalten:

- `TwoWay`: Änderungen sind in beide Richtungen möglich, also von der Quelle zum Ziel und umgekehrt.
- `OneWay`: Eine Änderung ist nur von der Quelle zum Ziel möglich.
- `OneTime`: Es wird nur eine einmalige Änderung von der Quelle zum Ziel durchgeführt, und zwar in dem Moment, in dem die Bindung gültig wird.
- `OneWayToSource`: Es ist nur eine Änderung vom Ziel zur Quelle möglich.
- `Default` (Standardwert): `TwoWay`, falls der Benutzer den Inhalt der beteiligten Steuerelemente verändern kann, andernfalls `OneWay`.

Die Eigenschaft `UpdateSourceTrigger` der Bindung beeinflusst den Zeitpunkt der Änderung bei einer Datenbindung. Die Werte aus der gleichnamigen Enumeration:

- `PropertyChanged`: Die Änderung wird durchgeführt, sobald sich die Quelleigenschaft ändert.
- `LostFocus`: Die Änderung wird durchgeführt, wenn die Quelle den Fokus verliert.
- `Explicit`: Die Änderung wird nur bei explizitem Aufruf der Methode `UpdateSource()` der Klasse `BindingExpression` durchgeführt.
- `Default` (Standardwert): `PropertyChanged`; eine Ausnahme ist die Eigenschaft `Text`, hier gilt `LostFocus`.

Nachfolgend sehen Sie ein Beispiel im Projekt *DatenRichtung* (siehe Abbildung 8.2).

Abbildung 8.2 Zwei verbundene TextBoxen

Ohne besondere Einstellung gelten für die zwei verbundenen TextBoxen die Werte `TwoWay` und `LostFocus`. Im XAML-Code des Projekts wurden allerdings die Einstellungen `OneWay` und `PropertyChanged` gewählt:

```xml
<StackPanel>
  <WrapPanel>
    <Label Margin="3" Width="30">1:</Label>
    <TextBox x:Name="tb1" Margin="3" Width="230">Hallo</TextBox>
  </WrapPanel>
  <WrapPanel>
    <Label Margin="3" Width="30">2:</Label>
    <TextBox x:Name="tb2" Margin="3" Width="230">
      <Binding ElementName="tb1" Path="Text" Mode="OneWay"
        UpdateSourceTrigger="PropertyChanged" />
    </TextBox>
  </WrapPanel>
  <GroupBox Header="Richtung">
    <StackPanel RadioButton.Checked="richtung">
      <RadioButton>TwoWay</RadioButton>
      <RadioButton IsChecked="True">OneWay</RadioButton>
      <RadioButton>OneTime</RadioButton>
      <RadioButton>OneWayToSource</RadioButton>
    </StackPanel>
  </GroupBox>
</StackPanel>
```

Die Quelle der Bindung ist die erste TextBox tb1, das Ziel ist die zweite TextBox tb2. Die RadioButtons im unteren Teil bieten Ihnen die Möglichkeit, die Richtung zu verändern, um das unterschiedliche Verhalten zu testen. Dazu wurde im Stack-Panel das *Attached Event* RadioButton.Checked notiert. Die zugehörige Ereignismethode sieht so aus:

```csharp
private void richtung(object sender, RoutedEventArgs e)
{
  if (!IsLoaded) return;

  Binding bi = new Binding();
  bi.ElementName = "tb1";
  bi.Path = new PropertyPath("Text");
  bi.UpdateSourceTrigger = UpdateSourceTrigger.PropertyChanged;

  switch ((e.Source as RadioButton).Content.ToString())
  {
    case "TwoWay":
      bi.Mode = BindingMode.TwoWay; break;
    case "OneWay":
      bi.Mode = BindingMode.OneWay; break;
    case "OneTime":
```

```
      bi.Mode = BindingMode.OneTime; break;
    case "OneWayToSource":
      bi.Mode = BindingMode.OneWayToSource; break;
  }
  BindingOperations.SetBinding(tb2, TextBox.TextProperty, bi);
}
```

Es wird eine neue Bindung zur Eigenschaft Text der TextBox tb1 erzeugt. Der Wert der Eigenschaft UpdateSourceTrigger bleibt unverändert. Die Eigenschaft Content des auslösenden RadioButtons wird dazu genutzt, die Eigenschaft Mode auf den gewünschten Wert einzustellen. Zu guter Letzt wird die neue Bindung mithilfe der statischen Methode SetBinding() der TextBox tb2 zugeordnet. Dieser Vorgang ersetzt die alte Bindung.

Die Eigenschaften einer bereits genutzten Bindung können nicht geändert werden. Daher ist es zwar möglich, einen Verweis auf die bereits vorhandene Bindung mithilfe der statischen Methode GetBinding() zu ermitteln, aber anschließend kann die Eigenschaft Mode nicht geändert werden.

8.2 Validierung

Es kann wichtig sein, die Daten bei einer Datenbindung zu validieren, sodass nur geprüfte Daten zum gewünschten Empfänger gelangen. Eine Datenbindung besitzt dazu die Eigenschaft ValidationRules. Dieser Auflistung müssen Sie einzelne Validierungsregeln hinzufügen. Eigene Validierungsregeln können Sie erzeugen, indem Sie von der abstrakten Klasse ValidationRule ableiten und darin die Methode Validate() vom Typ ValidationResult überschreiben.

Nachfolgend sehen Sie ein Beispiel im Projekt *DatenValidierung* (siehe Abbildung 8.3). Darin werden zwei TextBoxen über eine Datenbindung gekoppelt. Solange falsche Daten eingegeben werden, ist die TextBox rot umrandet. Nur die richtigen Daten, in diesem Fall der Text »Hallo«, werden zum Empfänger geleitet (siehe Abbildung 8.4).

Abbildung 8.3 Eingabe der falschen Daten

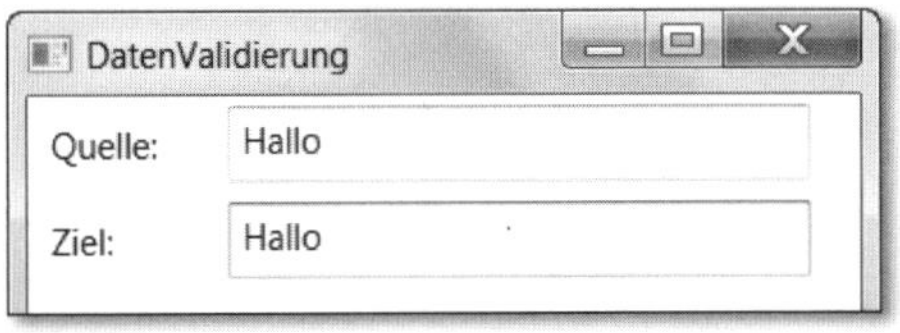

8.2 Validierung

Abbildung 8.4 Weiterleitung der richtigen Daten

Zunächst der XAML-Code:

```
<Window ... Loaded="Window_Loaded">
  <StackPanel>
    <WrapPanel>
      <Label Margin="3" Width="60">Quelle:</Label>
      <TextBox x:Name="tb1" Margin="3" Width="200" />
    </WrapPanel>
    <WrapPanel>
      <Label Margin="3" Width="60">Ziel:</Label>
      <TextBox Margin="3" Width="200">
        <Binding x:Name="bg" ElementName="tb1"
            Path="Text" Mode="OneWayToSource"
            UpdateSourceTrigger="PropertyChanged" />
      </TextBox>
    </WrapPanel>
  </StackPanel>
</Window>
```

Die zweite TextBox ist im Modus `OneWayToSource` an die erste TextBox gebunden. Sobald in der zweiten TextBox eine Änderung erfolgt, wird ihr Inhalt validiert und gegebenenfalls in die erste TextBox kopiert. Nach dem Laden des Fensters wird die Ereignismethode `Window_Loaded()` aufgerufen:

```
private void Window_Loaded(...)
{ bg.ValidationRules.Add(new meineValidierungsregel()); }
```

Darin wird der Auflistung `ValidationRules` der Datenbindung eine neue Instanz der Klasse `meineValidierungsregel` hinzugefügt. Diese Klasse wurde in der Datei *meineValidierungsregel.cs* innerhalb des aktuellen Projekts wie folgt definiert:

```
using System.Windows.Controls;
namespace DatenValidierung
{
  class meineValidierungsregel : ValidationRule
  {
    public override ValidationResult Validate(object eingabe,
        System.Globalization.CultureInfo cultureInfo)
```

```
        {
          if (eingabe as string == "Hallo")
            return ValidationResult.ValidResult;
          else
            return new ValidationResult(false, "Fehler");
        }
      }
    }
```

Die Klasse wird von der abstrakten Klasse ValidationRule aus dem Namespace System.Windows.Controls abgeleitet. Darin wird die Methode Validate() überschrieben. Im ersten Parameter vom Typ object steht der Wert, der zu validieren ist. Falls dieser den Regeln entspricht, so wird mithilfe der statischen Eigenschaft ValidResult eine Instanz der Klasse ValidationResult mit einem gültigen Ergebnis zurückgeliefert. Ansonsten wird eine neue Instanz zurückgeliefert, die einen Fehler anzeigt.

8.3 Datenquellen

Die Quellen einer Datenbindung können unterschiedlich sein. Es ist möglich, die Steuerelemente einer Anwendung mit anderen Elementen zu verbinden, wie in den vorherigen Abschnitten gezeigt wurde. Die Datenquelle kann aber auch ein Objekt, eine Liste von Objekten oder eine Datenbank sein. Diese Möglichkeiten werden nachfolgend dargestellt.

8.3.1 Ein Objekt als Datenquelle

In diesem Abschnitt wird ein Objekt einem Projekt als Ressource zur Verfügung gestellt. Dieses Objekt wird im Projekt *QuelleObjekt* innerhalb von drei Text-Boxen zur Ansicht gebracht (siehe Abbildung 8.5).

Abbildung 8.5 Ein Objekt als Datenquelle

Schauen wir uns zunächst den Datentyp des Objekts an. Er soll einige Daten über eine Stadt beinhalten und wird in der Klassendatei *stadt.cs* des aktuellen Projekts definiert:

```
namespace QuelleObjekt
{
  class stadt
  {
    public string name { get; set; }
    public string lage { get; set; }
    public int einwohner { get; set; }
    public override string ToString()
    { return name + ", " + lage + ", " + einwohner; }
  }
}
```

Es werden die drei Properties name, lage und einwohner definiert, außerdem eine Ausgabemethode für die Daten eines Objekts.

Der XAML-Code:

```xml
<Window ... xmlns:local="clr-namespace:QuelleObjekt" ... >
  <Window.Resources>
    <local:stadt x:Key="st" name="Berlin" lage="Osten"
      einwohner="3500000" />
  </Window.Resources>
  <StackPanel>
    <WrapPanel>
      <Label Margin="3" Width="70">Stadt:</Label>
      <TextBox Margin="3" Width="190">
        <Binding Source="{StaticResource st}" Path="name" />
      </TextBox>
    </WrapPanel>
    <WrapPanel>
      <Label Margin="3" Width="70">Lage:</Label>
      <TextBox Margin="3" Width="190">
        <Binding Source="{StaticResource st}" Path="lage" />
      </TextBox>
    </WrapPanel>
    <WrapPanel>
      <Label Margin="3" Width="70">Einwohner:</Label>
      <TextBox Margin="3" Width="190">
        <Binding Source="{StaticResource st}" Path="einwohner" />
      </TextBox>
    </WrapPanel>
```

```
        <Button Margin="3" Width="80" Click="aus">Ausgabe</Button>
    </StackPanel>
</Window>
```

Der lokale Namespace `QuelleObjekt` wird innerhalb der Fensterdefinition bekannt gemacht, ansonsten könnte der Typ `stadt` nicht gefunden werden. Anschließend wird eine Instanz dieses lokalen Typs erzeugt und als Ressource zur Verfügung gestellt. Die Eigenschaft `Source` der Datenbindung greift auf die Instanz zu, die als Bindungsquelle dient. In diesem Falle ist dies eine Ressource, die über ihren Schlüssel erreicht wird. Die jeweilige Property der Instanz dient als Wert für `Path`.

In der Ausgabemethode `aus()` wird mithilfe von `FindResource()` ebenfalls über die Ressource auf die Instanz zugegriffen:

```
private void aus(...)
{ MessageBox.Show((FindResource("st") as stadt).ToString()); }
```

8.3.2 Kontext einer Datenbindung

Falls mehrere Elemente bei einer Datenbindung auf die gleiche Quelle zugreifen, so bietet sich eine Vereinfachung an. Anstatt bei jedem Element über die Eigenschaft `Source` auf die Ressource zu verweisen, können Sie dies über die Eigenschaft `DataContext` eines übergeordneten Elements vornehmen.

Das Beispiel aus dem vorherigen Abschnitt wurde für das nachfolgende Projekt *QuelleKontext* entsprechend geändert. Klassendefinition, Ressource und Ausgabe bleiben gleich. Der geänderte XAML-Code sieht so aus:

```
<Window ... xmlns:local="clr-namespace:QuelleKontext" ...>
    <Window.Resources>
        <local:stadt x:Key="st" name="Berlin" lage="Osten"
            einwohner="3500000" />
    </Window.Resources>
    <StackPanel DataContext="{StaticResource st}">
        <WrapPanel>
            <Label Margin="3" Width="70">Stadt:</Label>
            <TextBox Margin="3" Width="190">
                <Binding Path="name" />
            </TextBox>
        </WrapPanel>
        ...
    </StackPanel>
</Window>
```

Beim übergeordneten StackPanel entspricht der Wert der Eigenschaft `DataContext` der statischen Ressource. Inhalt der statischen Ressource ist die Instanz, die als Bindungsquelle dient. Bei den Datenbindungen der TextBoxen reicht nunmehr der Pfad zur Property.

8.3.3 Auflistung von Objekten

In diesem Abschnitt wird die Datenquelle von einem Objekt auf mehrere Objekte des gleichen Typs erweitert. Diese Objekte werden in einer Auflistung zusammengefasst. Diese Auflistung wiederum dient als Ressource für die Datenbindung. Zur Darstellung ist zum Beispiel eine ListBox geeignet, wie Sie sie im nachfolgenden Projekt *QuelleCollection* finden (siehe Abbildung 8.6). Darin wird der aktuell ausgewählte Eintrag der ListBox über eine weitere Datenbindung mit TextBoxen gekoppelt.

Abbildung 8.6 Auflistung von Objekten

Der Datentyp des Objekts in der Projektdatei *stadt.cs* wurde um einen Konstruktor erweitert. Dieser wird zum Hinzufügen einzelner Objekte zu der Auflistung benötigt:

```
namespace QuelleCollection
{
  class stadt
  {
    public stadt(string n, string l, int e)
    { name = n; lage = l; einwohner = e; }

    public string name { get; set; }
    public string lage { get; set; }
    public int einwohner { get; set; }
    public override string ToString()
    { return name + ", " + lage + ", " + einwohner; }
  }
}
```

In der Projektdatei *stadtauflistung.cs* wird der Auflistungstyp definiert:

```
using System.Collections.ObjectModel;
namespace QuelleCollection
{
  class stadtauflistung : ObservableCollection<stadt> {}
}
```

Der Typ `ObservableCollection<>` aus dem Namespace `System.Collections` `.ObjectModel` bietet die Möglichkeit, die Auflistung eines bestimmten Datentyps zu erzeugen. Bei diesem Typ von Auflistung werden Benachrichtigungen gesandt, falls sie verändert wird.

Der XAML-Code:

```
<Window ... xmlns:local="clr-namespace:QuelleCollection"
   ... Loaded="Window_Loaded">
  <Window.Resources>
    <local:stadtauflistung x:Key="stadtressource" />
  </Window.Resources>
  <StackPanel>
    <ListBox x:Name="lb" Height="60" Margin="3">
      <ListBox.ItemsSource>
        <Binding Source="{StaticResource stadtressource}" />
      </ListBox.ItemsSource>
    </ListBox>
    <WrapPanel>
      <Label Margin="3" Width="85" Background="LightGray">
        <Binding ElementName="lb" Path="SelectedItem.name" />
      </Label>
      <Label Margin="3" Width="85" Background="LightGray">
        <Binding ElementName="lb" Path="SelectedItem.lage" />
      </Label>
      <Label Margin="3" Width="85" Background="LightGray">
        <Binding ElementName="lb"
          Path="SelectedItem.einwohner" />
      </Label>
    </WrapPanel>
  </StackPanel>
</Window>
```

Zu Beginn muss die Auflistung mit Objekten gefüllt werden. Dies wird nach dem Laden des Fensters (Ereignis `Loaded`) durchgeführt.

Die erste Datenbindung besteht zwischen der Auflistung und der ListBox. Es wird eine Instanz des lokalen Typs `stadtauflistung` erzeugt und als Ressource zur Verfügung gestellt. Die Eigenschaft `Source` der Datenbindung eines einzelnen

ListBox-Eintrags greift über die Ressource auf die Instanz zu. Jeder ListBox-Eintrag stellt anschließend mithilfe der Methode `ToString()` des Typs `stadt` ein Objekt der Auflistung dar.

Die zweite Datenbindung besteht zwischen der ListBox und den einzelnen Labels. Die jeweilige Property des aktuell ausgewählten Eintrags (`SelectedItem`) dient als Wert für `Path`.

Es folgt der Code zum Füllen der Auflistung:

```
private void Window_Loaded(...)
{
  stadtauflistung sa =
    FindResource("stadtressource") as stadtauflistung;
  sa.Add(new stadt("Berlin", "Osten", 3500000));
  sa.Add(new stadt("Hamburg", "Norden", 1800000));
  sa.Add(new stadt("München", "Süden", 1100000));
}
```

Über die Ressource wird die Auflistung zur Verfügung gestellt. Mithilfe der Methode `Add()` wird Element für Element hinzugefügt.

8.3.4 Object Data Provider

Ein *Object Data Provider* umfasst ein Objekt und kann als Ressource für eine Datenbindung dienen. Nachfolgend wird im Projekt *QuelleProvider* ein *Object Data Provider* genutzt. Dieser ist zunächst leer, das Objekt wird erst zur Laufzeit erzeugt. Die Klasse `stadt` mit ihren Properties `name`, `lage` und `einwohner` ist bereits aus den vorherigen Projekten bekannt.

Zunächst der XAML-Code:

```
<Window ... xmlns:local="clr-namespace:QuelleProvider" ...>
  <Window.Resources>
    <ObjectDataProvider x:Key="odp_resource" />
  </Window.Resources>
  <StackPanel DataContext="{StaticResource odp_resource}">
    <WrapPanel>
      <Label Margin="3" Width="70">Stadt:</Label>
      <TextBox Margin="3" Width="190">
        <Binding Path="name" />
      </TextBox>
      ...
      <Button Margin="3" Width="80" Click="neu">Erzeugen</Button>
      <Button Margin="3" Width="80" Click="aus">Ausgabe</Button>
  </StackPanel>
</Window>
```

Die Instanz der Klasse `ObjectDataProvider` wird als Ressource erzeugt. Über die Eigenschaft `DataContext` des übergeordneten StackPanels wird sie den insgesamt drei ausgebenden TextBoxen zur Verfügung gestellt. Bei einer TextBox muss nur noch der Name der jeweiligen Property angegeben werden. Es folgt der Code in den beiden Ereignismethoden zur Erzeugung des Objekts für den *Object Data Provider* und für die Ausgabe:

```
private void neu(...)
{
  ObjectDataProvider odp =
    FindResource("odp_resource") as ObjectDataProvider;
  odp.ObjectInstance = new stadt("Berlin", "Osten", 3500000);
}

private void aus(...)
{
  ObjectDataProvider odp =
    FindResource("odp_resource") as ObjectDataProvider;
  if (odp.ObjectInstance != null)
    MessageBox.Show((odp.ObjectInstance as stadt).ToString());
  else
    MessageBox.Show("Es gibt noch keine Instanz im Provider");
}
```

Mithilfe der Methode `FindResource()` wird auf die Ressource vom Typ `ObjectDataProvider` zugegriffen. Die Eigenschaft `ObjectInstance` verweist auf das umfasste Objekt, falls es bereits vorhanden ist.

8.3.5 Datenbank

Eine Datenbank ist die klassische Quelle für eine Datenbindung. Im nachfolgenden Projekt *QuelleAccess* wird auf die MS Access-Datenbank *firma.mdb* zugegriffen. Diese beinhaltet die Tabelle `personen` mit den Feldern `Name`, `Vorname`, `Personalnummer` und `Gehalt`. Sie wird in einem Steuerelement vom Typ `ListView` dargestellt (siehe Abbildung 8.7).

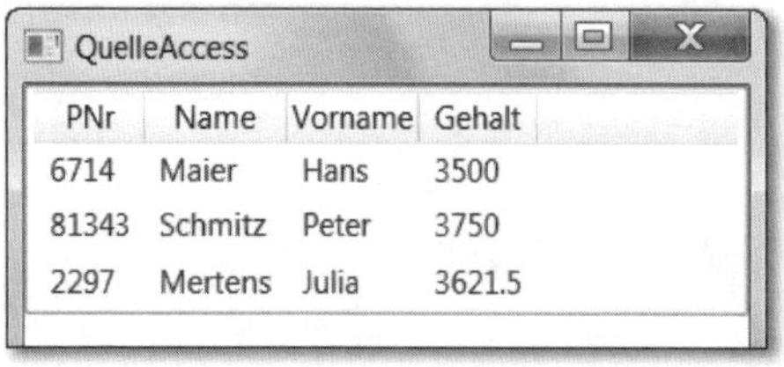

PNr	Name	Vorname	Gehalt
6714	Maier	Hans	3500
81343	Schmitz	Peter	3750
2297	Mertens	Julia	3621.5

Abbildung 8.7 Access-Datenbank in einem ListView

Die Datenbank *firma.mdb* wird dem Projekt per Drag&Drop im Projektmappenexplorer hinzugefügt (siehe Abbildung 8.8). Während dieses Vorgangs startet automatisch ein Assistent zur Erstellung eines DataSets. Da aber im Projekt eine DataTable (ein untergeordnetes Element eines DataSets) per Code erstellt wird, wird der Assistent nicht benötigt und abgebrochen.

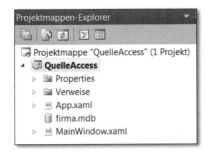

Abbildung 8.8 Die Datenbank »firma.mdb« im Projekt

Es folgt der XAML-Code:

```
<Window ... Loaded="Window_Loaded">
  <StackPanel>
    <ListView x:Name="lv" ItemsSource="{Binding}">
      <ListView.View>
        <GridView>
          <GridViewColumn Header="PNr"
            DisplayMemberBinding=
              "{Binding Path=personalnummer}" />
          <GridViewColumn Header="Name"
            DisplayMemberBinding="{Binding Path=name}" />
          <GridViewColumn Header="Vorname"
            DisplayMemberBinding="{Binding Path=vorname}" />
          <GridViewColumn Header="Gehalt"
            DisplayMemberBinding="{Binding Path=gehalt}" />
        </GridView>
      </ListView.View>
    </ListView>
  </StackPanel>
</Window>
```

Auf die MS Access-Datenbank wird nach dem Laden des Fensters zugegriffen, und zwar in der Ereignismethode `Window_Loaded()`. Die Eigenschaft `ItemsSource` verweist auf die Auflistung, die als Inhalt für den ListView dienen soll. Die Auflistung wird in diesem Falle über eine Datenbindung ermittelt. Die Eigenschaft `View` ist für die Darstellung und Organisation der Daten des ListView verantwortlich.

Ein `GridView` stellt die Daten in Spalten dar. Jede Spalte ist eine Instanz der Klasse `GridViewColumn`. Die Eigenschaft `Header` steht für den Spaltenkopf. Die Eigenschaft `DisplayMemberBinding` nutzt die vorhandene Datenbindung. Die Eigenschaft `Path` beinhaltet dabei den Namen des Feldes aus der Datenbanktabelle, dessen Werte in dieser Spalte angezeigt werden.

In der Ereignismethode zum Laden der Daten werden die beiden Namespaces `System.Data` und `System.Data.OleDb` zum Zugriff auf die MS Access-Datenbank benötigt:

```
private void Window_Loaded(...)
{
  OleDbConnection con =
    new OleDbConnection(@"Provider=Microsoft.Jet.OLEDB.4.0;
      Data Source=firma.mdb");
  OleDbDataAdapter da =
    new OleDbDataAdapter("select * from personen", con);
  DataTable dt = new DataTable();
  da.Fill(dt);
  lv.DataContext = dt;
}
```

Die Instanz der Klasse `OleDbConnection` erzeugt eine Verbindung zur Datenbank. Die Instanz der Klasse `OleDbAdapter` soll die Befehle beinhalten, die zum Füllen eines DataSets aus einer Datenquelle und zur Aktualisierung der Datenquelle aus dem DataSet benötigt werden. Im vorliegenden Fall werden zum Füllen alle Daten der Tabelle personen per SQL-Anweisung über die existierende Verbindung zur Datenbank *firma.mdb* angefordert.

Ein DataTable-Objekt steht für eine einzelne Tabelle eines DataSets. Die DataTable wird über den Adapter gefüllt. Die Eigenschaft `DataContext` der ListView verweist auf die gefüllte DataTable.

8.4 DataGrid

Das DataGrid ist ein Steuerelement, das viel Komfort durch eine große Anzahl an Einstellmöglichkeiten bietet. Es ist editierbar und somit nicht nur zur Darstellung von großen Datenmengen (zum Beispiel aus Datenbanken), sondern auch zur Veränderung derselben geeignet.

8.4.1 Einfacher Aufbau

Ein erstes Beispiel im Projekt *DataGridAccess* soll zeigen, wie einfach die Verbindung zu einer Datenbank hergestellt werden kann (siehe Abbildung 8.9). Es wird die gleiche Datenbank *firma.mdb* mit der Tabelle `personen` verwendet wie im vorherigen Abschnitt. Sie wird dem Projekt per Drag&Drop im Projektmappenexplorer hinzugefügt. Auch hier wird die Erstellung des DataSets abgebrochen.

Zu Beginn wird der Inhalt der Tabelle geladen und dargestellt. Der Benutzer kann Daten ändern, neu hinzufügen oder löschen. Beim Schließen des Fensters wird die Datenbank mit den geänderten Daten aktualisiert.

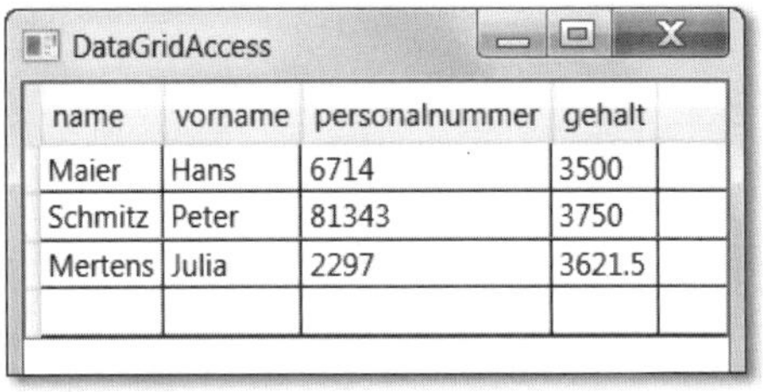

name	vorname	personalnummer	gehalt
Maier	Hans	6714	3500
Schmitz	Peter	81343	3750
Mertens	Julia	2297	3621.5

Abbildung 8.9 Access-Datenbank in einem DataGrid

Der Aufbau in XAML ist einfach:

```
<Window ... Loaded="Window_Loaded" Closing="Window_Closing">
  <StackPanel>
    <DataGrid x:Name="dg" ItemsSource="{Binding}" />
  </StackPanel>
</Window>
```

Die Eigenschaft `ItemsSource` verweist auf die Auflistung, die als Inhalt für das DataGrid dienen soll. Die Auflistung wird in diesem Falle über eine Datenbindung ermittelt.

Es folgt der Code der Fensterklasse:

```
public partial class MainWindow : Window
{
  OleDbDataAdapter da;
  DataTable dt;

  public MainWindow()
  {
    InitializeComponent();
    OleDbConnection con =
      new OleDbConnection(@"Provider=Microsoft.Jet.OLEDB.4.0;
      Data Source=firma.mdb");
    da = new OleDbDataAdapter("select * from personen", con);
    OleDbCommandBuilder cb = new OleDbCommandBuilder(da);
    dt = new DataTable();
  }
```

```
  private void Window_Loaded(...)
  {
    da.Fill(dt);
    dg.DataContext = dt;
  }

  private void Window_Closing(object sender,
      System.ComponentModel.CancelEventArgs e)
  {
    da.Update(dt);
  }
}
```

Sie sehen Parallelen zum ListView-Beispiel aus dem letzten Abschnitt. Es werden die beiden Namespaces `System.Data` und `System.Data.OleDb` benötigt. Die Instanzen der Klassen `OleDbAdapter` und `DataTable` werden sowohl beim Laden als auch beim Aktualisieren der Daten genutzt, daher werden sie zu Eigenschaften der Fensterklasse.

Im Konstruktor der Fensterklasse wird über die Instanz der Klasse `OleDbConnection` die Verbindung zur Datenbank hergestellt. Die Instanz der Klasse `OleDbAdapter` beinhaltet nach ihrer Erzeugung den Inhalt des SQL-Kommandos `select` zur Auswahl der Daten. Die Instanz der Klasse `OleDbCommandBuilder` erzeugt passend für diesen Adapter die Inhalte der SQL-Kommandos `insert`, `update` und `delete`. Es wird eine Instanz einer `DataTable` erzeugt.

Beim Laden des Fensters wird die DataTable über den Adapter gefüllt. Die Eigenschaft `DataContext` des DataGrid verweist auf die gefüllte DataTable.

Beim Schließen des Fensters (Ereignis `Window_Closing()`) wird die Datenbank aus der DataTable über den Adapter durch Aufruf der Methode `Update()` aktualisiert. Dabei kommen die SQL-Kommandos zum Einsatz, die über die Instanz der Klasse `OleDbCommandBuilder` erzeugt wurden.

8.4.2 Standard-Einstellungen

Der XAML-Code des Beispielprojekts *DataGridAccess* aus dem vorherigen Abschnitt 8.4.1 ist sehr kurz. Dies liegt daran, dass ein DataGrid in seinen Standard-Einstellungen bereits viel Funktionalität bietet. Diese Standard-Einstellungen können Sie mithilfe der nachfolgenden Beschreibung testen. Außerdem können Sie die genannten Alternativen ausprobieren.

Sie können Daten ändern, hinzufügen oder löschen, weil die boolesche Eigenschaft `IsReadOnly` den Wert `False` hat. Auch wenn sie den Wert `True` hat, können

Sie das Hinzufügen neuer Datensätze verhindern, indem Sie `CanUserAddRows` auf `False` setzen. Das Entsprechende gilt für das Löschen von Datensätzen und `CanUserDeleteRows`.

Sie können mehrere Datensätze, ob zusammenhängend oder nicht, auswählen, weil die Eigenschaft `SelectionMode` den Wert `Extended` hat. Die Enumeration `DataGridSelectionMode` bietet noch den Wert `Single`.

Falls Sie auf eine beliebige Zelle in einer Zeile klicken, so wird die gesamte Zeile ausgewählt, weil die Eigenschaft `SelectionUnit` den Wert `FullRow` hat. Der Wert `Cell` aus der Enumeration `DataGridSelectionUnit` ermöglicht die Auswahl einer einzelnen Zelle. Der Wert `CellOrRowHeader` ermöglicht beides, dabei muss zur Auswahl einer ganzen Zeile auf den Zeilenkopf geklickt werden.

Die Spalten lassen sich nach Wert sortieren, weil `CanUserSortColumns` den Wert `True` hat. Derselbe Wert für `CanUserReorderColumns` ermöglicht den Tausch von Spalten. Spaltenbreite und Zeilenhöhe lassen sich verändern, weil `CanUserResizeColumns` und `CanUserResizeRows` den Wert `True` haben.

Es sind alle Gitternetzlinien sichtbar, weil die Eigenschaft `GridLinesVisibility` den Wert `All` hat. Weitere Werte aus der Enumeration `DataGridGridLinesVisibility` sind `None`, `Horizontal` und `Vertical`. Alle Zeilen- und Spaltenköpfe sind sichtbar, weil die Eigenschaft `HeadersVisibility` ebenfalls den Wert `All` hat. Die Enumeration `DataGridHeadersVisibility` bietet noch die Werte `None`, `Column` und `Row`.

Sie können eine ganze Zeile ohne Header in Form einer Tabellenzeile in die Zwischenablage kopieren, zum Beispiel mit [Strg]+[C]. Dafür sorgt der Wert `ExcludeHeader` für die Eigenschaft `ClipboardCopyMode`. Weitere Werte in der Enumeration `DataGridClipboardCopyMode` sind `IncludeHeader` und `None`. Anschließend können Sie die Tabellenzeile(n) zum Beispiel in MS Word oder MS Excel einfügen.

8.4.3 Weitere Spaltentypen

Das Beispielprojekt *DataGridAccess* aus Abschnitt 8.4.1 wird in diesem Abschnitt zum Projekt *DataGridFormat* ausgebaut, um Ihnen einige weitere Möglichkeiten des DataGrid zu zeigen. Die Darstellung sehen Sie in Abbildung 8.10.

Es wird wiederum eine Datenbank mit dem Namen *firma.mdb* mit der Tabelle `personen` verwendet. In der Tabelle `personen` sind gegenüber dem letzten Beispiel zwei Felder hinzugekommen: das Ja/Nein-Feld `urlaub` und das Textfeld `email`. Die Datenbank wird dem Projekt per Drag&Drop im Projektmappenexplorer hinzugefügt. Auch hier wird die Erstellung des DataSets abgebrochen.

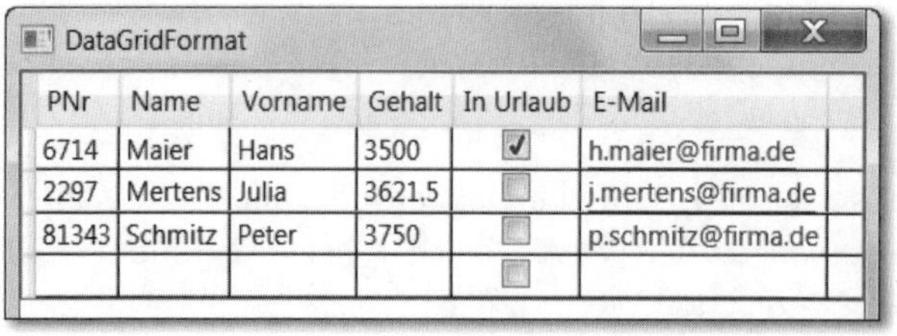

8 | Daten

Abbildung 8.10 Formatiertes DataGrid

Zunächst der XAML-Code:

```
<Window ... Loaded="Window_Loaded" Closing="Window_Closing">
  <StackPanel>
    <DataGrid x:Name="dg" SelectionChanged="zeilenauswahl"
        ItemsSource="{Binding}" AutoGenerateColumns="False">
      <DataGrid.Columns>
        <DataGridTextColumn Header="PNr"
          Binding="{Binding Path=personalnummer}" />
        <DataGridTextColumn Header="Name"
          Binding="{Binding Path=name}" />
        <DataGridTextColumn Header="Vorname"
          Binding="{Binding Path=vorname}" />
        <DataGridTextColumn Header="Gehalt"
          Binding="{Binding Path=gehalt}" />
        <DataGridCheckBoxColumn Header="In Urlaub"
          Binding="{Binding Path=urlaub}" />
        <DataGridHyperlinkColumn Header="E-Mail"
          Binding="{Binding Path=email}" />
      </DataGrid.Columns>
    </DataGrid>
  </StackPanel>
</Window>
```

Falls der Benutzer eine oder mehrere Zeilen auswählt, so tritt das Ereignis SelectionChanged ein. Im vorliegenden Projekt werden dann die Daten der Zeilen angezeigt. Die Eigenschaft AutoGenerateColumns zur automatischen Übernahme und Darstellung der Felder der Datenquelle muss auf False gestellt werden, da die Darstellung der Spalten hier selbst gewählt wird. Ansonsten würden alle Spalten doppelt angezeigt werden.

In der Auflistungseigenschaft Columns des DataGrid stehen die einzelnen Spalten, die angezeigt werden sollen, mit ihren Typen. Neben dem Standardtyp DataGridTextColumn zur Darstellung von Text und Zahlen wird hier noch der Typ DataGridCheckBoxColumn für das Ja/Nein-Feld urlaub und der Typ

`DataGridHyperlinkColumn` für das Feld `email` verwendet. Es gibt noch den Typ `DataGridComboBoxColumn` für Werte aus Enumerationen. Außerdem können Sie den Typ `DataGridTemplateColumn` wählen, dessen Inhalte Sie mithilfe eines DataTemplate selber gestalten können (siehe dazu den nächsten Abschnitt).

Die Methoden `Window_Loaded` und `Window_Closing` entsprechen denen aus dem zugrunde liegenden Projekt *DataGridAccess*. Es folgt die Methode `zeilenauswahl()`:

```
private void zeilenauswahl(object sender,
    SelectionChangedEventArgs e)
{
  string s = "";
  for (int i = 0; i < dg.SelectedItems.Count; i++)
  if (dg.SelectedItems[i] is DataRowView)
  {
    DataRowView drv = dg.SelectedItems[i] as DataRowView;
    s += drv.Row["name"] + ", " + drv.Row["vorname"] + "\n";
  }
  if(s != "") MessageBox.Show(s);
}
```

In der Auflistung `SelectedItems` stehen die ausgewählten Zeilen. Sie sind vom Typ `DataRowView`, außer der Zeile für einen neuen Eintrag. Diese ist vom Typ `MS.Internal.NamedObject`. Über die Eigenschaft `Row` des `DataRowView`-Objekts und den Namen des Feldes können Sie die aktuellen Werte ermitteln.

8.5 DataTemplates

Ein *DataTemplate* ist eine Vorlage für die Darstellung eines bestimmten Datentyps. Zuordnung und Gültigkeitsbereich dieser Vorlagen entsprechen denen von Templates (siehe Abschnitt 7.3, »Control Templates«). Das nachfolgende Projekt *DatenVorlage* wurde auf Basis des Beispielprojekts *QuelleCollection* erzeugt (siehe Abschnitt 8.3.3, »Auflistung von Objekten«. Es wird ein *DataTemplate* für den lokalen Datentyp `stadt` entworfen. Jeder Eintrag in der Listbox ist eine Instanz dieses Datentyps (siehe Abbildung 8.11).

Abbildung 8.11 DataTemplate für Datentyp »stadt«

Der XAML-Code:

```
<Window ... xmlns:local="clr-namespace:DatenVorlage"
   ... Loaded="Window_Loaded">
  <Window.Resources>
    <local:stadtauflistung x:Key="stadtressource" />
    <DataTemplate DataType="{x:Type local:stadt}">
      <StackPanel x:Name="sp" Height="25"
          Orientation="Horizontal">
        <Image Source="ms.gif" Width="16" />
        <Label Content="{Binding Path=name}" />
        <Label Content="," />
        <Label Content="{Binding Path=lage}" />
        <Label Content="," />
        <Label Content="{Binding Path=einwohner}" />
      </StackPanel>
    </DataTemplate>
  </Window.Resources>
  <StackPanel>
    <ListBox x:Name="lb">
      <ListBox.ItemsSource>
        <Binding Source="{StaticResource stadtressource}" />
      </ListBox.ItemsSource>
    </ListBox>
  </StackPanel>
</Window>
```

Den Aufbau der beiden Klassen stadt und stadtauflistung und das Füllen der Auflistung entnehmen Sie bitte Abschnitt 8.3.3. Es gibt zwei Ressourcen:

▸ die Ressource für die Daten selbst: die Auflistung der Städte

▸ das *DataTemplate* für die Darstellung der Daten einer einzelnen Stadt als Eintrag für die Listbox

Die Eigenschaft DataType des *DataTemplate* ähnelt der Eigenschaft TargetType eines Style. Sie binden das *DataTemplate* über x:Type an einen Datentyp. Das *DataTemplate* beinhaltet im vorliegenden Fall ein StackPanel mit einem Bild und mehreren Labels.

8.6 DataTrigger

Ein DataTrigger ähnelt einem Property Trigger (siehe Abschnitt 7.2.1, »Einfache Property Trigger«), bezogen auf Daten. Falls eine kontrollierte Eigenschaft eines

Datenobjekts einen bestimmten Wert hat, so wird die Darstellung des Datenobjekts geändert.

Das DataTemplate im Beispielprojekt *DatenVorlage* aus dem vorherigen Abschnitt 8.5, »DataTemplates«, wird im nachfolgenden Projekt *DatenTrigger* um einen DataTrigger erweitert. Falls die Eigenschaft lage den Wert Norden hat, so wird das Datenobjekt in Hellgrau dargestellt. Falls sie den Wert Süden hat, so wird das Datenobjekt in Hellblau und mit einer Höhe 35 angezeigt, in geräteunabhängigen Pixeln (siehe Abbildung 8.12).

Abbildung 8.12 DateTemplate mit DataTrigger

Es folgt der geänderte XAML-Code des DataTemplate:

```
<DataTemplate DataType="{x:Type local:stadt}">
  <StackPanel x:Name="sp" ...> ... </StackPanel>
  <DataTemplate.Triggers>
    <DataTrigger Binding="{Binding Path=lage}" Value="Norden">
      <Setter Property="Background" TargetName="sp"
        Value="Lightgray" />
    </DataTrigger>
    <DataTrigger Binding="{Binding Path=lage}" Value="Süden">
      <Setter Property="Background" TargetName="sp"
        Value="Lightblue" />
      <Setter Property="Height" TargetName="sp" Value="35" />
    </DataTrigger>
  </DataTemplate.Triggers>
</DataTemplate>
```

Ein DataTemplate kann in der Eigenschaft Triggers eine Auflistung von Triggern enthalten. Einen DataTrigger verbinden Sie über die Eigenschaft Binding mit der kontrollierten Eigenschaft. Die Eigenschaft Value setzen Sie auf den Wert, auf den reagiert werden soll.

Falls dieser Wert bei der kontrollierten Eigenschaft auftritt, so können Sie einen oder mehrere Setter einsetzen. Innerhalb eines Setters bezeichnen Sie über die Eigenschaft TargetName das Zielelement, das verändert werden soll. Mit der

Eigenschaft `Property` kennzeichnen Sie die zu verändernde Eigenschaft des Zielelements, und über die Eigenschaft `Value` kennzeichnen Sie den einzustellenden Wert.

Die Elemente der zweidimensionalen Grafik dienen sowohl für das Erstellen von Zeichnungen in einer Anwendung als auch für die Gestaltung von Steuerelementen.

9   2D-Grafik

Zweidimensionale Grafiken sind Zeichnungen in der Ebene. In diesem Kapitel werden unterschiedliche Typen erläutert:

- *Shapes* (Formen) sind eigenständige grafische Objekte. Sie sind von der Basisklasse Shape abgeleitet.
- *Geometrien* sind keine eigenständigen Grafiken, sondern stellen die grafische Form eines umgebenden Elements dar. Sie sind von der Basisklasse Geometry abgeleitet.
- *Drawings* (Zeichnungen) dienen dazu, Bilder zu erstellen. Sie sind von der Basisklasse Drawing abgeleitet.

Es gibt Pinsel, um zweidimensionale Flächen zu füllen. Transformationen ermöglichen die Drehung, Skalierung, Neigung oder Verschiebung eines Elements in der Ebene. Elemente oder Teile von Elementen können transparent gestaltet werden. Bitmapeffekte und Verzierungen führen zu weiteren Veränderungen.

In zweidimensionalen Grafiken werden die Positionsangaben von der oberen linken Ecke des umgebenden Elements aus berechnet: die X-Koordinate nach rechts und die Y-Koordinate nach unten. Dies entspricht der Denkweise für die Eigenschaften Left und Top in einem Canvas.

Wenn Sie mit zweidimensionalen Grafiken umgehen können, werden Sie es leichter haben, dreidimensionale Grafiken zu erstellen, nicht zuletzt aufgrund der vielen Parallelen.

9.1   Shapes

Shapes (Formen) sind eigenständige grafische Objekte. Sie dienen zum Erstellen von einfachen Grafiken, die für Zeichnungen oder Hintergründe geeignet sind.

Sie können nur einfache Ereignisse für Shapes registrieren; sie sind nicht primär als Bedienungselemente für eine Anwendung gedacht. Die verschiedenen Klassen für Shapes (Rectangle, Ellipse, Line, Polygon, Polyline und Path) werden von der abstrakten Basisklasse Shape abgeleitet, die bereits zahlreiche Eigenschaften zur Verfügung stellt.

Das Aussehen eines Shapes kann auf einfache Weise gestaltet werden, wie Sie in diesem Abschnitt sehen werden. Eine Ausnahme bildet die Klasse Path: Hier wird eine Geometrie benötigt. Beispiele dazu finden Sie in Abschnitt 9.3, »Drawings«.

9.1.1 Rechtecke und Ellipsen

Rechtecke und Ellipsen sind Instanzen der Klassen Rectangle und Ellipse und werden durch ihre Breite und ihre Höhe gekennzeichnet. Bei der Ellipse bezieht man sich dabei auf die Maße des umgebenden Rechtecks. Sie können eine Füllung und einen Umriss haben.

Im nachfolgenden Projekt *ShapeRectEllipse* werden einige dieser Objekte mithilfe von XAML beziehungsweise durch Programmiercode erstellt und verändert (siehe Abbildung 9.1).

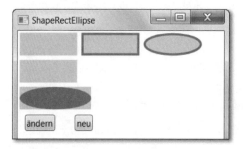

Abbildung 9.1 Rechtecke und Ellipsen

Zunächst der XAML-Code:

```
<StackPanel>
  <WrapPanel>
    <Rectangle Width="80" Height="30" Fill="LightGray"
      Margin="3" />
    <Rectangle Width="80" Height="30" Fill="LightGray"
      Stroke="Gray" StrokeThickness="3" Margin="3" />
    <Ellipse Width="80" Height="30" Fill="LightGray"
      Stroke="Gray" StrokeThickness="3" Margin="3" />
  </WrapPanel>
```

```
<WrapPanel x:Name="wp">
  <Rectangle Width="80" Height="30" Fill="LightGray"
    Margin="3" MouseDown="rc1_MouseDown" />
</WrapPanel>
<Canvas>
  <Rectangle x:Name="rc2" Width="100" Height="30"
    Fill="LightGray" Margin="3" />
  <Ellipse x:Name="el" Width="100" Height="30"
    Fill="Gray" Margin="3" MouseDown="el_MouseDown" />
  ...
</Canvas>
</StackPanel>
```

Alle Rechtecke und Ellipsen besitzen spezifische Werte für die Eigenschaften Width, Height und Margin zur Angabe der Größe und des Abstands. Die Eigenschaften Fill und Stroke sind vom Typ Brush und dienen zur Festlegung der Füllung und des Umrisses. Die Dicke der Umrisslinie wird über die double-Eigenschaft StrokeThickness gewählt. Am unteren Rand wurden ein Rechteck und eine Ellipse innerhalb eines Canvas an derselben Stelle angeordnet, also übereinandergelegt.

Die Ereignismethoden sehen so aus:

```
private void neu(object sender, RoutedEventArgs e)
{
  Rectangle r = new Rectangle();
  r.Height = 30;
  r.Width = 30;
  r.Fill = new SolidColorBrush(Colors.LightGray);
  r.Stroke = new SolidColorBrush(Colors.Gray);
  r.StrokeThickness = 3;
  r.Margin = new Thickness(3);
  wp.Children.Add(r);
}
```

Es wird ein neues Rechteck erzeugt, mit den gewünschten Eigenschaftswerten versehen und als weiteres Element dem umgebenden WrapPanel hinzugefügt.

```
private void aendern(object sender, RoutedEventArgs e)
{
  el.Width = el.Width + 20;
  rc2.Width = rc2.Width + 20;
}
```

Die Breite von Rechteck und Ellipse wird jedes Mal um 20 vergrößert.

9.1.2 Linie

Linien sind Instanzen der Klasse Line und durch die Koordinaten ihrer Anfangs- und Endpunkte gekennzeichnet. Die Koordinatenwerte beziehen sich auf das jeweils direkt übergeordnete Element. Das nachfolgende Projekt *ShapeLine* beinhaltet innerhalb eines Canvas einige Linien, die per XAML beziehungsweise Programmiercode erstellt und verändert werden (siehe Abbildung 9.2).

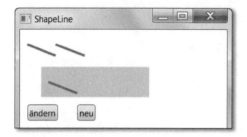

Abbildung 9.2 Linien

Der XAML-Code:

```
<Canvas>
  <Line x:Name="l1" X1="10" Y1="20" X2="50" Y2="35"
    Stroke="Gray" StrokeThickness="3" />
  <Line X1="50" Y1="20" X2="90" Y2="35"
    Stroke="Gray" StrokeThickness="3" />
  <Canvas x:Name="cv" Width="150" Height="40" Canvas.Left="30"
     Canvas.Top="50" Background="LightGray">
    <Line X1="10" Y1="20" X2="50" Y2="35"
      Stroke="Gray" StrokeThickness="3" />
  </Canvas>
  ...
</Canvas>
```

Die double-Eigenschaften X1, Y1, X2 und Y2 stehen für die X- und Y-Koordinaten von Anfangs- und Endpunkt der Linie. Die Eigenschaften Stroke und StrokeThickness sind bereits aus dem vorherigen Abschnitt bekannt. Innerhalb des umgebenden Canvas liegt ein innerer Canvas. Die Koordinaten beziehen sich immer auf das direkt umgebende Element, bei der unteren Linie also auf den inneren Canvas.

Die Fensterklasse mit den Ereignismethoden sieht so aus:

```
public partial class MainWindow : Window
{
  double obenlinks;
```

```
public MainWindow()
{
  InitializeComponent();
  obenlinks = 30;
}

private void aendern(...)
{
  li.X1 = li.X1 + 20;
  li.X2 = li.X2 + 20;
}

private void neu(...)
{
  Line li = new Line();
  li.X1 = obenlinks;
  li.Y1 = 20;
  li.X2 = obenlinks + 40;
  li.Y2 = 35;
  li.Stroke = new SolidColorBrush(Colors.Gray);
  li.StrokeThickness = 3;
  cv.Children.Add(li);
  obenlinks += 20;
}
}
```

In der Methode `neu()` wird eine neue Linie erzeugt, mit den gewünschten Eigenschaftswerten versehen und als weiteres Element dem umgebenden Canvas hinzugefügt. Jede neue Linie wird weiter rechts erzeugt.

Die Methode `aendern()` führt dazu, dass die X-Koordinaten von Anfangs- und Endpunkt der Linie jedes Mal um 20 vergrößert werden.

9.1.3 Polygon und Polylinie

Polygone und Polylinien sind Instanzen der Klassen `Polygon` und `Polyline`. Sie basieren auf einer Auflistung von Punkten, die mithilfe ihrer Koordinaten angegeben werden. Die Punkte werden in der angegebenen Reihenfolge miteinander verbunden. Die Koordinatenwerte beziehen sich auf das jeweils direkt übergeordnete Element. Sie können eine Füllung und einen Umriss haben.

Ein Polygon ist immer geschlossen. Falls bei einer Polylinie der letzte Punkt dem ersten Punkt entspricht, dann ist die Polylinie geschlossen, ansonsten ist sie offen.

Das nachfolgende Projekt *ShapePoly* beinhaltet innerhalb eines Canvas einige Polygone und Polylinien, die mithilfe von XAML beziehungsweise Programmiercode erstellt und verändert werden (siehe Abbildung 9.3).

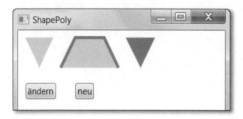

Abbildung 9.3   Polygone und Polylinien

Der XAML-Code:

```
<Canvas x:Name="cv">
  <Polygon Points="10,10 50,10 30,50" Fill="LightGray" />
  <Polygon Points="60,50 80,10 120,10 140,50" Fill="LightGray" />
  <Polyline Points="60,50 80,10 120,10 140,50"
    Stroke="Gray" StrokeThickness="4" />
  <Polyline x:Name="pl" Points="150,10 190,10 170,50"
    Fill="Gray" />
  ...
</Canvas>
```

Polygon und Polylinie beinhalten in der Eigenschaft Points vom Auflistungstyp PointCollection eine Reihe von X- und Y-Koordinaten. Diese werden zur besseren Übersicht am besten paarweise, durch ein Komma getrennt, angegeben. Jedes Paar ist eine Instanz der Struktur Point. Die Eigenschaften Fill, Stroke und StrokeThickness sind bereits aus dem ersten Abschnitt bekannt. Die Ereignismethoden:

```
private void aendern(...)
{
  pl.Points[2] = new Point(pl.Points[2].X + 10, pl.Points[2].Y);
}
```

Die Eigenschaften X und Y eines Punktes innerhalb der Auflistung können nicht direkt überschrieben werden. Daher wird der gesamte Punkt durch einen neuen Punkt ersetzt.

```
private void neu(object sender, RoutedEventArgs e)
{
  PointCollection pc = new PointCollection();
  pc.Add(new Point(10, 110));
```

```
      pc.Add(new Point(50, 110));
      pc.Add(new Point(30, 150));

      Polygon pg = new Polygon();
      pg.Fill = new SolidColorBrush(Colors.LightGray);
      pg.Points = pc;
      cv.Children.Add(pg);

      Polyline pl = new Polyline();
      pl.Stroke = new SolidColorBrush(Colors.Gray);
      pl.Points = pc;
      cv.Children.Add(pl);
}
```

Es wird eine neue Instanz der Klasse `PointCollection` erstellt, der mithilfe der Methode `Add()` einzelne Punkte hinzugefügt werden. Diese `PointCollection` kennzeichnet anschließend sowohl ein neues, gefülltes Polygon als auch eine neue, ungefüllte, nicht geschlossene Polylinie. Beide Shapes werden dem umgebenden Canvas hinzugefügt.

9.1.4 Linienende

Linien können sich nicht nur durch ihre Pinsel (`Stroke`) oder ihre Dicke (`StrokeThickness`) unterscheiden, sondern auch durch die Linienenden. Dafür sind die Eigenschaften `StrokeStartLineCap` und `StrokeEndLineCap` zuständig. Bei Polylinien und Umrisslinien kann es auch einen Unterschied in der Verbindung zweier Linienstücke geben. Dies wird mithilfe der Eigenschaft `StrokeLineJoin` festgelegt.

Im nachfolgenden Projekt *ShapeStroke* werden einige Möglichkeiten dargestellt (siehe Abbildung 9.4).

Abbildung 9.4 Linienarten

Der XAML-Code:

```
<Canvas>
  <Polyline StrokeLineJoin="Bevel"
    Stroke="Black" StrokeThickness="10" ... />
  <Polyline StrokeLineJoin="Miter" ... />
  <Polyline StrokeLineJoin="Round" ... />

  <Line StrokeStartLineCap="Flat" StrokeEndLineCap="Flat"
    Stroke="Black" StrokeThickness="10" ... />
  <Line StrokeStartLineCap="Round"
    StrokeEndLineCap="Round" ... />
  <Line StrokeStartLineCap="Square"
    StrokeEndLineCap="Square" ... />
  <Line StrokeStartLineCap="Triangle"
    StrokeEndLineCap="Triangle" ... />
</Canvas>
```

Der Wert für die Eigenschaft StrokeLineJoin stammt aus der Enumeration PenLineJoin. Der Standardwert ist Miter; dabei werden die Ecken ausgeprägt. Beim Wert Bevel sind die Ecken abgeschnitten, beim Wert Round sind sie abgerundet.

Ein Wert für eine der Eigenschaften StrokeStartLineCap oder StrikeEndLineCap stammt aus der Enumeration PenLineCap. Nur für den Standardwert Flat endet die Linie genau am angegebenen Koordinatenpunkt. Der Halbkreis bei Round, das Rechteck bei Square und das Dreieck bei Triangle enden erst eine halbe Liniendicke später.

9.2 Geometrien

Geometrien sind keine eigenständigen Grafiken, sondern stellen die grafische Form eines umgebenden Elements dar. Sie können zum Beispiel die Form eines Bildausschnitts oder den Pfad einer Animation mithilfe einer Geometrie bilden. Geometrien haben nur wenige Eigenschaften. Zum Beispiel gibt es keine Informationen darüber, wie die Füllung oder der Umriss aussehen. Diese hängen vom umgebenden Element ab. Außerdem können Sie keine Ereignisse für Geometrien registrieren.

Alle Klassen für Geometrien sind von der abstrakten Basisklasse Geometry abgeleitet. Es gibt folgende Geometrien:

- einfache geometrische Formen: RectangleGeometry, EllipseGeometry und LineGeometry
- kombinierte Geometrien, die die Füllung und den Umriss gemeinsam haben: CombinedGeometry

- zusammengesetzte Geometrien, die die Füllung und den Umriss getrennt haben: GeometryGroup
- Pfadgeometrien für komplexe Formen, die zum Beispiel aus Linien und Bögen bestehen können: PathGeometry
- Geometrien für einfache Formen, als Alternative zu PathGeometry: StreamGeometry

9.2.1 Einfache geometrische Formen

Klassen für einfache geometrische Formen sind RectangleGeometry, EllipseGeometry und LineGeometry. Das nachfolgende Projekt *GeometrieEinfach* beinhaltet Instanzen dieser Klassen, die mithilfe von XAML beziehungsweise von Programmiercode erstellt und verändert werden (siehe Abbildung 9.5).

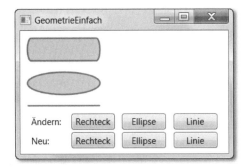

Abbildung 9.5 Einfache geometrische Formen

Der XAML-Code:

```
<Canvas x:Name="cv">
  <Path x:Name="prg" Fill="LightGray" Stroke="Gray"
      StrokeThickness="2">
    <Path.Data>
      <RectangleGeometry x:Name="rg" Rect="10,10 100,30"
          RadiusX="10" RadiusY="10" />
    </Path.Data>
  </Path>
  <Path Fill="LightGray" Stroke="Gray" StrokeThickness="2">
    <Path.Data>
      <EllipseGeometry x:Name="eg" Center="60,70" RadiusX="50"
          RadiusY="15" />
    </Path.Data>
  </Path>
  <Path Stroke="Gray" StrokeThickness="2">
    <Path.Data>
```

```
          <LineGeometry x:Name="lg" StartPoint="10,100"
             EndPoint="110,100" />
        </Path.Data>
      </Path>
      ...
</Canvas>
```

Das umgebende Element in diesem Beispiel ist jeweils ein Path. Die Klasse Path ist von der abstrakten Klasse Shape abgeleitet. Die geometrische Form eines Path wird über den Inhalt der Eigenschaft Data bestimmt. Diese ist vom Typ Geometry. Ein Path kann eine Füllung und einen Umriss haben, die mithilfe der bereits bekannten Eigenschaften Fill, Stroke und StrokeThickness definiert werden.

Bei einer RectangleGeometry werden Lage und Größe über die Eigenschaft Rect festgelegt. Diese ist vom Typ Rect. Einer der möglichen Konstruktoren der Struktur Rect verlangt zur Festlegung double-Werte für die X- und Y-Koordinaten der oberen linken Ecke sowie für die Breite und Höhe des Rechtecks. Die Koordinaten beziehen sich auf den übergeordneten Canvas. Die double-Eigenschaften RadiusX und RadiusY bestimmen die Größe der Ellipse, die zur Abrundung der Ecken dient. Der Standardwert 0 bedeutet: keine Abrundung.

Die Eigenschaft Center für das Zentrum einer EllipseGeometry ist vom Typ Point. Einer der möglichen Konstruktoren der Struktur Point verlangt zur Festlegung double-Werte für die X- und Y-Koordinaten innerhalb des Canvas. Die double-Eigenschaften RadiusX und RadiusY bestimmen die Größe der Ellipse.

Bei einer LineGeometry dienen die Eigenschaften StartPoint und EndPoint zur Ortsbestimmung. Sie sind ebenfalls vom Typ Point.

Es folgen die Ereignismethoden, zunächst für die RectangleGeometry:

```
private void aendern_r(...)
{
  prg.StrokeThickness = 3;
  RectangleGeometry rg = prg.Data as RectangleGeometry;
  rg.Rect = new Rect(rg.Rect.Left, rg.Rect.Top,
     rg.Rect.Width + 10, rg.Rect.Height);
}
private void neu_r(...)
{
  Path p = new Path();
  p.Fill = new SolidColorBrush(Colors.LightGray);
  p.Data = new RectangleGeometry(
     new Rect(180, 10, 100, 30), 10, 10);
  cv.Children.Add(p);
}
```

Die Eigenschaften des umgebenden Path-Elements, wie zum Beispiel Fill, Stroke oder StrokeThickness können direkt festgelegt werden. Darüber hinaus kann die vorhandene Geometrie mithilfe eines Verweises vom Typ RectangleGeometry geändert werden. Eine neue Geometrie wird mithilfe einer neuen Instanz von RectangleGeometry erstellt. Das neue Path-Element wird dem Canvas hinzugefügt.

Die Methoden für die EllipseGeometry sehen so aus:

```
private void aendern_e(...)
{
  peg.Fill = new SolidColorBrush(Colors.Gray);
  EllipseGeometry eg = peg.Data as EllipseGeometry;
  eg.Center = new Point(eg.Center.X + 10, eg.Center.Y);
}
private void neu_e(...)
{
  Path p = new Path();
  p.Fill = new SolidColorBrush(Colors.LightGray);
  p.Data = new EllipseGeometry(new Point(230, 70), 50, 15);
  cv.Children.Add(p);
}
```

Die Methoden für die LineGeometry sehen so aus:

```
private void aendern_l(...)
{
  plg.Stroke = new SolidColorBrush(Colors.LightGray);
  LineGeometry lg = plg.Data as LineGeometry;
  lg.EndPoint = new Point(lg.EndPoint.X + 10, lg.EndPoint.Y);
}
private void neu_l(...)
{
  Path p = new Path();
  p.Stroke = new SolidColorBrush(Colors.Gray);
  p.StrokeThickness = 2;
  p.Data = new LineGeometry(new Point(180, 100),
    new Point(280, 100));
  cv.Children.Add(p);
}
```

9.2.2 Kombinierte Geometrien

Zwei einzelne Grundgeometrien lassen sich mithilfe einer CombinedGeometry verbinden. Diese kombinierte Geometrie wird wie eine einzige Geometrie betrachtet, mit einer gemeinsamen Füllung und einem gemeinsamen Umriss. Die Eigenschaft GeometryCombineMode bestimmt dabei über die Art der Verbindung.

Die beiden einzelnen Grundgeometrien können einfache Geometrien sein, wie zum Beispiel eine RectangleGeometry. Sie können aber auch wiederum aus einer CombinedGeometry bestehen. So lassen sich beliebig viele Geometrien kombinieren.

Das nachfolgende Projekt *GeometrieKombiniert* beinhaltet eine Ellipse, die mit einem Rechteck kombiniert wurde. Sie können den Wert der Eigenschaft GeometryCombineMode mithilfe von RadioButtons einstellen (siehe Abbildung 9.6).

Abbildung 9.6 Ellipse und Rechteck kombiniert

Der XAML-Code:

```
<Canvas>
  <Path Fill="LightGray" Stroke="Gray" StrokeThickness="2">
    <Path.Data>
      <CombinedGeometry GeometryCombineMode="Exclude"
          x:Name="cg">
        <CombinedGeometry.Geometry1>
          <EllipseGeometry Center="190,40"
            RadiusX="30" RadiusY="30" />
        </CombinedGeometry.Geometry1>
        <CombinedGeometry.Geometry2>
          <RectangleGeometry Rect="200,25 50,30" />
        </CombinedGeometry.Geometry2>
      </CombinedGeometry>
    </Path.Data>
  </Path>
  <GroupBox Header="GeometryCombineMode">
    <StackPanel RadioButton.Checked="cm"> ... </StackPanel>
  </GroupBox>
</Canvas>
```

Der Wert der Eigenschaft Data des Path-Elements ist eine CombinedGeometry. Diese hat die beiden Eigenschaften Geometry1 und Geometry2 für die beiden beteiligten Grundgeometrien; sie werden in *Property Elements* definiert. Die vier mögliche Werte für die Eigenschaft `GeometryCombineMode` der `CombinedGeometry` aus der gleichnamigen Enumeration sind folgende:

- Bei `Exclude` wird die Differenzmenge gebildet. Die Fläche umfasst nur den Teil der Ellipse, der nicht im Rechteck liegt.
- Der Wert `Intersect` bezeichnet die Schnittmenge. Die Fläche umfasst nur den Teil der Ellipse, der auch im Rechteck liegt.
- Der Standardwert ist `Union`. In diesem Fall umfasst die kombinierte Geometrie die Vereinigungsmenge beider Grundgeometrien.
- Es gibt noch den Wert `Xor` (Exklusives Oder), das auch als symmetrische Differenz bezeichnet wird. Dies ist der Teil, der entweder im Rechteck oder in der Ellipse liegt.

Die Methode zum Umstellen des `GeometryCombineMode`, die über das *Attached Event* im StackPanel aufgerufen wird, sieht so aus:

```
private void cm(...)
{
  if (!IsLoaded) return;
  switch ((e.Source as RadioButton).Content.ToString())
  {
    case "Exclude":
      cg.GeometryCombineMode = GeometryCombineMode.Exclude;
      break;
    case "Intersect":
      cg.GeometryCombineMode = GeometryCombineMode.Intersect;
      break;
    case "Union":
      cg.GeometryCombineMode = GeometryCombineMode.Union;
      break;
    case "Xor":
      cg.GeometryCombineMode = GeometryCombineMode.Xor;
      break;
  }
}
```

Der Text des RadioButtons, der als Ereignisquelle dient, bestimmt über den Wert der Eigenschaft `GeometryCombineMode`.

9.2.3 Pfadgeometrien für komplexe Formen

Eine Pfadgeometrie für komplexe Formen wird mithilfe der Klasse `PathGeometry` aufgebaut. Eine solche Geometrie besteht aus einer einzelnen Figur (Typ `PathFigure`) oder aus einer Auflistung von Figuren (Typ `PathFigureCollection`).

9 | 2D-Grafik

Eine Figur wiederum besteht aus einem einzelnen Segment oder aus einer Auflistung von Segmenten (Typ PathSegmentCollection). Es gibt verschiedene Arten von Segmenten:

- einfache Segmente wie Linie (Typ LineSegment), Bogen (Typ ArcSegment) und Gruppen von Linien (Typ PolyLineSegment)
- quadratische oder kubische Bézier-Kurven der Typen QuadraticBezierSegment und BezierSegment
- Gruppen von quadratischen oder kubischen Bézier-Kurven der Typen PolyQuadraticBezierSegment und PolyBezierSegment

Bézier-Kurven werden im CAD-Bereich verwendet. Sie lassen sich mithilfe weniger Parameter aus (relativ) einfachen mathematischen Formeln erstellen.

Nachfolgend wird im Projekt *GeometriePfad* ein Beispiel für eine Pfadgeometrie dargestellt (siehe Abbildung 9.7). Sie besteht aus zwei Figuren mit jeweils zwei Segmenten.

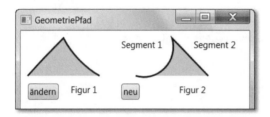

Abbildung 9.7 Pfadgeometrie

Der XAML-Code:

```
<Canvas x:Name="cv">
  <Path x:Name="pt" Fill="LightGray"
        Stroke="Black" StrokeThickness="2">
    <Path.Data>
      <PathGeometry>
        <PathFigureCollection>
          <PathFigure IsFilled="True" StartPoint="10,60">
            <PathSegmentCollection>
              <LineSegment Point="60,10" />
              <ArcSegment Point="110,60" Size="120,120" />
            </PathSegmentCollection>
          </PathFigure>
          <PathFigure IsFilled="True" StartPoint="160,60">
            <PathSegmentCollection>
              <ArcSegment Point="210,10" Size="40,40" />
              <LineSegment Point="260,60" />
```

```
            </PathSegmentCollection>
          </PathFigure>
        </PathFigureCollection>
      </PathGeometry>
    </Path.Data>
  </Path>
  ...
</Canvas>
```

Füllung und Umriss sind weiterhin Eigenschaften des umgebenden Elements Path. Die Eigenschaft Data beinhaltet eine Instanz der Klasse PathGeometry, diese wiederum enthält in der Eigenschaft Figures (vom Typ PathFigureCollection) die Auflistung der Figuren.

Die Umrisslinie einer Figur startet bei den Koordinaten, die durch die Eigenschaft StartPoint vom Typ Point gegeben werden. Sie durchläuft die einzelnen Segmente in der Auflistung Segments (vom Typ PathSegmentCollection). Sie wird geschlossen, falls die boolesche Eigenschaft IsClosed den Wert True hat. Die im umgebenden Element definierte Füllung wird dargestellt, falls die boolesche Eigenschaft IsFilled den Wert True hat. Dies ist der Standard.

Die Segmente sind im vorliegenden Fall vom Typ LineSegment und ArcSegment. Diese haben gemeinsame Eigenschaften: Die Umrisslinie läuft in jedem Segment zu den Koordinaten, die durch die Eigenschaft Point vom Typ Point gegeben werden. Der im umgebenden Element definierte Umriss wird dargestellt, falls die boolesche Eigenschaft IsStroked den Wert True hat. Dies ist der Standard. Size vom Typ Size ist dagegen eine Eigenschaft eines ArcSegment. Damit wird die Größe der Ellipse bestimmt, die den Bogenradius festlegt: Je größer der Radius ist, desto flacher ist die Kurve (siehe Abbildung 9.7).

Die Methode zum Ändern einer Pfadgeometrie:

```
private void aendern(...)
{
  PathGeometry pg = pt.Data as PathGeometry;
  ArcSegment asg = pg.Figures[1].Segments[0] as ArcSegment;
  asg.Size = new Size(asg.Size.Width + 5, asg.Size.Height + 5);
}
```

Es wird der Bogenradius des ersten Segments der zweiten Figur vergrößert.

Die Methode zum Erstellen einer neuen Pfadgeometrie sieht so aus:

```
private void neu(...)
{
  PathSegmentCollection psc1 = new PathSegmentCollection();
```

9 | 2D-Grafik

```
psc1.Add(new LineSegment(new Point(60, 110), true));
psc1.Add(new ArcSegment(new Point(110, 160), new Size(120,
   120), 0, false, SweepDirection.Counterclockwise, true));

PathSegmentCollection psc2 = new PathSegmentCollection();
psc2.Add(new ArcSegment(new Point(210, 110), new Size(40,40),
   0, false, SweepDirection.Counterclockwise, true));
psc2.Add(new LineSegment(new Point(260, 160), true));

PathFigureCollection pfc = new PathFigureCollection();
pfc.Add(new PathFigure(new Point(10, 160), psc1, false));
pfc.Add(new PathFigure(new Point(160, 160), psc2, false));

PathGeometry pg = new PathGeometry(pfc);

Path p = new Path();
p.Data = pg;
p.Fill = new SolidColorBrush(Colors.LightGray);
p.Stroke = new SolidColorBrush(Colors.Black);
p.StrokeThickness = 2;

cv.Children.Add(p);
}
```

Die Pfadgeometrie wird von innen nach außen entworfen. Zunächst werden Instanzen von `PathSegmentCollection` erzeugt. Diese werden mithilfe der Methode `Add()` mit Segmenten gefüllt.

Ein `LineSegment` benötigt den Zielpunkt und einen Wert für `IsStroked`. Ein `ArcSegment` benötigt den Zielpunkt, die Größe der Ellipse für den Bogenradius, die `double`-Eigenschaft `RotationAngle`, die boolesche Eigenschaft `IsLargeArc`, die Eigenschaft `SweepDirection` vom gleichnamigen Typ und einen Wert für `IsStroked`.

Der `RotationAngle` bestimmt den Wert in Grad, um den die Ellipse für den Bogenradius um die x-Achse gedreht wird. Da die Ellipse in unserem Fall ein Kreis ist (Höhe = Breite), hat eine Änderung des Wertes keine Auswirkung. Mit `IsLargeArc` legt man fest, ob der Bogen größer als 180 Grad werden soll. Die `SweepDirection` gibt die Drehrichtung des Bogens an: gegen den Uhrzeigersinn (dies ist Standard) oder mit dem Uhrzeigersinn.

Es wird eine neue Instanz vom Typ `PathFigureCollection` erzeugt. Dieser werden neue Instanzen der Klasse `PathFigure` hinzugefügt. Der Konstruktor der Klasse `PathFigure` benötigt den Startpunkt der Figur vom Typ `Point`, die zuvor definierte `PathSegmentCollection` und eine boolesche Variable für die Eigenschaft `IsClosed`.

Mit der `PathFigureCollection` wird wiederum eine neue Instanz des Typs `PathGeometry` erzeugt. Diese wird der Eigenschaft `Data` der neuen `Path`-Instanz zugewiesen. Als Letztes wird der `Path` dem Canvas hinzugefügt.

Sie sehen: Bereits die einfachen Segmenttypen bieten zahlreiche Parameter. Eine Darstellung und Erläuterung der komplexen Typen würde den Rahmen dieses Buchs überschreiten.

9.2.4 Pfadgeometrie in Pfadmarkupsyntax

Bisher wurde eine Pfadgeometrie Element für Element erzeugt. Es gibt eine kompaktere Schreibweise: die Pfadmarkupsyntax. Im nachfolgenden Projekt *GeometriePfadMarkup* wird dargestellt, wie Sie die Pfadgeometrie mit den beiden Figuren aus dem vorherigen Abschnitt (siehe Abbildung 9.7) alternativ definieren können:

```
<Canvas>
  <Path Fill="LightGray" Stroke="Black"
    Data="M10,60 150,-50 a120,120 0 0 0 50,50
          m50,0 a40,40 0 0 0 50,-50 150,50" />
</Canvas>
```

Es wird eine Zeichenkette für die Eigenschaft `Data` zusammengesetzt. Mit großen Buchstaben wird ein Punkt mit absoluten Koordinaten angesteuert. Kleine Buchstaben bedeutet: es handelt sich nur um einen Offset zum vorherigen Punkt. In diesem Falle ist es für Sie einfacher, eine Pfadgeometrie zu versetzen, da Sie nur den Startpunkt ändern müssen. Die Buchstaben haben folgende Bedeutung:

- `M` (oder `m`) Punkt: Bewege den Zeichenstift zu dem Punkt, ohne eine Linie zu ziehen.
- `L` (oder `l`) Punkt: Ziehe mit dem Zeichenstift eine gerade Linie zu dem Punkt (`LineSegment`).
- `H` (oder `h`) X: Ziehe eine horizontale Linie zur x-Koordinate.
- `V` (oder `v`) Y: Ziehe einen vertikale Linie zur y-Koordinate.
- `A` (oder `a`) [mit sechs Parametern]: Ziehe einen Bogen. Die Parameter sind die gleichen wie für den Konstruktor der Klasse `ArcSegment`, der im vorherigen Abschnitt erläutert wurde. Ausnahme: Der Endpunkt ist jetzt der letzte Parameter.
- `Z`: Schließe die Figur mit einer geraden Linie; entspricht `PathFigure.IsClosed = True`.

Es gibt weitere Buchstaben, zum Beispiel für die Bézier-Kurven.

9.2.5 Geometriegruppe

Mehrere einzelne Pfadgeometrien lassen sich mithilfe einer `GeometryGroup` gruppieren. Die einzelnen Pfadgeometrien haben dieselben Eigenschaften für Füllung und Umriss. Allerdings wird der Umriss für jede Pfadgeometrie einzeln gezeichnet. Für den überlappenden Teil der Füllung gibt es eine Füllregel. Die Eigenschaft `FillRule` bietet dazu eine Einstellmöglichkeit.

Nachfolgend sehen Sie im Projekt *GeometrieGruppe* ein Beispiel mit einer Gruppe, die drei Pfadgeometrien mit jeweils einer Figur beinhaltet. Innerhalb jeder Figur steht ein `PolyLineSegment`. Sie können den Wert der Eigenschaft `FillRule` mithilfe von RadioButtons einstellen (siehe Abbildung 9.8).

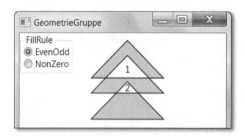

Abbildung 9.8 Gruppe von Pfadgeometrien, »FillRule="EvenOdd"«

Der XAML-Code:

```
<Canvas>
  <Path Fill="LightGray" Stroke="Black">
    <Path.Data>
      <GeometryGroup x:Name="gg" FillRule="EvenOdd">
        <PathGeometry>
          <PathFigure StartPoint="100,60" IsClosed="True">
            <PolyLineSegment Points="150,10 200,60" />
          </PathFigure>
        </PathGeometry>
        <PathGeometry>
          <PathFigure StartPoint="100,80" IsClosed="True">
            <PolyLineSegment Points="150,30 200,80" />
          </PathFigure>
        </PathGeometry>
        <PathGeometry>
          <PathFigure StartPoint="100,115" IsClosed="True">
            <PolyLineSegment Points="200,115 150,65" />
          </PathFigure>
        </PathGeometry>
      </GeometryGroup>
```

```
    </Path.Data>
  </Path>
  ...
</Canvas>
```

Zum Verständnis der Füllregel (Eigenschaft `FillRule`): Innerhalb der Geometriegruppe gibt es verschiedene eingeschlossene Flächen. Falls Sie eine gerade Linie von einem Punkt innerhalb einer dieser Flächen bis zu einem Punkt außerhalb der Geometriegruppe ziehen, so überschreiten Sie jeweils mehrere Umrisslinien.

Für den Wert `EvenOdd` (dt. *gerade, ungerade*) gilt folgende Regel: Falls Sie auf der Linie eine gerade Anzahl an Umrisslinien überschreiten, so wird die eingeschlossene Fläche nicht gefüllt (siehe die weißen Dreiecke 1 und 2 in Abbildung 9.8). Ansonsten wird sie gefüllt (siehe die grauen Flächen in Abbildung 9.8).

Für den Wert `NonZero` (etwa: »nicht bei 0«) müssen Sie zusätzlich die Verlaufsrichtung der jeweiligen Umrisslinien betrachten, und zwar ausgehend vom Startpunkt. Diese ist für die oberen beiden Instanzen des Typs `PolyLineSegment` im Uhrzeigersinn, für die dritte Instanz gegen den Uhrzeigersinn. Sie prüfen nun, ob die überschrittene Linie von links nach rechts oder von rechts nach links verläuft. Im ersten Falle addieren Sie den Wert 1, im zweiten Falle subtrahieren Sie den Wert 1. Falls die Summe der Werte anschließend 0 beträgt, wird die Fläche nicht gefüllt (siehe das weiße Dreieck 2 in Abbildung 9.9). Ansonsten wird sie gefüllt (siehe das graue Dreieck 1 und die restlichen grauen Flächen in Abbildung 9.9).

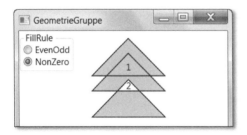

Abbildung 9.9 Gruppe von Pfadgeometrien, FillRule="NonZero"

9.3   Drawings

Bilder, also `Image`-Objekte, können vorgefertigt aus einer Datei geladen oder mithilfe von `Drawing`-Objekten (Zeichnungen) selbst erstellt werden. Es gibt verschiedene `Drawing`-Typen, die alle von der abstrakten Basisklasse `Drawing` abgeleitet sind:

- `GeometryDrawing`: zum Zeichnen einer Geometrie
- `GlyphRunDrawing`: zum Gestalten mithilfe von Zeichen einer Schriftart
- `ImageDrawing`: zum Laden einer Bilddatei
- `VideoDrawing`: zum Laden einer Videodatei
- `DrawingGroup`: zum Gruppieren mehrerer `Drawing`-Objekte

Im nachfolgenden Projekt *DrawingBild* wird ein Bild dargestellt, das mithilfe einer `GeometryDrawing` aufgebaut wurde. Nach dem Betätigen der Taste N wird ein weiteres Bild erzeugt. Nach dem Betätigen der Taste A wird das Größenverhältnis im vorhandenen Bild geändert (siehe Abbildung 9.10).

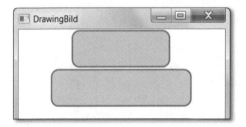

Abbildung 9.10 Bild aus GeometryDrawing

Der XAML-Code:

```
<Window ... KeyDown="Window_KeyDown">
  <StackPanel x:Name="sp">
    <Image Width="200" Height="50" Margin="1">
      <Image.Source>
        <DrawingImage>
          <DrawingImage.Drawing>
            <GeometryDrawing Brush="LightGray">
              <GeometryDrawing.Pen>
                <Pen Thickness="2" Brush="Gray" />
              </GeometryDrawing.Pen>
              <GeometryDrawing.Geometry>
                <RectangleGeometry Rect="0,0 200,50"
                  RadiusX="10" RadiusY="10" />
              </GeometryDrawing.Geometry>
            </GeometryDrawing>
          </DrawingImage.Drawing>
        </DrawingImage>
      </Image.Source>
    </Image>
  </StackPanel>
</Window>
```

Das `Image`-Objekt hat eine Größe von 200 mal 50, in geräteunabhängigen Pixeln. Die Eigenschaft `Source` wird nicht mit Pfad und Name einer Bilddatei gefüllt, sondern mit einem `DrawingImage`-Objekt. Die Eigenschaft `Drawing` dieses Objekts ist eine `GeometryDrawing`, also eine Zeichnung.

Dieses `Drawing`-Objekt hat die Eigenschaften `Brush` (Füllung), `Pen` (Randlinie) und `Geometry` (Form). Die Form wird durch ein `RectangleGeometry`-Objekt erzeugt. In der Eigenschaft `Rect` wird unter anderem das Verhältnis zwischen Breite und Höhe des Rechtecks innerhalb des Bildes festgelegt. Da es in diesem Falle dem Verhältnis zwischen Breite und Höhe des umgebenden `Image`-Objekts entspricht, wird dieses ganz ausgefüllt.

Die Ereignismethode:

```
private void Window_KeyDown(object sender, KeyEventArgs e)
{
  if (e.Key == Key.N)
  {
    GeometryDrawing gd = new GeometryDrawing(
      new SolidColorBrush(Colors.LightGray),
      new Pen(new SolidColorBrush(Colors.Gray), 2),
      new RectangleGeometry(new Rect(0, 0, 200, 50), 10, 10));
    Image im = new Image();
    im.Source = new DrawingImage(gd);
    im.Width = 200;
    im.Height = 50;
    im.Margin = new Thickness(1);
    sp.Children.Add(im);
  }
  else if (e.Key == Key.A)
  {
    Image im = sp.Children[0] as Image;
    DrawingImage di = im.Source as DrawingImage;
    GeometryDrawing gd = di.Drawing as GeometryDrawing;
    RectangleGeometry rg = gd.Geometry as RectangleGeometry;
    double wi = rg.Rect.Width - 20;
    if(wi > 0)
      rg.Rect = new Rect(0, 0, wi, 50);
  }
```

Eine neue `GeometryDrawing` fügen Sie hier wie folgt hinzu: Erzeugen Sie ein neues `GeometryDrawing`-Objekt mit Werten für die Eigenschaften `Brush`, `Pen` und `Geometry`. Dieses Objekt nutzen Sie als die Eigenschaft `Drawing` bei der Erzeugung eines neuen `DrawingImage`-Objekts. Dieses Objekt stellt den Wert der Eigenschaft `Source` eines neuen `Image`-Objekts dar, das dem `StackPanel` hinzugefügt wird.

Eine vorhandene GeometryDrawing ändern Sie hier folgendermaßen: Über Stack-Panel, Image, DrawingImage gelangen Sie zum vorhandenen GeometryDrawing-Objekt. Die Eigenschaft Geometry dieses Objekts ist eine RectangleGeometry. Deren Eigenschaft Rect müssen Sie nun ändern.

9.4 Pinsel

Pinsel dienen zum Einfärben beziehungsweise Füllen einer Fläche oder einer Linie. Alle Pinsel erben von der abstrakten Basisklasse Brush. Ein SolidColor-Brush färbt einheitlich ein, und ein LinearGradientBrush oder ein Radial-GradientBrush erzeugt einen Farbverlauf. Ein ImageBrush füllt eine Fläche mit einem Bild. Die Transparenz eines Pinsels wird auch in Abschnitt 9.6.2, »Maskierung mit OpacityMask«, behandelt.

9.4.1 SolidColorBrush

Ein Pinsel der Klasse SolidColorBrush färbt die Fläche oder Linie in einer einheitlichen Farbe. Im nachfolgenden Projekt *BrushSolid* werden die Werte für die Eigenschaften Fill und Stroke mit einem solchen Pinsel bestimmt (siehe Abbildung 9.11). Sie haben die Möglichkeit, den Alphakanal und die RGB-Komponenten der Füllung mithilfe von Slidern zu verändern. Der Alphakanal steht für die Undurchsichtigkeit. Je höher der Wert ist, desto undurchsichtiger ist die Fläche oder Linie. RGB steht für die drei Farbkomponenten Rot, Grün und Blau. Je höher der Wert ist, desto höher ist der Anteil dieser Komponente an der gesamten Farbe.

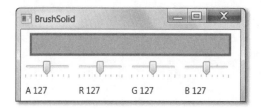

Abbildung 9.11 Einheitliche Füllung mit SolidColorBrush

Der XAML-Code:

```
<Window ... Loaded="Window_Loaded">
  <StackPanel>
    <Rectangle x:Name="rc" Width="280" Height="30" Margin="5"
        Stroke="Gray" StrokeThickness="3">
      <Rectangle.Fill>
        <SolidColorBrush x:Name="scb" />
```

```
        </Rectangle.Fill>
    </Rectangle>
    <WrapPanel>
        <Slider x:Name="sla" Width="70" Minimum="0" Maximum="255"
            Value="127" TickFrequency="32" Margin="2"
            TickPlacement="BottomRight" ValueChanged="sl" />
        ...
</Window>
```

Die Werte für den Alphakanal und die RGB-Komponenten sind vom Typ `Byte`. Der Alphawert 0 bedeutet: volle Transparenz der Farbe, und der Alphawert 255 bedeutet: keine Transparenz. Die Ereignismethoden sehen so aus:

```
private void Window_Loaded(...)
{ scb.Color = Color.FromArgb(127, 127, 127, 127); }
private void sl(object sender,
    RoutedPropertyChangedEventArgs<double> e)
{
    if(IsLoaded)
        scb.Color = Color.FromArgb((byte)sla.Value,
            (byte)slr.Value, (byte)slg.Value, (byte)slb.Value);
}
```

Der Eigenschaft `Color` eines Pinsels vom Typ `SolidColorBrush` kann eine Farbe mithilfe der Struktur `Color` zugeordnet werden. Die statische Methode `FromArgb()` verlangt vier Byte-Werte, die jeweils von 0 bis 255 reichen.

9.4.2 LinearGradientBrush

Ein `LinearGradientBrush` erzeugt einen linearen Farbverlauf von einer Startfarbe zu einer Endfarbe. Alle Punkte auf der Fläche, die eingefärbt werden sollen, werden mit relativen Koordinaten vom Typ `Point` bezeichnet. Die Werte gehen sowohl horizontal als auch vertikal von 0 bis 1 (siehe Abbildung 9.12).

Im nachfolgenden Projekt *BrushLinear* wird zunächst ein horizontaler Farbverlauf von 0,0 nach 1,0 dargestellt. Sie können die Endpunkte verändern, dann ergibt sich ein vertikaler Farbverlauf (nach 0,1) oder ein diagonaler Farbverlauf (nach 1,1).

Der XAML-Code:

```
<Canvas>
    <Rectangle Width="100" Height="100"
        Canvas.Top="20" Canvas.Left="20">
        <Rectangle.Fill>
            <LinearGradientBrush x:Name="lgb"
                StartPoint="0,0" EndPoint="1,0">
```

```
            <GradientStop Offset="0.0" Color="Black" />
            <GradientStop Offset="1.0" Color="White" />
      </LinearGradientBrush>
    </Rectangle.Fill>
  </Rectangle>
  ...
  <RadioButton Checked="rechts_oben"
    IsChecked="True">1,0</RadioButton>
  <RadioButton Checked="links_unten">0,1</RadioButton>
  <RadioButton Checked="rechts_unten">1,1</RadioButton>
  ...
</Canvas>
```

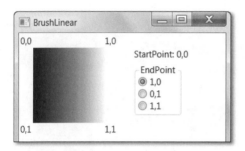

Abbildung 9.12 Linearer Farbverlauf mit LinearGradientBrush

Die Eigenschaften StartPoint und EndPoint bestimmen den Anfangspunkt und den Endpunkt einer Linie, auf der der Farbverlauf stattfindet. Mithilfe der Klasse GradientStop werden Übergangspunkte auf dieser Linie festgelegt. Jeder Übergangspunkt hat die Eigenschaft Offset vom Typ double und die Eigenschaft Color vom Typ Color. Offset legt die relative Position auf der Linie fest. Zwischen den Übergangspunkten wird linear interpoliert.

Die Ereignismethoden für die RadioButtons sehen wie folgt aus:

```
private void rechts_oben(...) {lgb.EndPoint = new Point(1, 0);}
private void links_unten(...) {lgb.EndPoint = new Point(0, 1);}
private void rechts_unten(...) {lgb.EndPoint = new Point(1, 1);}
```

Die Eigenschaft EndPoint vom Typ Point bekommt jeweils einen neuen Wert. Im nachfolgenden Projekt *BrushGradient* folgt ein weiteres Beispiel mit einem einstellbaren Übergangspunkt (siehe Abbildung 9.13).

Der XAML-Code:

```
<StackPanel>
  <Rectangle Width="200" Height="30" Margin="5">
    <Rectangle.Fill>
```

```
        <LinearGradientBrush x:Name="lgb"
            StartPoint="0,0" EndPoint="1,0">
          <GradientStop Offset="0.0" Color="Black" />
          <GradientStop Offset="0.5" Color="White" />
          <GradientStop Offset="1.0" Color="Black" />
        </LinearGradientBrush>
      </Rectangle.Fill>
    </Rectangle>
    <Slider x:Name="sl" Width="200" Minimum="0" Maximum="1"
       Value="0.5" TickFrequency="0.1" TickPlacement="BottomRight"
       Margin="5" ValueChanged="vc" />
    <Label x:Name="lb" HorizontalAlignment="Center">0.5</Label>
</StackPanel>
```

Abbildung 9.13 Einstellbarer Übergangspunkt

Die Farbe verläuft von Schwarz zu Weiß und anschließend wieder zu Schwarz. Zu Beginn liegt Weiß in der Mitte. Die Ereignismethode sieht so aus:

```
private void vc(object sender,
    RoutedPropertyChangedEventArgs<double> e)
{
  lgb.GradientStops[1].Offset = sl.Value;
  if(IsLoaded)
    lb.Content = Math.Round(sl.Value,2);
}
```

Auf die Übergangspunkte kann mithilfe der Auflistungseigenschaft GradientStops vom Typ GradientStopCollection zugegriffen werden. Die relative Position des zweiten Übergangspunkts (für die Farbe Weiß) wird über den Slider festgelegt.

9.4.3 RadialGradientBrush

Mithilfe eines RadialGradientBrush erzeugen Sie einen radialen Farbverlauf. Die Linie für den Farbverlauf geht von innen nach außen von einer Startfarbe zu einer Endfarbe. Auf der Linie gelten die gleichen Regeln für die Übergangspunkte wie beim linearen Farbverlauf.

Die Eigenschaft GradientOrigin bestimmt die Strahlquelle, während die Eigenschaft Center die Strahlrichtung festlegt. Beide sind vom Typ Point und haben den Standardwert 0.5, 0.5, also den Mittelpunkt der Fläche.

Im nachfolgenden Projekt *BrushRadial* wurden die Strahlquelle nach rechts und die Strahlrichtung nach links verschoben (siehe Abbildung 9.14). Beide Werte sind über Slider einstellbar.

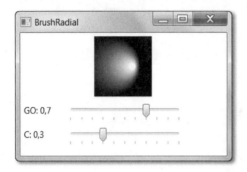

Abbildung 9.14 Radialer Farbverlauf mit RadialGradientBrush

Der XAML-Code:

```
<StackPanel>
  <Rectangle Width="80" Height="80" Margin="5">
    <Rectangle.Fill>
      <RadialGradientBrush x:Name="radgb"
          GradientOrigin="0.7, 0.5" Center="0.3, 0.5">
        <GradientStop Offset="0.1" Color="White" />
        <GradientStop Offset="1.0" Color="Black" />
      </RadialGradientBrush>
    </Rectangle.Fill>
  </Rectangle>

  <WrapPanel>
    <Label x:Name="lb1" Width="60">GO: 0,7</Label>
    <Slider x:Name="sl1" Width="160" Minimum="0" Maximum="1"
      Value="0.7" TickFrequency="0.1" TickPlacement="BottomRight"
      Margin="5" ValueChanged="sl1_ValueChanged" />
  </WrapPanel>
  <WrapPanel>
    <Label x:Name="lb2" Width="60">C: 0,3</Label>
    <Slider x:Name="sl2" Width="160" Minimum="0" Maximum="1"
      Value="0.3" TickFrequency="0.1" TickPlacement="BottomRight"
```

```
      Margin="5" ValueChanged="sl2_ValueChanged" />
  </WrapPanel>
</StackPanel>
```

Die Farbe verläuft von Weiß nach Schwarz. Allerdings hat der erste Übergangspunkt den Wert 0.1, sodass innen ein weißer Kreis erscheint. Die Strahlquelle (Eigenschaft `GradientOrigin`) liegt bei 0.7, 0.5, also nach rechts verschoben. Die Strahlrichtung (Eigenschaft `Center`) liegt bei 0.3, 0.5, also nach links verschoben. Dieser Punkt bezeichnet die Mitte des äußeren Kreises, daher der Eigenschaftsname `Center`.

Es folgen die Ereignismethoden:

```
private void sl1_ValueChanged(object sender,
    RoutedPropertyChangedEventArgs<double> e)
{
  radgb.GradientOrigin = new Point(sl1.Value, 0.5);
  lb1.Content = "GO: " + Math.Round(sl1.Value, 2);
}

private void sl2_ValueChanged(object sender,
    RoutedPropertyChangedEventArgs<double> e)
{
  radgb.Center = new Point(sl2.Value, 0.5);
  lb2.Content = "C: " + Math.Round(sl2.Value, 2);
}
```

In beiden Fällen bestimmt der Wert des Sliders die x-Koordinate des neuen Punkts. Die y-Koordinate bleibt bei 0.5, also vertikal in der Mitte.

9.4.4 ImageBrush

Ein `ImageBrush` füllt eine Fläche mit einer oder mehreren Kacheln (engl. *Tile*). Auf jeder Kachel ist ein Bild. Die Eigenschaft `ImageSource` vom Typ `ImageSource` verweist auf die Bildquelle (siehe auch Abschnitt 4.9.1, »Image«). Ort und Größe einer Kachel innerhalb der Fläche werden mithilfe der Eigenschaft `Viewport` angegeben. Die Eigenschaft `Viewbox` dient zur Auswahl des dargestellten Ausschnitts einer Kachel. Die beiden letztgenannten Eigenschaften sind vom Typ `Rect` (siehe auch Abschnitt 9.2.1, »Einfache geometrische Formen«).

Die Eigenschaft `TileMode` bestimmt die Anordnung der Kacheln. Im Projekt *BrushTile* werden die verschiedenen Werte aus der Enumeration `TileMode` innerhalb eines Grids dargestellt (siehe Abbildung 9.15).

9 | 2D-Grafik

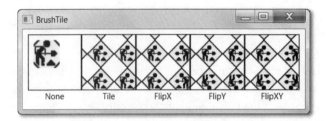

Abbildung 9.15 Kacheln mit ImageBrush, verschiedene TileModes

Der XAML-Code:

```xml
<Grid ... >
...
<Rectangle Stroke="Black">
  <Rectangle.Fill>
    <ImageBrush ImageSource="work.gif" Viewbox="0.2 0.2 0.6 0.6"
      Viewport="0.1 0.1 0.5 0.5" TileMode="None" />
  </Rectangle.Fill>
</Rectangle>
<Rectangle Grid.Column="1" Stroke="Black">
  <Rectangle.Fill>
    <ImageBrush ImageSource="work.gif"
      Viewport="0.1 0.1 0.5 0.5" TileMode="Tile" />
  </Rectangle.Fill>
</Rectangle>
<Rectangle Grid.Column="2" Stroke="Black">
  <Rectangle.Fill>
    <ImageBrush ImageSource="work.gif"
      Viewport="0.1 0.1 0.5 0.5" TileMode="FlipX" />
    </Rectangle.Fill>
  </Rectangle>
  <Rectangle Grid.Column="3" Stroke="Black">
    <Rectangle.Fill>
      <ImageBrush ImageSource="work.gif"
        Viewport="0.1 0.1 0.5 0.5" TileMode="FlipY" />
    </Rectangle.Fill>
  </Rectangle>
  <Rectangle Grid.Column="4" Stroke="Black">
    <Rectangle.Fill>
      <ImageBrush ImageSource="work.gif"
        Viewport="0.1 0.1 0.5 0.5" TileMode="FlipXY" />
    </Rectangle.Fill>
  </Rectangle>
  ...
</Grid>
```

Betrachten wir zunächst die Eigenschaftswerte, die für die Darstellungen in allen Grid-Zellen übereinstimmen: Es wird das Bild aus der Datei *work.gif* als Füllung einer rechteckigen, schwarz umrandeten Fläche verwendet. Der Viewport innerhalb des Rechtecks beginnt an der relativen Position 0.1, 0.1. Die erste Kachel liegt also leicht nach rechts unten gerückt, ausgehend von der linken oberen Ecke. Der Viewport hat die relative Größe 0.5, 0.5, nimmt also die Hälfte der Breite des Rechtecks und die Hälfte der Höhe des Rechtecks ein. Daher ist Platz für vier Kacheln.

Für das Bild in der Grid-Zelle ganz links wird mithilfe der Eigenschaft Viewbox ein Ausschnitt bestimmt. Dieser beginnt innerhalb des Bildes an der relativen Position 0.2, 0.2 und hat die relative Größe 0.6, 0.6. Es werden also die mittleren 60 % des Bildes dargestellt. Für die Bilder in den restlichen Grid-Zellen wird die Eigenschaft Viewbox nicht festgelegt, daher gelten die Standardwerte 0,0 und 1,1. Der Ausschnitt beginnt also an der linken oberen Ecke des Bildes und umfasst das gesamte Bild.

Die verschiedenen Werte für die Eigenschaft TileMode:

- None: Es wird nur eine Kachel abgebildet. Dies ist der Standardwert.
- Tile: Die Fläche wird mit Kacheln gefüllt. Jede Kachel sieht gleich aus.
- FlipX: Wie Tile, zusätzlich wird jede zweite Kachel in horizontaler Richtung horizontal gespiegelt.
- FlipY: Wie Tile, zusätzlich wird jede zweite Kachel in vertikaler Richtung vertikal gespiegelt.
- FlipXY: Eine Kombination aus FlipX und FlipY.

Die Werte für Viewbox und Viewport wurden im Beispiel relativ festgelegt, also zwischen 0 und 1. Sie können auch absolute Werte verwenden. Dazu müssen Sie die Eigenschaften ViewboxUnits beziehungsweise ViewportUnits entsprechend ändern.

Es folgt im Projekt *BrushViewbox* ein weiteres Beispiel für einen ImageBrush. Die Viewbox, also der dargestellte Bildausschnitt, lässt sich über Slider einstellen (siehe Abbildung 9.16). Zum Vergleich ist links das gesamte Bild dargestellt.

Abbildung 9.16 Viewbox, einstellbar

Der XAML-Code:

```
<WrapPanel>
  <Rectangle Width="160" Height="120" Margin="3">
    <Rectangle.Fill>
      <ImageBrush ImageSource="blume.jpg" />
    </Rectangle.Fill>
  </Rectangle>
  <Rectangle Width="160" Height="120" Margin="3">
    <Rectangle.Fill>
      <ImageBrush x:Name="ib" ImageSource="blume.jpg"
        Viewbox="0 0 0.5 0.5" />
    </Rectangle.Fill>
  </Rectangle>
  <Slider x:Name="sl1" Height="120" Minimum="0" Maximum="0.5"
    Value="0" TickFrequency="0.1" TickPlacement="BottomRight"
    Margin="5" ValueChanged="vc" Orientation="Vertical" />
  <Slider x:Name="sl2" Width="160" Minimum="0" Maximum="0.5"
    Value="0" TickFrequency="0.1" TickPlacement="BottomRight"
    Margin="170,5,5,5" ValueChanged="vc" />
</WrapPanel>
```

Die relativen Werte für die Eigenschaft Viewbox sind zunächst 0,0 und 0.5,0.5. Der Ausschnitt beginnt also links oben im Bild, und es wird die halbe Breite und die halbe Höhe dargestellt. Die Ereignismethode sieht so aus:

```
private void vc(object sender,
    RoutedPropertyChangedEventArgs<double> e)
{ ib.Viewbox = new Rect(sl2.Value, sl1.Value, 0.5, 0.5); }
```

Über die beiden Slider kann jeweils ein relativer Wert zwischen 0 und 0.5 für die linke obere Ecke des Ausschnitts eingestellt werden. Die Größe des Ausschnitts bleibt fest bei den relativen Werten 0.5, 0.5.

9.5 Transformationen

Ein Element kann in der zweidimensionalen Ebene auf mehrere Arten transformiert werden. Dazu dienen die folgenden Klassen, die alle von der Klasse Transform abgeleitet sind:

- RotateTransform: **Drehung**
- ScaleTransform: **Größenänderung, gegebenenfalls mit Verzerrung**
- SkewTransform: **Abschrägung beziehungsweise Neigung**

- `TranslateTransform`: Verschiebung
- `TransformGroup`: Zusammenfassung mehrerer Transformationen

Die Auswirkungen auf die Nachbarn eines transformierten Elements können unterschiedlich sein. Dies legen Sie durch die Auswahl einer der beiden folgenden Eigenschaften des transformierten Elements fest:

- `RenderTransform`: Die Nachbarelemente werden durch die Transformation nicht beeinflusst, es können also mehrere Elemente übereinander liegen.
- `LayoutTransform`: Die Nachbarelemente werden durch die Transformation verschoben.

9.5.1 RotateTransform mit RenderTransform

Sie können ein Element mithilfe eines Objekts des Typs `RotateTransform` drehen. Die `double`-Eigenschaft `Angle` bestimmt den Winkel der Drehung; der Standardwert ist 0.

Im ersten Beispielprojekt *TransRender* wird die Drehung von zwei Buttons jeweils durch Auswahl der Eigenschaft `RenderTransform` ausgeführt. Die Nachbarelemente werden also nicht verschoben (siehe Abbildung 9.17).

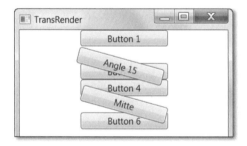

Abbildung 9.17 Drehung mit RotateTransform, Render

Der Ursprung der Transformation kann mithilfe der Eigenschaft `RenderTransformOrigin` des transformierten Elements festgelegt werden. Diese Eigenschaft ist vom Typ `Point` und legt bei einer Rotation den Drehpunkt mit relativen Werten fest. Der Standardwert ist 0,0. Die Drehung wird damit um die linke obere Ecke des Elements ausgeführt.

Durch wiederholtes Betätigen des ersten Buttons können Sie den Winkel verändern, den Button also weiter drehen. Die Betätigung des zweiten Buttons führt zur wiederholten Veränderung des Drehpunkts.

Der XAML-Code:

```xml
<StackPanel>
  <Button Width="120">Button 1</Button>
  <Button Width="120" x:Name="b2" Panel.ZIndex="1"
      Click="b2_Click">Angle 15
    <Button.RenderTransform>
      <RotateTransform x:Name="rt" Angle="15" />
    </Button.RenderTransform>
  </Button>
  <Button Width="120">Button 3</Button>
  <Button Width="120">Button 4</Button>
  <Button Width="120" x:Name="b5" Panel.ZIndex="1"
      RenderTransformOrigin="0.5 0.5" Click="b5_Click">Mitte
    <Button.RenderTransform>
      <RotateTransform Angle="15" />
    </Button.RenderTransform>
  </Button>
  <Button Width="120">Button 6</Button>
</StackPanel>
```

Bei beiden gedrehten Buttons wurde die *Attached Property* `Panel.ZIndex` auf 1 gesetzt, sodass sie in z-Richtung über den anderen Buttons stehen. Die Eigenschaft `RenderTransform` der Buttons wird mit einem Objekt des Typs `RotateTransform` besetzt. Der Startwinkel (Eigenschaft `Angle`) wurde jeweils mit 15 Grad festgelegt.

Beim zweiten gedrehten Button wird zusätzlich der Drehpunkt auf 0.5, 0.5 festgelegt. Die Drehung wird damit um die Mitte des Elements ausgeführt.

Es folgt die Fensterklasse mit Eigenschaften und Ereignismethoden:

```csharp
public partial class MainWindow : Window
{
  Point[] p;
  string[] s;
  int rto_index;

  public MainWindow()
  {
    InitializeComponent();

    p = new Point[5];
    p[0] = new Point(0, 0);
    p[1] = new Point(1, 0);
    p[2] = new Point(0, 1);
    p[3] = new Point(1, 1);
    p[4] = new Point(0.5, 0.5);
```

```
    s = new string[5];
    s[0] = "Links oben";
    s[1] = "Rechts oben";
    s[2] = "Links unten";
    s[3] = "Rechts unten";
    s[4] = "Mitte";

    rto_index = 4;
}

private void b2_Click(...)
{
    rt.Angle = rt.Angle + 15;
    b2.Content = "Angle " + rt.Angle % 360;
}

private void b5_Click(...)
{
    rto_index++;
    rto_index = rto_index % 5;
    b5.RenderTransformOrigin = p[rto_index];
    b5.Content = s[rto_index];
}
}
```

Beim ersten gedrehten Button wird der Wert der Eigenschaft Angle jeweils um 15 (Grad) erhöht. Der Button wird mit dem Wert des aktuellen Winkels, der von 0 bis 360 Grad reichen kann, beschriftet.

Für den zweiten gedrehten Button werden fünf bestimmte Möglichkeiten für den Drehpunkt festgelegt und in einem Feld gespeichert. Parallel dazu wird ein Feld mit den fünf entsprechenden Beschriftungen gefüllt. Bei jedem Click auf den Button werden seine Eigenschaft RenderTransformOrigin und seine Beschriftung geändert. Der Modulo-Operator % liefert bekanntlich den Rest einer Division. Dies sorgt im vorliegenden Fall dafür, dass rto_index nur einen der Werte von 0 bis 4 bekommen kann.

9.5.2 RotateTransform mit LayoutTransform

Es folgt das Beispielprojekt *TransLayout*, in dem die Drehung eines Buttons durch Auswahl der Eigenschaft LayoutTransform ausgeführt wird. Die Nachbarelemente werden also verschoben (siehe Abbildung 9.18). Durch wiederholtes Betätigen des Buttons können Sie auch hier den Button weiter drehen.

9 | 2D-Grafik

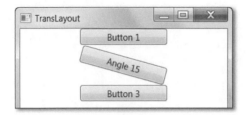

Abbildung 9.18 Drehung mit RotateTransform, Layout

Der XAML-Code:

```xaml
<StackPanel>
  <Button Width="120">Button 1</Button>
  <Button Width="120" Height="23" x:Name="b2"
     Click="b2_Click">Angle 15
    <Button.LayoutTransform>
      <RotateTransform x:Name="rt" Angle="15" />
    </Button.LayoutTransform>
  </Button>
  <Button Width="120">Button 3</Button>
</StackPanel>
```

Die Eigenschaft LayoutTransform der Buttons wird mit einem Objekt des Typs RotateTransform besetzt. Der Winkel (Eigenschaft Angle) wird mit 15 Grad festgelegt und kann durch folgende Ereignismethode geändert werden:

```csharp
private void b2_Click(...)
{
  rt.Angle = rt.Angle + 15;
  b2.Content = "Angle " + rt.Angle % 360;
}
```

9.5.3 ScaleTransform

Die Größenänderung (Skalierung) eines Elements können Sie mithilfe eines Objekts des Typs ScaleTransform durchführen. Falls Sie die beiden double-Eigenschaften ScaleX und ScaleY als Skalierungsfaktoren für die x- und y-Richtung unterschiedlich wählen, wird das Element verzerrt. Der Standardwert für beide Faktoren ist 1.

Im nachfolgenden Projekt *TransScale* werden zwei Skalierungen durchgeführt: einmal innerhalb einer RenderTransform und einmal innerhalb einer LayoutTransform. Entsprechend verschieben sich im zweiten Fall die Nachbarelemente (siehe Abbildung 9.19). Durch wiederholtes Betätigen der beiden Buttons wird die Skalierung in x-Richtung verkleinert und in y-Richtung vergrößert.

Abbildung 9.19 Größenänderung mit ScaleTransform

Der XAML-Code:

```
<StackPanel>
  <Button Width="100">Button 1</Button>
  <Button x:Name="b2" RenderTransformOrigin="0.5 0.5"
      Width="100" Panel.ZIndex="1" Click="b2_Click">X:2,5 Y:1,6
    <Button.RenderTransform>
      <ScaleTransform x:Name="st2" ScaleX="2.5" ScaleY="1.6" />
    </Button.RenderTransform>
  </Button>
  <Button Width="100">Button 3</Button>
  <Button x:Name="b4" Width="100" Click="b4_Click">X:2,5 Y:1,6
    <Button.LayoutTransform>
      <ScaleTransform x:Name="st4" ScaleX="2.5" ScaleY="1.6" />
    </Button.LayoutTransform>
  </Button>
  <Button Width="100">Button 5</Button>
</StackPanel>
```

In beiden Fällen wird der Button in x-Richtung um den Faktor 2.5, in y-Richtung um den Faktor 1.6 vergrößert. Damit ergibt sich eine Verzerrung. Durch die Werte 0.5, 0.5 für die Eigenschaft RenderTransformOrigin wird die Mitte des Elements als Ursprung für den RenderTransform gewählt. Somit überlappt das Element die Nachbarelemente gleichmäßig. Falls kein Wert für RenderTransformOrigin festgelegt würde, dann würde das Element wegen des Standardwerts 0,0 nur nach rechts und unten überlappen.

Die Ereignismethoden sehen so aus:

```
private void b2_Click(...)
{
  st2.ScaleX = st2.ScaleX - 0.1;
  st2.ScaleY = st2.ScaleY + 0.1;
  b2.Content = "X:" + Math.Round(st2.ScaleX,1)
    + " Y:" + Math.Round(st2.ScaleY,1);
}
```

```
private void b4_Click(...)
{
  st4.ScaleX = st4.ScaleX - 0.1;
  st4.ScaleY = st4.ScaleY + 0.1;
  b4.Content = "X:" + Math.Round(st4.ScaleX, 1)
    + " Y:" + Math.Round(st4.ScaleY, 1);
}
```

Bei jedem Betätigen der beiden Buttons wird der Skalierungsfaktor in x-Richtung um 0.1 verkleinert und in y-Richtung um 0.1 vergrößert.

9.5.4 SkewTransform

Mithilfe eines Objekts des Typs `SkewTransform` können Sie ein Element abschrägen beziehungsweise neigen. Die `double`-Eigenschaft `AngleX` legt den Neigungswinkel fest, den der vertikale Rand des Elements gegenüber der y-Achse hat. Entsprechend bestimmt `AngleY` den Neigungswinkel für den horizontalen Rand gegenüber der x-Achse. Der Standardwert für beide Winkel ist 0.

Im nachfolgenden Projekt *TransSkew* werden zwei Elemente geneigt: einmal innerhalb einer `RenderTransform` und einmal innerhalb einer `LayoutTransform`. Entsprechend verschieben sich im zweiten Fall die Nachbarelemente (siehe Abbildung 9.20). Durch wiederholtes Betätigen der beiden Buttons wird die Neigung für den horizontalen Rand (`AngleY`) vergrößert.

Abbildung 9.20 Neigung mit SkewTransform

Der XAML-Code:

```
<StackPanel>
  <Button Width="100">Button 1</Button>
  <Button x:Name="b2" RenderTransformOrigin="0.5 0.5"
      Width="100" Panel.ZIndex="1" Click="b2_Click">X:30 Y:5
    <Button.RenderTransform>
      <SkewTransform x:Name="st2" AngleX="30" AngleY="5" />
    </Button.RenderTransform>
  </Button>
```

```
    <Button Width="100">Button 3</Button>
    <Button x:Name="b4" Width="100" Click="b4_Click">X:30 Y:5
      <Button.LayoutTransform>
        <SkewTransform x:Name="st4" AngleX="30" AngleY="5" />
      </Button.LayoutTransform>
    </Button>
    <Button Width="100">Button 5</Button>
</StackPanel>
```

In beiden Fällen wird der Button relativ zur y-Achse um 30 Grad und relativ zur x-Achse um 5 Grad geneigt. Auch hier wird die Mitte des Elements als Ursprung für den `RenderTransform` gewählt. Die Ereignismethoden sehen wie folgt aus:

```
private void b2_Click(...)
{
  st2.AngleY = st2.AngleY + 5;
  b2.Content = "X:30 Y:" + st2.AngleY;
}

private void b4_Click(...)
{
  st4.AngleY = st4.AngleY + 5;
  b4.Content = "X:30 Y:" + st4.AngleY;
}
```

Bei jedem Betätigen der beiden Buttons erhöht sich die Neigung um weitere 5 Grad relativ zur x-Achse.

9.5.5 TranslateTransform

Die Verschiebung eines Elements führen Sie mithilfe eines Objekts des Typs `TranslateTransform` durch. Die beiden `double`-Eigenschaften X und Y legen die Werte für die Verschiebung in x- und y-Richtung einzeln fest. Der Standardwert für beide Eigenschaften ist 0.

Im nachfolgenden Projekt *TransTranslate* wird eine Verschiebung innerhalb einer `RenderTransform` durchgeführt (siehe Abbildung 9.21). Durch wiederholtes Betätigen des Buttons wird die Verschiebung geändert.

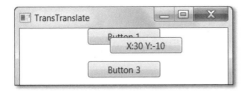

Abbildung 9.21 Verschiebung mit TranslateTransform

Der XAML-Code:

```
<StackPanel>
  <Button Width="100">Button 1</Button>
  <Button x:Name="b2" Width="100" Panel.ZIndex="1"
      Click="b2_Click">X:30 Y:-10
    <Button.RenderTransform>
      <TranslateTransform x:Name="tt2" X="30" Y="-10" />
    </Button.RenderTransform>
  </Button>
  <Button Width="100">Button 3</Button>
</StackPanel>
```

Der Button wird um den Wert 30 in x-Richtung und um den Wert −10 in y-Richtung verschoben. Die Ereignismethode sieht wie folgt aus:

```
private void b2_Click(...)
{
  tt2.X = tt2.X + 10;
  tt2.Y = tt2.Y + 10;
  b2.Content = "X:" + tt2.X + " Y:" + tt2.Y;
}
```

Bei jedem Betätigen des Buttons wird er um den Wert 10 nach rechts und nach unten verschoben.

9.5.6 TransformGroup

Innerhalb eines Objekts des Typs TransformGroup haben Sie die Möglichkeit, mehrere Transformationen auf ein Element anzuwenden. Ein Element kann also gleichzeitig gedreht, skaliert, geneigt und verschoben werden. Die einzelnen Transformationen sind untergeordnete Elemente des TransformGroup-Objekts.

Im nachfolgenden Projekt *TransGroup* wird dies mit einem Button durchgeführt (siehe Abbildung 9.22). Durch wiederholtes Betätigen des Buttons wird er weitergedreht.

Der XAML-Code:

```
<StackPanel Margin="3">
  <Button Width="100">Button 1</Button>
  <Button x:Name="b2" Width="100" Panel.ZIndex="1"
      Click="b2_Click">Rot.Angle:20
    <Button.RenderTransform>
      <TransformGroup x:Name="tg2">
```

```
            <RotateTransform Angle="20" />
            <ScaleTransform ScaleX="1.5" ScaleY="0.8" />
            <SkewTransform AngleX="0" AngleY="20" />
            <TranslateTransform X="50" Y="-10" />
          </TransformGroup>
        </Button.RenderTransform>
      </Button>
      <Button Width="100">Button 3</Button>
    </StackPanel>
```

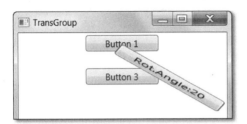

Abbildung 9.22 Mehrere Transformationen mit TransformGroup

Mit dem Button werden, bezogen auf seine linke obere Ecke als Ursprung der RenderTransform, folgende Transformationen durchgeführt:

- Er wird um 20 Grad gedreht.
- Er wird verzerrt, da er um den Faktor 1.5 in x-Richtung vergrößert und um den Faktor 0.8 in y-Richtung verkleinert wird.
- Seine obere und untere Seite werden um weitere 20 Grad gegenüber der x-Achse geneigt.
- Er wird um den Wert 50 nach rechts und um den Wert 10 nach oben verschoben.

Die Ereignismethode sieht so aus:

```
private void b2_Click(...)
{
  RotateTransform rt = tg2.Children[0] as RotateTransform;
  rt.Angle = rt.Angle + 10;
  b2.Content = "Rot.Angle: " + rt.Angle;
}
```

Das erste untergeordnete Element der TransformGroup ist das Objekt des Typs RotateTransform. Dessen Eigenschaft Angle wird bei jedem Betätigen des Buttons um den Wert 10 (Grad) geändert.

9.6 Transparenz

Die Eigenschaften Opacity und Background dienen dazu, die Transparenz ganzer Elemente oder des Hintergrunds eines Elements einzustellen. Gleichmäßige Übergänge zur Transparenz können Sie mit Maskierungen erreichen. Außerdem können Teile von Elementen mithilfe der Eigenschaft Clip ausgestanzt werden.

9.6.1 Transparenz mit Opacity und Background

Die Opazität oder Undurchsichtigkeit eines Elements können Sie über die double-Eigenschaft Opacity festlegen. Der Standardwert ist 1.0. Das Element ist damit vollkommen undurchsichtig. Sie können Werte zwischen 0.0 und 1.0 verwenden. Ein Beispiel haben Sie schon in Abschnitt 6.5, »Gadgets«, gesehen.

Ein Pinsel, zum Beispiel für die Eigenschaft Background vom Typ Brush, wird aus dem Alphakanal und den drei RGB-Komponenten zusammengesetzt (siehe auch Abschnitt 9.4.1, »SolidColorBrush«). Der Alphakanal steht für die Undurchsichtigkeit. Je höher der Wert ist, desto undurchsichtiger ist die Farbe.

Im nachfolgenden Projekt *Transparenz* wird ein halb undurchsichtiges Bild als Hintergrund genutzt. Auf diesem Bild wurden Buttons mit unterschiedlicher Undurchsichtigkeit und TextBlöcke mit unterschiedlich undurchsichtigem Hintergrund platziert (siehe Abbildung 9.23).

Abbildung 9.23 Transparenz mit Opacity und Background

Der XAML-Code:

```
<Canvas>
  <Image Opacity="0.5" Source="blume.jpg" ... />

  <Button Opacity="0.25" ...>Button 1</Button>
  <Button Opacity="0.5"  ...>Button 2</Button>
  <Button Opacity="1.0"  ...>Button 3</Button>
```

```xml
<TextBlock Background="#40FFFFFF" ...>TextBlock 1</TextBlock>
<TextBlock Background="#80FFFFFF" ...>TextBlock 2</TextBlock>
<TextBlock Background="#FFFFFFFF" ...>TextBlock 3</TextBlock>

<TextBlock ...>TextBlock 4
  <TextBlock.Background>
    <LinearGradientBrush StartPoint="0,0" EndPoint="1,0">
      <GradientStop Offset="0.0" Color="#00FFFFFF" />
      <GradientStop Offset="0.3" Color="#FFFFFFFF" />
      <GradientStop Offset="0.7" Color="#FFFFFFFF" />
      <GradientStop Offset="1.0" Color="#00FFFFFF" />
    </LinearGradientBrush>
  </TextBlock.Background>
</TextBlock>
</Canvas>
```

Das Bild ist wegen des Werts 0.5 für die Eigenschaft Opacity halb undurchsichtig. Die drei Buttons sind, einschließlich der Aufschrift, unterschiedlich undurchsichtig, abhängig von den Opacity-Werten.

Die drei Textblöcke auf der rechten Seite haben einen weißen Hintergrund. Dafür stehen die drei hinteren Blöcke von hexadezimalen Ziffern für die RGB-Anteile. Es sind Werte von 00 bis FF (= 255) möglich. Dieser weiße Hintergrund ist unterschiedlich undurchsichtig, abhängig von dem ersten Block von hexadezimalen Ziffern für den Alphakanal.

Der untere Textblock hat mithilfe eines LinearGradientBrush einen veränderlichen Hintergrund erhalten. Am linken Rand ist er vollkommen durchsichtig; zum mittleren Bereich hin wird er immer undurchsichtiger, und zum rechten Rand hin wird er wieder vollkommen durchsichtig. Der Wert #00FFFFFF steht für einen vollkommen durchsichtigen Hintergrund. Das Gleiche erreicht man mit Background="Transparent". Die Werte 0.0 und 1.0 für StartPoint und EndPoint sind der Standard, sie dienen hier nur zur Verdeutlichung.

9.6.2 Maskierung mit OpacityMask

Die Eigenschaft OpacityMask vom Typ Brush dient zum Erzeugen unterschiedlich geformter Masken für Transparenzeffekte. Im vorherigen Abschnitt wurde ein teil-transparenter Pinsel für den Hintergrund eines Elements genutzt. Das Gleiche können Sie mit OpacityMask für das gesamte Element erreichen.

Im nachfolgenden Projekt *Maskierung* werden mithilfe eines RadialGradientBrush und eines LinearGradientBrush zwei verschiedene Masken erzeugt (siehe Abbildung 9.24).

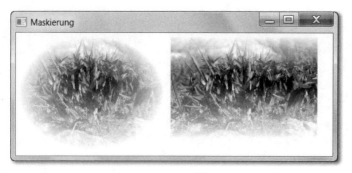

Abbildung 9.24 Maskierung mit OpacityMask

Der XAML-Code:

```
<WrapPanel>
  <Image Source="blume.jpg" Width="200" Height="150" Margin="5">
    <Image.OpacityMask>
      <RadialGradientBrush GradientOrigin="0.5 0.3">
        <GradientStop Offset="0.0" Color="#FFFFFFFF" />
        <GradientStop Offset="0.2" Color="#FFFFFFFF" />
        <GradientStop Offset="1.0" Color="#00FFFFFF" />
      </RadialGradientBrush>
    </Image.OpacityMask>
  </Image>
  <Image Source="blume.jpg" Width="200" Height="150" Margin="5">
    <Image.OpacityMask>
      <LinearGradientBrush StartPoint="0,0" EndPoint="0,1">
        <GradientStop Offset="0.0" Color="#00FFFFFF" />
        <GradientStop Offset="0.3" Color="#FFFFFFFF" />
        <GradientStop Offset="0.4" Color="#FFFFFFFF" />
        <GradientStop Offset="0.9" Color="#00FFFFFF" />
      </LinearGradientBrush>
    </Image.OpacityMask>
  </Image>
</WrapPanel>
```

Im linken Bild wurde zur Maskierung ein RadialGradientBrush genutzt, mit dem Ursprung (0.5 0.3) oberhalb der Bildmitte. Nur die inneren 20 % sind vollkommen undurchsichtig, danach wird das Bild zum Rand hin immer durchsichtiger.

Die Maskierung im rechten Bild verläuft mithilfe eines LinearGradientBrush vertikal. Nur in dem schmalen Bereich mit den blauen Blüten, von 0.3 bis 0.4, ist das Bild vollkommen undurchsichtig. Zum Rand hin wird es immer durchsichtiger.

9.6.3 Ausstanzung mit Clip

Die Eigenschaft `Clip` vom Typ `Geometry` dient zum Ausstanzen einer Geometrie aus einem Element. Der Aufbau von Geometrien wurde in Abschnitt 9.2 beschrieben.

Im nachfolgenden Projekt *Ausstanzung* werden Teile eines Bildes ausgestanzt: einmal mithilfe einer Pfadgeometrie in Pfadmarkupsyntax und einmal mithilfe einer elliptischen Geometrie (siehe Abbildung 9.25).

Abbildung 9.25 Ausstanzung mit Clip

Der XAML-Code:

```
<WrapPanel>
  <Image Source="blume.jpg" Width="200" Height="150" Margin="5"
    Clip="M0,50 L50,0 L150,0 L200,50 L200,100 L150,150
        L50,150 L0,100" />
  <Image Source="blume.jpg" Width="200" Height="150" Margin="5">
    <Image.Clip>
      <EllipseGeometry Center="100,75"
        RadiusX="80" RadiusY="60" />
    </Image.Clip>
  </Image>
</WrapPanel>
```

Die Pfadgeometrie für die linke Ausstanzung folgt den Regeln für die Pfadmarkupsyntax, wie sie in Abschnitt 9.2.4 beschrieben werden. Zur Erinnerung:

- `M` steht für *Move*, also für Bewegung zum angegebenen Punkt.
- `L` steht für *Line*, also für eine Linie zum angegebenen Punkt.

Die Ellipse für die rechte Ausstanzung hat ihren Mittelpunkt in der Mitte des Bildes und ist in x-Richtung weiter ausgedehnt als in y-Richtung.

9.7 Effekte

Die Eigenschaft Effect (vom Typ Effect) eines Elements können Sie nutzen, um einen Bitmapeffekt auf das Element anzuwenden. Ein Objekt des Typs BlurEffect verwischt das Element, sodass es unscharf wird wie bei einem Weichzeichner. Mit einem Objekt des Typs DropShadowEffect wirft es einen Schlagschatten in die gewünschte Richtung.

Im nachfolgenden Projekt *Bitmapeffekt* werden Objekte dieser beiden Typen eingesetzt (siehe Abbildung 9.26). Zwei Slider ermöglichen es, den jeweiligen Effekt zu verändern.

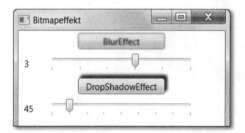

Abbildung 9.26 BlurEffect und DropShadowEffect

Der XAML-Code:

```
<StackPanel>
  <Button Width="120" Margin="3">BlurEffect
    <Button.Effect>
      <BlurEffect x:Name="be" Radius="0" />
    </Button.Effect>
  </Button>
  <WrapPanel Margin="3">
    <Label x:Name="lbl" Width="40">3</Label>
    <Slider x:Name="sl1" Width="200" Minimum="0" Maximum="5"
      Value="3" TickFrequency="1" IsSnapToTickEnabled="True"
      TickPlacement="BottomRight" ValueChanged="vc_blur" />
  </WrapPanel>

  <Button Width="120" Margin="3">DropShadowEffect
    <Button.Effect>
      <DropShadowEffect x:Name="dse" BlurRadius="8" Color="Gray"
        Direction="45" Opacity="0.8" ShadowDepth="8" />
    </Button.Effect>
  </Button>
```

```xml
<WrapPanel Margin="3">
  <Label x:Name="lb2" Width="40">315</Label>
  <Slider x:Name="sl2" Width="200" Minimum="0" Maximum="360"
    Value="45" TickFrequency="45" TickPlacement="BottomRight"
    ValueChanged="vc_drop" />
</WrapPanel>
</StackPanel>
```

Die `double`-Eigenschaft `Radius` des Objekts des Typs `BlurEffect` gibt den Grad des Weichzeichners an. Der Standardwert ist 5, der Wert 0 steht für »kein Weichzeichnereffekt«.

Bei dem Objekt des Typs `DropShadowEffect` können Sie folgende Eigenschaften des Schattens einstellen:

- `BlurRadius`: Grad des Weichzeichners; der Standard ist 5.
- `Color`: Farbe; der Standard ist `Black`.
- `Opacity`: Transparenz; der Standard ist 1, also ein undurchsichtiger Schatten.
- `ShadowDepth`: Abstand vom Element; der Standard ist 5.

Alle Eigenschaften sind vom Typ `double`, nur `Color` ist vom Typ `Color`. Die `double`-Eigenschaft `Direction` gibt die Richtung des Schattens an. Der Standard ist 315 Grad, also rechts unten. Die Gradzahl geht von 0 bis 360 gegen den Uhrzeigersinn; 0 Grad ist in positiver x-Richtung.

Die Ereignismethoden sehen so aus:

```
private void vc_blur(object sender,
    RoutedPropertyChangedEventArgs<double> e)
{
  lb1.Content = Math.Round(sl1.Value);
  be.Radius = sl1.Value;
}
private void vc_drop(object sender,
    RoutedPropertyChangedEventArgs<double> e)
{
  lb2.Content = Math.Round(sl2.Value);
  dse.Direction = sl2.Value;
}
```

Der Radius des Objekts vom Typ `BlurEffect` und die Richtung des Schattens für das Objekt vom Typ `DropShadowEffect` lassen sich per Slider einstellen.

9.8 Verzierungen

Sie können einem Element Verzierungen hinzufügen. Eine solche Verzierung wird in einem eigenen Layer (dt. *Schicht*) angezeigt. Diese Verzierungsschicht liegt in z-Richtung oberhalb des Objekts, also vom Betrachter aus vor dem Objekt. Die Verzierung wird in einer eigenen Klasse erzeugt, die von der abstrakten Klasse Adorner abgeleitet ist.

Im nachfolgenden Projekt *Verzierung* wird ein Objekt mit zwei Ellipsen auf den beiden oberen Ecken verziert (siehe Abbildung 9.27).

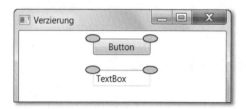

Abbildung 9.27 Verzierung durch zwei Ellipsen

Der XAML-Code:

```
<Window ... Loaded="Window_Loaded">
  <StackPanel>
    <Button x:Name="bu" Width="80" Margin="10">Button</Button>
    <TextBox x:Name="tx" Width="80" Margin="10">TextBox</TextBox>
  </StackPanel>
</Window>
```

Als Beispiele werden ein Button und eine TextBox verziert. Die Ereignismethode sieht so aus:

```
private void Window_Loaded(...)
{
  AdornerLayer al = AdornerLayer.GetAdornerLayer(bu);
  al.Add(new verzierung_ellipse(bu));
  al = AdornerLayer.GetAdornerLayer(tx);
  al.Add(new verzierung_ellipse(tx));
}
```

Mithilfe der Methode GetAdornerLayer() der Klasse AdornerLayer wird ein Verweis auf die erste Verzierungsschicht oberhalb des Elements erzeugt, das verziert werden soll. Dieser Schicht wird mithilfe der Methode Add() der Klasse AdornerLayer eine Verzierung hinzugefügt.

Diese Verzierung muss von einem Typ sein, der von der abstrakten Klasse Adorner abgeleitet wurde. In diesem Falle ist es der nachfolgend beschriebene Typ verzierung_ellipse. Als Parameter wird dem Konstruktor der Verweis auf das Element mitgegeben, das verziert werden soll.

Die Datei *verzierung_ellipse.cs* mit der Klasse verzierung_ellipse sieht so aus:

```
using System.Windows;
using System.Windows.Media;
using System.Windows.Documents;
namespace Verzierung
{
  class verzierung_ellipse : Adorner
  {
    public verzierung_ellipse(UIElement ae) : base(ae) { }

    protected override void OnRender(DrawingContext dc)
    {
      SolidColorBrush br = new SolidColorBrush(Colors.LightGray);
      Pen pn = new Pen(new SolidColorBrush(Colors.Black), 1);
      Rect rc = new Rect(this.AdornedElement.RenderSize);
      dc.DrawEllipse(br, pn, rc.TopLeft, 10, 5);
      dc.DrawEllipse(br, pn, rc.TopRight, 10, 5);
    }
  }
}
```

Die Basisklasse Adorner hat nur einen Konstruktor. Dieser verlangt einen Verweis auf das geschmückte Element. Der Konstruktor der hier abgeleiteten Klasse leitet diesen Verweis zur Basisklasse Adorner weiter.

Zum Zeichnen der Verzierung im Layer eignet sich die Methode OnRender(). Der Zeichnungskontext wird über ein DrawingContext-Objekt bereitgestellt. Es werden ein Pinsel für die Füllung der Ellipsen und ein Stift für den Rand der Ellipsen erzeugt.

Die Eigenschaft AdornedElement der Klasse Adorner stellt einen Verweis auf das Element zur Verfügung, das verziert werden soll. Die Eigenschaft RenderSize liefert die Größe dieses Elements. Mit diesen Daten wird ein umgebendes Rechteck gleicher Größe erzeugt. Das Zentrum der beiden Ellipsen liegt an der oberen linken Ecke beziehungsweise an der oberen rechten Ecke des umgebenden Rechtecks. Sie werden mithilfe der Methode DrawEllipse() der Klasse DrawingContext gezeichnet.

Gestalten Sie anschauliche Anwendungen, indem Sie die dritte Dimension nutzen. Erlernen Sie den Aufbau und die Darstellung dreidimensionaler Körper innerhalb einer WPF-Anwendung.

10 3D-Grafik

Objekte der realen Welt sind bekanntlich nicht auf die zwei Dimensionen eines Bildschirms beschränkt, sondern besitzen eine dritte Dimension. Eine Anwendung wird für den Betrachter viel realistischer, wenn sie dies berücksichtigt. Der Aufwand für den Entwickler wird natürlich höher.

In diesem Kapitel geht es zunächst um die Elemente, die für den Aufbau und das Verständnis einer dreidimensionalen Szene und der dreidimensionalen Körper (3D-Körper) darin wichtig sind. Es folgen Abschnitte über verschiedene Möglichkeiten für Kamera und Licht. Sie lernen verschiedene 3D-Modelle kennen, inklusive der Gestaltung der Oberflächen der 3D-Körper. Den Abschluss bilden die dreidimensionalen Transformationen und eine dreidimensionale Landschaft als ausbaufähige »Spielwiese« für den Entwickler.

Bei allen Projekten des Kapitels ist für die Steuerung per Programmcode der Namespace `System.Windows.Media.Media3D` zusätzlich notwendig.

10.1 Allgemeiner Aufbau

Zum Verständnis von dreidimensionalen Grafiken in WPF-Anwendungen ist ein wenig Theorie nicht zu umgehen. In diesem Abschnitt wird anhand eines ersten Beispiels erläutert, wie ein 3D-Körper auf die zwei Dimensionen eines Bildschirms oder eines Buchs abgebildet wird, sodass die dritte Dimension für den Betrachter erkennbar wird.

10.1.1 Koordinatensystem

Punkte im dreidimensionalen Raum werden durch ihre drei Koordinatenwerte auf der x-, y- und z-Achse beschrieben. Betrachten Sie das Modell in Abbildung 10.1:

- Die x-Achse verläuft in der Blattebene von links nach rechts.
- Die y-Achse verläuft in der Blattebene von unten nach oben.
- Die z-Achse startet »hinter« der Blattebene und kommt dem Betrachter genau nach »vorne« entgegen. Der Betrachter sieht die z-Achse von »vorne«, sie wäre also nur als Punkt erkennbar. Zur besseren Erkennbarkeit wird sie hier schräg gezeichnet.
- Die drei Achsen treffen sich im Nullpunkt des Koordinatensystems.

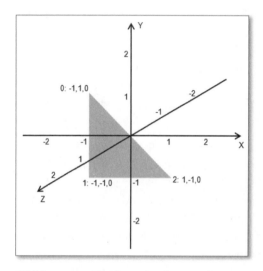

Abbildung 10.1 Dreidimensionales Koordinatensystem mit Dreieck

3D-Körper werden durch ihre Eckpunkte in der Notation x,y,z gekennzeichnet. In Abbildung 10.1 sehen Sie einen einfachen 3D-Körper: ein Dreieck, das flach in der Blattebene liegt. Die z-Koordinate aller drei Eckpunkte ist also 0. Die Eckpunkte sind von 0 bis 2 nummeriert:

- Eckpunkt 0 (oben links) liegt bei –1,1,0.
- Eckpunkt 1 (unten links) liegt bei –1,–1,0.
- Eckpunkt 2 (unten rechts) liegt bei 1,–1,0.

Im Projekt *DreiDDreieck* wird dieses Dreieck in einer dreidimensionalen Szene angezeigt (siehe Abbildung 10.2). Die Angaben in der Titelleiste werden später erläutert.

Alle 3D-Körper in WPF-Anwendungen werden aus Dreiecken aufgebaut. Ein Beispiel: Mit zwei Dreiecken kann ein Rechteck gebildet werden. Bei geeigneter Seitenlänge handelt es sich um ein Quadrat. Aus sechs Quadraten kann ein dreidimensionaler Würfel gebildet werden.

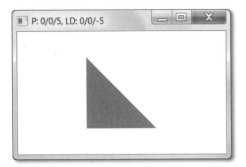

Abbildung 10.2 Dreieck im dreidimensionalen Raum

10.1.2 Kamera, Licht und Material

Es werden noch weitere Komponenten benötigt, damit der Betrachter eine geeignete Vorstellung bekommt.

Zunächst muss eine Kamera aufgestellt werden, mit deren Hilfe die 3D-Körper gesehen werden. Dabei sind die Position und die Blickrichtung wichtig. Im Projekt *DreiDDreieck* (siehe Abbildung 10.2) »schwebt« die Kamera an der Position 0,0,5, also vor der Blattebene, genau vor dem Nullpunkt. Die Blickrichtung (engl. *LookDirection*) wird mit 0,0,–5 angegeben. Die Kamera blickt also zu einem Punkt hinter der Blattebene, durch den Nullpunkt hindurch. Das Dreieck liegt am Nullpunkt, also kann der Betrachter es sehen.

Innerhalb des Projekts *DreiDDreieck* können Position und Blickrichtung per Mausklick geändert werden. Die Angaben in der Titelleiste geben die jeweils aktuellen Werte für `Position` (P) und `LookDirection` (LD) wieder.

Die Szene muss mit Licht ausgeleuchtet werden. Im Projekt *DreiDDreieck* wird dazu ein gleichmäßiges, ungerichtetes Umgebungslicht genutzt. 3D-Körper in der Szene müssen aus einem geeigneten Material bestehen und eine Farbe besitzen. Im Projekt *DreiDDreieck* wird ein einfaches, diffuses Material in grauer Farbe gewählt.

10.1.3 Dreieck in XAML

Das bereits angesprochene Projekt *DreiDDreieck* zeigt ein Dreieck im dreidimensionalen Raum. Nachfolgend sehen Sie den XAML-Code:

```
<Window ... MouseDown="Window_MouseDown">
  <Viewport3D>
    <Viewport3D.Camera>
      <OrthographicCamera x:Name="oc" Position="0,0,5"
        LookDirection="0,0,-5" Width="6"/>
```

```xml
    </Viewport3D.Camera>

    <Viewport3D.Children>
      <ModelVisual3D>
        <ModelVisual3D.Content>
          <AmbientLight />
        </ModelVisual3D.Content>
      </ModelVisual3D>

      <ModelVisual3D>
        <ModelVisual3D.Content>
          <GeometryModel3D>
            <GeometryModel3D.Material>
              <DiffuseMaterial Brush="Gray" />
            </GeometryModel3D.Material>

            <GeometryModel3D.Geometry>
              <MeshGeometry3D Positions="-1,1,0 -1,-1,0 1,-1,0"
                TriangleIndices="0,1,2"/>
            </GeometryModel3D.Geometry>
          </GeometryModel3D>
        </ModelVisual3D.Content>
      </ModelVisual3D>
    </Viewport3D.Children>
  </Viewport3D>
</Window>
```

Falls innerhalb des Fensters eine Maustaste heruntergedrückt wird, dann reagiert darauf die Ereignismethode `Window_MouseDown`. Dadurch ändern sich Position und Blickrichtung der Kamera.

Das Objekt des Typs `Viewport3D` ist die zweidimensionale Leinwand für die dreidimensionale Szene.

Die Eigenschaft `Camera` des `Viewport3D`-Objekts beinhaltet hier eine orthographische Kamera. Damit werden gleich große 3D-Körper immer gleich groß dargestellt, unabhängig von ihrem Abstand zur Kamera. Wichtige Eigenschaften für `OrthographicCamera` sind:

- `Position`, vom Typ `Point3D`, für die Position der Kamera, wie oben erläutert. Mit dem Typ `Point3D` werden Punkte im dreidimensionalen Raum beschrieben.
- `LookDirection`, vom Typ `Vector3D`, für die Blickrichtung, ebenfalls wie oben erläutert. Mit dem Typ `Vector3D` werden Richtungen im dreidimensionalen Raum beschrieben.

- `Width`, vom Typ `double`, für die Breite des Sichtfelds in x-Richtung. Das dargestellte Dreieck hat in x-Richtung die Größe 2, und die Breite des Sichtfelds beträgt 6.

Die Auflistungseigenschaft `Children` des `Viewport3D`-Objekts kann als untergeordnete Elemente vom Typ `ModelVisual3D` verschiedene Lichttypen, eine Geometrie oder eine Gruppe von Geometrien beinhalten. In diesem Projekt handelt es sich um

- ein Objekt des Typs `AmbientLight` für ein gleichmäßiges Umgebungslicht und um
- ein Objekt vom Typ `GeometryModel3D` mit den Eigenschaften `Material` und `Geometry` (Form).

Auf das nicht selbstleuchtende Material vom Typ `DiffuseMaterial` kann ein Pinsel für zweidimensionale Flächen, zum Beispiel ein `SolidColorBrush` angewandt werden, um es gleichmäßig einzufärben. Die Eigenschaft `Brush` bestimmt die Farbe (hier Grau).

Die Form wird über ein Objekt des Typs `MeshGeometry3D` bestimmt. Darin stehen die Dreiecke, aus denen eine dreidimensionale Form aufgebaut wird. Wichtige Eigenschaften sind:

- `Positions`, vom Typ `Point3DCollection`, beinhaltet eine Auflistung von `Point3D`-Objekten, also Punkten im dreidimensionalen Raum. Jedes `Point3D`-Objekt besteht aus einer Gruppe von drei `double`-Zahlen. Wie in einer Auflistung üblich, sind die Elemente nummeriert, und zwar beginnend bei 0. Diese Nummern werden für die nächste Eigenschaft benötigt.
- `TriangleIndices`, vom Typ `Int32Collection`, besteht aus Gruppen von drei ganzen Zahlen. Eine Gruppe ergibt ein Dreieck. Die drei ganzen Zahlen geben an, welche `Point3D`-Objekte der Auflistung `Positions` für das Dreieck verwendet werden.

Im XAML-Code und im Beispiel in Abbildung 10.1 beträgt der Wert von `TriangleIndices` 0,1,2. Also werden die drei Punkte aus der Auflistung `Positions` in der folgenden Reihenfolge verwendet:

- Eckpunkt 0 (oben links) liegt bei −1,1,0.
- Eckpunkt 1 (unten links) liegt bei −1,−1,0.
- Eckpunkt 2 (unten rechts) liegt bei 1,−1,0.

Im vorliegenden Fall wird das Dreieck mit der Reihenfolge 0,1,2 gegen den Uhrzeigersinn umlaufen. Bei diesem Umlaufsinn sieht der Betrachter die graue Vorderseite. Falls der Wert von TriangleIndices 0,2,1 betragen hätte, so würde das gleiche Dreieck gebildet. Es würde aber im Uhrzeigersinn umlaufen. Bei diesem Umlaufsinn sieht der Betrachter die Rückseite. Diese hat keine Farbe, also sieht der Betrachter nichts.

Für die Veränderungen in der nachfolgenden Ereignismethode werden neue Objekte der Typen Point3D und Vector3D benötigt. Beide Typen verfügen über die double-Eigenschaften X, Y und Z.

```
private void Window_MouseDown(object sender,
    MouseButtonEventArgs e)
{
  oc.Position = new Point3D(
    oc.Position.X + 0.5, 0, oc.Position.Z - 0.5);
  oc.LookDirection = new Vector3D(
    oc.LookDirection.X - 0.5, 0, oc.LookDirection.Z + 0.5);
  Title = "P: " + oc.Position.X + "/0/" + oc.Position.Z
    + ", LD: " + oc.LookDirection.X + "/0/" + oc.LookDirection.Z;
}
```

Mit jedem Mausklick wird die Position der Kamera um 0.5 nach rechts (in positive x-Richtung) und um 0.5 nach vorne (in negative z-Richtung), zur Blattebene hin verschoben. Die Blickrichtung wird auch verändert, sodass der Betrachter weiterhin durch den Nullpunkt schaut. Er sieht das Dreieck aber aus immer spitzerem Winkel, es wird für ihn also immer kleiner. Bei z=0 schaut er genau auf die Seitenkante des Dreiecks, und bei z<0 schaut er auf die Rückseite des Dreiecks. Diese hat keine Farbe; er sieht also nichts mehr.

10.1.4 Ein Dreieck in Programmcode erzeugen

Es kann vorkommen, dass Sie eine dreidimensionale Szene aus 3D-Körpern aufbauen, deren Daten aus einer externen Quelle stammen. Dazu ist es notwendig, die Szene ganz oder teilweise mithilfe von Programmcode zu erstellen. Im nachfolgenden Projekt *DreiDExtern* wird nur das Fenster mithilfe von XAML erzeugt, der Rest in Programmcode. Es handelt sich um das einfache Dreieck aus dem vorherigen Abschnitt (siehe Abbildung 10.2).

Zunächst der kurze XAML-Code:

```
<Window ... Height="200" Width="300" Loaded="Window_Loaded" />
```

Die nachfolgende Ereignismethode wird beim Laden des Fensters durchlaufen:

```
private void Window_Loaded(...)
{
```

```
  /* Positionen für MeshGeometry */
  Point3DCollection p3dc = new Point3DCollection();
  p3dc.Add(new Point3D(-1, 1, 0));
  p3dc.Add(new Point3D(-1, -1, 0));
  p3dc.Add(new Point3D(1, -1, 0));

  /* Indizes für MeshGeometry */
  Int32Collection i32c = new Int32Collection();
  i32c.Add(0);
  i32c.Add(1);
  i32c.Add(2);

  /* MeshGeometry, mit Eigenschaften */
  MeshGeometry3D mg3d = new MeshGeometry3D();
  mg3d.Positions = p3dc;
  mg3d.TriangleIndices = i32c;

  /* Geometrie-Modell mit MeshGeometry und Material */
  GeometryModel3D gm3d = new GeometryModel3D(mg3d,
    new DiffuseMaterial(new SolidColorBrush(Colors.Gray)));

  /* ModelVisual3D-Element für Geometrie */
  ModelVisual3D mv3dg = new ModelVisual3D();
  mv3dg.Content = gm3d;

  /* ModelVisual3D-Element für Licht */
  ModelVisual3D mv3dl = new ModelVisual3D();
  mv3dl.Content = new AmbientLight();

  /* Viewport3D, mit Kamera, mit Licht, mit Geometrie */
  Viewport3D vp3d = new Viewport3D();
  vp3d.Camera = new OrthographicCamera(new Point3D(0, 0, 5),
    new Vector3D(0, 0, -5), new Vector3D(0, 1, 0), 6);
  vp3d.Children.Add(mv3dl);
  vp3d.Children.Add(mv3dg);

  /* Viewport3D wird Inhalt des Fensters */
  Content = vp3d;
}
```

Die Szene wird von innen nach außen aufgebaut. Zunächst werden die beiden Collections für die Eigenschaften `Positions` und `TriangleIndices` erzeugt. Die einzelnen Punkte und ihre Indizes werden mithilfe der Methode `Add()` hinzugefügt.

Der verwendete Konstruktor des Typs `GeometryModel3D` benötigt ein Objekt des Typs `Geometry3D` und ein Objekt des Typs `Material`. Dieses braucht wiederum ein Objekt des Typs `Brush`.

Der verwendete Konstruktor des Typs `OrthographicCamera` benötigt vier Parameter der folgenden Typen:

- `Point3D` für die Eigenschaft `Position` (Kameraposition)
- `Vector3D` für die Eigenschaft `LookDirection` (Blickrichtung)
- `Vector3D` für die Eigenschaft `UpDirection` (Lage der Kamera)
- `double` für die Eigenschaft `Width` (Breite des Sichtfelds)

Die Kamera steht mit den Standardwerten 0,1,0 für die Eigenschaft `UpDirection` genau aufrecht. Das heißt, das obere Ende ist in positive y-Richtung ausgerichtet. Mehr zum Thema Kameralage finden Sie in Abschnitt 10.2, »Kamera«.

10.1.5 Würfel

In diesem Abschnitt wird im Projekt *DreiDWürfel* ein Würfel dargestellt. Die Kantenlänge ist 2, das Zentrum des Würfels ist der Nullpunkt des Koordinatensystems. Der Betrachter sieht die drei vorderen Seiten des Würfels wie in Abbildung 10.3. Jede Seite ist aus zwei Dreiecken aufgebaut. Der Betrachter kann sich den Würfel per Tastendruck auch von hinten anschauen ([V] = vorne, [H] = hinten).

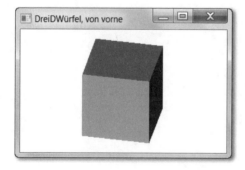

Abbildung 10.3 Drei Seiten eines Würfels

Der Aufbau hat viele Ähnlichkeiten mit dem Aufbau des einzelnen Dreiecks aus dem vorherigen Abschnitt. Nachfolgend sehen Sie nur die geänderten Teile des XAML-Codes:

```
<Window ... KeyDown="Window_KeyDown">
    ...
```

```
<OrthographicCamera x:Name="oc" Position="1,3,5"
  LookDirection="-1,-3,-5" Width="6"/>
...
<DirectionalLight x:Name="dl" Color="White"
  Direction="-1,-3,-5" />
...
<GeometryModel3D.Material>
  <DiffuseMaterial Brush="LightGray" />
</GeometryModel3D.Material> ...
...
<GeometryModel3D.BackMaterial>
  <DiffuseMaterial Brush="Red" />
</GeometryModel3D.BackMaterial>
...
<MeshGeometry3D Positions="-1,1,1 -1,-1,1 1,-1,1 1,1,1 1,1,1
  1,-1,1 1,-1,-1 1,1,-1 -1,1,-1 -1,1,1 1,1,1 1,1,-1"
  TriangleIndices="0,1,2 2,3,0 4,5,6 6,7,4 8,9,10 10,11,8"/>
...
</Window>
```

Falls innerhalb des Fensters eine Taste heruntergedrückt wird, dann reagiert darauf die Ereignismethode `Window_KeyDown`.

Die orthographische Kamera ist diesmal anders positioniert. Sie liegt (mit den `Position`-Werten 1,3,5) wiederum ein Stück vor der Blattebene, ist aber leicht nach rechts und ein Stück nach oben gerückt. Die `LookDirection`-Werte sind mit −1,−3,−5 entsprechend angepasst, sodass der Betrachter nach wie vor durch den Nullpunkt schaut. Dort liegt der Würfel.

Bei einem gleichmäßigen Umgebungslicht vom Typ `AmbientLight` hätten alle drei sichtbaren Seiten des Würfels für den Betrachter die gleichen Farbtöne. In diesem Projekt wurde ein gerichtetes Licht vom Typ `DirectionalLight` verwendet. Dieses strahlt aus einer bestimmten Richtung, die mithilfe der Eigenschaft `Direction` vom Typ `Vector3D` angegeben wird. Hier wurde die gleiche Richtung wie die Blickrichtung genommen. Die drei sichtbaren Seiten des Würfels werden von diesem Licht aus unterschiedlichen Winkeln beleuchtet, daher erscheinen sie für den Betrachter in verschiedenen Farbtönen. Die Farbe des Lichts ist Weiß (Eigenschaft `Color`); dies ist das Licht mit der höchsten Intensität.

Das Material für die Vorderseite ist diffus und hellgrau. Bei diesem 3D-Körper wurde über die Eigenschaft `BackMaterial` auch eine Farbe für die Rückseite gewählt: Rot. Der Betrachter kann den 3D-Körper also auch von hinten sehen.

Die Auflistung der `Point3D`-Objekte für die Eigenschaft `Positions` umfasst diesmal insgesamt 12 Elemente. Aus diesen Elementen werden mithilfe der Eigenschaft `TriangleIndices` sechs Dreiecke gebildet. Der Umlaufsinn jedes Dreiecks wurde so gewählt, dass der Betrachter alle Vorderseiten sieht. Jeweils zwei Dreiecke bilden eine der drei sichtbaren Seiten des Würfels. Im Einzelnen sind dies:

- die hellgraue vordere Seite: Indizes 0 (links oben), 1 (links unten), 2 (rechts unten) und 2, 3 (rechts oben), 0
- die schwarze rechte Seite: Indizes 4 (vorne oben), 5 (vorne unten), 6 (hinten unten) und 6, 7 (hinten oben), 4
- die dunkelgraue obere Seite: Indizes 8 (links hinten), 9 (links vorne), 10 (rechts vorne) und 10, 11 (rechts hinten), 8

Die Ereignismethode sieht so aus:

```
private void Window_KeyDown(object sender, KeyEventArgs e)
{
  if (e.Key == Key.V)
  {
    oc.Position = new Point3D(1, 3, 5);
    oc.LookDirection = new Vector3D(-1, -3, -5);
    dl.Direction = new Vector3D(-1, -3, -5);
    Title = "DreiDWürfel, von vorne";
  }
  else if (e.Key == Key.H)
  {
    oc.Position = new Point3D(-1, -3, -5);
    oc.LookDirection = new Vector3D(1, 3, 5);
    dl.Direction = new Vector3D(1, 3, 5);
    Title = "DreiDWürfel, von hinten";
  }
}
```

Bezüglich der Auswertung der gedrückten Tasten verweise ich auf Abschnitt 10.2, »Kamera«. Nach dem Betätigen einer der beiden Tasten [V] oder [H] werden die Position und die Blickrichtung der orthographischen Kamera und die Richtung des gerichteten Lichts geändert.

10.1.6 Gemeinsame Punkte

Wenn Sie die Auflistung `Positions` im vorherigen Projekt *DreiDWürfel* genauer betrachten, so stellen Sie fest, dass einige Punkte mehrmals vorkommen. Theoretisch könnten die drei Seiten des Würfels also auch mit weniger Punkten auskommen. Allerdings gehen zwei Flächen, die gemeinsame Punkte einer Auflistung nutzen, ineinander über. Damit werden die Kanten zwischen den Flächen schwer oder gar nicht mehr erkennbar.

Das nachfolgende Projekt *DreiDGemeinsam* zeigt dies (siehe Abbildung 10.4). Es handelt sich um einen Würfel mit den gleichen Eckpunkten, allerdings wurde die Auflistung `Positions` verkürzt: Jeder Punkt kommt nur noch einmal vor. Das direktionale Licht ermöglicht aber zumindest die grobe Erkennung der drei Seiten.

Abbildung 10.4 Mehrfache Nutzung der Punkte

Der entsprechende Ausschnitt des XAML-Codes sieht so aus:

```
<MeshGeometry3D
   Positions="-1,1,1 -1,-1,1 1,-1,1 1,1,1 1,-1,-1 1,1,-1 -1,1,-1"
   TriangleIndices="0,1,2 2,3,0 3,2,4 4,5,3 6,0,3 3,5,6"/>
```

Insgesamt gibt es nur noch sieben Punkte, die teilweise zwei- oder dreifach genutzt werden.

10.2 Kamera

In diesem Abschnitt werden die Möglichkeiten einer perspektivischen Kamera und einer Veränderung der Kameralage erläutert.

10.2.1 Perspektivische Kamera

Eine Alternative zur orthographischen Kamera ist die perspektivische Kamera. Sie bildet gleich große 3D-Körper abhängig von ihrem Abstand zur Kamera unterschiedlich groß ab.

Im Projekt *DreiDPerspektive* werden drei gleich große Dreiecke dargestellt (siehe Abbildung 10.5). Das mittlere Dreieck liegt genau in der Blattebene (z-Koordinate 0). Das linke Dreieck liegt in der Ebene mit der z-Koordinate 1, also vom Betrachter aus vorne. Das rechte Dreieck liegt in der Ebene mit der z-Koordinate –1, vom Betrachter aus hinten. Die Dreiecke werden unterschiedlich groß dargestellt. Dies erhöht die Räumlichkeit der Szene. Der Betrachter kann mit den Tasten [O] (orthographisch) und P (perpektivisch) zwischen den beiden Kameratypen hin und her schalten.

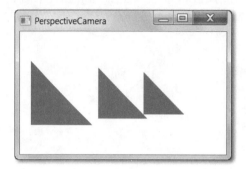

Abbildung 10.5 Drei Dreiecke in unterschiedlicher Entfernung

Dies sind die wichtigen Teile des XAML-Codes für die perspektivische Kamera:

```
<Window ... KeyDown="Window_KeyDown">
  ...
  <PerspectiveCamera Position="0,0,5" LookDirection="0,0,-5"
    FieldOfView="80" />
  ...
  <MeshGeometry3D Positions="-3,1,1 -3,-1,1 -1,-1,1 -1,1,0
    -1,-1,0 1,-1,0 1,1,-1 1,-1,-1 3,-1,-1"
    TriangleIndices="0,1,2 3,4,5 6,7,8"/>
  ...
</Window>
```

Das Objekt des Type `PerspectiveCamera` hat die bereits bekannten Eigenschaften `Position` und `LookDirection` vom Typ `Point3D` beziehungsweise `Vector3D`. Die Sichtweite wird mithilfe der `double`-Eigenschaft `FieldOfView` angegeben.

Die linke Kante des linken Dreiecks liegt bei –3, und die rechte Ecke des rechten Dreiecks liegt bei 3. Nach der Umschaltung auf die orthographische Kamera mithilfe der nachfolgenden Ereignismethode beträgt die Sichtweite 6. Daher füllen die Dreiecke dann das gesamte Fenster aus.

```
private void Window_KeyDown(object sender, KeyEventArgs e)
{
  if (e.Key == Key.O)
  {
    v3d.Camera = new OrthographicCamera(new Point3D(0, 0, 5),
      new Vector3D(0, 0, -5), new Vector3D(0, 1, 0), 6);
    Title = "OrthographicCamera";
  }
```

```
  else if (e.Key == Key.P)
  {
    v3d.Camera = new PerspectiveCamera(new Point3D(0, 0, 5),
      new Vector3D(0, 0, -5), new Vector3D(0, 1, 0), 80);
    Title = "PerspectiveCamera";
  }
}
```

Die Parameter der Konstruktoren der beiden Kameratypen stehen für Position, Blickrichtung, Lage der Kamera und Sichtweite.

10.2.2 Lage der Kamera

Die Eigenschaft UpDirection vom Typ Vector3D ist für die Lage der Kamera verantwortlich, unabhängig von der Blickrichtung. Der Standardwert ist 0,1,0. Damit steht die Kamera genau aufrecht, d.h., das obere Ende ist in positive y-Richtung ausgerichtet.

Im nachfolgenden Projekt *DreiDKameralage* ist die Kamera mit den Werten 0.2,1,0 leicht nach rechts gekippt. Relativ dazu erscheint der bereits aus Abschnitt 10.1.5 bekannte Würfel leicht nach links gekippt (siehe Abbildung 10.6). Der Betrachter kann die Kamera mit den Tasten [L] (links) und [R] (rechts) weiter nach links oder rechts kippen. Das direktionale Licht lässt die drei Seiten unterschiedlich erscheinen.

Abbildung 10.6 Veränderte Kameralage

Zunächst sehen Sie hier die wichtigen Teile des XAML-Codes:

```
<Window ... KeyDown="Window_KeyDown">
  ...
  <OrthographicCamera x:Name="oc" Position="1,3,5"
    LookDirection="-1,-3,-5" UpDirection="0.2,1,0" Width="6"/>
  ...
```

```
    <DirectionalLight Color="White" Direction="-1,-3,-5" />
    ...
</Window>
```

Die Ereignismethode sieht so aus:

```
private void Window_KeyDown(...)
{
  if (e.Key == Key.R)
    oc.UpDirection = new Vector3D(oc.UpDirection.X + 0.1, 1, 0);
  else if (e.Key == Key.L)
    oc.UpDirection = new Vector3D(oc.UpDirection.X - 0.1, 1, 0);

  Title = "UpDirection: " + Math.Round(oc.UpDirection.X, 1)
    + " / 1 / 0";
}
```

Der aktuelle Wert der x-Komponente der Kameralage wird durch die Betätigung der Tasten herauf- beziehungsweise herabgesetzt.

10.3 Licht

Es gibt vier verschiedene Arten von Licht, mit denen man eine dreidimensionale Szene beleuchten kann:

- Ein `AmbientLight` erschafft ein gleichmäßiges Umgebungslicht.
- Ein `DirectionalLight` erzeugt ein Licht, das in eine bestimmte Richtung strahlt.
- Ein `SpotLight` dient zur Beleuchtung mithilfe eines Lichtkegels, der von einer bestimmten Position aus in eine bestimmte Richtung strahlt.
- Ein `PointLight` ist eine Lichtquelle an einer bestimmten Position, die in alle Richtungen strahlt.

Es können auch mehrere Lichtarten kombiniert werden.

Die vier Lichtarten können Sie im nachfolgenden Projekt *DreiDLicht* miteinander vergleichen, und zwar mithilfe der Tasten [A] (für `AmbientLight`), [D] (für `DirectionLight`), [S] (für `SpotLight`) und [P] (für `PointLight`). Als 3D-Körper wird eine halbe zylindrische Röhre dargestellt (siehe Abbildung 10.7).

Die Röhre ist per Programmcode aus einzelnen, schmalen Rechtecken konstruiert. Ihre Achse entspricht der y-Achse. Der Betrachter schaut von vorne rechts (positive x- und z-Richtung) auf die Blattebene; die Wölbung der Röhre kommt ihm entgegen. Die Blickrichtung ist leicht von unten (negative y-Richtung), damit er den Rand der Röhre besser erkennen kann.

Abbildung 10.7 Halbe Röhre, Beleuchtung mit SpotLight

Der XAML-Code:

```
<Window ... Loaded="Window_Loaded" KeyDown="Window_KeyDown">
  <Viewport3D>
    <Viewport3D.Camera>
      <OrthographicCamera
        Position="5,-2,5" LookDirection="-5,2,-5" Width="6"/>
    </Viewport3D.Camera>

    <Viewport3D.Children>
      <ModelVisual3D x:Name="mv3d1">
        <ModelVisual3D.Content>
          <SpotLight Color="White" Position="5,-2,5" Direction=
            "-5,2,-5" InnerConeAngle="15" OuterConeAngle="30" />
        </ModelVisual3D.Content>
      </ModelVisual3D>

      <ModelVisual3D>
        <ModelVisual3D.Content>
          <GeometryModel3D>
            <GeometryModel3D.Material>
              <DiffuseMaterial Brush="LightGray" />
            </GeometryModel3D.Material>

            <GeometryModel3D.Geometry>
              <MeshGeometry3D x:Name="mg3d" />
            </GeometryModel3D.Geometry>

          </GeometryModel3D>
```

```
        </ModelVisual3D.Content>
      </ModelVisual3D>
    </Viewport3D.Children>
  </Viewport3D>
</Window>
```

Nach dem Laden des Fensters wird in der Methode Window_Loaded() die Geometrie der halben Röhre erzeugt. Die Methode Window_KeyDown() dient zum Umschalten zwischen den Lichtarten.

Die Position und die Strahlrichtung des SpotLight-Objekts entsprechen in diesem Projekt der Position und der Blickrichtung der orthographischen Kamera. Sie sind wie diese vom Typ Point3D beziehungsweise Vector3D. Die beiden double-Eigenschaften InnerConeAngle und OuterConeAngle bezeichnen Winkel. Diese stehen für die innere und äußere Grenze des Lichtkegels. Innerhalb des Lichtkegels werden die 3D-Körper vollständig vom SpotLight-Objekt ausgeleuchtet.

Das Material des 3D-Körpers ist diffus hellgrau, und die Geometrie wird per Programmcode erzeugt. Die Methode zum Umschalten der Lichtarten sieht so aus:

```
private void Window_KeyDown(object sender, KeyEventArgs e)
{
  if (e.Key == Key.A)
  {
    mv3d1.Content = new AmbientLight(Colors.White);
    Title = "AmbientLight";
  }
  else if (e.Key == Key.D)
  {
    mv3d1.Content = new DirectionalLight(
      Colors.White, new Vector3D(-5, 2, -5));
    Title = "DirectionalLight";
  }
  else if (e.Key == Key.P)
  {
    mv3d1.Content = new PointLight(
      Colors.White, new Point3D(5, -2, 5));
    Title = "PointLight";
  }
  else if (e.Key == Key.S)
  {
    mv3d1.Content = new SpotLight(Colors.White,
      new Point3D(5, -2, 5), new Vector3D(-5, 2, -5), 30, 15);
    Title = "SpotLight";
  }
}
```

Das `AmbientLight` benötigt nur eine Farbe. Weiß ist am hellsten. Das `DirectionalLight` benötigt zusätzlich ein Objekt vom Typ `Vector3D` für die Richtung des Lichts. Beim `PointLight` ist neben der Farbe die Position der Lichtquelle wichtig. Sie wird mithilfe eines `Point3D`-Objekts angegeben.

Das `SpotLight` wird mithilfe der Farbe, der Position der Lichtquelle, der Richtung für den Lichtkegel und den beiden Angaben für den äußeren und den inneren Winkel des Lichtkegels konstruiert.

Es folgt die Konstruktion der halben Röhre:

```
private void Window_Loaded(...)
{
  /* Faktor für Bogenmaß */
  double bf = Math.PI / 180;

  /* Positionen und Dreiecks-Indizes für MeshGeometry */
  Point3DCollection p3dc = new Point3DCollection();
  Int32Collection i32c = new Int32Collection();

  /* Start für Dreiecks-Index */
  int ti = 0;

  /* Alle 10 Grad ein Rechteck */
  for (double w = 0; w <= 170; w += 10)
  {
    double wd = w + 10;
    double wb = w * bf;      // Bogenmaß
    double wdb = wd * bf;    // Bogenmaß

    /* Eckpunkte 0,1,2,3 eines Rechtecks */
    p3dc.Add(new Point3D(-Math.Cos(wb), 1, Math.Sin(wb)));
    p3dc.Add(new Point3D(-Math.Cos(wb), -1, Math.Sin(wb)));
    p3dc.Add(new Point3D(-Math.Cos(wdb), -1, Math.Sin(wdb)));
    p3dc.Add(new Point3D(-Math.Cos(wdb), 1, Math.Sin(wdb)));

    /* Rechteck aus zwei Dreiecken: 0,1,2 und 2,3,0 */
    i32c.Add(ti);
    i32c.Add(ti + 1);
    i32c.Add(ti + 2);
    i32c.Add(ti + 2);
    i32c.Add(ti + 3);
    i32c.Add(ti);
    ti += 4;
  }
```

```
    /* MeshGeometry-Eigenschaften */
    mg3d.Positions = p3dc;
    mg3d.TriangleIndices = i32c;
}
```

Die halbe Röhre ist aus 18 schmalen Rechtecken zusammengesetzt. Jedes Rechteck steht relativ zur Lichtquelle in einem anderen Winkel, daher ergeben sich die Beleuchtungseffekte. Die Eckpunkte der Rechtecke werden mithilfe der trigonometrischen Funktionen Sinus und Cosinus ermittelt.

Die entsprechenden Methoden Math.Sin() und Math.Cos() benötigen den Winkel im Bogenmaß. Daher wird vorher jeder Winkel von Grad in Bogenmaß umgerechnet, und zwar mithilfe der mathematischen Konstante *pi* und der Formel wb = w * pi / 180.

10.4 Modelle

3D-Körper können innerhalb von unterschiedlichen Modellen angeordnet werden:

- Objekte des Typs ModelVisual3D haben Sie bereits kennengelernt. Diese können ein einzelnes GeometryModel3D-Objekt beinhalten.
- Innerhalb eines ModelVisual3D-Objekts kann aber auch ein Model3DGroup-Objekt stehen. Dieses kann eine Gruppe von mehreren GeometryModel3D-Objekten beinhalten.
- Verwendet man ModelUIElement3D statt ModelVisual3D, dann können auf dem 3D-Körper Ereignisse ausgelöst werden.
- Ein ContainerUIElement3D-Objekt kann eine Gruppe von ModelUIElement3D-Objekten enthalten, bei denen jeweils eigene Ereignisse ausgelöst werden können.
- Verwendet man Viewport2DVisual3D statt ModelVisual3D, so wird die zweidimensionale Gestaltung der Oberflächen der 3D-Körper ermöglicht, zum Beispiel mit Steuerelementen.

10.4.1 Gruppe von 3D-Körpern

Innerhalb eines Objekts des Typs Model3DGroup können Sie mehrere Objekte des Typs GeometryModel3D anordnen. Damit kann eine Szene aus 3D-Körpern unterschiedlichen Materials bestehen.

Im nachfolgenden Projekt *DreiDGruppe* werden zwei Dreiecke unterschiedlicher Farbe dargestellt, die ein Quadrat bilden (siehe Abbildung 10.8). Das Quadrat liegt in der Blattebene, bei z = 0. Sein Zentrum ist der Nullpunkt. Der Betrachter kann die Farben der Dreiecke per Mausklick umschalten.

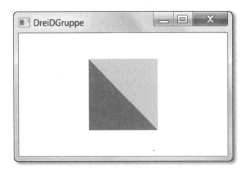

Abbildung 10.8 Gruppe von 3D-Körpern

Der XAML-Code:

```
<Window ... MouseDown="Window_MouseDown">
  ...
  <ModelVisual3D>
    <ModelVisual3D.Content>
      <Model3DGroup x:Name="m3dg">

        <GeometryModel3D>
          <GeometryModel3D.Material>
            <DiffuseMaterial Brush="Gray" />
          </GeometryModel3D.Material>
          <GeometryModel3D.Geometry>
            <MeshGeometry3D Positions="-1,1,0 -1,-1,0 1,-1,0"
              TriangleIndices="0,1,2"/>
          </GeometryModel3D.Geometry>
        </GeometryModel3D>

        <GeometryModel3D>
          <GeometryModel3D.Material>
            <DiffuseMaterial Brush="LightGray" />
          </GeometryModel3D.Material>
          <GeometryModel3D.Geometry>
            <MeshGeometry3D Positions="1,-1,0 1,1,0 -1,1,0"
              TriangleIndices="0,1,2"/>
          </GeometryModel3D.Geometry>
        </GeometryModel3D>
```

```
        </Model3DGroup>
      </ModelVisual3D.Content>
    </ModelVisual3D>
    ...
</Window>
```

Das erste Dreieck in der Gruppe ist grau, das zweite hellgrau. Die Eigenschaften `Positions` und `TriangleIndices` sind unabhängig voneinander. Es folgt die Klasse mit der Ereignismethode zum Wechseln des Materials:

```
public partial class MainWindow : Window
{
  bool unten_dunkel;
  public MainWindow()
  {
    InitializeComponent();
    unten_dunkel = true;
  }

  private void Window_MouseDown(object sender,
      MouseButtonEventArgs e)
  {
    GeometryModel3D gm3d1 = m3dg.Children[0] as GeometryModel3D;
    GeometryModel3D gm3d2 = m3dg.Children[1] as GeometryModel3D;
    if (unten_dunkel)
    {
      gm3d1.Material = new DiffuseMaterial(
        new SolidColorBrush(Colors.LightGray));
      gm3d2.Material = new DiffuseMaterial(
        new SolidColorBrush(Colors.Gray));
    }
    else
    {
      gm3d1.Material = new DiffuseMaterial(
        new SolidColorBrush(Colors.Gray));
      gm3d2.Material = new DiffuseMaterial(
        new SolidColorBrush(Colors.LightGray));
    }
    unten_dunkel = !unten_dunkel;
  }
}
```

Die Auflistungseigenschaft `Children` des `Model3DGroup`-Objekts ist vom Typ `Model3DCollection`. Sie beinhaltet die einzelnen Objekte vom Typ `GeometryModel3D`.

10.4.2 3D-Körper mit Ereignissen

Bisher konnten Ereignisse nur bezüglich des Fensters ausgelöst werden. In diesem Abschnitt sollen Objekte des Typs ModelUIElement3D vorgestellt werden. Sie bieten im Gegensatz zur Klasse ModelVisual3D die Möglichkeit, Ereignisse direkt auf dem 3D-Körper auszulösen.

ModelUIElement3D-Objekte können wiederum entweder einzelne 3D-Körper mithilfe von GeometryModel3D oder Gruppen von 3D-Körpern mithilfe von Model3DGroup beinhalten.

Im nachfolgenden Projekt *DreiDModelUI* wird jeweils ein Ereignis ausgelöst, wenn wir die Oberfläche des bereits aus Abschnitt 10.1.5 bekannten Würfel mit der Maus betreten und wieder verlassen. In den zugehörigen Ereignismethoden wird die Farbe des Würfels gewechselt (siehe Abbildung 10.9).

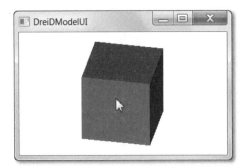

Abbildung 10.9 Betreten der Oberfläche des Würfels mit der Maus

Der XAML-Code:

```
<Window ...>
  <Viewport3D>
    ...
    <Viewport3D.Children>
      ...
      <ModelUIElement3D
          MouseEnter="betreten" MouseLeave="verlassen">
        <GeometryModel3D>
          <GeometryModel3D.Material>
            <DiffuseMaterial x:Name="dm" Brush="LightGray" />
          </GeometryModel3D.Material>
          ...
        </GeometryModel3D>
      </ModelUIElement3D>
```

```
        </Viewport3D.Children>
    </Viewport3D>
</Window>
```

Es wird ein Objekt der Klasse `ModelUIElement3D` statt der Klasse `ModelVisual3D` genutzt. Darin stehen die beiden Ereignishandler, die zu den folgenden Methoden führen:

```
private void betreten(object sender, MouseEventArgs e)
{ dm.Brush = new SolidColorBrush(Colors.Gray); }
private void verlassen(object sender, MouseEventArgs e)
{ dm.Brush = new SolidColorBrush(Colors.LightGray); }
```

Innerhalb der Methoden wird die Eigenschaft `Brush` des Materials des `GeometryModel3D`-Objekts geändert.

10.4.3 Gruppe von 3D-Körpern mit Ereignissen

Ein Objekt der Klasse `ContainerUIElement3D` ermöglicht Gruppen von 3D-Körpern unterschiedlichen Materials, bei denen jeweils Ereignisse ausgelöst werden können. Es werden also die Möglichkeiten der Klassen `Model3DGroup` und `ModelUIElement3D` kombiniert.

Im nachfolgenden Projekt *DreiDContainerUI* wird das bereits aus Abschnitt 10.4.1, »Gruppe von 3D-Körpern«, bekannte Quadrat dargestellt. Auf den beiden Dreiecken, aus denen es besteht, können jeweils Ereignisse ausgelöst werden. Das Betreten und das Verlassen mit der Maus führen zu einem Farbwechsel des jeweiligen Dreiecks (siehe Abbildung 10.10).

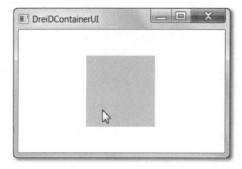

Abbildung 10.10 Betreten des ersten Dreiecks mit der Maus

Der XAML-Code:

```
<Window ...>
    <Viewport3D>
```

```
...
<Viewport3D.Children>
   ...
   <ContainerUIElement3D>

      <ModelUIElement3D
          MouseEnter="betreten1" MouseLeave="verlassen1">
         <GeometryModel3D>
            <GeometryModel3D.Material>
               <DiffuseMaterial x:Name="dm1" Brush="Gray" />
            </GeometryModel3D.Material>
            ...
         </GeometryModel3D>
      </ModelUIElement3D>

      <ModelUIElement3D
          MouseEnter="betreten2" MouseLeave="verlassen2">
         <GeometryModel3D>
            <GeometryModel3D.Material>
               <DiffuseMaterial x:Name="dm2" Brush="LightGray" />
            </GeometryModel3D.Material>
            ...
         </GeometryModel3D>
      </ModelUIElement3D>

   </ContainerUIElement3D>
   </Viewport3D.Children>
</Viewport3D>
</Window>
```

Innerhalb des `ContainerUIElement3D`-Objekts sind zwei Objekte des Typs `ModelUIElement3D` angeordnet. Jedes davon beschreibt ein Dreieck, auf dem Ereignisse ausgelöst werden können. Die vier Ereignismethoden entsprechen denen aus Abschnitt 10.4.2, »3D-Körper mit Ereignissen«.

10.4.4 3D-Körper mit Oberflächengestaltung

Eine weitere Alternative bieten Objekte der Klasse `Viewport2DVisual3D`. Damit können die Oberflächen der 3D-Körper wie zweidimensionale Flächen gestaltet werden. Sie können dort also auch bedienbare Steuerelemente anordnen.

Im nachfolgenden Projekt *DreiDViewport2D* werden auf den drei Seiten des bereits aus Abschnitt 10.1.5 bekannten Würfels jeweils zwei Buttons abgebildet (siehe Abbildung 10.11). Die Betätigung der Buttons führt jeweils zu einer Ereignismethode.

10 | 3D-Grafik

Abbildung 10.11 Steuerelemente auf der Oberfläche des Würfels

Der XAML-Code:

```
<Window ...>
  <Viewport3D>
  ...
  <Viewport3D.Children>
  ...
  <Viewport2DVisual3D>
    <Viewport2DVisual3D.Material>
      <DiffuseMaterial
        Viewport2DVisual3D.IsVisualHostMaterial="True" />
    </Viewport2DVisual3D.Material>

    <Viewport2DVisual3D.Geometry>
      <MeshGeometry3D Positions="-1,1,1 -1,-1,1 1,-1,1 1,1,1
        1,1,1 1,-1,1 1,-1,-1 1,1,-1 -1,1,-1 -1,1,1 1,1,1 1,1,-1"
        TriangleIndices="0,1,2 2,3,0 4,5,6 6,7,4 8,9,10 10,11,8"
        TextureCoordinates="0,0 0,1   1,1    1,0
                            0,0 0,1 0.5,1 0.5,0
                            0,0 0,1   1,1    1,0" />
    </Viewport2DVisual3D.Geometry>

    <Viewport2DVisual3D.Visual>
      <StackPanel>
        <Button Click="a_Click">A</Button>
        <Button Click="b_Click">B</Button>
      </StackPanel>
    </Viewport2DVisual3D.Visual>
  </Viewport2DVisual3D>

</Viewport3D.Children>
</Viewport3D>
</Window>
```

Es wird ein Objekt der Klasse `Viewport2DVisual3D` statt der Klasse `ModelVisual3D` genutzt. Dies ermöglicht die Gestaltung der Oberflächen. Als Material wird ein Objekt des Typs `DiffuseMaterial` verwendet. Die angefügte boolesche Eigenschaft `IsVisualHostMaterial` wird auf `True` gesetzt. Damit wird das Material interaktiv.

Beim `MeshGeometry3D`-Objekt wurde die Eigenschaft `TextureCoordinates` vom Typ `PointCollection` mit Werten gefüllt. Die Textur gibt an, wie die drei Seiten des Würfels belegt werden. Die zweidimensionalen Punkte 0,0 0,1 1,1 und so weiter stehen für die relativen Koordinaten des zweidimensionalen Elements, die auf die dreidimensionalen Punkte des 3D-Körpers abgebildet werden.

Solche relativen Koordinaten haben Sie bereits in Abschnitt 9.4.2 über den linearen Farbverlauf mithilfe eines `LinearGradientBrush` gesehen. Wie dort steht 0,0 für »links oben«, 0,1 für »links unten«, 1,1 für »rechts unten« und 1,0 für »rechts oben« (siehe auch Abbildung 9.12).

Es folgt die Zuordnung der relativen Koordinaten:

- Die ersten vier Punkte in `Positions` stehen für die vordere Seite des Würfels. Dort wird das vollständige StackPanel mit den beiden Buttons abgebildet, da die ersten vier Punkte aus `TextureCoordinates` einmal vollständig gegen den Uhrzeigersinn um das StackPanel herumlaufen.
- Die zweiten vier Punkte in `Positions` stehen für die rechte Seite des Würfels. Dort wird nur die linke Hälfte des StackPanels abgebildet, da die zweiten vier Punkte aus `TextureCoordinates` einmal um die linke Hälfte um das StackPanel herumlaufen. Die x-Koordinate geht nur von 0 bis 0.5.
- Die dritten vier Punkte in `Positions` stehen für die obere Seite des Würfels. Dort wird wieder das vollständige StackPanel abgebildet.

Im `Viewport2DVisual3D`-Objekt folgt nach den Eigenschaften `Material` und `Geometry` die Eigenschaft `Visual`. Diese beinhaltet das zweidimensionale Element, das abgebildet werden soll. Die Ereignismethoden beinhalten nur den Aufruf der Methode `MessageBox.Show()`.

10.5 Material und Textur

Die zweidimensionalen Oberflächen der 3D-Körper können aus verschiedenen Materialien bestehen und mit unterschiedlichen Texturen bedeckt sein.

10.5.1 Material

Kommen wir zunächst zu den Materialien:

- `DiffuseMaterial` ist nicht selbstleuchtend, ist aber zur Anwendung mit einem zweidimensionalen Pinsel geeignet.
- `SpecularMaterial` glänzt zusätzlich in der angegebenen Farbe.
- `EmissiveMaterial` strahlt zusätzlich Licht in der angegebenen Farbe aus und kann sogar ohne Beleuchtung eingesetzt werden.
- Eine `MaterialGroup` beinhaltet eine Auflistung mehrerer Materialien.

Glänzendes beziehungsweise strahlendes Material wird zusammen mit einem diffusen Material als Basis in einer `MaterialGroup` kombiniert.

Im nachfolgenden Projekt *DreiDMaterial* können Sie einzelne Material- und Lichtkombinationen miteinander vergleichen (siehe Abbildung 10.12). Es gibt folgende Tasten:

- die Taste [E] für `EmissiveMaterial` mit einem `PointLight`
- die Taste [S] für `SpecularMaterial` mit einem `PointLight`
- die Taste [O] für `EmissiveMaterial` ohne Licht

Als 3D-Körper wird wiederum die halbe zylindrische Röhre aus Abschnitt 10.3, »Licht«, genutzt.

Abbildung 10.12 Licht emittierendes Material

Der XAML-Code:

```
<Window ... Loaded="Window_Loaded" KeyDown="Window_KeyDown">
  <Viewport3D>
    ...
    <Viewport3D.Children>
      <ModelVisual3D x:Name="mv3d1">
```

```xml
    <ModelVisual3D.Content>
      <PointLight Color="White" Position="5,-2,5" />
    </ModelVisual3D.Content>
  </ModelVisual3D>

  <ModelVisual3D>
    <ModelVisual3D.Content>
      <GeometryModel3D>
        <GeometryModel3D.Material>
          <MaterialGroup x:Name="mg">
            <DiffuseMaterial Brush="LightGray" />
            <EmissiveMaterial Brush="DarkBlue" />
          </MaterialGroup>
        </GeometryModel3D.Material>
  ...
</Window>
```

Nach dem Laden des Fensters wird in der Methode `Window_Loaded()` die Geometrie der halben Röhre erzeugt. Die Methode `Window_KeyDown()` dient zum Umschalten zwischen den Material- und Lichtkombinationen.

Anordnung, Positionen und Richtungen von Kamera und Licht und die Konstruktion der halben Röhre kennen Sie bereits aus Abschnitt 10.3, »Licht«. Als Materialien der Röhre werden innerhalb der `MaterialGroup` ein diffuses, hellgraues Basismaterial und ein strahlendes, dunkelblaues Material genutzt.

Die Methode zum Umschalten sieht so aus:

```csharp
private void Window_KeyDown(object sender, KeyEventArgs e)
{
  if (e.Key == Key.E)
  {
    mv3d1.Content = new PointLight(
      Colors.White, new Point3D(5,-2,5));
    mg.Children.Clear();
    mg.Children.Add(new DiffuseMaterial(
      new SolidColorBrush(Colors.LightGray)));
    mg.Children.Add(new EmissiveMaterial(
      new SolidColorBrush(Colors.DarkBlue)));
    Title = "EmissiveMaterial mit Licht";
  }
  else if (e.Key == Key.S)
  {
    mv3d1.Content = new PointLight(
      Colors.White, new Point3D(5, -2, 5));
    mg.Children.Clear();
```

```
      mg.Children.Add(new DiffuseMaterial(
        new SolidColorBrush(Colors.LightGray)));
      mg.Children.Add(new SpecularMaterial(
        new SolidColorBrush(Colors.DarkBlue), 30));
      Title = "SpecularMaterial mit Licht";
    }
    else if (e.Key == Key.O)
    {
      mv3d1.Content = null;
      mg.Children.Clear();
      mg.Children.Add(new DiffuseMaterial(
        new SolidColorBrush(Colors.LightGray)));
      mg.Children.Add(new EmissiveMaterial(
        new SolidColorBrush(Colors.DarkBlue)));
      Title = "EmissiveMaterial ohne Licht";
    }
}
```

Das Licht wird durch ein neues `PointLight`-Objekt erzeugt. »Gelöscht« wird es mithilfe eines Null-Zeigers. Die Auflistung innerhalb der `MaterialGroup` wird zunächst mit der Methode `Clear()` gelöscht. Anschließend werden Objekte für die einzelnen Materialien mithilfe von `Add()` hinzugefügt.

Als erster Konstruktor-Parameter wird jeweils die Farbe benötigt: für `DiffuseMaterial` die Farbe des Basismaterials, für `SpecularMaterial` zusätzlich die Farbe des Glanzes und für `EmissiveMaterial` zusätzlich die strahlende Farbe. Bei `SpecularMaterial` kommt noch ein Wert für die `double`-Eigenschaft `SpecularPower` hinzu. Dieser Wert stellt einen Grad dar, bis zu dem das Material als Glanz verwendet wird. Je niedriger der Grad ist, desto stärker sieht man die glänzende Farbe relativ zur Farbe des Basismaterials.

10.5.2 Textur

Die Oberflächen eines 3D-Körpers können mit einer Textur gestaltet werden. Dazu wird auf ein Material vom Typ `DiffuseMaterial` ein zweidimensionaler Pinsel (Eigenschaft `Brush`) angewandt. Es kommen Texturkoordinaten zum Einsatz, wie sie bereits in Abschnitt 10.4.4, »3D-Körper mit Oberflächengestaltung«, erläutert wurden.

Im nachfolgenden Projekt *DreiDTextur* wird der dreiseitige Würfel aus Abschnitt 10.1.5 dargestellt (siehe Abbildung 10.13). Diesmal werden die drei Seiten allerdings mit verschiedenen Materialien gestaltet: einem `ImageBrush`, einem `RadialGradientBrush` und einem `LinearGradientBrush`. Dazu ist es notwendig, drei `GeometryModel3D`-Objekte innerhalb einer `Model3DGroup` anzuordnen.

Abbildung 10.13 Drei verschiedene Texturen

Der XAML-Code:

```
<Window ...>
  <Viewport3D>
      ...
      <AmbientLight />
      ...
      <DirectionalLight Color="White" Direction="-3,-3,-5" />
      ...
      <ModelVisual3D>
        <ModelVisual3D.Content>
          <Model3DGroup>

            <GeometryModel3D>
              <GeometryModel3D.Material>
                <DiffuseMaterial>
                  <DiffuseMaterial.Brush>
                    <ImageBrush ImageSource="blume.jpg" />
                  </DiffuseMaterial.Brush>
                </DiffuseMaterial>
              </GeometryModel3D.Material>
              <GeometryModel3D.Geometry>
                <MeshGeometry3D
                  Positions="-1,1,1 -1,-1,1 1,-1,1 1,1,1"
                  TriangleIndices="0,1,2 2,3,0"
                  TextureCoordinates="0,0 0,1 1,1 1,0" />
              </GeometryModel3D.Geometry>
            </GeometryModel3D>

            <GeometryModel3D>
              <GeometryModel3D.Material>
                <DiffuseMaterial>
```

```xml
                    <DiffuseMaterial.Brush>
                      <RadialGradientBrush>
                        <GradientStop Offset="0.1" Color="Black" />
                        <GradientStop
                          Offset="0.9" Color="LightGray" />
                      </RadialGradientBrush>
                    </DiffuseMaterial.Brush>
                  </DiffuseMaterial>
                </GeometryModel3D.Material>
                <GeometryModel3D.Geometry>
                  <MeshGeometry3D
                    Positions="1,1,1 1,-1,1 1,-1,-1 1,1,-1"
                    TriangleIndices="0,1,2 2,3,0"
                    TextureCoordinates="0,0 0,1 1,1 1,0" />
                </GeometryModel3D.Geometry>
              </GeometryModel3D>

              <GeometryModel3D>
                <GeometryModel3D.Material>
                  <DiffuseMaterial>
                    <DiffuseMaterial.Brush>
                      <LinearGradientBrush
                          StartPoint="0,0" EndPoint="0,1">
                        <GradientStop Offset="0.1" Color="Black" />
                        <GradientStop
                          Offset="0.9" Color="LightGray" />
                      </LinearGradientBrush>
                    </DiffuseMaterial.Brush>
                  </DiffuseMaterial>
                </GeometryModel3D.Material>
                <GeometryModel3D.Geometry>
                  <MeshGeometry3D
                    Positions="-1,1,-1 -1,1,1 1,1,1 1,1,-1"
                    TriangleIndices="0,1,2 2,3,0"
                    TextureCoordinates="0,0 0,1 1,1 1,0" />
                </GeometryModel3D.Geometry>
              </GeometryModel3D>

            </Model3DGroup>
          </ModelVisual3D.Content>
        </ModelVisual3D>
      </Viewport3D.Children>
    </Viewport3D>
</Window>
```

Es werden sowohl ein Umgebungslicht als auch ein gerichtetes Licht eingesetzt, ansonsten wird das Bild nicht hell genung. Die `Model3DGroup` besteht aus drei `GeometryModel3D`-Objekten. Jedes Objekt steht für eine Seite des Würfels:

- Die Eigenschaft `Brush` des `DiffuseMaterial`-Objekts beinhaltet für die Vorderseite des Würfels einen `ImageBrush` mit Zugriff auf eine Bilddatei.
- Für die rechte Seite des Würfels ist die Eigenschaft `Brush` mit einem `RadialGradientBrush` belegt, in dem die Farbe von innen nach außen von Schwarz zu Hellgrau übergeht. Die ersten 10 % und die letzten 10 % sind noch außerhalb des Übergangs, also in voller Farbe.
- Auf der Oberseite kommt ein `LinearGradientBrush` entlang eines Wegs von oben nach unten zum Einsatz. Der Startpunkt 0,0 des Wegs bezeichnet die (vom Betrachter aus) hintere linke Ecke der Oberseite, und der Endpunkt 0,1 bezeichnet die vordere linke Ecke. Die Farben und Übergänge sind wie beim `RadialGradientBrush` gewählt.

10.6 Transformationen

Ein 3D-Körper kann auf mehrere Arten transformiert werden. Sie werden sehen, dass es Parallelen zu den Transformationen in der zweidimensionalen Ebene gibt. Zur Transformation dienen die folgenden Klassen, die alle von der Klasse `Transform3D` abgeleitet sind:

- `RotateTransform3D`: **Drehung**
- `ScaleTransform3D`: **Größenänderung, gegebenenfalls mit Verzerrung**
- `TranslateTransform3D`: **Verschiebung**
- `Transform3DGroup`: **Zusammenfassung mehrerer Transformationen**

10.6.1 ScaleTransform3D

Die Größenänderung (Skalierung) eines 3D-Körpers können Sie mithilfe eines Objekts des Typs `ScaleTransform3D` durchführen. Falls Sie die drei `double`-Eigenschaften `ScaleX`, `ScaleY` und `ScaleZ` als Skalierungsfaktoren für die x-, y- und z-Richtung unterschiedlich wählen, wird der 3D-Körper verzerrt. Der Standardwert für alle Faktoren ist 1. Der Mittelpunkt der Transformation wird mithilfe der drei `double`-Eigenschaften `CenterX`, `CenterY` und `CenterZ` festgelegt. Der Standardwert ist jeweils 0.

Im nachfolgenden Projekt *DreiDTransScale* wird der dreiseitige Würfel aus Abschnitt 10.1.5 in alle drei Richtungen unterschiedlich skaliert. Dadurch wird er zu einem Quader (siehe Abbildung 10.14). Mithilfe der Tasten X, Y und Z können Sie die Skalierung weiter vergrößern.

Abbildung 10.14 Skalierung

Der XAML-Code:

```
<Window ... KeyDown="Window_KeyDown">
  ...
  <GeometryModel3D>
  ...
    <GeometryModel3D.Transform>
      <ScaleTransform3D x:Name="st3d"
        CenterX="0" CenterY="-1" CenterZ="1"
        ScaleX="1.5" ScaleY="1.0" ScaleZ="0.5" />
    </GeometryModel3D.Transform>
  ...
  </GeometryModel3D>
  ...
</Window>
```

Die Methode `Window_KeyDown()` dient zum Vergrößern der Skalierung in der jeweiligen Richtung. Das `GeometryModel3D`-Objekt hat neben den Eigenschaften `Material` und `Geometry` für Material und Form die Eigenschaft `Transform` vom Typ `Transform3D` für die Art und Weise der Transformation.

Die Klasse `ScaleTransform3D` besitzt die oben erläuterten `double`-Eigenschaften für die Skalierungsfaktoren und den Transformationsmittelpunkt. Die Faktoren sind 1.5, 1.0 und 0.5. Der Würfel ist also in x-Richtung gedehnt, in y-Richtung unverändert und in z-Richtung gestaucht. Der Mittelpunkt liegt bei 0,-1,1, mit folgenden Auswirkungen:

- In x-Richtung liegt er in der Mitte des 3D-Körpers, dadurch verändert sich der 3D-Körper gleichmäßig zu beiden Seiten.

- In y-Richtung liegt er am unteren Rand des 3D-Körpers, dadurch verändert sich der 3D-Körper nur nach oben.
- In z-Richtung liegt er am vorderen Rand des 3D-Körpers, dadurch verändert sich der 3D-Körper nur nach hinten.

Die Ereignismethode zum weiteren Vergrößern der Skalierung sieht so aus:

```
private void Window_KeyDown(object sender, KeyEventArgs e)
{
  if (e.Key == Key.X)
    st3d.ScaleX += 0.1;
  else if (e.Key == Key.Y)
    st3d.ScaleY += 0.1;
  else if (e.Key == Key.Z)
    st3d.ScaleZ += 0.1;
}
```

Die Faktoren ScaleX, ScaleY beziehungsweise ScaleZ werden jeweils um 0.1 vergrößert.

10.6.2 TranslateTransform3D

Die Verschiebung eines 3D-Körpers führen Sie mithilfe eines Objekts des Typs TranslateTransform3D durch. Die drei double-Eigenschaften OffsetX, OffsetY und OffsetZ legen die Werte für die Verschiebung in x-, y- und z-Richtung einzeln fest. Der Standardwert für alle Eigenschaften ist 0.

Im nachfolgenden Projekt *DreiDTransTranslate* wird der dreiseitige Würfel aus Abschnitt 10.1.5 nach links oben und nach hinten, also weg vom Betrachter, verschoben (siehe Abbildung 10.14). Mithilfe der Tasten [X], [Y] und [Z] können Sie ihn weiter verschieben.

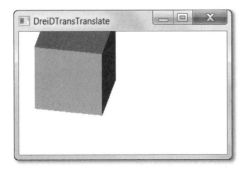

Abbildung 10.15 Verschiebung

Der XAML-Code:

```xml
<Window ... KeyDown="Window_KeyDown">
  ...
  <GeometryModel3D>
  ...
  <GeometryModel3D.Transform>
    <TranslateTransform3D x:Name="tt3d"
      OffsetX="-1.5" OffsetY="0.5" OffsetZ="-0.5" />
  </GeometryModel3D.Transform>
  ...
  </GeometryModel3D>
  ...
</Window>
```

Die Methode `Window_KeyDown()` dient zur Verschiebung. Die Klasse `TranslateTransform3D` besitzt die oben erläuterten `double`-Eigenschaften für die Verschiebung. Die Offsets sind -1.5, 0.5 und -0.5. Der Würfel ist also nach links oben und nach hinten, weg vom Betrachter, verschoben. Die Ereignismethode zur weiteren Verschiebung sieht so aus:

```csharp
private void Window_KeyDown(object sender, KeyEventArgs e)
{
  if (e.Key == Key.X)
    tt3d.OffsetX += 0.2;
  else if (e.Key == Key.Y)
    tt3d.OffsetY += 0.2;
  else if (e.Key == Key.Z)
    tt3d.OffsetZ += 0.2;
}
```

Die Offset-Werte dienen jeweils zur Verschiebung in die positive Richtung, also nach rechts, nach oben beziehungsweise nach vorne zum Betrachter.

10.6.3 RotateTransform3D

Sie können einen 3D-Körper mithilfe eines Objekts des Typs `RotateTransform3D` drehen. Bei dieser komplexen Transformation werden zwei Arten angeboten: die `AxisAngleRotation3D` und die `QuaternionRotation3D`.

Nur die Axis-Angle-Rotation, die einfachere der beiden, wird im nachfolgenden Projekt erläutert. Die Quaternion-Rotation basiert auf dem Zahlensystem der Quaternionen. Dieses Zahlensystem dient zur Beschreibung des dreidimensionalen Raumes und kann zum Beispiel im Zusammenhang mit Drehungen in diesem Raum genutzt werden.

Bei der `AxisAngleRotation3D` wird der 3D-Körper um einen bestimmten Winkel um eine bestimmte Achse gedreht. Die `double`-Eigenschaft `Angle` bestimmt den Winkel der Drehung. Der Standardwert ist 0. Die Eigenschaft `Axis` vom Typ `Vector3D` legt die Richtung der Drehachse fest.

Außerdem können Sie über die `double`-Eigenschaften `CenterX`, `CenterY` und `CenterZ` die Koordinaten des Drehpunkts bestimmen. Dieser liegt mit dem Standardwert 0,0,0 im Nullpunkt des Koordinatensystems.

Im nachfolgenden Projekt *DreiDTransRotate* wird der dreiseitige Würfel aus Abschnitt 10.1.5 um die z-Achse, also die auf den Betrachter zuweisende Achse, gedreht (siehe Abbildung 10.16). Mithilfe der Tasten [X], [Y] und [Z] können Sie den Würfel um die x-Achse, die y-Achse beziehungsweise die z-Achse drehen, jeweils ausgehend von der Normallage ohne Rotation.

Die Taste [S] setzt alles wieder auf Anfang: Der Drehpunkt liegt dann im Nullpunkt, und es erfolgt keine Rotation. Falls Sie abwechseld die Tasten [X] und [S] oder die Tasten [Y] und [S] oder die Tasten [Z] und [S] betätigen, sehen Sie die jeweilige Drehung deutlicher.

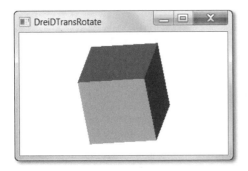

Abbildung 10.16 Rotation um die z-Achse

Sie haben eine weitere Möglichkeit: Die Taste [C] verschiebt den Drehpunkt zur rechten oberen vorderen Ecke des Würfels. Der Wert für die Richtung der Drehachse bleibt gleich. Durch die Änderung des Drehpunkts handelt es sich dabei aber nicht mehr um die z-Achse, sondern um eine Parallele zur z-Achse. Neben dem Drehpunkt bleibt auch die rechte obere hintere Ecke des Würfels an ihrem Platz, da die Würfelkante zwischen diesen beiden Punkten parallel zur z-Achse verläuft (siehe Abbildung 10.17). Falls Sie abwechseld die Tasten [C] und [S] betätigen, sehen Sie die beschriebene Drehung um diese Würfelkante deutlicher.

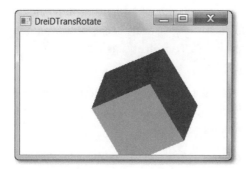

Abbildung 10.17 Rotation um eine Achse parallel zur z-Achse

Der XAML-Code:

```
<Window ... KeyDown="Window_KeyDown">
  ...
  <GeometryModel3D>
  ...
  <GeometryModel3D.Transform>
    <RotateTransform3D x:Name="rt3d">
      <RotateTransform3D.Rotation>
        <AxisAngleRotation3D x:Name="aar3d"
          Axis="0,0,1" Angle="10" />
      </RotateTransform3D.Rotation>
    </RotateTransform3D>
  </GeometryModel3D.Transform>
  ...
</Window>
```

Die Methode `Window_KeyDown()` dient zur Durchführung der verschiedenen Rotationsarten. Die Klasse `RotateTransform3D` besitzt die Eigenschaft `Rotation` vom Typ `Rotation3D`. Diese beinhaltet mit einem Objekt des Typs `AxisAngleRotation3D` die Art der Rotation. `AxisAngleRotation3D` wiederum hat die oben erläuterten Eigenschaften `Axis` für die Richtung der Drehachse und `Angle` für den Drehwinkel. Die Werte 0,0,1 bedeuten: Die Drehachse verläuft parallel zur z-Achse.

Es folgt die Ereignismethode inklusive einer Hilfsmethode:

```
private void Window_KeyDown(object sender, KeyEventArgs e)
{
  if (e.Key == Key.X)
  {
    drehpunkt(0, 0, 0);
    aar3d.Axis = new Vector3D(1, 0, 0);
```

```
    aar3d.Angle = 10;
  }
  else if (e.Key == Key.Y)
  {
    drehpunkt(0, 0, 0);
    aar3d.Axis = new Vector3D(0, 1, 0);
    aar3d.Angle = -10;
  }
  else if (e.Key == Key.Z)
  {
    drehpunkt(0, 0, 0);
    aar3d.Axis = new Vector3D(0, 0, 1);
    aar3d.Angle = 10;
  }
  else if (e.Key == Key.C)
  {
    drehpunkt(1, 1, 1);
    aar3d.Axis = new Vector3D(0, 0, 1);
    aar3d.Angle = 30;
  }
  else if (e.Key == Key.S)
  {
    drehpunkt(0, 0, 0);
    aar3d.Axis = new Vector3D(0, 0, 1);
    aar3d.Angle = 0;
  }
}

private void drehpunkt(double x, double y, double z)
{
  rt3d.CenterX = x;
  rt3d.CenterY = y;
  rt3d.CenterZ = z;
}
```

Die Tasten ⓧ, ⓨ, ⓩ und ⓢ führen dazu, dass der Drehpunkt im Nullpunkt liegt und die Drehachse der x-, y- beziehungsweise z-Achse entspricht. Nur bei der Taste ⓒ ist der Drehpunkt nicht im Nullpunkt und die Drehachse nur parallel zur z-Achse.

Der Drehsinn des Winkels wird gemäß der Rechte-Hand-Regel interpretiert:

▶ Der abgespreizte Daumen der rechten Hand hat die Richtung des Vector3D-Objekts für die Drehachse.

▶ Die restlichen Finger werden gekrümmt. Die Fingerspitzen gehen in Richtung des positiven Drehwinkels.

10.6.4 Transform3DGroup

Innerhalb eines Objekts des Typs Transform3DGroup haben Sie die Möglichkeit, mehrere Transformationen auf einen 3D-Körper anzuwenden. Er kann also gleichzeitig gedreht, skaliert und verschoben werden. Die einzelnen Transformationen sind untergeordnete Elemente des Transform3DGroup-Objekts.

Im nachfolgenden Projekt *DreiDTransGroup* sehen Sie den dreiseitigen Würfel aus Abschnitt 10.1.5. Er wurde in x-Richtung vergrößert und in negativer y-Richtung verschoben, außerdem um 5 Grad mit dem Drehsinn um die y-Achse gedreht (siehe Abbildung 10.18). Bei jedem Tastendruck wird er weiter in x-Richtung vergrößert, in die positive y-Richtung verschoben und gegen den Drehsinn um die y-Achse gedreht.

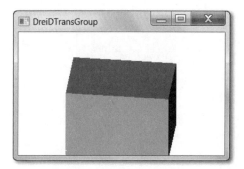

Abbildung 10.18 Vergrößert, verschoben und gedreht

Der XAML-Code:

```
<Window ... KeyDown="Window_KeyDown">
  ...
  <GeometryModel3D>
  ...
  <GeometryModel3D.Transform>
    <Transform3DGroup x:Name="t3dg">
      <ScaleTransform3D ScaleX="1.5" />
      <TranslateTransform3D OffsetY="-0.5" />
      <RotateTransform3D>
        <RotateTransform3D.Rotation>
          <AxisAngleRotation3D Axis="0,1,0" Angle="5" />
        </RotateTransform3D.Rotation>
      </RotateTransform3D>
    </Transform3DGroup>
  </GeometryModel3D.Transform>
  ...
```

```
   </GeometryModel3D>
   ...
</Window>
```

Die Methode `Window_KeyDown()` dient zur Durchführung der weiteren Transformationen. Die Eigenschaft `Transform` des `GeometryModel3D`-Objekts ist vom Typ `Transform3D` und beinhaltet hier ein Objekt des Typs `Transform3DGroup`. Darin steht eine Auflistung mehrerer Transformationen von unterschiedlichen Typen. Die jeweils nicht genannten Eigenschaften haben ihre Standardwerte, also:

- `ScaleY` und `ScaleZ` haben den Wert 1.
- `OffsetX` und `OffsetZ` haben den Wert 0.
- `CenterX`, `CenterY` und `CenterZ` haben den Wert 0.

Der Drehpunkt ist der Nullpunkt des Koordinatensystems, und die Drehachse liegt genau auf der y-Achse. Die Ereignismethode sieht so aus:

```
private void Window_KeyDown(object sender, KeyEventArgs e)
{
  (t3dg.Children[0] as ScaleTransform3D).ScaleX += 0.3;
  (t3dg.Children[1] as TranslateTransform3D).OffsetY += 0.5;
  ((t3dg.Children[2] as RotateTransform3D).Rotation as
    AxisAngleRotation3D).Angle -= 10;
}
```

Die Auflistungselemente des `Transform3DGroup`-Objekts werden passend interpretiert. Bei der Rotationstransformation geschieht dies in zwei Schritten, da es zwei Rotationsarten gibt, die der Eigenschaft `Rotation` zugeordnet werden können. Anschließend wird die jeweils gewünschte Eigenschaft verändert.

10.6.5 Transform3DGroup aus Rotationen

In diesem Abschnitt sehen Sie im Projekt *DreiDTransRotateAll* ein weiteres Beispiel für eine `Transform3DGroup`. Sie beinhaltet drei Rotationen um drei verschiedene Achsen, die jeweils in positivem Drehsinn erfolgen. Die aktuellen Werte der drei Drehwinkel werden in der Titelleiste angezeigt.

Im Projekt wird der dreiseitige Würfel aus Abschnitt 10.1.5 verwendet (siehe Abbildung 10.19). Er kann dank eines Werts für die Eigenschaft `BackMaterial` auch von der Rückseite gesehen werden. Mithilfe der Tasten [X], [Y] und [Z] wird die Drehung um die jeweilige Achse vergrößert.

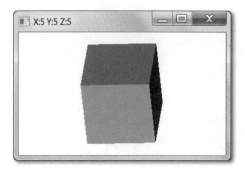

Abbildung 10.19 Rotation um drei Achsen

Der XAML-Code:

```
<Window ... KeyDown="Window_KeyDown">
  ...
  <GeometryModel3D>
    <GeometryModel3D.Material>
      <DiffuseMaterial Brush="LightGray" />
    </GeometryModel3D.Material>
    <GeometryModel3D.BackMaterial>
      <DiffuseMaterial Brush="Red" />
    </GeometryModel3D.BackMaterial>

    <GeometryModel3D.Transform>
      <Transform3DGroup>
        <RotateTransform3D>
          <RotateTransform3D.Rotation>
            <AxisAngleRotation3D
              x:Name="aar3dx" Axis="1,0,0" Angle="5" />
          </RotateTransform3D.Rotation>
        </RotateTransform3D>
        <RotateTransform3D>
          <RotateTransform3D.Rotation>
            <AxisAngleRotation3D
              x:Name="aar3dy" Axis="0,1,0" Angle="5" />
          </RotateTransform3D.Rotation>
        </RotateTransform3D>
        <RotateTransform3D>
          <RotateTransform3D.Rotation>
            <AxisAngleRotation3D
              x:Name="aar3dz" Axis="0,0,1" Angle="5" />
          </RotateTransform3D.Rotation>
        </RotateTransform3D>
```

```
        </Transform3DGroup>
      </GeometryModel3D.Transform>
    ...
</Window>
```

Die Methode `Window_KeyDown()` dient zur Durchführung der weiteren Rotationen. Die Auflistung in der `Transform3DGroup` besteht aus drei Rotationen des Typs `AxisAngleRotation3D`. Jede bezieht sich auf eine der drei Achsen. Der 3D-Körper ist zu Beginn jeweils um 5 Grad im positiven Drehsinn gedreht. Der Drehpunkt ist der Nullpunkt des Koordinatensystems. Die Ereignismethode sieht so aus:

```
private void Window_KeyDown(object sender, KeyEventArgs e)
{
  if (e.Key == Key.X)
    aar3dx.Angle = (aar3dx.Angle + 5) % 360;
  else if (e.Key == Key.Y)
    aar3dy.Angle = (aar3dy.Angle + 5) % 360;
  else if (e.Key == Key.Z)
    aar3dz.Angle = (aar3dz.Angle + 5) % 360;
  Title = "X:" + aar3dx.Angle + " Y:"
    + aar3dy.Angle + " Z:" + aar3dz.Angle;
}
```

Diesmal wird nicht auf die untergeordneten Elemente der `Transform3DGroup`, sondern direkt auf die `AxisAngleRotation3D`-Objekte zugegriffen. Nach Erreichen des Winkels 360 Grad wird der Winkel wieder auf 0 Grad gesetzt. Der aktuelle Winkel pro Drehachse wird in der Titelleiste angezeigt.

10.7 Eine 3D-Landschaft

Zum Abschluss des Kapitels über 3D-Grafik wird im Projekt *DreiDLandschaft* eine komplexe Szene vorgestellt: eine dreidimensionale Landschaft mit Straßen, Bäumen, Häusern und Fahrzeugen. Diese Szene kann mithilfe von fünf verschiedenen Kameras betrachtet werden. Die Fahrzeuge können durch Anklicken mit der Maus bewegt werden. In Abbildung 10.20 sehen Sie die Landschaft durch eine perspektivische Kamera von vorne.

Die Straßen sind graue Rechtecke, die Bäume sind grüne, regelmäßige Tetraeder, die Häuser sind große blaue Quader, und die Fahrzeuge sind kleine gelbe Quader. Aufgrund der Mehrfachnutzung vieler Elemente ist die Szene komplett in Programmcode aufgebaut. Der XAML-Code ist kurz:

```
<Window ... Title="DreiDLandschaft" Height="400" Width="600"
  Loaded="Window_Loaded" KeyDown="Window_KeyDown" />
```

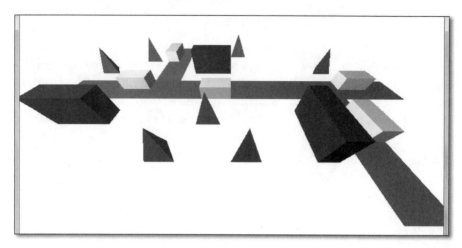

Abbildung 10.20 Landschaftsgestaltung

Die Methode `Window_Loaded()` führt zur Erzeugung und Anordnung der verschiedenen 3D-Körper. Die Methode `Window_KeyDown()` dient zum Umschalten zwischen den fünf verschiedenen Kameras mithilfe der folgenden Tasten: [V] (vorne), [H] (hinten), [R] (rechts), [L] (links) und [O] (oben). Die Kameras sind perspektivisch, nur die Kamera von oben ist orthographisch.

Es wird ein `ContainerUIElement3D`-Objekt verwendet, in dem die einzelnen 3D-Körper als `ModelUIElement3D`-Objekte erzeugt werden (siehe auch Abschnitt 10.4.3, »Gruppe von 3D-Körpern mit Ereignissen«). Damit ist es möglich, sie mit einem `MouseDown`-EventHandler zu versehen. Sie sind nun per Maus auswählbar.

Den gesamten Programmcode abzudrucken würde den Rahmen des Buchs sprengen. Es folgt nur eine Liste der weiteren Methoden mit ihren Aufgaben:

- `szene()`: Erzeugt den `Viewport3D` als Fensterinhalt, zwei Lichttypen und das `ContainerUIElement3D`.
- `mesh2container()`: Erzeugt aus angelieferten Positionen und Dreiecks-Indizes eine `MeshGeometry3D`, bettet diese in ein `GeometryModel3D` mit Transformationen ein, bettet dieses wiederum in ein `ModelUIElement3D` und dieses in das `ContainerUIElement3D`.
- `mui3d_MouseDown()`: Bewegt ein angeklicktes Fahrzeug.
- `strasse()`: Erzeugt eine graue Straße.
- `baum()`: Erzeugt einen grünen Baum.

- `pkw()`: Erzeugt ein gelbes Fahrzeug aus einem Quader.
- `haus()`: Erzeugt ein blaues Haus aus einem Quader.
- `quader()`: Erzeugt einen Quader.

Alle Methoden sind mit Kommentaren versehen. Damit wird es Ihnen ermöglicht, den Aufbau zu verstehen und gegebenenfalls die Landschaft nach Ihrem Geschmack zu verändern und zu erweitern.

Bringen Sie die Dinge in Bewegung. Viele Zusammenhänge werden den Benutzern der Anwendungen durch zwei- oder dreidimensionale Animationen klarer.

11 Animation

Eine Animation innerhalb eines Computer-Programms entspricht wie ein Kinofilm einer Abfolge von Einzelbildern. Ist diese Abfolge schnell genug, so hat der Betrachter den Eindruck eines kontinuierlichen Ablaufs. Häufig handelt es sich dabei um eine Bewegung in eine Richtung. Es kann aber auch die Änderung eines Inhalts oder einer Form stattfinden, wie zum Beispiel ein Farbwechsel oder eine Größenänderung.

Innerhalb Ihrer Anwendungen können Sie Animationen dazu nutzen, Abläufe zu visualisieren und sie damit für den Betrachter noch anschaulicher zu machen. Die WPF bietet Möglichkeiten für zwei- und dreidimensionale Animationen, zum Beispiel Bewegungen und Drehungen.

Es werden verschiedene Klassen vorgestellt, die von der abstrakten Klasse `AnimationTimeline` abgeleitet sind. Die Auswahl der Klasse richtet sich nach dem Datentyp der animierten Eigenschaft, zum Beispiel `DoubleAnimation` (siehe Abschnitt 11.1.1 und 11.1.2). Entsprechende ...`Animation`-Klassen gibt es auch für die Datentypen: `Byte`, `Color`, `Decimal`, `Int16`, `Int32`, `Int64`, `Point`, `Point3D`, `Quaternion`, `Rect`, `Rotation3D` (siehe Abschnitt 11.4, »Animierte 3D-Rotation«), `Single`, `Size`, `Thickness`, `Vector3D`, `Vector`.

Die Animationen können in Drehbücher (Storyboards) eingebettet werden, um komplexere Abläufe zu erzeugen. Event Trigger dienen zum Zuordnen und Starten von Storyboards in XAML-Code.

Keyframes und Easing Functions bieten Ihnen die Möglichkeit, nicht-lineare Animationsverläufe zu nutzen. Bei Keyframes wird die Animation in Abschnitte unterteilt und läuft gemäß unterschiedlichen Funktionen. Easing Functions bieten zahlreiche Möglichkeiten, zum Beispiel einen Verlauf gemäß einer Bounce-Funktion (engl. *to bounce* = dt. *springen, abprallen*).

Bei allen Projekten des Kapitels ist für die Steuerung per Programmcode zusätzlich der Namespace `System.Windows.Media.Animation` notwendig.

11.1 Allgemeiner Aufbau

Es gibt viele Arten von möglichen Animationen. Eine gute Vorstellung bekommen Sie, wenn Sie ein Element sehen, das sich über den Bildschirm bewegt. Dazu wird eine Eigenschaft benötigt, deren Wert sich im Laufe der Animation verändert. Ist diese Eigenschaft vom Typ `double`, so wird ein Objekt des Typs `DoubleAnimation` benötigt.

11.1.1 Einfache DoubleAnimation

Im nachfolgenden Projekt *AnimAufbauErstes* werden verschiedene Buttons dargestellt, die sich nach dem Anklicken in x-Richtung über den Bildschirm bewegen (siehe Abbildung 11.1). Dies wird durch die dauernde Änderung des Werts der Eigenschaft `Canvas.Left` im Laufe der Animation bewirkt. Andere Arten von Animationen funktionieren ähnlich, daher kann dies als anschauliches Beispiel dienen.

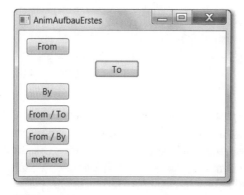

Abbildung 11.1 Animation des zweiten Buttons

Für die `double`-Eigenschaft `Left` wird ein Objekt der Klasse `DoubleAnimation` genutzt. Damit wird die zur Eigenschaft `Left` gehörige Abhängigkeitseigenschaft `LeftProperty` verändert. Eigenschaften anderer Typen benötigen andere Animationsklassen. Sie erben alle von der abstrakten Klasse `AnimationTimeline`.

Die Klasse `DoubleAnimation` bietet unter anderem die folgenden Eigenschaften vom Typ `double?`:

- `From`: Die Animation beginnt bei diesem Wert.
- `To`: Die Animation endet bei diesem Wert.
- `By`: Die Animation verändert den Wert der Abhängigkeitseigenschaft um diesen Wert.

Eigenschaften des Typs `double?` können neben Werten des Typs `double` auch den Wert `null` annehmen. Dies bedeutet, dass die Eigenschaft keinen Wert hat. Mithilfe der Eigenschaft `HasValue` können Sie prüfen, ob eine Eigenschaft einen Wert hat.

Zeitdauer und Geschwindigkeit der Animation wurden in den Beispielen dieses Projekts (noch) nicht explizit festgelegt. Daher gilt: Die Animation läuft in gleichmäßiger Geschwindigkeit innerhalb einer Sekunde ab. Am Ende einer Animation passiert nichts mehr, es wird also zum Beispiel nicht automatisch wieder der Zustand vor der Animation wiederhergestellt.

Die Animation, die animierte Eigenschaft und das animierte Element werden getrennt betrachtet. Damit haben Sie viele Kombinationsmöglichkeiten: Sie können sowohl mehrere Animationen auf ein Element als auch eine Animation auf mehrere Eigenschaften oder mehrere Elemente anwenden.

Der XAML-Code des Projekts *AnimAufbauErstes* dient zur Anordnung der Buttons `b1` bis `b6` von oben nach unten innerhalb des Canvas:

```
<Window ...>
  <Canvas>
    <Button Canvas.Top="10" Canvas.Left="10" Width="60"
      x:Name="b1" Click="b1_Click">From</Button>
    <Button Canvas.Top="40" Canvas.Left="10" Width="60"
      x:Name="b2" Click="b2_Click">To</Button>
    ...
  </Canvas>
</Window>
```

Die Ereignismethoden sehen so aus:

```
private void b1_Click(...)
{
  DoubleAnimation da = new DoubleAnimation();
  da.From = 110;
  b1.BeginAnimation(Canvas.LeftProperty, da);
}
```

Ein neues Objekt des Typs `DoubleAnimation` wird hier mithilfe eines parameterlosen Konstruktors erzeugt. Nur die Eigenschaft `From` wird festgelegt. Dies bewirkt, dass sich der Wert von 110 im Laufe der Animation zum vorher aktuellen Wert ändert. Erst die Methode `BeginAnimation()` bestimmt, auf welche Abhängigkeitseigenschaft vom Typ `double` von welchem Element sich die Wertänderung bezieht. In diesem Falle ist es die Abhängigkeitseigenschaft `Canvas.LeftProperty` des Buttons b1. Bei jedem Anklicken bewegt sich der Button vom Wert 110 zum Wert 10, dem vorher aktuellen Wert.

```
private void b2_Click(...)
{
  DoubleAnimation da = new DoubleAnimation();
  da.To = 110;
  b2.BeginAnimation(Canvas.LeftProperty, da);
}
```

Diesmal wird nur die Eigenschaft To festgelegt. Bei jedem Anklicken bewegt sich der Button vom vorher aktuellen Wert zum Zielwert 110. Nach dem ersten Anklicken steht der Button beim Wert 110. Ein weiteres Anklicken ergibt keine Bewegung mehr, da der vorher aktuelle Wert und der Zielwert übereinstimmen.

```
private void b3_Click(...)
{
  DoubleAnimation da = new DoubleAnimation();
  da.By = 50;
  b3.BeginAnimation(Canvas.LeftProperty, da);
}
```

Es wird nur die Eigenschaft By festgelegt. Bei jedem Anklicken bewegt sich der Button um den Wert 50 weiter.

```
private void b4_Click(...)
{
  DoubleAnimation da = new DoubleAnimation();
  da.From = 60;
  da.To = 110;
  b4.BeginAnimation(Canvas.LeftProperty, da);
}
```

Die Eigenschaften From und To werden festgelegt. Bei jedem Anklicken bewegt sich der Button vom Wert 60 zum Wert 110.

```
private void b5_Click(...)
{
  DoubleAnimation da = new DoubleAnimation();
  da.From = 110;
  da.By = 50;
  b5.BeginAnimation(Canvas.LeftProperty, da);

  if (da.By.HasValue) MessageBox.Show("By: " + da.By);
  if (da.To.HasValue) MessageBox.Show("To: " + da.To);
}
```

Die Eigenschaften `From` und `By` werden festgelegt. Bei jedem Anklicken bewegt sich der Button um den Wert 50 weiter. Da der Anfangspunkt immer bei 110 liegt, handelt es sich immer um die gleiche Bewegung.

Mithilfe der Eigenschaft `HasValue` werden die beiden Eigenschaften `By` und `To` geprüft. Falls sie explizit festgelegt wurden, so wird der Wert ausgegeben. Dies trifft im Beispiel auf `By`, aber nicht auf `To` zu.

```
private void b6_Click(...)
{
  DoubleAnimation da = new DoubleAnimation();
  da.By = 50;
  DoubleAnimation db = new DoubleAnimation();
  db.By = -50;

  b6.BeginAnimation(Canvas.LeftProperty, da);
  b6.BeginAnimation(Button.WidthProperty, da);
  b6.BeginAnimation(Canvas.TopProperty, db);
}
```

Hier werden mehrere Animationen gleichzeitig auf ein Element angewendet. Es handelt sich jedes Mal um die Veränderung eines `double`-Werts: einmal um 50, einmal um −50. Die Vergrößerung bezieht sich auf die Eigenschaften `Canvas.Left` und `Button.Width`, die Verkleinerung auf die Eigenschaft `Canvas.Top`. Bei jedem Anklicken bewegt sich der Button also nach rechts oben und wird breiter.

11.1.2 DoubleAnimation, weitere Eigenschaften

Die abstrakte Klasse `AnimationTimeline`, von der die Klasse `DoubleAnimation` und andere Animationsklassen erben, bietet weitere Eigenschaften zur Einstellung des Animationsverhaltens:

- `Duration`: Diese Eigenschaft dient zur Einstellung der Zeitdauer und ist vom Typ `Duration`. Mögliche Werte sind: `Automatic` (abhängig von anderen Werten), `Forever` (unendliche Zeitdauer) oder eine Zeitangabe vom Typ `TimeSpan`.
- `AutoReverse`: Diese Eigenschaft ist vom Typ `bool` und bestimmt darüber, ob die Animation nach einem Durchgang noch einmal umgekehrt abläuft.
- `RepeatBehavior`: Diese Eigenschaft legt das Verhalten für eine Wiederholung fest und ist vom Typ `RepeatBehavior`. Mögliche Werte sind: eine Anzahl vom Typ `double`, `Forever` (unendlich oft) oder eine Zeitangabe vom Typ `TimeSpan`.
- `AccelerationRatio` und `DecelerationRatio`: Diese beiden Eigenschaften sind vom Typ `double` und bestimmen den Anteil an der Dauer der Animation, der für die Beschleunigung zu Beginn und die Bremsung am Ende benötigt wird.

▶ BeginTime: Diese Eigenschaft ist vom Typ TimeSpan? und bestimmt darüber, ob und wenn ja nach welcher Verzögerung die Animation beginnen soll. Mögliche Werte sind eine Zeitangabe vom Typ TimeSpan oder null.

Der Name der Klasse AnimationTimeline steht für »Zeitleiste der Animation«. Mit den vorgestellten Eigenschaften gestalten Sie die Animationsabläufe entlang dieser Zeitleiste.

Im nachfolgenden Projekt *AnimAufbauDauer* werden verschiedene Buttons dargestellt, bei deren Animation die genannten Eigenschaften veranschaulicht werden (siehe Abbildung 11.2).

Abbildung 11.2 Animation mit Wiederholung

Der XAML-Code des Projekts *AnimAufbauErstes* dient dazu, die Buttons b1 bis b5 von oben nach unten innerhalb des Canvas anzuordnen:

```
<Window ...>
  <Canvas>
    <Button Canvas.Top="10" Canvas.Left="10" Width="100"
      x:Name="b1" Click="b1_Click">Duration</Button>
    <Button Canvas.Top="40" Canvas.Left="10" Width="100"
      x:Name="b2" Click="b2_Click">AutoReverse</Button>
    ...
  </Canvas>
</Window>
```

Die Ereignismethoden sehen so aus:

```
private void b1_Click(...)
{
  DoubleAnimation da = new DoubleAnimation(10, 110,
    new Duration(TimeSpan.Parse("0:0:3")));
  b1.BeginAnimation(Canvas.LeftProperty, da);
}
```

Ein weiterer Konstruktor für das `DoubleAnimation`-Objekt benötigt `double?`-Werte für `From` und `To` sowie einen `TimeSpan`-Wert für die `Duration`. Die Methode `Parse()` erzeugt mithilfe einer Zeichenkette, die eine Zeitangabe in gut lesbarer Form enthält, den entsprechenden Wert für `Duration`. Eine Alternative wäre `new Duration(new TimeSpan(0,0,3))`. Der Button wird dadurch in drei Sekunden vom Wert 10 zum Wert 110 bewegt.

```
private void b2_Click(...)
{
  DoubleAnimation da = new DoubleAnimation(110,
    new Duration(TimeSpan.Parse("0:0:3")));
  da.AutoReverse = true;
  b2.BeginAnimation(Canvas.LeftProperty, da);
}
```

Der Wert `true` für die Eigenschaft `AutoReverse` bewirkt, dass die gesamte Animation, wiederum in drei Sekunden, rückwärts abläuft. Der Button steht dann wieder beim Wert 10.

```
private void b3_Click(...)
{
  DoubleAnimation da = new DoubleAnimation(10, 110,
    new Duration(TimeSpan.Parse("0:0:3")));
  da.RepeatBehavior = new RepeatBehavior(2);
  b3.BeginAnimation(Canvas.LeftProperty, da);
}
```

Der Wert 2 für die Eigenschaft `RepeatBehavior` bewirkt, dass die gesamte Animation, wiederum in drei Sekunden, noch einmal abläuft. Der Button wird zweimal vom Wert 10 zum Wert 110 bewegt.

```
private void b4_Click(...)
{
  DoubleAnimation da = new DoubleAnimation(10, 110,
    new Duration(TimeSpan.Parse("0:0:3")));
  da.RepeatBehavior =
    new RepeatBehavior(TimeSpan.Parse("0:0:3.5"));
  b4.BeginAnimation(Canvas.LeftProperty, da);
}
```

Diesmal bekommt die Eigenschaft `RepeatBehavior` eine Zeitdauer zugewiesen. Der Button wird so lange vom Wert 10 zum Wert 110 bewegt, bis diese Zeitdauer abgelaufen ist. In diesem Falle endet die Animation kurz nach Beginn des zweiten Durchlaufs.

```
private void b5_Click(...)
  DoubleAnimation da = new DoubleAnimation(10, 110,
    new Duration(TimeSpan.Parse("0:0:3")));
  da.BeginTime = TimeSpan.Parse("0:0:3");
  da.AccelerationRatio = 0.4;
  da.DecelerationRatio = 0.4;
  b5.BeginAnimation(Canvas.LeftProperty, da);
}
```

Die Animation beginnt nach einer Verzögerung von drei Sekunden. Anschließend dauert sie weitere drei Sekunden. Innerhalb der ersten 1,2 Sekunden (40 % von drei Sekunden) wird der Button beschleunigt, innerhalb der letzten 1,2 Sekunden wird er abgebremst.

11.1.3 PointAnimation

Im nachfolgenden Projekt *AnimAufbauPoint* wird eine PointAnimation dargestellt (siehe Abbildung 11.3). Ein Kreis wird vom Punkt 30,30 zum Punkt 200,100 und wieder zurück bewegt. Die Eigenschaft Center eines EllipseGeometry-Objekts wird zur Animation verwendet. Sie ist vom Typ Point.

Abbildung 11.3 Animierter Kreis

Der XAML-Code:

```
<Window ...>
  <Canvas>
    <Path Fill="Gray">
      <Path.Data>
        <EllipseGeometry x:Name="el" Center="30,30"
          RadiusX="20" RadiusY="20" />
      </Path.Data>
    </Path>
    <Button Canvas.Top="10" Canvas.Left="120"
      Click="bewegen">PointAnimation</Button>
  </Canvas>
</Window>
```

`RadiusX` und `RadiusY` bestimmen die Größe der Ellipse. Die Ereignismethode sieht so aus:

```
private void bewegen(...)
{
   PointAnimation pa = new PointAnimation();
   pa.To = new Point(200,100);
   pa.AutoReverse = true;
   el.BeginAnimation(EllipseGeometry.CenterProperty, pa);
}
```

Dadurch wird eine neue `PointAnimation` erzeugt und werden Werte für die Eigenschaften `To` vom Typ `Point` und `AutoReverse` vom Typ `bool` bestimmt. Die Animation wird der Abhängigkeitseigenschaft `CenterProperty` der `EllipseGeometry` zugeordnet.

11.2 Storyboard

Bisher haben Sie einfache, einzelne Animationen kennengelernt. Falls Sie komplexere Abläufe gestalten möchten, dann sollten Sie mit einem `Storyboard`-Objekt arbeiten. In diesem *Drehbuch* legen Sie wie in einem Film fest, welche Elemente zu welchem Zeitpunkt »in die Geschehnisse eingreifen«.

11.2.1 Storyboard als Ressource

Ein `Storyboard`-Objekt können Sie in einer Anwendung als Ressource bereitstellen. Verschiedene Elemente der Anwendung können dann auf diese Ressource zugreifen. Ein `Storyboard`-Objekt kann mehrere Animationen beinhalten. Beim `Storyboard`-Objekt werden Eigenschaften eingestellt, die allen Animationen gemeinsam sind. Jede einzelne Animation definiert hingegen ihren eigenen Ablauf und die bezogene Eigenschaft.

Normalerweise bezieht sich eine einzelne Animation auf das Element, das die umgebende Storyboard-Ressource nutzt. Sie können allerdings auch ein anderes Element als Ziel der Animation angeben.

Nachfolgend wird im Projekt *AnimStoryErstes* ein Drehbuch für drei Buttons vorgestellt. Falls Sie einen der ersten beiden Buttons betätigen, so wird der jeweilige Button nach einer kurzen Verzögerung nach rechts bewegt, verschwindet für eine kurze Zeit, taucht wieder auf und kehrt zum Ausgangspunkt zurück. Während der Zeit, in der er unsichtbar ist, bewegt sich der dritte Button nach unten und wieder nach oben (siehe Abbildung 11.4).

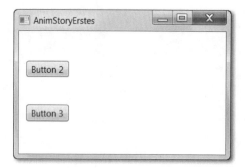

Abbildung 11.4 Drehbuch für drei (zeitweise unsichtbare) Buttons

Der XAML-Code:

```
<Window ...>
  <Window.Resources>
    <Storyboard x:Key="sbres" AutoReverse="True"
        BeginTime="0:0:1">
      <DoubleAnimation Storyboard.TargetProperty="(Canvas.Left)"
        By="50" Duration="0:0:2" />
      <DoubleAnimation Storyboard.TargetProperty="Opacity"
        To="0" Duration="0:0:2" BeginTime="0:0:2 "/>
      <DoubleAnimation Storyboard.TargetProperty="(Canvas.Top)"
        Storyboard.TargetName="b3"
        By="50" Duration="0:0:2" BeginTime="0:0:4" />
    </Storyboard>
  </Window.Resources>
  <Canvas>
    <Button Canvas.Top="10" Canvas.Left="10" Width="60"
      Click="bewegen">Button 1</Button>
    <Button Canvas.Top="40" Canvas.Left="10" Width="60"
      Click="bewegen">Button 2</Button>
    <Button x:Name="b3" Canvas.Top="70" Canvas.Left="10"
      Width="60">Button 3</Button>
  </Canvas>
</Window>
```

Es folgt unmittelbar der Code der Ereignismethoden, weil XAML- und Programmcode hier gemeinsam vorgestellt werden:

```
private void bewegen(object sender, RoutedEventArgs e)
{
  Storyboard sb = FindResource("sbres") as Storyboard;
  sb.Begin(sender as Button);
}
```

Die Storyboard-Ressource hat den eindeutigen Schlüssel sbres. Es werden die zentralen Eigenschaften AutoReverse und BeginTime eingestellt. Der gesamte Ablauf wird also wieder rückgängig gemacht und startet erst nach einer kurzen Verzögerung.

In den einzelnen Animationen wird über die *Attached Property* Storyboard .TargetProperty vom Typ DependencyProperty die Abhängigkeitseigenschaft bestimmt, die animiert werden soll.

Die Nutzer der Storyboard-Ressource sind die Buttons. In der Ereignismethode wird zunächst über die Methode FindResource() auf die Ressource zugegriffen. Anschließend wird die Animation mithilfe der Methode Begin() des Storyboard-Objekts auf den auslösenden Button angewandt und gestartet.

Die dem Button angehängten Eigenschaften Canvas.Left und Canvas.Top werden in den einzelnen Animationen jeweils um 50 geräteunabhängige Pixel verändert. Dies führt zu einer Verschiebung nach links beziehungsweise nach unten. Die Button-Eigenschaft Opacity wird auf den Wert 0 verändert, dies hat die Durchsichtigkeit des Elements zur Folge. Beachten Sie, dass Canvas.Left und Canvas.Top in Klammern notiert werden müssen, da es sich um *Attached Properties* des Buttons handelt.

Die Animationseigenschaften Duration und BeginTime koordinieren den zeitlichen Ablauf der drei Animationen:

- Als Erstes kommt die Bewegung nach rechts innerhalb von zwei Sekunden,
- anschließend die Durchsichtigkeit innerhalb von zwei Sekunden,
- anschließend die Bewegung nach unten innerhalb von zwei Sekunden.

In der dritten Animation wird über die angehängte Eigenschaft Storyboard .TargetName das animierte Element bestimmt.

11.2.2 Storyboard per Programmcode

Ein Storyboard-Objekt kann mit seinen Animationen auch im Programmcode erzeugt werden. Im nachfolgenden Projekt *AnimStoryCode* wird ein PathGeometry-Objekt mit zwei ArcSegment-Objekten dargestellt. Deren Eigenschaft Size wird mithilfe einer SizeAnimation geändert (siehe Abbildung 11.5).

Der XAML-Code:

```
<Window ... Loaded="Window_Loaded">
  <Canvas>
    <Path Fill="LightGray" Stroke="Black" StrokeThickness="2">
      <Path.Data>
```

11 | Animation

```xml
        <PathGeometry>
          <PathFigure StartPoint="10,60">
            <PathSegmentCollection>
              <ArcSegment x:Name="as1" Point="110,60"
                Size="50,50" SweepDirection="Clockwise" />
              <ArcSegment x:Name="as2" Point="210,60"
                Size="50,50" />
            </PathSegmentCollection>
          </PathFigure>
        </PathGeometry>
      </Path.Data>
    </Path>
  </Canvas>
</Window>
```

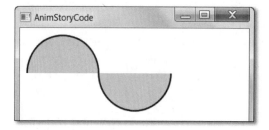

Abbildung 11.5 PathGeometry mit SizeAnimation

Die Pfadgeometrie besteht aus zwei Bögen. Der erste Bogen verläuft im Uhrzeigersinn, der zweite Bogen gegen den Uhrzeigersinn.

Die Ereignismethode sieht so aus:

```csharp
private void Window_Loaded(...)
{
  SizeAnimation sa1 = new SizeAnimation();
  sa1.To = new Size(80, 80);
  Storyboard.SetTargetName(sa1, "as1");
  Storyboard.SetTargetProperty(sa1,
    new PropertyPath(ArcSegment.SizeProperty));

  SizeAnimation sa2 = new SizeAnimation();
  sa2.To = new Size(80, 80);
  Storyboard.SetTargetName(sa2, "as2");
  Storyboard.SetTargetProperty(sa2,
    new PropertyPath(ArcSegment.SizeProperty));

  Storyboard sb = new Storyboard();
```

```
    sb.AutoReverse = true;
    sb.RepeatBehavior = RepeatBehavior.Forever;
    sb.Children.Add(sa1);
    sb.Children.Add(sa2);
    sb.Begin(this);
}
```

Die beiden neu erzeugten `SizeAnimation`-Objekte verändern den Wert `Size` von 50,50 auf 80,80. Sie beziehen sich mithilfe der statischen Methode `SetTargetName()` der `Storyboard`-Klasse auf die beiden Bögen `as1` und `as2`. Mithilfe der statischen Methode `SetTargetProperty()` stellen sie den Bezug zur *Dependency Property* `SizeProperty` der Klasse `ArcSegment` her.

Für das neu erzeugte `Storyboard`-Objekt werden die Eigenschaften `AutoReverse` und `RepeatBehavior` eingestellt. Die beiden `SizeAnimation`-Objekte werden ihm als untergeordnete Elemente hinzugefügt. Die Animation wird bezogen auf das gesamte Fenster gestartet.

11.2.3 Storyboard steuern

Der Ablauf der Animation lässt sich mit weiteren Methoden des `Storyboard`-Objekts steuern. Die Animation kann zum Beispiel anhalten, weiterlaufen, zu einem bestimmten Punkt oder zum Endpunkt springen, ihre Geschwindigkeit verändern oder beendet werden.

Im nachfolgenden Projekt *AnimStorySteuerung* wird auf diese Weise die Bewegung eines Buttons gesteuert, der sich von links nach rechts bewegt (siehe Abbildung 11.6).

Abbildung 11.6 Storyboard steuern

Der XAML-Code:

```
<Window ...>
  <Window.Resources>
    <Storyboard x:Key="sbres">
      <DoubleAnimation Storyboard.TargetName="b_anim"
        Storyboard.TargetProperty="(Canvas.Left)"
        From="10" To="225" Duration="0:0:10" />
```

```
      </Storyboard>
    </Window.Resources>
    <Canvas>
      <Button x:Name="b_anim"
        Canvas.Top="10" Canvas.Left="10">Button</Button>
      <StackPanel Orientation="Horizontal"
          Canvas.Top="40" Canvas.Left="10">
        <Button Margin="1" Click="starten">Start</Button>
        <Button Margin="1" Click="anhalten">Pause</Button>
        ...
      </StackPanel>
    </Canvas>
</Window>
```

Das Storyboard ist als Ressource definiert. Das Zielelement für die `DoubleAnimation` ist über die *Attached Property* `Storyboard.TargetName` festgelegt. Der Button bewegt sich innerhalb von 10 Sekunden vom Wert 10 zum Wert 225. Die insgesamt sieben Steuerungsbuttons sind gleichartig aufgebaut und rufen die Ereignismethoden in der nachfolgenden Klasse auf:

```
public partial class MainWindow : Window
{
  Storyboard sb;
  public MainWindow()
  {
    InitializeComponent();
    sb = FindResource("sbres") as Storyboard;
  }

  private void starten(...) { sb.Begin(b_anim, true); }
  private void anhalten(...) { sb.Pause(b_anim); }
  private void weiter(...) { sb.Resume(b_anim); }
  private void springen_auf(...) { sb.Seek(b_anim,
    TimeSpan.Parse("0:0:5"), TimeSeekOrigin.BeginTime); }
  private void springen_ende(...) { sb.SkipToFill(b_anim); }
  private void schneller(...) { sb.SetSpeedRatio(b_anim, 5); }
  private void beenden(...) { sb.Stop(b_anim); }
}
```

Es wird ein Verweis auf ein `Storyboard`-Objekt innerhalb der Fensterklasse definiert. Im Konstruktor der Klasse wird ihm die Storyboard-Ressource zugeordnet. Bei der hier verwendeten Überladung der Methode `Begin()` wird als zweiter Parameter ein boolescher Wert übermittelt, der das Storyboard steuerbar macht. Der erste Parameter stellt nach wie vor die Verbindung zwischen Storyboard und animiertem Objekt her.

Die Methode `Pause()` hält die Animation an, die Methode `Resume()` setzt sie an der Anhaltestelle wieder fort. Die Methode `Seek()` springt zu dem angegebenen Punkt innerhalb der Animation. Dieser Punkt wird vom dritten Parameter aus gemessen. Dieser Parameter stammt aus der Enumeration `TimeSeekOrigin`; mögliche Werte sind `BeginTime` und `Duration`. Die Methode `SkipToFill()` springt ans Ende der Animation. Die Methode `SetSpeedRatio()` ändert die Geschwindigkeit der Animation um den angegebenen Faktor. Die Methode `Stop()` beendet die Animation und setzt alles auf den Anfang zurück.

11.2.4 Animierte Transformation

Interessante Effekte lassen sich auch mit animierten Transformationen erzielen. Die Transformationen müssen bereits zusammen mit dem betroffenen Element erzeugt werden. Nur dann können sie anschließend animiert werden.

Im nachfolgenden Projekt *AnimStoryTrans* wird ein Storyboard verwendet, um eine Vergrößerung, eine Drehung und eine Neigung zu animieren. Zusätzlich wird eine dynamische Änderung der Schriftgröße durchgeführt (siehe Abbildung 11.7).

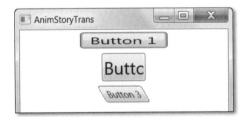

Abbildung 11.7 Storyboard mit drei Transformationsanimationen

Der XAML-Code:

```xaml
<Window ...>
  <Window.Resources>
    <Storyboard x:Key="sbres">
      <DoubleAnimation Storyboard.TargetName="b1"
        Storyboard.TargetProperty="RenderTransform.ScaleX"
        To="2" Duration="0:0:4" />
      <DoubleAnimation Storyboard.TargetName="b2"
        Storyboard.TargetProperty="RenderTransform.Angle"
        To="360" Duration="0:0:4" />
      <DoubleAnimation Storyboard.TargetName="b2"
        Storyboard.TargetProperty="FontSize"
        To="24" Duration="0:0:4" />
      <DoubleAnimation Storyboard.TargetName="b3"
```

```
            Storyboard.TargetProperty="RenderTransform.AngleX"
            To="30" Duration="0:0:4" />
    </Storyboard>
  </Window.Resources>
  <StackPanel>
    <Button x:Name="b1" Width="60" Margin="3" Click="bewegen"
        RenderTransformOrigin="0.5,0.5">Button 1
      <Button.RenderTransform>
        <ScaleTransform />
      </Button.RenderTransform>
    </Button>
    <Button x:Name="b2" Width="60" Margin="3" Panel.ZIndex="1"
        RenderTransformOrigin="0.5,0.5">Button 2
      <Button.RenderTransform>
        <RotateTransform />
      </Button.RenderTransform>
    </Button>
    <Button x:Name="b3" Width="60" Margin="3"
        RenderTransformOrigin="0.5,0.5">Button 3
      <Button.RenderTransform>
        <SkewTransform />
      </Button.RenderTransform>
    </Button>
  </StackPanel>
</Window>
```

Die Storyboard-Ressource hat den eindeutigen Schlüssel `sbres`. Alle Animationen betreffen `double`-Eigenschaften, daher sind es Objekte des Typs `DoubleAnimation`. Bei den Transformationen handelt es sich um verschiedene Formen einer Render-Transformation, also um eine Transformation ohne Verschiebung der Nachbarelemente. Mit `RenderTransformOrigin = 0.5, 0.5` wird jeweils das Button-Zentrum als Ursprung der Transformation gewählt.

Über `Storyboard.TargetName` werden die jeweils zugeordneten Buttons bestimmt. Nur im ersten Fall ist dies nicht nötig, da das Storyboard dem ersten Button zugeordnet ist. Mithilfe von `Storyboard.TargetProperty` wird die jeweils animierte Eigenschaft eingestellt. Bei den Transformationen handelt es sich um die Untereigenschaften der Button-Eigenschaft `RenderTransform`. Außerdem ist die Button-Eigenschaft `FontSize` betroffen.

Der erste Button wird über `ScaleX` = 2 auf das Doppelte vergrößert. Der zweite Button wird mit `Angle` = 360 einmal vollständig um 360 Grad gedreht. Da die angehängte Eigenschaft `Panel.ZIndex` auf 1 steht, verdeckt dieser Button die anderen bei seiner Drehung. Außerdem wird bei diesem Button die Schrift auf 24 vergrößert. Beim dritten Button wird mit AngleX = 30 eine Neigung um 30 Grad erzeugt.

Die Ereignismethode dient zum Zuordnen des Storyboards zum ersten Button und zum Start des Ablaufs:

```
private void bewegen(...)
{
  Storyboard sb = FindResource("sbres") as Storyboard;
  sb.Begin(b1);
}
```

11.2.5 ColorAnimation

Im letzten Beispiel dieses Abschnitts folgt das Projekt *AnimStoryColor*. Darin wird eine ColorAnimation dargestellt (siehe Abbildung 11.8). Die Farbe eines Rechtecks wechselt nach dem Start der Anwendung endlos zwischen Grau und Hellgrau.

Abbildung 11.8 Animation einer Farbe

Der XAML-Code:

```
<Window ... Loaded="Window_Loaded">
  <Window.Resources>
    <Storyboard x:Key="sbres">
      <ColorAnimation Storyboard.TargetProperty="Fill.Color"
        To="LightGray" RepeatBehavior="Forever"
        AutoReverse="True"/>
    </Storyboard>
  </Window.Resources>
  <Rectangle x:Name="rc" Width="80" Height="30"
    VerticalAlignment="Top" Fill="Gray" />
</Window>
```

Die Ereignismethode:

```
private void Window_Loaded(...)
{
  Storyboard sb = FindResource("sbres") as Storyboard;
  sb.Begin(rc);
}
```

Nach dem Laden des Fensters wird dem grauen Rechteck die Storyboard-Ressource zugeordnet, und die Animation wird gestartet. Die Zieleigenschaft ist die Untereigenschaft `Color` vom Typ `Color` der Eigenschaft `Fill`. Für den Typ `Color` ist die Klasse `ColorAnimation` geeignet. Die Zielfarbe ist Hellgrau (Eigenschaft `To`). Die Einstellungen für `AutoReverse` und `RepeatBehavior` bewirken die Rückkehr zu Grau und die endlose Wiederholung.

11.3 Event Trigger

Event Trigger dienen dazu, ein Storyboard vollständig innerhalb des XAML-Codes eines Elements unterzubringen. Die Animation kann dann ohne den Einsatz von Programmcode gestartet und gesteuert werden. Die Aufgabe der verschiedenen Methoden des `Storyboard`-Objekts wird von eigenen Objekten übernommen, wie zum Beispiel von `BeginStoryboard` oder `StopStoryboard`.

Event Trigger werden in XAML innerhalb der `Triggers`-Auflistung von Elementen oder Styles definiert. Der Zugriff auf Storyboards in Ressourcen ist weiterhin möglich.

11.3.1 Event Trigger in Element

Im nachfolgenden Projekt *AnimEventErstes* wird gezeigt, wie Sie mithilfe eines Event Triggers ein Storyboard innerhalb eines Buttons einbetten. Der Inhalt des Storyboards ist nur eine einfache Animation zur Bewegung des Buttons um 50 geräteunabhängige Pixel nach rechts, nachdem er betätigt wurde (siehe Abbildung 11.9).

Abbildung 11.9 Storyboard in Event Trigger

Der XAML-Code:

```
<Window ...>
  <Canvas>
    <Button Canvas.Top="10" Canvas.Left="10" Width="60">Button 1
      <Button.Triggers>
        <EventTrigger RoutedEvent="Button.Click">
          <BeginStoryboard>
            <BeginStoryboard.Storyboard>
```

```
            <Storyboard>
              <DoubleAnimation By="50"
                Storyboard.TargetProperty="(Canvas.Left)" />
            </Storyboard>
          </BeginStoryboard.Storyboard>
        </BeginStoryboard>
      </EventTrigger>
    </Button.Triggers>
  </Button>
 </Canvas>
</Window>
```

Steuerelemente haben die Auflistungseigenschaft `Triggers` vom Typ `TriggerCollection`. In dieser Auflistung können mehrere Trigger stehen, unter anderem vom Typ `EventTrigger`. Die Eigenschaft `RoutedEvent` des `EventTrigger`-Objekts bestimmt das Ereignis, das die Animation auslöst, in diesem Falle die Betätigung des Buttons.

Das `EventTrigger`-Objekt beinhaltet ein `BeginStoryboard`-Objekt. Dieses Objekt dient zum Starten eines Storyboards. Es ist also kein Programmcode zum Starten der Animation notwendig. Das `BeginStoryboard`-Objekt enthält das `Storyboard`-Objekt, wie Sie es bereits kennengelernt haben.

11.3.2 Event Trigger und Ressourcen

Soll ein Storyboard von mehreren Elementen genutzt werden, so wird es als Ressource definiert. Diese Ressource kann auch innerhalb von Event Triggern genutzt werden. Das nachfolgende Projekt *AnimEventRessource* zeigt, wie die Animation aus dem vorherigen Abschnitt gleich für zwei Buttons verwendet wird (siehe Abbildung 11.10).

Abbildung 11.10 Storyboard als Ressource für mehrere Event Trigger

Der XAML-Code:

```
<Window ...>
  <Window.Resources>
    <Storyboard x:Key="sbres">
      <DoubleAnimation By="50"
```

```
            Storyboard.TargetProperty="(Canvas.Left)" />
      </Storyboard>
   </Window.Resources>
   <Canvas>
      <Button Canvas.Top="10" Canvas.Left="10" Width="60">Button 1
         <Button.Triggers>
            <EventTrigger RoutedEvent="Button.Click">
               <BeginStoryboard Storyboard="{StaticResource sbres}" />
            </EventTrigger>
         </Button.Triggers>
      </Button>
      <Button Canvas.Top="40" Canvas.Left="10" Width="60">Button 2
         <Button.Triggers>
            <EventTrigger RoutedEvent="Button.Click">
               <BeginStoryboard Storyboard="{StaticResource sbres}" />
            </EventTrigger>
         </Button.Triggers>
      </Button>
   </Canvas>
</Window>
```

Das Storyboard wird als Ressource angelegt. Das `EventTrigger`-Objekt jedes Buttons beinhaltet ein `BeginStoryboard`-Objekt zum Starten der Animation nach Betätigung des Buttons. Die Eigenschaft `Storyboard` des `BeginStoryboard`-Objekts bekommt die Ressource zugewiesen.

11.3.3 Event Trigger in Style

Styles verwenden Sie, um Elementen ein gleichartiges Aussehen zu geben. Styles können auch Event Trigger beinhalten. Dies führt dazu, dass sich die Elemente auch gleichartig verhalten. Dazu sehen Sie in diesem Abschnitt zwei Beispiele.

Im ersten Projekt, *AnimEventStyle*, werden ein Storyboard und ein Type-Style als Ressourcen definiert. Der Style umfasst Angaben zum Aussehen und zum Verhalten eines Buttons (siehe Abbildung 11.11). Anschließend werden zwei Buttons erzeugt, die diesen Type-Style nutzen.

Abbildung 11.11 Zwei Buttons mit gleichem Verhalten

Der XAML-Code:

```xaml
<Window ...>
  <Window.Resources>
    <Storyboard x:Key="sbres">
      <DoubleAnimation Storyboard.TargetProperty="(Canvas.Left)"
        By="50" Duration="0:0:2" />
    </Storyboard>
    <Style TargetType="{x:Type Button}">
      <Setter Property="FontSize" Value="16" />
      <Setter Property="Width" Value="80" />
      <Style.Triggers>
        <EventTrigger RoutedEvent="Button.Click">
          <BeginStoryboard Storyboard="{StaticResource sbres}" />
        </EventTrigger>
      </Style.Triggers>
    </Style>
  </Window.Resources>
  <Canvas>
    <Button Canvas.Top="10" Canvas.Left="10">Button 1</Button>
    <Button Canvas.Top="50" Canvas.Left="10">Button 2</Button>
  </Canvas>
</Window>
```

Als erste Ressource wird ein einfaches Storyboard definiert. Die zweite Ressource ist ein Type-Style für Buttons. Zwei Setter enthalten Angaben über das Aussehen (FontSize, Width). Die Triggers-Auflistung beinhaltet eine Angabe zum Verhalten des Buttons bei Betätigung. Dabei handelt es sich um einen Event Trigger für das Ereignis Click.

Im zweiten Projekt, *AnimEventQuake*, wird ein Type-Style für Buttons definiert, der zwei Event Trigger für die Ereignisse Button.MouseEnter und Button.MouseLeave enthält. Diese nutzen jeweils eine Storyboard-Ressource.

Zum Verhalten: Beim Betreten des Buttons mit der Maus wird der Button innerhalb einer Zehntelsekunde um 10 geräteunabhängige Pixel verschoben. Diese Vergrößerung wird mithilfe der Eigenschaften AutoReverse und RepeatBehavior wieder rückgängig gemacht beziehungsweise endlos wiederholt. Man bekommt den Eindruck, dass der Button von einem Erdbeben betroffen ist. Beim Verlassen des Buttons mit der Maus »beruhigt« sich der Button wieder.

Der XAML-Code:

```xaml
<Window ...>
  <Window.Resources>
    <Storyboard x:Key="sbres1">
```

```xml
      <DoubleAnimation Storyboard.TargetProperty="(Canvas.Left)"
        To="20" Duration="0:0:0.1" AutoReverse="True"
        RepeatBehavior="Forever" />
    </Storyboard>
    <Storyboard x:Key="sbres2">
      <DoubleAnimation Storyboard.TargetProperty="(Canvas.Left)"
        To="10" Duration="0:0:0.1" />
    </Storyboard>
    <Style TargetType="{x:Type Button}">
      <Setter Property="Width" Value="90" />
      <Style.Triggers>
        <EventTrigger RoutedEvent="Button.MouseEnter">
          <BeginStoryboard
            Storyboard="{StaticResource sbres1}" />
        </EventTrigger>
        <EventTrigger RoutedEvent="Button.MouseLeave">
          <BeginStoryboard
            Storyboard="{StaticResource sbres2}" />
        </EventTrigger>
      </Style.Triggers>
    </Style>
  </Window.Resources>
  <Canvas>
    <Button Canvas.Top="10" Canvas.Left="10">Button 1</Button>
  </Canvas>
</Window>
```

11.3.4 Event Trigger zur Steuerung

Auch mit Event Triggern lässt sich der Ablauf der Animation steuern, also anhalten, stoppen und so weiter. Im Projekt *AnimEventSteuerung* sehen Sie das Beispiel aus Abschnitt 11.2.2, »Storyboard per Programmcode« (siehe Abbildung 11.6), diesmal aber ohne Programmcode.

Der XAML-Code:

```xml
<Window ...>
  <Window.Resources>
    <Storyboard x:Key="sbres">
      <DoubleAnimation Storyboard.TargetName="b_anim"
        Storyboard.TargetProperty="(Canvas.Left)"
        From="10" To="225" Duration="0:0:10" />
    </Storyboard>
  </Window.Resources>
  <Canvas>
```

```xml
<Canvas.Triggers>
    <EventTrigger RoutedEvent="Button.Click" SourceName="b1">
      <BeginStoryboard Name="sb"
        Storyboard="{StaticResource sbres}" />
    </EventTrigger>
    <EventTrigger RoutedEvent="Button.Click" SourceName="b2">
      <PauseStoryboard BeginStoryboardName="sb" />
    </EventTrigger>
    <EventTrigger RoutedEvent="Button.Click" SourceName="b3">
      <ResumeStoryboard BeginStoryboardName="sb" />
    </EventTrigger>
    <EventTrigger RoutedEvent="Button.Click" SourceName="b4">
      <SeekStoryboard Offset="0:0:5"
        BeginStoryboardName="sb" />
    </EventTrigger>
    <EventTrigger RoutedEvent="Button.Click" SourceName="b5">
      <SkipStoryboardToFill BeginStoryboardName="sb" />
    </EventTrigger>
    <EventTrigger RoutedEvent="Button.Click" SourceName="b6">
      <SetStoryboardSpeedRatio SpeedRatio="5"
        BeginStoryboardName="sb" />
    </EventTrigger>
    <EventTrigger RoutedEvent="Button.Click" SourceName="b7">
      <StopStoryboard BeginStoryboardName="sb" />
    </EventTrigger>
  </Canvas.Triggers>

  <Button x:Name="b_anim"
    Canvas.Top="10" Canvas.Left="10">Button</Button>
  <StackPanel Orientation="Horizontal"
      Canvas.Top="40" Canvas.Left="10">
    <Button x:Name="b1" Margin="1">Start</Button>
    <Button x:Name="b2" Margin="1">Pause</Button>
    ...
  </StackPanel>
 </Canvas>
</Window>
```

Die Event Trigger sind diesmal zur besseren Übersicht alle in der `Triggers`-Auflistung des übergeordneten `Canvas`-Objekts definiert. Die Zuordnung zu den einzelnen Buttons findet jeweils über die Eigenschaft `SourceName` statt.

Die Betätigung des Buttons START führt zum `BeginStoryboard`-Objekt. Dieses startet die Animation aus der Storyboard-Ressource. Das animierte Objekt wird über die *Attached Property* `Storyboard.TargetName` bestimmt.

Die Betätigung der anderen Buttons führt zu den Objekten des Typs `PauseStoryboard`, `ResumeStoryboard`, `SeekStoryboard`, `SkipStoryboardToFill`, `SetStoryboardSpeedRatio` und `StopStoryboard` und damit zu den jeweiligen Aktionen. In der Eigenschaft `BeginStoryboardName` dieser Objekte muss jeweils angegeben werden, auf welches Storyboard sich die Aktion bezieht. Falls die Animation noch nicht gestartet wurde, so gibt es noch keinen Bezug, und es passiert nichts.

Beim Objekt des Typs `SeekStoryboard` wird über die Eigenschaft `Offset` vom Typ `TimeSpan` der Punkt eingestellt, zu dem gesprungen wird. Die Eigenschaft `Origin` ist aus der Enumeration `TimeSeekOrigin`; mögliche Werte sind `BeginTime` und `Duration`. Beim Objekt des Typs `SetStoryboardSpeedRatio` wird die Geschwindigkeit der Animation um den Faktor aus der `double`-Eigenschaft `SpeedRatio` geändert.

11.4 Animierte 3D-Rotation

Das nachfolgende Projekt *AnimDreiDRotation* zeigt eine Kombination aus verschiedenen Elementen: aus der Animation einer dreidimensionalen Rotationstransformation, einem Storyboard als Ressource und einem Event Trigger.

Damit rotiert der bereits aus Abschnitt 10.1.5 bekannte Würfel nacheinander um drei verschiedene Achsen, sobald das Fenster geladen wird: In den ersten zehn Sekunden dreht er sich von 0 auf 180 Grad um die x-Achse und wieder zurück auf 0 Grad, in den nächsten Sekunden dreht er sich ebenso um die y-Achse, dann ebenso zehn Sekunden um die z-Achse (siehe Abbildung 11.12). Dieser Ablauf wird endlos fortgesetzt.

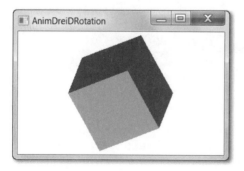

Abbildung 11.12 Animierte Rotation, hier um die z-Achse

Zunächst betrachten wir den Würfel mit seiner Transformation und dem Event Trigger in XAML:

```
<Window ...>
  <Window.Resources>
    <Storyboard x:Key="sbres" ...> ... </Storyboard>
  </Window.Resources>
  <Window.Triggers>
    <EventTrigger RoutedEvent="Loaded">
      <BeginStoryboard Storyboard="{StaticResource sbres}" />
    </EventTrigger>
  </Window.Triggers>

  <Viewport3D>
    <Viewport3D.Camera> ... [Kamera]
    <Viewport3D.Children>
      <ModelVisual3D> ... [Licht]

      <ModelVisual3D>
        <ModelVisual3D.Content>
          <GeometryModel3D>
            <GeometryModel3D.Geometry ... [Geometrie] >
            <GeometryModel3D.Material ... [Material vorne] >
            <GeometryModel3D.BackMaterial ... [Material hinten]>

            <GeometryModel3D.Transform>
              <RotateTransform3D x:Name="rt3d" >
                <RotateTransform3D.Rotation>
                  <AxisAngleRotation3D />
                </RotateTransform3D.Rotation>
              </RotateTransform3D>
            </GeometryModel3D.Transform>
          </GeometryModel3D>
        </ModelVisual3D.Content>
      </ModelVisual3D>
    </Viewport3D.Children>
  </Viewport3D>
</Window>
```

Die Ressource hat den Schlüssel sbres. Der Event Trigger reagiert, sobald das Ereignis Loaded des Fensters eingetreten ist, und startet das Storyboard aus der Ressource sbres.

Es folgt der bekannte Aufbau von Szene und Würfel mit Kamera, Licht, Geometrie und Material. Als neues Element von GeometryModel3D folgt die Transformation. Die Art der Transformation (hier: RotateTransform3D) ist das Zielelement der Animation (TargetName). Die Art der Rotation (hier: AxisAngleRotation) ist die Zieleigenschaft der Animation (`TargetProperty`). Es werden keine Werte für `Axis` oder `Angle` eingetragen, diese folgen erst im Storyboard.

Kommen wir nun zum Storyboard innerhalb der Ressource:

```xml
<Window.Resources>
  <Storyboard x:Key="sbres" RepeatBehavior="Forever">
    <Rotation3DAnimation Storyboard.TargetName="rt3d"
        Storyboard.TargetProperty="Rotation"
        Duration="0:0:5" AutoReverse="True">
      <Rotation3DAnimation.From>
        <AxisAngleRotation3D Axis="1,0,0" Angle="0" />
      </Rotation3DAnimation.From>
      <Rotation3DAnimation.To>
        <AxisAngleRotation3D Axis="1,0,0" Angle="180" />
      </Rotation3DAnimation.To>
    </Rotation3DAnimation>

    <Rotation3DAnimation Storyboard.TargetName="rt3d"
        Storyboard.TargetProperty="Rotation"
        Duration="0:0:5" BeginTime="0:0:10" AutoReverse="True">
      <Rotation3DAnimation.From>
        <AxisAngleRotation3D Axis="0,1,0" Angle="0" />
      </Rotation3DAnimation.From>
      <Rotation3DAnimation.To>
        <AxisAngleRotation3D Axis="0,1,0" Angle="180" />
      </Rotation3DAnimation.To>
    </Rotation3DAnimation>

    <Rotation3DAnimation Storyboard.TargetName="rt3d"
        Storyboard.TargetProperty="Rotation"
        Duration="0:0:5" BeginTime="0:0:20" AutoReverse="True">
      <Rotation3DAnimation.From>
        <AxisAngleRotation3D Axis="0,0,1" Angle="0" />
      </Rotation3DAnimation.From>
      <Rotation3DAnimation.To>
        <AxisAngleRotation3D Axis="0,0,1" Angle="180" />
      </Rotation3DAnimation.To>
    </Rotation3DAnimation>
  </Storyboard>
</Window.Resources>
```

Das gesamte Storyboard wird endlos wiederholt.

Jede der drei Animationen vom Typ `Rotation3DAnimation` hat als Zielelement (`TargetName`) die Art der Transformation und als Zieleigenschaft (`TargetProperty`) die Art der Rotation. Jede dauert 5 Sekunden und wird dann wieder rückgängig gemacht; das macht zehn Sekunden. Jede verläuft vom Winkel 0 Grad bis zum Winkel 180 Grad (Animationseigenschaften `From` und `To`).

Die drei Animationen unterscheiden sich in der Drehachse: Erst ist es die x-, dann die y- und dann die z-Achse. Außerdem starten sie dank der unterschiedlichen Werte der Eigenschaft `BeginTime` zeitversetzt, im Ergebnis also nacheinander.

11.5 Keyframes

Die bisherigen Animationen verliefen in gleichförmiger Geschwindigkeit vom Anfangs- zum Endpunkt. Keyframes ermöglichen die Unterteilung einer Animation in einzelne Abschnitte. Innerhalb dieser Keyframe-Abschnitte wiederum kann sich die Geschwindigkeit nach unterschiedlichen Funktionen richten.

Die Eigenschaften `KeyTime` und `Value` bestimmen darüber, wann der betreffende Keyframe-Abschnitt endet und welchen Wert die Animation anschließend hat.

Für Keyframe-Animationen werden eigene Klassen verwendet, die vom Datentyp abhängen, zum Beispiel `DoubleAnimationUsingKeyFrames` (siehe Abschnitt 11.5.1, »Keyframes für Double«). Entsprechende ...`AnimationUsingKeyFrames`-Klassen gibt es auch für die Datentypen: `Boolean`, `Byte`, `Color` (siehe Abschnitt 11.5.2, »Keyframes für Color«), `Decimal`, `Int16`, `Int32`, `Int64`, `Matrix`, `Object`, `Point`, `Point3D`, `Quaternion`, `Rect`, `Rotation3D`, `Single`, `String` (siehe Abschnitt 11.5.3, »KeyFrames für String«), `Size`, `Thickness`, `Vector3D` und `Vector`.

11.5.1 Keyframes für Double

Die Klasse `DoubleAnimationUsingKeyFrames` wird für `double`-Eigenschaften verwendet. Dabei gibt es für die einzelnen Keyframes folgende Typen, mit dem angegebenen Verlauf der Animation:

- `LinearDoubleKeyFrame`: Die Animation verläuft linear, also mit gleichförmiger Geschwindigkeit.
- `DiscreteDoubleKeyFrame`: Die Animation verläuft sprunghaft.
- `EasingDoubleKeyFrame`: Die Animation verläuft gemäß einer Easing-Funktion (mehr dazu folgt in Abschnitt 11.6, »Easing Functions«).
- `SplineDoubleKeyFrame`: Die Animation verläuft gemäß einer kubischen Bézier-Funktion.

Die Eigenschaft `KeyTime` bestimmt die zeitliche Länge eines Keyframes. Sie kann einen der folgenden Werte haben:

- ein TimeSpan-Objekt mit einer Zeitangabe, oder
- einen double-Wert, gefolgt von einem Prozentzeichen für den prozentualen Anteil an der Gesamtzeit, oder
- den Wert Uniform für eine zeitlich gleichmäßige Aufteilung, oder
- den Wert Paced für eine Interpolation mit konstanter Frequenz.

Im nachfolgenden Projekt *AnimKeyDouble* werden einige der genannten Möglichkeiten anhand der Bewegung von vier Buttons verdeutlicht (siehe Abbildung 11.13). Jedem der Buttons ist eine eigene Storyboard-Ressource zugeordnet.

Abbildung 11.13 Vier Keyframe-Animationen

Der XAML-Code:

```
<Window ...>
  <Window.Resources>
    <Storyboard x:Key="sbres1">
      <DoubleAnimationUsingKeyFrames
          Storyboard.TargetProperty="(Canvas.Left)">
        <LinearDoubleKeyFrame KeyTime="0:0:1" Value="60" />
        <LinearDoubleKeyFrame KeyTime="0:0:4" Value="110" />
      </DoubleAnimationUsingKeyFrames>
    </Storyboard>
    <Storyboard x:Key="sbres2">
      <DoubleAnimationUsingKeyFrames Duration="0:0:4"
          Storyboard.TargetProperty="(Canvas.Left)">
        <LinearDoubleKeyFrame KeyTime="75%" Value="60" />
        <LinearDoubleKeyFrame KeyTime="100%" Value="110" />
      </DoubleAnimationUsingKeyFrames>
    </Storyboard>
    <Storyboard x:Key="sbres3">
      <DoubleAnimationUsingKeyFrames Duration="0:0:4"
          Storyboard.TargetProperty="(Canvas.Left)">
        <LinearDoubleKeyFrame KeyTime="Uniform" Value="60" />
```

```xml
        <LinearDoubleKeyFrame KeyTime="Uniform" Value="80" />
        <LinearDoubleKeyFrame KeyTime="Uniform" Value="140" />
        <LinearDoubleKeyFrame KeyTime="Uniform" Value="160" />
      </DoubleAnimationUsingKeyFrames>
    </Storyboard>
    <Storyboard x:Key="sbres4">
      <DoubleAnimationUsingKeyFrames
          Storyboard.TargetProperty="(Canvas.Left)">
        <LinearDoubleKeyFrame KeyTime="0:0:1" Value="30" />
        <DiscreteDoubleKeyFrame KeyTime="0:0:3" Value="50" />
        <SplineDoubleKeyFrame KeyTime="0:0:8"
          KeySpline="0,0.5 0.5,1" Value="90" />
        <SplineDoubleKeyFrame KeyTime="0:0:13"
          KeySpline="0.5,0 0,0.5" Value="150" />
      </DoubleAnimationUsingKeyFrames>
    </Storyboard>
  </Window.Resources>
  <Canvas>
    <Button x:Name="b1" Canvas.Top="10" Canvas.Left="10"
      Width="60" Click="b1_Click">Button 1</Button>
    <Button x:Name="b2" Canvas.Top="40" Canvas.Left="10"
      Width="60" Click="b2_Click">Button 2</Button>
    ...
  </Canvas>
</Window>
```

Bei der ersten Animation werden zwei `LinearDoubleKeyFrame`-Objekte genutzt. Dies bedeutet für jeden Abschnitt eine gleichförmige Geschwindigkeit. Zunächst gelangt der Button innerhalb einer Sekunde vom Wert 10 zum Wert 60, anschließend innerhalb von weiteren drei Sekunden vom Wert 60 bis zum Wert 110. Es ist also die gleiche Strecke innerhalb der dreifachen Zeit zurückzulegen. Daher ist der Button auf dem zweiten Abschnitt deutlich langsamer.

Die zweite Animation verhält sich umgekehrt. Es sind wiederum zwei `LinearDoubleKeyFrame`-Objekte, die Abschnitte sind auch gleich, allerdings ist die zeitliche Aufteilung andersherum. Für den ersten Abschnitt steht 75% der Zeit zur Verfügung, für den zweiten Abschnitt die restlichen 25%. Die Gesamtzeit, die 100% entspricht, wird über die Eigenschaft `Duration` zentral für die gesamte Animation festgelegt.

Bei der dritten Animation wird die Zeit mithilfe des Werts `Uniform` für die Eigenschaft `KeyTime` gleichmäßig zwischen den linearen Abschnitten verteilt. Da die Abschnitte verschieden lang sind (50, 20, 60, 20), resultieren unterschiedliche Geschwindigkeiten.

Die vierte Animation beginnt mit einem kurzen linearen Abschnitt. Es folgt eine Pause von zwei Sekunden, anschließend – mithilfe eines DiscreteDoubleKeyFrame-Objekts – ein Sprung auf den nächsten Wert. Für die nächsten zwei Abschnitte von jeweils 5 Sekunden folgt die Animation dank zweier SplineDoubleKeyFrame-Objekte kubischen Funktionen. Dabei werden mithilfe der Eigenschaft KeySpline jeweils zwei Kontrollpunkte definiert, die den Verlauf der Funktionskurve bestimmen.

Die vier Ereignismethoden sind wie üblich aufgebaut. Hier sehen Sie nur die erste:

```
private void b1_Click(...)
{ (FindResource("sbres1") as Storyboard).Begin(b1); }
```

11.5.2 Keyframes für Color

Bei einer Animation mit einem Farbwechsel wird die Klasse ColorAnimationUsingKeyFrames verwendet. Im nachfolgenden Projekt *AnimKeyColor* wird ein schwarzes Rechteck dargestellt, das zunächst in gleichförmiger Geschwindigkeit innerhalb von sechs Sekunden zu einem weißen Rechteck wird, und zwar mithilfe eines LinearColorKeyFrame (siehe Abbildung 11.14). Nach einer Pause von zwei Sekunden springt die Farbe wieder auf Schwarz, wozu DiscreteColorKeyFrame verwendet wird.

Abbildung 11.14 KeyFrame-Animation für Farbe

Der XAML-Code:

```
<Window ... Loaded="Window_Loaded">
  <Window.Resources>
    <Storyboard x:Key="sbres">
      <ColorAnimationUsingKeyFrames
          Storyboard.TargetProperty="Fill.Color">
        <LinearColorKeyFrame KeyTime="0:0:6" Value="White" />
        <DiscreteColorKeyFrame KeyTime="0:0:8" Value="Black" />
      </ColorAnimationUsingKeyFrames>
    </Storyboard>
  </Window.Resources>
```

```
    <Rectangle x:Name="rc" Width="80" Height="30" Fill="Black"
       VerticalAlignment="Top" />
</Window>
```

Die Ereignismethode:

```
private void Window_Loaded(...)
{ (FindResource("sbres") as Storyboard).Begin(rc); }
```

11.5.3 KeyFrames für String

Eine Zeichenkette lässt sich ebenfalls animieren. Dabei wird die Klasse `StringAnimationUsingKeyFrames` verwendet. Im nachfolgenden Projekt *AnimKeyString* wechselt der Inhalt eines Textblocks einmal pro Sekunde zwischen dem Text »Hallo« und dem Text »Welt« hin und her. Das geschieht insgesamt sechs Sekunden lang, und zwar mithilfe eines `DiscreteStringKeyFrame` (siehe Abbildung 11.15).

Abbildung 11.15 KeyFrame-Animation für Zeichenkette

Der XAML-Code:

```
<Window ... Loaded="Window_Loaded">
  <Window.Resources>
    <Storyboard x:Key="sbres" RepeatBehavior="0:0:6">
      <StringAnimationUsingKeyFrames
          Storyboard.TargetProperty="Text">
        <DiscreteStringKeyFrame KeyTime="0:0:1" Value="Welt" />
        <DiscreteStringKeyFrame KeyTime="0:0:2" Value="Hallo" />
      </StringAnimationUsingKeyFrames>
    </Storyboard>
  </Window.Resources>
  <TextBlock x:Name="tb" Width="80" Height="18"
     VerticalAlignment="Top">Hallo</TextBlock>
</Window>
```

Die Ereignismethode:

```
private void Window_Loaded(...)
{ (FindResource("sbres") as Storyboard).Begin(tb); }
```

11.6 Easing Functions

Es gibt eine weitere Möglichkeit zur Erzeugung eines nicht gleichförmigen Animationsverlaufs: Sie können eine Funktion aus der Gruppe der *Easing Functions* verwenden. Diese Beschleunigungsfunktionen bieten zahlreiche Möglichkeiten, zum Beispiel einen Verlauf gemäß einer quadratischen Funktion, einer Exponentialfunktion oder einer Bounce-Funktion (engl. *to bounce* = dt. *springen, abprallen*).

Eine einfache, horizontale Animation kann diese Funktionsverläufe nicht geeignet verdeutlichen. Daher wurde im nachfolgenden Projekt *AnimEasing* eine weitere, vertikale Animation hinzugefügt. Ein grauer Kreis bewegt sich linear von links nach rechts und gemäß einer Easing Function von oben nach unten. Der Betrachter kann zwischen den verschiedenen Easing Functions wählen (siehe Abbildung 11.16).

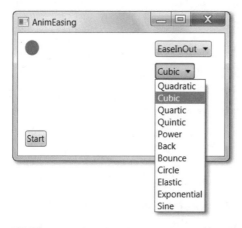

Abbildung 11.16 Animation mit ausgewählter Easing Function

Außerdem kann er den `EasingMode` wählen. Diese Eigenschaft bestimmt darüber, an welcher Stelle des Animationsverlaufs die Funktion eingesetzt wird. Mögliche Werte aus der gleichnamigen Enumeration sind:

- `EaseIn`: am Anfang des Verlaufs
- `EaseOut`: am Ende des Verlaufs (dies ist der Standardwert)
- `EaseInOut`: an Anfang und Ende des Verlaufs

Die Klassen der verschiedenen Easing Functions sind von der abstrakten Klasse `EasingFunctionBase` abgeleitet. Falls Sie eine Klasse für eine eigene Easing Function entwickeln, so muss sie ebenfalls von dieser Klasse erben.

Der XAML-Code:

```xml
<Window ...>
  <Window.Resources>
    <Storyboard x:Key="sbres">
      <DoubleAnimation From="10" To="255" Duration="0:0:3"
        Storyboard.TargetProperty="(Canvas.Left)" />
      <DoubleAnimation From="10" To="135" Duration="0:0:3"
          Storyboard.TargetProperty="(Canvas.Top)">
        <DoubleAnimation.EasingFunction>
          <CubicEase EasingMode="EaseInOut" />
        </DoubleAnimation.EasingFunction>
      </DoubleAnimation>
    </Storyboard>
  </Window.Resources>
  <Canvas>
    <Ellipse x:Name="el" Canvas.Top="10" Canvas.Left="10"
      Fill="Gray" Height="20" Width="20" />
    <Button Canvas.Top="130" Canvas.Left="10"
      Click="starten">Start</Button>

    <ComboBox x:Name="cbmode" Canvas.Top="10" Canvas.Left="190">
      <ComboBoxItem>EaseIn</ComboBoxItem>
      <ComboBoxItem>EaseOut</ComboBoxItem>
      <ComboBoxItem
        Selector.IsSelected="True">EaseInOut</ComboBoxItem>
    </ComboBox>

    <ComboBox x:Name="cbfunc" Canvas.Top="40" Canvas.Left="190">
      <ComboBoxItem>Quadratic</ComboBoxItem>
      <ComboBoxItem
        Selector.IsSelected="True">Cubic</ComboBoxItem>
      <ComboBoxItem>Quartic</ComboBoxItem>
      ...
    </ComboBox>
  </Canvas>
</Window>
```

Der Kreis bewegt sich nach Betätigung des Buttons START innerhalb von drei Sekunden mit gleichförmiger Geschwindigkeit vom Wert 10 zum Wert 255 von links nach rechts. Gleichzeitig bewegt er sich gemäß einer Easing Function vom Wert 10 zum Wert 135 von oben nach unten.

Als Wert der Eigenschaft EasingFunction der Klasse DoubleAnimation wird der Funktionstyp festgelegt. Hier ist dies CubicEase mit dem Wert EaseInOut für die

11 | Animation

Eigenschaft `EasingMode`. Es handelt sich also um eine Beschleunigung gemäß einer kubischen Funktion zu Anfang und zu Ende des Animationsverlaufs.

Der Betrachter kann mithilfe von zwei ComboBoxen den Funktionstyp und den `EasingMode` einstellen. Die Ereignismethode sieht so aus:

```
private void starten(...)
{
  Storyboard sb = FindResource("sbres") as Storyboard;
  DoubleAnimation da = sb.Children[1] as DoubleAnimation;

  switch (cbfunc.Text)
  {
    case "Quadratic":
      da.EasingFunction = new QuadraticEase(); break;
    case "Cubic":
      da.EasingFunction = new CubicEase(); break;
    case "Quartic":
      da.EasingFunction = new QuarticEase(); break;
    case "Quintic":
      da.EasingFunction = new QuinticEase(); break;
    case "Power":
      PowerEase px = new PowerEase();
      px.Power = 10;
      da.EasingFunction = px; break;
    case "Back":
      BackEase bk = new BackEase();
      bk.Amplitude = 2;
      da.EasingFunction = bk; break;
    case "Bounce":
      BounceEase bc = new BounceEase();
      bc.Bounces = 1;
      bc.Bounciness = 1;
      da.EasingFunction = bc; break;
    case "Circle":
      da.EasingFunction = new CircleEase(); break;
    case "Elastic":
      ElasticEase et = new ElasticEase();
      et.Oscillations = 1;
      et.Springiness = 1;
      da.EasingFunction = et; break;
    case "Exponential":
      ExponentialEase ep = new ExponentialEase();
      ep.Exponent = 3;
      da.EasingFunction = ep; break;
```

```
    case "Sine":
      da.EasingFunction = new SineEase(); break;
  }

  EasingFunctionBase efb =
    da.EasingFunction as EasingFunctionBase;
  switch (cbmode.Text)
  {
    case "EaseIn":
      efb.EasingMode = EasingMode.EaseIn; break;
    case "EaseOut":
      efb.EasingMode = EasingMode.EaseOut; break;
    case "EaseInOut":
      efb.EasingMode = EasingMode.EaseInOut; break;
  }
  sb.Begin(el);
}
```

Zunächst wird ein Veweis auf die zweite Animation des Storyboards erzeugt. Anschließend wird der Eigenschaft `EasingFunction` dieser Animation eine der Easing Functions gemäß der aktuellen Auswahl der ersten ComboBox zugewiesen.

Die Klassen `QuadraticEase`, `CubicEase`, `QuarticEase`, `QuinticEase` und `PowerEase` arbeiten mit einer Funktion gemäß f(x) = x^2, x^3, x^4, x^5 beziehungsweise x^p. Die `double`-Eigenschaft `Power` der Klasse `PowerEase` bestimmt den Exponenten p. Der Standardwert ist 2.

Bei `BackEase` wird der Wert zunächst leicht zurückgenomen. Der Grad der Zurücknahme wird über die `double`-Eigenschaft `Amplitude` bestimmt. Der Standardwert ist 1.

Bei `BounceEase` sehen Sie einen sprunghaften Verlauf der Animation. Die `Integer`-Eigenschaft `Bounces` bestimmt die Anzahl der Sprünge. Der Standardwert ist 3. Die `double`-Eigenschaft `Bounciness` legt fest, wie elastisch die Animation ist. Der Standardwert ist 2. Ein niedriger Wert steht für eine hohe Elastizität, damit ist der Höhenverlust zwischen den Sprüngen geringer.

Die Klassen `CircleEase` und `SineEase` stehen für einen kreisförmigen beziehungsweise sinusförmigen Verlauf der Animation.

Bei `ElasticEase` federt die Animation über die Grenzwerte hinaus. Die `Integer`-Eigenschaft `Oscillations` gibt an, wie oft dies geschieht. Der Standardwert ist 3. Die `double`-Eigenschaft `Springiness` sagt etwas über die Härte der Feder aus. Der Standardwert ist ebenfalls 3. Ein niedriger Wert steht für eine große Härte und damit für ein schnelleres Abklingen der Bewegung.

Die Klasse `ExponentialEase` arbeitet mit einer Funktion gemäß f(x) = e^x. Die `double`-Eigenschaft `Exponent` bestimmt den Exponenten x. Der Standardwert ist 2.

Die aktuelle Auswahl der zweiten ComboBox entscheidet über den `EasingMode`. Zunächst muss noch ein Verweis auf die zuvor ausgewählte Easing Function erstellt werden. Diese ist in jedem Fall von `EasingFunctionBase` abgeleitet. Als Letztes wird die Animation gestartet.

11.7 Pfadanimationen

Eine weitere Gruppe von Klassen ermöglicht Ihnen Pfadanimationen. Dabei bewegt sich das animierte Element entlang einer `PathGeometry`. Dies wird im nachfolgenden Projekt *AnimPathPoint* mithilfe eines Kreises verdeutlicht, dessen Zentrum sich entlang einer Kurve bewegt, die aus vier Halbkreisen besteht (siehe Abbildung 11.17). Hier wird die Klasse `PointAnimationUsingPath` verwendet. Entsprechende `...AnimationUsingPath`-Klassen gibt es noch für die Datentypen `Double` und `Matrix`.

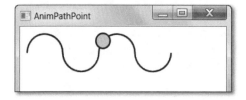

Abbildung 11.17 Pfadanimation

Der XAML-Code:

```
<Window ... Loaded="Window_Loaded">
  <Canvas>
    <Path Stroke="Black" StrokeThickness="2">
      <Path.Data>
        <PathGeometry x:Name="pg" >
          <PathFigure StartPoint="10,35">
            <PathSegmentCollection>
              <ArcSegment Point="60,35" Size="25,25"
                SweepDirection="Clockwise" />
              <ArcSegment Point="110,35" Size="25,25" />
              <ArcSegment Point="160,35" Size="25,25"
                SweepDirection="Clockwise" />
              <ArcSegment Point="210,35" Size="25,25" />
            </PathSegmentCollection>
```

```
        </PathFigure>
      </PathGeometry>
    </Path.Data>
  </Path>

  <Path Fill="LightGray" Stroke="Black" StrokeThickness="2">
    <Path.Data>
      <EllipseGeometry x:Name="eg" Center="10,35"
          RadiusX="10" RadiusY="10" />
    </Path.Data>
  </Path>
</Canvas>
</Window>
```

Dank der Eigenschaftswerte für Stroke und StrokeThickness wird der Pfad sichtbar gezeichnet. Die Pfadgeometrie ist mit dem Namen pg gekennzeichnet. Das Zentrum der Ellipsen-Geometrie, die mit dem Namen eg gekennzeichnet ist, liegt auf dem Startpunkt der Pfadgeometrie.

Der Programmcode zur Erzeugung der Animation sieht so aus:

```
private void Window_Loaded(...)
{
  PointAnimationUsingPath pa = new PointAnimationUsingPath();
  pa.PathGeometry = pg;
  pa.Duration = TimeSpan.Parse("0:0:5");
  pa.RepeatBehavior = RepeatBehavior.Forever;
  pa.AutoReverse = true;
  pa.AccelerationRatio = 0.4;
  pa.DecelerationRatio = 0.4;
  eg.BeginAnimation(EllipseGeometry.CenterProperty, pa);
}
```

Es wird ein neues Objekt der Klasse PointAnimationUsingPath erzeugt. Neben den bekannten Eigenschaften (Duration, RepeatBehavior, ...) wird der Eigenschaft PathGeometry ein Verweis auf die Pfadgeometrie zugewiesen. Die Methode BeginAnimation() startet die Animation und ordnet sie der *Dependency Property* der Eigenschaft Center zu.

Multimedia-Elemente sowie die Möglichkeit zur Steuerung durch Sprache und zur Ausgabe von Sprache erleichtern die Bedienung Ihrer Anwendungen.

12 Audio und Video

In diesem Kapitel werden verschiedenen Klassen vorgestellt, mit deren Hilfe man Audio- und Video-Ausgaben in WPF-Anwendungen steuern kann. Außerdem bietet die WPF Klassen zur Ausgabe, zur Eingabe und zur Erkennung von Sprache. Dies bietet weitere Möglichkeiten für die vereinfachte Bedienung der Anwendungen.

12.1 Audio

Die Klassen SoundPlayer und SoundPlayerAction dienen zum Steuern der Ausgabe von Audio-Dateien des Typs WAV. Systemtöne können mit der Klasse SystemSound wiedergegeben werden.

Die Wiedergabe von Mediendateien mit Audio- und Video-Komponenten wird mithilfe der Klassen MediaPlayer und MediaElement gesteuert.

12.1.1 SoundPlayer in Programmcode

Die Klasse SoundPlayer gibt Ihnen eine einfache Möglichkeit, WAV-Dateien abzuspielen. Die Klasse bietet unter anderem folgende Eigenschaften und Methoden:

- Play(): Spielt eine WAV-Datei asynchron ab. *Asynchron* bedeutet, dass die Aktion parallel zu anderen Aktionen erfolgen kann und unterbrochen werden kann.
- PlaySync(): Spielt eine WAV-Datei synchron ab. *Synchron* bedeutet, dass die Aktion erst nach Beendigung anderer Aktionen erfolgen kann und nicht unterbrochen werden kann.
- PlayLooping(): Spielt eine WAV-Datei unendlich oft asynchron ab.
- Stop(): Unterbricht das asynchrone Abspielen einer WAV-Datei.
- Load(): Lädt eine WAV-Datei synchron.

- `LoadAsync()`: Lädt eine WAV-Datei asynchron.
- `SoundLocation`: Beinhaltet beziehungsweise setzt den Pfad und den Namen der WAV-Datei.

Die drei Play-Methoden laden die WAV-Datei vorher, falls sie noch nicht geladen ist, und spielen die Datei von Beginn an ab. Sie können Ihre WPF-Anwendungen zusammen mit den darin verwendeten WAV-Dateien installieren. Dazu müssen Sie die Dateien, wie andere Ressourcen auch, per Drag&Drop zu Ihrem Projekt hinzufügen. Anschließend müssen Sie deren Eigenschaft In Ausgabeverzeichnis kopieren auf den Wert Immer kopieren setzen. Als Wert für die Eigenschaft `SoundLocation` genügt dann die Angabe des Dateinamens.

Die Anwendung der Methoden `Load()` und `LoadAsync()` empfiehlt sich, falls Sie beim Wechsel auf eine neue, umfangreiche WAV-Datei den Ladevorgang nicht abwarten, sondern bereits vorher erledigen möchten.

Im ersten Teil des nachfolgenden Projekts *AVSound* können Sie die genannten Möglichkeiten der Klasse `SoundPlayer` nutzen (siehe Abbildung 12.1).

Abbildung 12.1 SoundPlayer und SystemSound

Der XAML-Code des ersten Teils:

```
<Window ...>
  <StackPanel>
    <ComboBox x:Name="cbwav" Width="160" Margin="3">
      <ComboBoxItem Selector.IsSelected="True">
        Gitarrensound.wav</ComboBoxItem>
      <ComboBoxItem>GAkkord.wav</ComboBoxItem>
      <ComboBoxItem>tada.wav</ComboBoxItem>
    </ComboBox>
    <WrapPanel HorizontalAlignment="Center">
      <Button Width="80" Margin="3" Click="async_spielen">
```

```
            Asynchron</Button>
        <Button Width="80" Margin="3" Click="sync_spielen">
            Synchron</Button>
        <Button Width="80" Margin="3" Click="dauernd_spielen">
            Dauernd</Button>
    </WrapPanel>
    <Button Width="80" Margin="3" Click="stoppen">Stop</Button>
    ...
</Window>
```

Die ComboBox bietet die Auswahl zwischen den drei projektinternen WAV-Dateien. Die drei Buttons führen zu den verschiedenen Play-Methoden in der nachfolgenden Klasse. Es werden die Namespaces System.Media und System.IO benötigt.

```
public partial class MainWindow : Window
{
    SoundPlayer sp;
    public MainWindow()
    {
        InitializeComponent();
        sp = new SoundPlayer();
    }

    private void async_spielen(...)
    { wechseln(); sp.Play(); }
    private void sync_spielen(...)
    { wechseln(); sp.PlaySync(); }
    private void dauernd_spielen(...)
    { wechseln(); sp.PlayLooping(); }
    private void wechseln()
    {
        if (!File.Exists(cbwav.Text)) return;
        sp.SoundLocation = cbwav.Text;
    }
    private void stoppen(...) { sp.Stop(); }
    ...
}
```

Das SoundPlayer-Objekt wird als Member der Klasse erzeugt, ansonsten wäre das Anhalten nicht möglich. Vor dem Wechsel der WAV-Datei wird geprüft, ob die Datei, deren Name in der ComboBox ausgewählt wurde, im Projekt existiert.

12.1.2 SystemSound

Die Klasse `SystemSound` dient zum Abspielen von Systemtönen, die mit bestimmten Windows-Ereignissen verbunden sind. Im zweiten Teil des Projekts *AVSound* können Sie sich die verschiedenen Systemtöne anhören (siehe auch Abbildung 12.1).

Der XAML-Code des zweiten Teils:

```
<Window ...>
  ...
    <ComboBox x:Name="cbsys" Width="160" Margin="3">
      <ComboBoxItem Selector.IsSelected="True">
        Asterisk</ComboBoxItem>
      <ComboBoxItem>Beep</ComboBoxItem>
      <ComboBoxItem>Exclamation</ComboBoxItem>
      <ComboBoxItem>Hand</ComboBoxItem>
      <ComboBoxItem>Question</ComboBoxItem>
    </ComboBox>
    <Button Width="80" Margin="3" Click="system_spielen">
      Systemton</Button>
  </StackPanel>
</Window>
```

Die ComboBox bietet die Auswahl zwischen fünf Systemtönen. Die Ereignismethode sieht so aus:

```
private void system_spielen(...)
{
  switch (cbsys.Text)
  {
    case "Asterisk":
      SystemSounds.Asterisk.Play(); break;
    case "Beep":
      SystemSounds.Beep.Play(); break;
    case "Exclamation":
      SystemSounds.Exclamation.Play(); break;
    case "Hand":
      SystemSounds.Hand.Play(); break;
    case "Question":
      SystemSounds.Question.Play(); break;
  }
}
```

Zunächst wird ein Systemton mithilfe der entsprechenden statischen Eigenschaft der Klasse `SystemSounds` ausgewählt (`Asterisk`, `Beep`, `Exclamation`, `Hand` und `Question`). Diese Eigenschaft liefert einen Verweis auf ein Objekt der Klasse

SystemSound. Anschließend spielt die Methode `Play()` der Klasse SystemSound den Systemton asynchron ab.

12.1.3 SoundPlayer in XAML

Die Klasse `SoundPlayerAction` dient zum asynchronen Abspielen einer WAV-Datei aus dem XAML-Code heraus. Das `SoundPlayerAction`-Objekt wird dazu in einen Event Trigger eingebettet. Im nachfolgenden Projekt *AVSoundAction* sehen Sie ein Beispiel.

```
<Window ...>
  <StackPanel>
    <Rectangle Fill="Gray" Width="80" Height="30">
      <Rectangle.Triggers>
        <EventTrigger RoutedEvent="Rectangle.MouseEnter">
          <SoundPlayerAction Source="Gitarrensound.wav" />
        </EventTrigger>
      </Rectangle.Triggers>
    </Rectangle>
  </StackPanel>
</Window>
```

Es wird ein graues Rechteck dargestellt. Beim Betreten des Rechtecks mit der Maus wird die WAV-Datei abgespielt. Die Datei wurde dem Projekt per Drag&Drop hinzugefügt. Die Eigenschaft `In Ausgabeverzeichnis kopieren` wurde auf den Wert `Immer kopieren` gesetzt. Die Eigenschaft `Source` vom Typ `Uri` legt Pfad und Namen zur Datei fest.

12.1.4 MediaPlayer für Audio

Die Klasse `MediaPlayer` dient zur Wiedergabe von Mediendateien, sowohl für Audio als auch für Video. Es können zahlreiche Typen von Mediendateien abgespielt werden. Sie bietet unter anderem die folgenden Eigenschaften und Methoden:

- `Open()`: zum Öffnen einer Mediendatei mithilfe eines URI
- `Play()`: zur asynchronen Wiedergabe einer Mediendatei, ab der aktuellen Position (siehe die Eigenschaft `Position`)
- `Position`: vom Typ `TimeSpan`, dient zur Einstellung der Position innerhalb der Mediendatei, Standardwert 0
- `Pause()`: zum Anhalten der Wiedergabe
- `Stop()`: zum Beenden der Wiedergabe
- `IsMuted`: vom Typ `Bool`, zum Stummschalten

- Balance: vom Typ double, zur Einstellung der Balance zwischen linkem und rechtem Lautsprecher, Werte zwischen –1 (nur links) und +1 (nur rechts), Standardwert 0
- SpeedRatio: vom Typ double, zur Einstellung eines Faktors für die Wiedergabe-Geschwindigkeit. Der Standardwert 1 steht für die normale Geschwindigkeit.
- Volume: vom Typ double, zur Einstellung eines Faktors für die Lautstärke zwischen 0 und 1. Der Standardwert ist 0.5.

Im nachfolgenden Projekt *AVMediaAudio* werden die genannten Möglichkeiten mithilfe einer MP3-Datei verdeutlicht (siehe Abbildung 12.2). Die Datei wurde dem Projekt per Drag&Drop hinzugefügt. Die Eigenschaft In Ausgabeverzeichnis kopieren wurde auf den Wert Immer kopieren gesetzt.

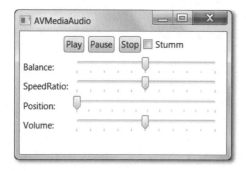

Abbildung 12.2 Wiedergabe einer Mediendatei

Der XAML-Code:

```
<Window ...>
  <StackPanel>
    <WrapPanel HorizontalAlignment="Center" Margin="3">
      <Button Margin="3" Click="abspielen">Play</Button>
      <Button Margin="3" Click="anhalten">Pause</Button>
      <Button Margin="3" Click="beenden">Stop</Button>
      <CheckBox x:Name="cbmute" VerticalAlignment="Center"
        Click="stumm_schalten">Stumm</CheckBox>
    </WrapPanel>
    <WrapPanel>
      <Label Width="75">Balance:</Label>
      <Slider x:Name="slbal" Minimum="-1" Maximum="1" Value="0"
        Width="200" TickPlacement="BottomRight"
        TickFrequency="0.2" AutoToolTipPlacement="BottomRight"
        AutoToolTipPrecision="1" ValueChanged="balance" />
    </WrapPanel>
```

```xml
    <WrapPanel>
      <Label Width="75">SpeedRatio:</Label>
      <Slider x:Name="slgsw" Minimum="0" Maximum="2" Value="1"
        Width="200" TickPlacement="BottomRight"
        TickFrequency="0.2" AutoToolTipPlacement="BottomRight"
        AutoToolTipPrecision="1" ValueChanged="geschwindigkeit"/>
    </WrapPanel>
    <WrapPanel>
      <Label Width="75">Position:</Label>
      <Slider x:Name="slpos" Minimum="0" Maximum="348"
        Value="0" Width="200" TickPlacement="BottomRight"
        TickFrequency="30" AutoToolTipPlacement="BottomRight"
        ValueChanged="position" />
    </WrapPanel>
    <WrapPanel>
      <Label Width="75">Volume:</Label>
      <Slider x:Name="slvol" Minimum="0" Maximum="1"
        Value="0.5" Width="200" TickPlacement="BottomRight"
        TickFrequency="0.1" AutoToolTipPlacement="BottomRight"
        AutoToolTipPrecision="1" ValueChanged="lautstaerke" />
    </WrapPanel>
  </StackPanel>
</Window>
```

Die drei Buttons und die CheckBox dienen zum Abspielen, Anhalten, Beenden und Stummschalten. Die vier Slider sind zum Einstellen der Eigenschaften Balance, SpeedRatio, Position und Volume. Sie sind zu Beginn auf die jeweiligen Standardwerte eingestellt und reichen über die gesamte Spanne der jeweiligen Werte. Der aktuelle Wert wird mithilfe des *AutoToolTip* angezeigt.

Es folgen die Ereignismethoden innerhalb der Fensterklasse. Für die Prüfung, ob die Datei existiert, wird der Namespace System.IO benötigt.

```
public partial class MainWindow : Window
{
  MediaPlayer mp = new MediaPlayer();
  public MainWindow()
  {
    InitializeComponent();
    if (File.Exists("Kalimba.mp3"))
      mp.Open(new Uri("Kalimba.mp3", UriKind.Relative));
  }

  private void abspielen(...) { mp.Play(); }
  private void anhalten(...) { mp.Pause(); }
  private void beenden(...) { mp.Stop(); }
```

```
private void stumm_schalten(...)
{ mp.IsMuted = (bool)cbmute.IsChecked; }

private void balance(object sender,
    RoutedPropertyChangedEventArgs<double> e)
{ mp.Balance = slbal.Value; }
private void geschwindigkeit(object sender,
    RoutedPropertyChangedEventArgs<double> e)
{ mp.SpeedRatio = slgsw.Value; }
private void position(object sender,
    RoutedPropertyChangedEventArgs<double> e)
{ mp.Position = new TimeSpan(0, 0, (int)slpos.Value); }
private void lautstaerke(object sender,
    RoutedPropertyChangedEventArgs<double> e)
{ mp.Volume = slvol.Value; }
}
```

Die Methode `Open()` benötigt einen URI als Parameter. Die Eigenschaft `IsChecked` der CheckBox ist vom Typ `bool?` und muss für die Eigenschaft `IsMuted` des Media-Player-Objekts umgewandelt werden. Die Sliderwerte können direkt für die Eigenschaften des `MediaPlayer`-Objekts genutzt werden. Eine Ausnahme ist der Slider für die Eigenschaft `Position`. Er liefert eine Anzahl in Sekunden. Diese muss zunächst in ein `TimeSpan`-Objekt umgewandelt werden.

12.1.5 MediaElement für Audio

Die Klasse `MediaElement` dient zur Verwendung des Media-Players in XAML. Dies geschieht mithilfe eines Event Triggers, also ohne Programmcode. Ein `MediaElement`-Objekt ist ein Steuerelement. Sie können es sichtbar machen, zum Beispiel mithilfe eines Rahmens und Werten für die Eigenschaften `Height` und `Width`. Dies ist im Falle einer reinen Audio-Wiedergabe nicht unbedingt nötig.

Im nachfolgenden Projekt *AVMediaStory* wird ein graues Rechteck zum Starten und Beenden der Wiedergabe einer MP3-Datei verwendet (siehe Abbildung 12.3). Die Datei wurde dem Projekt per Drag&Drop hinzugefügt. Die Eigenschaft `In Ausgabeverzeichnis kopieren` wurde auf den Wert `Immer kopieren` gesetzt.

Abbildung 12.3 Sichtbares MediaElement

Der XAML-Code:

```
<Window ...>
  <WrapPanel>
    <Border BorderBrush="Black" BorderThickness="1">
      <MediaElement Width="80" Height="30" Margin="1"
        MediaFailed="medienfehler" x:Name="me" />
    </Border>
    <Rectangle Fill="Gray" Width="80" Height="30" Margin="1">
      <Rectangle.Triggers>
        <EventTrigger RoutedEvent="Rectangle.MouseEnter">
          <BeginStoryboard Name="sb">
            <Storyboard>
              <MediaTimeline Source="Kalimba.mp3"
                Storyboard.TargetName="me" />
            </Storyboard>
          </BeginStoryboard>
        </EventTrigger>
        <EventTrigger RoutedEvent="Rectangle.MouseLeave">
          <StopStoryboard BeginStoryboardName="sb" />
        </EventTrigger>
      </Rectangle.Triggers>
    </Rectangle>
  </WrapPanel>
</Window>
```

Zunächst wird das Steuerelement des Typs `MediaElement` erzeugt. Das Ereignis `MediaFailed` tritt nach einem Fehler beim Laden oder bei der Wiedergabe auf. Sie können das Ereignis mit Programmcode verbinden; ansonsten würden Sie keine Fehlermeldung bekommen.

Das Betreten und das Verlassen des Rechtecks mit der Maus führt zum Starten beziehungsweise Beenden der Wiedergabe. Das Objekt der Klasse `MediaTimeline` greift auf das `MediaElement`-Objekt zu. Die Eigenschaft `Source` vom Typ `Uri` steht für die Medienquelle, die vom `MediaElement` abgespielt wird.

Sie hätten der Eigenschaft `Source` bereits im `MediaElement`-Objekt ihren Wert geben können. Dann wäre das Medium unmittelbar nach dem Laden der Anwendung abgespielt worden.

Die Ereignismethode zur Ausgabe eines Fehlers sieht so aus:

```
private void medienfehler(object sender,
    ExceptionRoutedEventArgs e)
{ MessageBox.Show(e.ErrorException.Message); }
```

12 | Audio und Video

12.2 Video

Die bereits im Audio-Abschnitt vorgestellten Klassen `MediaPlayer` und `MediaElement` dienen auch zum Steuern der Ausgabe von Video-Dateien.

12.2.1 MediaElement für Video

In diesem Abschnitt wird im Projekt *AVMediaVideo* ein `MediaElement`-Objekt zur Wiedergabe eines Videos aus einer MPG-Datei eingesetzt. Das Video wird verkleinert, wobei das Verhältnis zwischen Höhe und Breite gleich bleibt. Außerdem wird es ausgeschnitten, indem der Eigenschaft `Clip` eine Ellipsengeometrie zugewiesen wird (siehe Abbildung 12.4). Es werden die bekannten Storyboard-Objekte zur Steuerung der Wiedergabe verwendet.

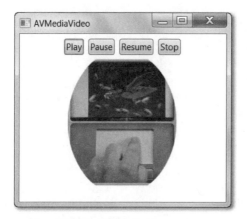

Abbildung 12.4 MediaElement steuert Video.

Der XAML-Code:

```
<Window ...>
  <StackPanel>
    <WrapPanel HorizontalAlignment="Center" Margin="3">
      <WrapPanel.Triggers>
        <EventTrigger RoutedEvent="Button.Click"
            SourceName="starten">
          <BeginStoryboard Name="sb">
            <Storyboard>
              <MediaTimeline Source="SynChiralRotate.mpg"
                Storyboard.TargetName="me" />
            </Storyboard>
          </BeginStoryboard>
        </EventTrigger>
```

```xml
        <EventTrigger RoutedEvent="Button.Click"
            SourceName="anhalten">
          <PauseStoryboard BeginStoryboardName="sb" />
        </EventTrigger>
        ...
      </WrapPanel.Triggers>
      <Button x:Name="starten" Margin="3">Play</Button>
      ...
    </WrapPanel>
    <WrapPanel HorizontalAlignment="Center">
      <MediaElement x:Name="me" Width="150" Height="168"
          MediaFailed="medienfehler">
        <MediaElement.Clip>
          <EllipseGeometry Center="75,84" RadiusX="75"
            RadiusY="96" />
        </MediaElement.Clip>
      </MediaElement>
    </WrapPanel>
  </StackPanel>
</Window>
```

Die Event Trigger der Buttons sind im übergeordneten WrapPanel angeordnet. Der jeweilige Button wird über die Eigenschaft SourceName ausgewählt. In der Eigenschaft Clip des MediaElement-Objekts sorgt ein EllipseGeometry-Objekt für den passenden Bildausschnitt aus dem Video.

12.3 Sprachausgabe

Die Klasse SpeechSynthesizer aus dem Namespace System.Speech.Synthesis der .NET-Komponente System.Speech dient dazu, geschriebenen Text in Sprache umzusetzen. Damit haben Sie die Möglichkeit, Ihre Anwendung um ein Ausgabemedium zu erweitern.

Mithilfe der Klasse PromptBuilder werden Texte zusammengesetzt, die in Form von Sprache ausgegeben werden sollen. Die Markierungssprache SSML dient dabei als Basis zur Erzeugung der Textelemente.

12.3.1 Text ausgeben

Der Text für ein SpeechSynthesizer-Objekt kann aus einer Zeichenkette, einem Prompt-Objekt (zum Beispiel mit einer Text-Datei) oder einem PromptBuilder-Objekt (siehe nächster Abschnitt) stammen. Der gesprochene Text kann zum

Anhören an einen Lautsprecher geleitet werden oder in einer WAV-Datei gespeichert werden.

Die Klasse SpeechSynthesizer bietet unter anderem folgende Eigenschaften, Methoden und Ereignisse:

- Speak(): Der angegebene Text wird synchron gesprochen.
- SpeakAsync(): Der angegebene Text wird asynchron gesprochen.
- Pause(): Eine asynchrone Sprachausgabe wird angehalten.
- Resume(): Eine asynchrone, angehaltene Sprachausgabe läuft weiter.
- Das Ereignis SpeakCompleted tritt nach Beendigung einer asynchronen Ausgabe ein.
- Volume: Dient zur Regelung der Ausgabe-Lautstärke und ist vom Typ Integer.
- SetOutputToDefaultAudioDevice(): Es wird die Standard-Ausgabe genutzt. Dies ist normalerweise der Lautsprecher.
- SetOutputToWaveFile(): Es wird eine WAV-Datei zur Ausgabe genutzt. Falls die Datei bereits existiert, wird die Ausgabe am Ende angehängt.
- SelectVoice(): Wählt die angegebene Stimme zur Sprachausgabe aus den installierten Stimmen aus.
- GetInstalledVoices: Eine Auflistung der installierten Stimmen. Ohne weitere zugekaufte Stimmen gibt es nur ein Element in der Auflistung: MICROSOFT ANNA.

Im nachfolgenden Projekt *AVSynthesis* wird eine Anwendung der genannten Möglichkeiten dargestellt (siehe Abbildung 12.5).

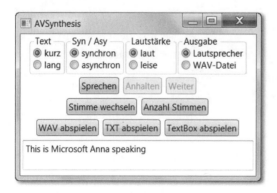

Abbildung 12.5 Sprachausgabe, Einstellmöglichkeiten

Der XAML-Code:

```xml
<Window ...>
  <StackPanel>
    <WrapPanel HorizontalAlignment="Center">
      ...
      <RadioButton IsChecked="True" Checked="rbkurz">
        kurz</RadioButton>
      <RadioButton Checked="rblang">lang</RadioButton>
      ...
      <RadioButton x:Name="rbs" IsChecked="True"
        Click="rbsyn">synchron</RadioButton>
      <RadioButton Click="rbsyn">asynchron</RadioButton>
      ...
      <RadioButton IsChecked="True" Checked="rblaut">
        laut</RadioButton>
      <RadioButton Checked="rbleise">leise</RadioButton>
      ...
      <RadioButton IsChecked="True"
        Checked="rblautsprecher">Lautsprecher</RadioButton>
      <RadioButton Checked="rbwavdatei">
        WAV-Datei</RadioButton>
      ...
    </WrapPanel>
    <WrapPanel HorizontalAlignment="Center">
      <Button Margin="3" Click="sprechen">Sprechen</Button>
      <Button Margin="3" x:Name="pause_button" Click="anhalten"
        IsEnabled="False">Anhalten</Button>
      <Button Margin="3" x:Name="resume_button" Click="weiter"
        IsEnabled="False">Weiter</Button>
    </WrapPanel>
    <WrapPanel HorizontalAlignment="Center">
      <Button Margin="3" Click="sw">Stimme wechseln</Button>
      <Button Margin="3" Click="as">Anzahl Stimmen</Button>
    </WrapPanel>
    <WrapPanel HorizontalAlignment="Center">
      <Button Margin="3" Click="wa">WAV abspielen</Button>
      <Button Margin="3" Click="txa">TXT abspielen</Button>
      <Button Margin="3" Click="tba">TextBox abspielen</Button>
    </WrapPanel>
    <TextBox x:Name="tb" TextWrapping="Wrap" Height="40"
      Margin="3">This is Microsoft Anna speaking</TextBox>
  </StackPanel>
</Window>
```

Die ersten beiden RadioButtons dienen zum Wechseln zwischen einer langen und einer kurzen Zeichenkette, die jeweils gesprochen werden kann. Das nächste Paar RadioButtons bestimmt darüber, ob der Text mit `SpeakSync()` oder `SpeakAsync()` gesprochen wird. Im zweiten Fall werden die beiden Buttons freigegeben, die die Methoden `Pause()` und `Resume()` aufrufen. Über das dritte Paar RadioButtons wird der Wert der Eigenschaft `Volume` festgelegt. Das letzte Paar RadioButtons dient zur Auswahl des Ausgabemediums mithilfe einer der `SetOutputTo…`-Methoden.

Der Button SPRECHEN startet die Sprachausgabe. Nur im Falle einer asynchronen Ausgabe tritt am Ende das Ereignis `SpeakCompleted` auf. Die nächsten beiden Buttons rufen die Methode `SelectVoice()` auf beziehungsweise den Wert der Eigenschaft `Count` der Auflistung `GetInstalledVoices` ab.

Der Button WAV ABSPIELEN führt zur Methode `Play()` eines `SoundPlayer`-Objekts. Die WAV-Datei sollte nicht in dem Moment abgespielt werden, während eine Ausgabe in dieselbe WAV-Datei erfolgt. Der Button TEXTBOX ABSPIELEN dient dazu, den Inhalt der unten stehenden Textbox mithilfe der Methode `Speak()` auszugeben.

Zur Ausgabe des Inhalts einer Textdatei über den Button TXT ABSPIELEN wird ein neues `FilePrompt`-Objekt erzeugt. Der erste Konstruktor-Parameter ist die Datei mit dem Pfad und Namen oder dem URI. Der zweite Konstruktor-Parameter ist ein Element der Enumeration `SynthesisMediaType`. Mögliche Werte sind:

- `Ssml`: Die Datei beinhaltet Inhalt in SSML, der *Speech Synthesis Markup Language*, einer Markierungssprache zur Steuerung von Sprachausgabe.
- `Text`: Die Datei beinhaltet lesbaren Text.
- `WaveAudio`: Die Datei ist vom Typ WAV.

Dem Projekt muss ein Verweis auf die .NET-Komponente `System.Speech` hinzugefügt werden. Die Fensterklasse benötigt die Namespaces `System.Speech.Synthesis`, `System.IO` und `System.Media`.

```
public partial class MainWindow : Window
{
  SpeechSynthesizer syn = new SpeechSynthesizer();
  string Sprechtext;
  public MainWindow()
  {
    InitializeComponent();
    syn.SpeakCompleted += new
      EventHandler<SpeakCompletedEventArgs>(sprechen_beendet);
    File.Delete("ausgabe.wav");
```

```
}

private void rbkurz(...)
{ Sprechtext = "This is my first example"; }
private void rblang(...)
{ Sprechtext = "Berlin is the capital city of ..."; }

private void rbsyn(...)
{
  pause_button.IsEnabled = !((bool)rbs.IsChecked);
  resume_button.IsEnabled = !((bool)rbs.IsChecked);
}

private void rblaut(...) { syn.Volume = 100; }
private void rbleise(...) { syn.Volume = 50; }

private void rblautsprecher(...)
{ syn.SetOutputToDefaultAudioDevice(); }
private void rbwavdatei(...)
{ syn.SetOutputToWaveFile("ausgabe.wav"); }

private void sprechen(...)
{
  if ((bool)rbs.IsChecked)
    syn.Speak(Sprechtext);
  else
    syn.SpeakAsync(Sprechtext);
}

private void sprechen_beendet(object sender,
    SpeakCompletedEventArgs e)
{ MessageBox.Show("Sprachausgabe beendet"); }

private void anhalten(...) { syn.Pause(); }
private void weiter(...) { syn.Resume(); }

private void sw(...) { syn.SelectVoice("Microsoft Anna"); }
private void av(...)
{ MessageBox.Show("Anzahl installierte Stimmen: "
  + syn.GetInstalledVoices().Count); }

private void wa(...)
{
  if(!File.Exists("ausgabe.wav")) return;
  SoundPlayer sp = new SoundPlayer("ausgabe.wav");
```

```
    sp.Play();
  }

  private void txa(...)
  {
    FilePrompt fp = new FilePrompt(
        "wpf.txt", SynthesisMediaType.Text);
    if ((bool)rbs.IsChecked)
      syn.Speak(fp);
    else
      syn.SpeakAsync(fp);
  }

  private void tba(...)
  {
    if ((bool)rbs.IsChecked)
      syn.Speak(tb.Text);
    else
      syn.SpeakAsync(tb.Text);
  }
}
```

Der Zugriff auf das neu erzeugte `SpeechSynthesizer`-Objekt ist innerhalb der gesamten Klasse möglich. Der hinzugefügte EventHandler für das Ereignis `SpeakCompleted` verweist auf die Methode `sprechen_beendet()`.

12.3.2 Text zusammensetzen

Die Klasse `PromptBuilder` dient dazu, einen Text aus verschiedenen Elementen zusammenzusetzen und für die Sprachausgabe vorzubereiten. Ein `PromptBuilder`-Objekt kann anschließend durch ein `SpeechSynthesizer`-Objekt ausgegeben werden.

Die Klasse `PromptBuilder` basiert auf der SSML (*Speech Synthesis Markup Language*), einer Markierungssprache zur Steuerung von Sprachausgabe (siehe *http://www.w3.org/TR/speech-synthesis*). Die Klasse bietet weniger Möglichkeiten als die Sprache, ist aber einfacher zu handhaben. Im Folgenden sind einige Eigenschaften und Methoden aufgeführt:

- `ClearContent()`: Dient zum Löschen des Textes, damit ein neuer Text zusammengesetzt werden kann.
- `StartStyle()`: Dient zum Auswählen und Starten eines Sprechstils für einen Teiltext. Ein Sprechstil ist vom Typ `PromptStyle` und besitzt unter anderem seine eigene Geschwindigkeit und Lautstärke.

- `EndStyle()`: Dient zum Schließen eines Sprechstils. Ein gestarteter Sprechstil muss geschlossen werden.
- `AppendText()`: Dient zum Hinzufügen von einfachem Text.
- `AppendTextWithHint()`: Dient zum Hinzufügen von Text, der auf eine bestimmte Weise gesprochen werden soll.
- `AppendBreak()`: Dient zum Hinzufügen einer Pause.
- `ToXml()`: Dient zum Ausgeben in SSML-Form in eine XML-Datei.

Im nachfolgenden Projekt *AVPromptBuilder* können Sie sich zwei verschiedene Texte anhören (siehe Abbildung 12.6). Der erste Text gibt eine Rechenaufgabe wieder, die Sie eingeben. Der zweite Text gibt einen Text aus, der einen Satz, eine Uhrzeit und einzelne Buchstaben beinhaltet. Dem Projekt muss ein Verweis auf die .NET-Komponente `System.Speech` hinzugefügt werden.

Abbildung 12.6 Ausgabe eines PromptBuilder-Objekts

Der XAML-Code:

```
<Window ...>
  <StackPanel>
    <WrapPanel HorizontalAlignment="Center" Margin="3">
      <TextBox x:Name="tb1" Width="40" Margin="3"
        TextChanged="kontrolle"></TextBox>
      <TextBlock VerticalAlignment="Center"
        Margin="3">+</TextBlock>
      <TextBox x:Name="tb2" Width="40" Margin="3"
        TextChanged="kontrolle"></TextBox>
      <TextBlock VerticalAlignment="Center"
        Margin="3">=</TextBlock>
      <TextBlock x:Name="tb3" Width="40"
        VerticalAlignment="Center" Margin="3"></TextBlock>
    </WrapPanel>
    <Button Width="80" Click="rechnen" Margin="3">
      Rechnen</Button>
    <Button Width="160" Click="text" Margin="3">
      Text, Buchstaben und Zeit</Button>
```

```
    </StackPanel>
</Window>
```

Eine Änderung in einer Textbox führt zur Methode `kontrolle()`.

Es folgt die Fensterklasse, die hier in einzelne Stücke zerlegt wurde, um sie besser erläutern zu können. Sie benötigt die Namespaces `System.Speech.Synthesis` und `System.IO`.

```
public partial class MainWindow : Window
{
    SpeechSynthesizer syn;
    PromptBuilder pb;
    double tb1wert, tb2wert;

    public MainWindow()
    {
        InitializeComponent();
        syn = new SpeechSynthesizer();
        pb = new PromptBuilder();
    }

    private void rechnen(...)
    {
        pb.ClearContent();
        PromptStyle ps = new PromptStyle();
        ps.Rate = PromptRate.Slow;
        ps.Volume = PromptVolume.Loud;
        pb.StartStyle(ps);
        pb.AppendText(tb1wert + "+" + tb2wert + "=" + tb3.Text);
        pb.EndStyle();
        xml_ausgabe(pb);
        syn.Speak(pb);
    }
    ...
```

Die beiden `double`-Variablen `tb1wert` und `tb2wert` dienen zur Speicherung der eingegebenen Zahlenwerte.

In der Methode `rechnen()` erwartet die Methode `StartStyle()` ein Objekt des Typs `PromptStyle` für den Sprachstil. Sie können für diesen Stil unter anderem Folgendes einstellen:

- Die Eigenschaft `Rate` vom Typ `PromptRate` für die Geschwindigkeit. Sie bekommt Werte aus der gleichnamigen Enumeration, von `ExtraFast` bis `ExtraSlow`.

- Die Eigenschaft `Volume` vom Typ `PromptVolume` für die Lautstärke. Die Werte aus der gleichnamigen Enumeration reichen von `ExtraLoud` bis `ExtraSoft`.

```
private void text(...)
{
  pb.ClearContent();
  pb.AppendText("Now it is");
  pb.AppendTextWithHint(DateTime.Now.ToShortTimeString(),
    SayAs.Time12);
  pb.AppendBreak(new TimeSpan(0, 0, 1));
  pb.AppendText("This is the Windows Presentation Foundation");
  pb.AppendBreak(new TimeSpan(0, 0, 0, 300));
  pb.AppendTextWithHint("WPF", SayAs.SpellOut);
  syn.Speak(pb);
}
...
```

Der zweite Parameter der Methode `AppendTextWithHint()` ist ein Objekt des Typs `SayAs`. Damit wird festgelegt, auf welche Weise der Text ausgegeben werden soll. Mögliche Werte kommen aus der gleichnamigen Enumeration.

Die Methode `AppendBreak()` zum Einfügen einer Pause erwartet ein `TimeSpan`-Objekt für eine Zeitspanne oder ein `PromptBreak`-Objekt. Die gleichnamige Enumeration bietet Werte von `ExtraLarge` bis `ExtraSmall`.

```
private void xml_ausgabe(PromptBuilder pb)
{
  FileStream fs = new FileStream("rechnen.xml",
    FileMode.Create);
  StreamWriter sw = new StreamWriter(fs);
  sw.Write(pb.ToXml());
  sw.Close();
}
...
```

Die Methode `ToXml()` liefert ein SSML-Dokument in einer XML-Datei. Hier sehen Sie ein Beispiel mit den oben genannten Werten für das `PromptStyle`-Objekt:

```
<?xml version="1.0"?>
<speak xml:lang="de-DE"
    xmlns="http://www.w3.org/2001/10/synthesis" version="1.0">
  <prosody volume="loud" rate="slow">
    23+38=61
  </prosody>
</speak>
```

Als Letztes folgt in der Fensterklasse die Methode `kontrolle()`. Darin findet eine Kontrolle der eingegebenen Zahlen statt.

```
private void kontrolle(object sender, TextChangedEventArgs e)
{
  bool korrekt = true;
  if (!IsLoaded) return;
  if (tb1.Text == "" || tb2.Text == "")
  {
    tb3.Text = "";
    return;
  }

  try { tb1wert = Convert.ToDouble(tb1.Text); }
  catch { korrekt = false; }
  try { tb2wert = Convert.ToDouble(tb2.Text); }
  catch { korrekt = false; }

  if(korrekt)
    tb3.Text = (tb1wert + tb2wert).ToString();
  else
    tb3.Text = "Fehler";
}
```

Eine Ausnahmebehandlung sorgt dafür, dass als Ergebnis »Fehler« erscheint, sobald in einer Textbox keine gültige Zahl steht.

12.4 Spracheingabe

Die Klassen des Namespaces `System.Speech.Recognition` aus der .NET-Komponente `System.Speech` dienen dazu, gesprochene Worte zu verstehen. Diese Worte können entweder als Text in die Anwendung geschrieben werden oder als Befehl in der Anwendung ausgeführt werden. Am einfachsten klappt es mit der Sprachsteuerung, wenn Sie eine Anwendung entwickeln, die mit wenigen, leicht unterscheidbaren Befehlen auskommt. Ein Beispiel dafür sehen Sie in Abschnitt 12.4.3, »Steuerung per Spracherkennung«.

Als Voraussetzung für alle Projekte, die mit der Spracherkennung arbeiten, müssen Sie zuerst die Windows-Spracherkennung konfigurieren und das zugehörige Lernprogramm für den PC durchlaufen. Jeder Mensch hat einen anderen Sprachstil. Der PC muss daran gewöhnt werden, die Worte zu erkennen, die Sie in Ihr Mikro sprechen. Sie finden die Windows-Spracherkennung über Programme • Zubehör • Erleichterte Bedienung.

12.4.1 Externe Spracherkennung

In diesem Abschnitt wird zunächst mit der Klasse SpeechRecognizer gearbeitet. Im nachfolgenden Projekt *AVRecognition* wird eine Textbox in der WPF-Anwendung angezeigt sowie extern die Windows-Spracherkennung (siehe Abbildung 12.7).

Sie müssen die Spracherkennung noch einschalten. Anschließend sprechen Sie in das Mikro und sehen den entsprechenden Text in der Textbox. Die Qualität der Erkennung richtet sich nach dem Erfolg im Lernprogramm. Dem Projekt muss ein Verweis auf die .NET-Komponente System.Speech hinzugefügt werden.

Nach Beendigung der WPF-Anwendung müssen Sie die externe Windows-Spracherkennung noch beenden. Ansonsten landet weiterer gesprochener Text eventuell in einer anderen Anwendung.

Abbildung 12.7 WPF-Anwendung und die Windows-Spracherkennung

Der XAML-Code:

```
<Window ... Loaded="Window_Loaded">
   <TextBox x:Name="tb" TextWrapping="Wrap" Margin="3" />
</Window>
```

Die Textbox zur Anzeige des gesprochenen Textes arbeitet mit automatischem Zeilenumbruch. Die nachfolgende Fensterklasse für die Anwendung benötigt den Namespace System.Speech.Recognition.

```
public partial class MainWindow : Window
{
  SpeechRecognizer sr;
  public MainWindow() { InitializeComponent(); }

  private void Window_Loaded(...)
  {
    sr = new SpeechRecognizer();
    sr.LoadGrammar(new DictationGrammar());
    sr.SpeechRecognized += new
      EventHandler<SpeechRecognizedEventArgs>(sprache_erkannt);
```

```
    if (sr.State == RecognizerState.Stopped)
      MessageBox.Show("Spracherkennung einschalten");
  }

  void sprache_erkannt(object sender,
    SpeechRecognizedEventArgs e)
  {
    if (e.Result != null)
      tb.Text += e.Result.Text + " ";
  }
}
```

Nach dem Erzeugen eines neuen `SpeechRecognizer`-Objekts muss zunächst eine Grammatik geladen werden. Dies geschieht mithilfe der Methode `LoadGrammar()`. Standard ist ein neues Objekt des Typs `DictationGrammar`. In Abschnitt 12.4.3, »Steuerung per Spracherkennung«, sehen Sie, wie man eine eigene Grammatik einrichtet.

Ein Geräusch am Mikro löst das Ereignis `SpeechRecognized` aus. Für dieses Ereignis wurde ein neuer EventHandler angelegt, der auf die Methode `sprache_erkannt()` verweist. In dieser Methode wird untersucht, ob es sich bei dem Geräusch um erkennbaren Text handelte. Diese Information bekommt man über die Eigenschaft `Result` des Objekts `SpeechRecognizedEventArgs`. Sie ist vom Typ `RecognitionResult` und liefert Informationen über das Gehörte. Falls es ein `Result` gibt, so liefert die Untereigenschaft `Text` den gehörten Text. Dieser Text wird in die Textbox geschrieben.

12.4.2 Interne Spracherkennung

Die Klasse `SpeechRecognitionEngine` bietet noch mehr Möglichkeiten. Die Windows-Spracherkennung ist bereits integriert. Sie wird nicht extern angezeigt und muss nicht separat ein- oder ausgeschaltet werden. Im nachfolgenden Projekt *AVEngine* wird wiederum eine Textbox für den gesprochenen Text dargestellt (siehe Abbildung 12.8). Voraussetzung ist natürlich nach wie vor, dass die Windows-Spracherkennung im Vorfeld richtig konfiguriert wurde.

Abbildung 12.8 Hier wurde Sprache erkannt.

Der XAML-Code:

```
<Window ... Loaded="Window_Loaded" Unloaded="Window_Unloaded">
  <TextBox x:Name="tb" TextWrapping="Wrap" Margin="3" />
</Window>
```

Die Ereignisse `Loaded` und `Unloaded` führen zu Methoden, in denen unter anderem die Windows-Spracherkennung ein- beziehungsweise wieder ausgeschaltet wird, ohne dass es zu einer externen Anzeige kommt.

Dem Projekt muss ein Verweis auf die .NET-Komponente `System.Speech` hinzugefügt werden. Die nachfolgende Fensterklasse für die Anwendung benötigt den Namespace `System.Speech.Recognition`.

```
public partial class MainWindow : Window
{
  SpeechRecognitionEngine sre;
  public MainWindow() { InitializeComponent(); }

  private void Window_Loaded(...)
  {
    sre = new SpeechRecognitionEngine();
    sre.LoadGrammar(new DictationGrammar());
    sre.SetInputToDefaultAudioDevice();
    sre.RecognizeAsync(RecognizeMode.Multiple);
    sre.SpeechRecognized += new
      EventHandler<SpeechRecognizedEventArgs>(sprache_erkannt);
  }

  void sprache_erkannt(object sender,
      SpeechRecognizedEventArgs e)
  {
    if (e.Result != null)
      tb.Text += e.Result.Text + " ";
  }

  private void Window_Unloaded(...)
  { sre.RecognizeAsyncCancel(); }
}
```

Nach dem Erzeugen eines neuen `SpeechRecognitionEngine`-Objekts und dem Laden der Grammatik wird das Standard-Audio-Eingabegerät auf die Engine gesetzt. Dies geschieht mit der Methode `SetInputToDefaultAudioDevice()` des Engine-Objekts.

Die Methode `RecognizeAsync()` des `SpeechRecognitionEngine`-Objekts startet den Vorgang des Zuhörens. Der Modus `Multiple` der Enumeration `RecognizeMode` legt dabei fest, dass der Vorgang nicht nach der ersten Erkennung wieder abgeschaltet wird, wie dies beim Wert `Single` geschehen würde.

Wie vorher führt das Ereignis `SpeechRecognized` zum Erkennen und zur Ausgabe eines Textes. Die Methode `RecognizeAsyncCancel()` beendet den Vorgang des Zuhörens und schaltet die Spracherkennung am Ende des Projekts wieder aus.

12.4.3 Steuerung per Spracherkennung

Sie können für Ihre Anwendung eine eigene Grammatik mithilfe der Klasse `GrammarBuilder` einführen. Dazu müssen Sie alle Befehle definieren, die erlaubt sind, zusammen mit ihren jeweiligen Auswirkungen. Die wenigen möglichen Worte können leichter voneinander unterschieden und damit besser erkannt werden als die vielen möglichen Worte einer Standard-Grammatik.

Die Klasse `GrammarBuilder` basiert auf SRGS, der *Speech Recognition Grammar Specification* (siehe *http://www.w3.org/TR/speech-grammar*).

Im nachfolgenden Projekt *AVGrammar* bewegen Sie ein graues Rechteck durch Spracheingabe der Worte »oben«, »unten«, »rechts« und »links« über den Bildschirm (siehe Abbildung 12.9).

Abbildung 12.9 Sprache steuert ein Rechteck.

Der XAML-Code:

```
<Window ... Loaded="Window_Loaded" Unloaded="Window_Unloaded">
  <Canvas>
    <Rectangle x:Name="re" Canvas.Top="30" Canvas.Left="95"
      Width="80" Height="30" Fill="Gray" />
  </Canvas>
</Window>
```

Es wird wie im letzten Abschnitt mit einem `SpeechRecognitionEngine`-Objekt gearbeitet. Die Ereignisse `Loaded` und `Unloaded` führen unter anderem zum Ein- und Ausschalten der Windows-Spracherkennung.

Dem Projekt muss ein Verweis auf die .NET-Komponente System.Speech hinzugefügt werden. Die nachfolgende Fensterklasse für die Anwendung benötigt die beiden Namespaces System.Speech.Recognition und System.Speech.Recognition.SrgsGrammar.

```
public partial class MainWindow : Window
{
  SpeechRecognitionEngine sre;
  public MainWindow() { InitializeComponent(); }
  private void Window_Loaded(...)
  {
    sre = new SpeechRecognitionEngine();
    GrammarBuilder gb = new GrammarBuilder(
      new Choices("oben", "unten", "rechts", "links"));
    sre.LoadGrammar(new Grammar(gb));
    sre.SetInputToDefaultAudioDevice();
    sre.RecognizeAsync(RecognizeMode.Multiple);
    sre.SpeechRecognized += new
      EventHandler<SpeechRecognizedEventArgs>(sprache_erkannt);
  }

  void sprache_erkannt(object sender,
      SpeechRecognizedEventArgs e)
  {
    if (e.Result != null)
    {
      double left = (double)re.GetValue(Canvas.LeftProperty);
      double top = (double)re.GetValue(Canvas.TopProperty);
      switch (e.Result.Text)
      {
        case "oben":
          re.SetValue(Canvas.TopProperty, top - 20); break;
        case "unten":
          re.SetValue(Canvas.TopProperty, top + 20); break;
        case "links":
          re.SetValue(Canvas.LeftProperty, left - 20); break;
        case "rechts":
          re.SetValue(Canvas.LeftProperty, left + 20); break;
      }
    }
  }

  private void Window_Unloaded(...)
  { sre.RecognizeAsyncCancel(); }
}
```

Ein neues `GrammarBuilder`-Objekt kann unter anderem mithilfe eines neuen `Choices`-Objekts erzeugt werden. Dieses enthält ein Params-Feld vom Typ Zeichenkette mit den erlaubten Worten. Das neu erzeugte `GrammarBuilder`-Objekt kann anschließend mithilfe der Methode `LoadGrammar()` als Grammatik für die `SpeechRecognitionEngine` geladen werden.

Nach dem Spracherkennungsereignis wird festgestellt, ob es sich um eines der erlaubten Worte handelt. Daraufhin kommt es zu den entsprechenden Auswirkungen, also zur Änderung der Eigenschaft `Canvas.Left` beziehungsweise `Canvas.Top` des Rechtecks.

Dokumente können mithilfe der WPF dynamisch wie Internetseiten und exakt wie Druckseiten gestaltet werden. Ein Ausdruck kann vorbereitet und ausgeführt werden.

13 Dokumente und Drucken

Dokumente beinhalten Text, Bilder, Tabellen, Listen und weitere Elemente. Es gibt zwei Arten von Dokumenten in der WPF:

- Ein `FlowDocument` ist dynamisch, d.h., seine Inhalte werden der aktuellen äußeren Form angepasst. Man kann es mit einer Internetseite vergleichen, deren Aussehen sich nach dem benutzten Bildschirm und der aktuellen Auflösung richtet.
- Ein `FixedDocument` ist statisch, d.h., seine Inhalte sind fest positioniert. Es eignet sich besonders für eine Druckausgabe.

Die Klasse `PrintDialog` wird zur Vorbereitung und Durchführung eines Druckvorgangs verwendet.

13.1 FlowDocument

Ein `FlowDocument`-Objekt wird innerhalb eines Steuerelements angezeigt. In diesem Abschnitt werden dazu vier Möglichkeiten vorgestellt. Davon dienen die ersten drei nur zur Anzeige, während das letzte Element zum Ändern dient:

- `FlowDocumentReader`: Dieses Element ist sehr vielseitig. Es bietet mehrere Anzeigemodi: den Seitenmodus, den Zwei-Seiten-Modus und den Scrollmodus. Man kann zwischen den Modi umschalten, den Inhalt zoomen und im Inhalt suchen.
- `FlowDocumentScrollViewer`: Bietet nur den Scrollmodus.
- `FlowDocumentPageViewer`: Bietet nur den Seitenmodus und das Zoomen des Inhalts.
- `RichTextBox`: Dieses Element bietet die Möglichkeit, den Inhalt des `FlowDocument` zu verändern, zu formatieren, zu ergänzen oder zu löschen.

Der Inhalt eines `FlowDocument` steht in der Auflistung `Blocks` vom Typ `BlockCollection`. Ein einzelnes Element dieser Auflistung ist vom Typ `Block`. Dies ist die abstrakte Basisklasse für die folgenden Klassen:

- `Paragraph`: Dient zum Erzeugen eines Absatzes, ähnlich wie in MS Word.
- `Section`: Entspricht einem Abschnitt, dient zum Gruppieren von Absätzen.
- `List`: Generiert Aufzählungen oder Listen mit oder ohne Nummerierung. Listenelemente können wiederum `Paragraph`-Objekte sein.
- `Table`: Dient zum Erzeugen einer Tabelle. Innerhalb einer Tabellenzelle können wiederum `Paragraph`-Objekte stehen.
- `BlockUIContainer`: Beinhaltet Steuerelemente.

Der Inhalt eines `Paragraph`-Objekts steht in der Auflistung `Inlines` vom Typ `InlineCollection`. Ein einzelnes Element dieser Auflistung ist vom Typ `Inline`. Dies ist ebenfalls eine abstrakte Basisklasse. Mehr dazu folgt in Abschnitt 13.1.7, »Inlines«.

13.1.1 FlowDocumentReader

Im nachfolgenden Projekt *FlowParagraph* wird ein `FlowDocument` in einem `FlowDocumentReader` dargestellt. Das Dokument besteht aus einzelnen Absätzen (`Paragraph`-Objekten), von denen Sie zwei in Abbildung 13.1 sehen.

Abbildung 13.1 FlowDocumentReader im Scrollmodus

Der XAML-Code:

```
<Window ...>
  <FlowDocumentReader ViewingMode="Scroll">
    <FlowDocument ...>
      <Paragraph ...> ... </Paragraph>
```

```
            <Paragraph ...> ... </Paragraph>
            <Paragraph ...> ... </Paragraph>
        </FlowDocument>
    </FlowDocumentReader>
</Window>
```

Ein `FlowDocumentReader` kann zwischen drei verschiedenen Darstellungsmodi umgeschaltet werden. Das geschieht mithilfe der eingeblendeten Bedienungselemente (siehe Abbildung 13.1) oder mithilfe der Eigenschaft `ViewingMode`. Die Werte kommen aus der Enumeration `FlowDocumentReaderViewingMode`:

- `Page`: Seitenmodus; Sie sehen eine Seite und können um eine Seite weiterblättern. Dies ist der Standard (siehe Abbildung 13.2).
- `TwoPage`: Zwei-Seiten-Modus; Sie sehen zwei Seiten wie in einem Buch und können um zwei Seiten weiterblättern (siehe Abbildung 13.3).
- `Scroll`: Scrollmodus; Sie sehen den Text fortlaufend und können scrollen.

Abbildung 13.2 FlowDocumentReader im Seitenmodus

Abbildung 13.3 FlowDocumentReader im Zwei-Seiten-Modus

Sie können die booleschen Eigenschaften `IsPageViewEnabled`, `IsTwoPageViewEnabled`, `IsScrollViewEnabled` des Readers auf `False` schalten, um einzelne Modi zu unterbinden.

Zusätzlich können Sie den Dokumentinhalt zoomen. Die `double`-Eigenschaft `Zoom` steht standardmäßig auf 100 (für 100 %). Der Wert verändert sich nach Betätigung des Plus- oder Minuszeichens unten rechts standardmäßig um 10 %. Dieser Änderungswert kann mithilfe der `double`-Eigenschaft `ZoomIncrement` eingestellt werden. Die Grenzen werden über die `double`-Eigenschaften `MinZoom` und `MaxZoom` eingestellt. Der Standard ist 80 beziehungsweise 200. Je nach Größe des Fensters sehen Sie auch einen Zoom-Slider.

Nach Betätigung der Lupe unten links sehen Sie ein Feld zur Eingabe eines Suchbegriffs.

13.1.2 Block-Typ Absatz

Ein Absatz entspricht einem `Block`-Objekt vom Typ `Paragraph`. Er kann ähnlich wie in MS Word formatiert werden. Im bereits vorgestellten Projekt *FlowParagraph* stehen drei formatierte Absätze. Nach Betätigung der Taste [N] wird ein neuer Absatz hinzugefügt. Die Betätigung der Taste [A] ergänzt den zweiten Absatz um weiteren Text.

Zunächst der XAML-Code:

```
<Window ... KeyDown="Window_KeyDown">
  <FlowDocumentReader ViewingMode="Scroll">
    <FlowDocument x:Name="fd" FontSize="12">
      <Paragraph TextAlignment="Center" FontSize="14pt">
        Berlin
      </Paragraph>
      <Paragraph FontFamily="Arial" Background="LightGray">
        Berlin ist mit 3,4 Millionen Einwohnern die ...
      </Paragraph>
      <Paragraph BorderBrush="Black" BorderThickness="1"
          FontFamily="Tahoma" TextIndent="40" Padding="5">
        Berlin ist in zwölf Bezirke unterteilt. Im ...
      </Paragraph>
    </FlowDocument>
  </FlowDocumentReader>
</Window>
```

Im `FlowDocument`-Objekt können Sie zentrale Formatierungen vornehmen, die für das gesamte Dokument gelten. Sie können sie in den Unterelementen ergänzen beziehungsweise überschreiben, wie in Styles oder bei CSS.

In diesem Dokument gilt die zentrale Schriftgröße 12 wegen des Werts für die Eigenschaft `FontSize` der Klasse `FlowDocument`. Werte können als einfache `double`-Zahl oder als *qualified double* angegeben werden. Ein *qualified double* hat einen der folgenden Einheitenbezeichner:

- `px`: Dies ist der Standardwert. Er steht für geräteunabhängige Pixel.
- `in`: steht für Inch, also Zoll. 1 Zoll entspricht 96 px.
- `cm`: steht für Zentimeter. 1 cm entspricht 96/2,54 px.
- `pt`: steht für Punkt. 1 pt entspricht 96/72 px.

Der erste Absatz wird mithilfe des Werts `Center` für die Eigenschaft `TextAlignment` der Klasse `Block` zentriert dargestellt. Weitere Werte aus der gleichnamigen Enumeration sind `Left` (Standard), `Right` und `Justify`.

Die Schriftart wird über die Eigenschaft `FontFamily` der Klasse `TextElement` angegeben. Die Eigenschaft `TextIndent` der Klasse `Paragraph` legt den Erstzeileneinzug eines Absatzes fest. Die Werte dazu können als einfache `double`-Zahl oder als *qualified double* notiert werden.

Die boolesche Eigenschaft `KeepTogether` der Klasse `Paragraph` sorgt im (Zwei-) Seiten-Modus dafür, dass ein Absatz in einem Stück dargestellt wird, falls dies vom Platz her möglich ist. Dies kann einen Seitenumbruch vor dem Absatz bewirken. Etwas Ähnliches bewirkt die boolesche Eigenschaft `KeepWithNext` der Klasse `Paragraph` für den aktuellen Absatz und seinen Nachfolger.

Die Ereignismethode sieht so aus:

```
private void Window_KeyDown(object sender, KeyEventArgs e)
{
   if (e.Key == Key.N)
     fd.Blocks.Add(new Paragraph(new Run("Neuer Absatz")));
   else if (e.Key == Key.A)
   {
     Paragraph p = fd.Blocks.ElementAt(1) as Paragraph;
     p.Inlines.Add(new Run(" neu"));
   }
}
```

Die Elemente der obersten Ebene eines `FlowDocument` stehen in der Auflistung `Blocks` vom Typ `BlockCollection`.

Einen neuen Absatz fügen Sie wie folgt hinzu: Ein neues `Block`-Objekt fügen Sie mit der Methode `Add()` hinzu. Das `Block`-Objekt ist hier vom Typ `Paragraph`. Ein neues `Paragraph`-Objekt können Sie direkt mit einem neuen `Inline`-Objekt erzeugen. Das `Inline`-Objekt ist hier vom Typ `Run`, was für unformatierten Lauftext sorgt.

Einen vorhandenen Absatz ändern Sie so: Die Methode `ElementAt()` liefert einen Verweis auf ein Element der Auflistung `Blocks`. Die Elemente innerhalb eines `Paragraph`-Objekts stehen in der Auflistung `Inlines` vom Typ `InlineCollection`. Ein neues `Inline`-Objekt fügen Sie ebenso mit der Methode `Add()` hinzu.

Einen Verweis auf den ersten beziehungsweise letzten Block eines `FlowDocument` bekommen Sie auch über zwei besondere Eigenschaften: `fd.Blocks.FirstBlock` und `fd.Blocks.LastBlock`.

13.1.3 Block-Typ Abschnitt

Ein Abschnitt steht in einem `Block`-Objekt vom Typ `Section`. Sie nutzen Abschnitte zum Gruppieren von Blöcken innerhalb eines Dokuments. Ein Abschnitt enthält wiederum Block-Elemente. Sie können Formatierungen vornehmen, die für den gesamten Abschnitt gelten.

Im nachfolgenden Projekt *FlowSection* besteht das `FlowDocument` aus einem Absatz und einem Abschnitt, der zwei Absätze beinhaltet. Vor dem Abschnitt wurde ein Seitenumbruch eingeführt. Außerdem gilt im Abschnitt eine gemeinsame Schriftart (siehe Abbildung 13.4).

Nach Betätigung der Taste [N] wird ein neuer Abschnitt hinzugefügt, mit einem Seitenumbruch davor. Die Betätigung der Taste [A] ergänzt den vorhandenen Abschnitt um einen weiteren Absatz.

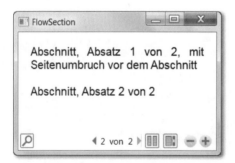

Abbildung 13.4 Inhalt des zweiten Abschnitts

Der XAML-Code:

```
<Window ... KeyDown="Window_KeyDown">
  <FlowDocumentReader>
    <FlowDocument x:Name="fd">
      <Paragraph>Abschnitt 1 von 2, Absatz 1 von 1</Paragraph>
      <Section BreakPageBefore="True" FontFamily="Arial">
        <Paragraph>Abschnitt 2 von 2, Absatz 1 von 2, mit
```

```
            Seitenumbruch vor dem Abschnitt</Paragraph>
          <Paragraph>Abschnitt 2 von 2, Absatz 2 von 2</Paragraph>
        </Section>
      </FlowDocument>
    </FlowDocumentReader>
</Window>
```

Die Schriftart wird über die Eigenschaft `FontFamily` der Klasse `TextElement` angegeben. Die boolesche Eigenschaft `BreakPageBefore` der Klasse `Block` regelt den Seitenumbruch.

Es folgt die Ereignismethode:

```
private void Window_KeyDown(object sender, KeyEventArgs e)
{
  if (e.Key == Key.N)
  {
    Section s = new Section(new Paragraph(
      new Run("Neuer Abschnitt")));
    s.BreakPageBefore = true;
    fd.Blocks.Add(s);
  }
  else if (e.Key == Key.A)
  {
    Section s = fd.Blocks.ElementAt(1) as Section;
    s.Blocks.Add(new Paragraph(
      new Run("Abschnitt, neuer Absatz")));
  }
}
```

Einen neuen Abschnitts fügen Sie hier wie folgt hinzu: Erzeugen Sie ein neues `Section`-Objekt, direkt mit einem neuen `Block`-Objekt. Das `Block`-Objekt ist hier vom Typ `Paragraph`. Stellen Sie die Eigenschaft `BreakPageBefore` ein. Anschließend fügen Sie das `Section`-Objekt der Auflistung `Blocks` des `FlowDocument` hinzu.

Einen vorhandenen Abschnitt ändern Sie hier wie folgt: Erzeugen Sie zunächst einen Verweis auf das `Section`-Objekt. Anschließend fügen Sie ein neues `Paragraph`-Objekt der Auflistung `Blocks` des `Section`-Objekts hinzu.

13.1.4 Block-Typ Liste

Aufzählungen oder Listen stehen in `Block`-Objekten vom Typ `List`. Listen können sowohl nummeriert als auch nicht nummeriert sein. Einträge in einer Liste beinhalten wiederum `Block`-Elemente. Dies können Absätze, aber auch untergeordnete Listen sein.

Im nachfolgenden Projekt *FlowList* wird eine nummerierte Liste dargestellt. Der erste Eintrag beinhaltet nur einen Absatz. Der zweite Eintrag beinhaltet einen Absatz und eine untergeordnete, nicht nummerierte Liste (siehe Abbildung 13.5).

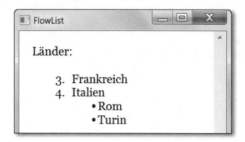

Abbildung 13.5 Liste mit untergeordneter Liste

Nach Betätigung der Taste [N] wird eine neue Liste hinzugefügt, die zwei Einträge aufweist. Die Betätigung der Taste [A] ändert einen Eintrag in der vorhandenen Liste auf oberster Ebene und einen Eintrag in der untergeordneten Liste.

Der XAML-Code:

```
<Window ... KeyDown="Window_KeyDown">
  <FlowDocumentReader ViewingMode="Scroll">
    <FlowDocument x:Name="fd">
      <Paragraph>Länder:</Paragraph>
      <List MarkerStyle="Decimal" StartIndex="3">
        <ListItem>
          <Paragraph>Frankreich</Paragraph>
        </ListItem>
        <ListItem>
          <Paragraph>Italien</Paragraph>
          <List Margin="0" MarkerOffset="2">
            <ListItem>
              <Paragraph>Rom</Paragraph>
            </ListItem>
            <ListItem>
              <Paragraph>Turin</Paragraph>
            </ListItem>
          </List>
        </ListItem>
      </List>
    </FlowDocument>
  </FlowDocumentReader>
</Window>
```

Die Nummerierung der Liste wird mit dem Wert `Decimal` für die Eigenschaft `MarkerStyle` der Klasse `List` erzeugt. Die Einträge können mit folgenden weiteren Werten aus der Enumeration `TextMarkerStyle` markiert werden:

- `None`: keine Markierung
- `Circle`, `Disc`: Kreis, leer oder ausgefüllt (Standard)
- `Square`, `Box`: Quadrat, leer oder ausgefüllt
- `LowerRoman`, `UpperRoman`: römische Zahl, klein oder groß
- `LowerLatin`, `UpperLatin`: Buchstabe, klein oder groß

Die Integer-Eigenschaft `StartIndex` der Klasse `List` bestimmt den Anfangswert einer nummerierten Liste. Der Standardwert ist 1 beziehungsweise i, I, a oder A. Innerhalb eines `List`-Objekts gibt es eine `ListItemCollection`. Darin stehen `ListItem`-Objekte. Ein `ListItem`-Objekt kann ein `Block`-Objekt enthalten, zum Beispiel ein `Paragraph`-Objekt.

Sie können den vertikalen Abstand einer untergeordneten Liste mit der Eigenschaft `Margin` beeinflussen. Die Eigenschaft `MarkerOffset` der Klasse `List` bestimmt den horizontalen Abstand zwischen Eintrag und Markierung. Die Werte dazu können als einfache `double`-Zahl oder als *qualified double* notiert werden. Außerdem ist der Wert `Auto` möglich. Dann ist der Abstand von der Schriftart abhängig.

Es folgt die Ereignismethode:

```
private void Window_KeyDown(object sender, KeyEventArgs e)
{
  if (e.Key == Key.N)
  {
    ListItem li1 = new ListItem(
      new Paragraph(new Run("Eintrag 1")));
    ListItem li2 = new ListItem(
      new Paragraph(new Run("Eintrag 2")));
    List l = new List();
    l.ListItems.Add(li1);
    l.ListItems.Add(li2);

    fd.Blocks.Add(new Paragraph(new Run("Neue Liste:")));
    fd.Blocks.Add(l);
  }
  else if (e.Key == Key.A)
  {
    List l = fd.Blocks.ElementAt(1) as List;
```

```
    ListItem li1 = l.ListItems.ElementAt(0);
    li1.Blocks.Clear();
    li1.Blocks.Add(new Paragraph(new Run("Spanien")));

    ListItem li2 = l.ListItems.ElementAt(1);
    List lu = li2.Blocks.ElementAt(1) as List;
    lu.MarkerOffset = 10;
    lu.MarkerStyle = TextMarkerStyle.LowerLatin;
    lu.StartIndex = 2;

    ListItem li3 = lu.ListItems.ElementAt(0);
    li3.Blocks.Clear();
    li3.Blocks.Add(new Paragraph(new Run("Mailand")));
  }
}
```

Eine neue Liste fügen Sie hier wie folgt hinzu: Erzeugen Sie zwei neue `ListItem`-Objekte, jeweils direkt mit einem neuen `Paragraph`-Objekt als Eintrag. Dann erzeugen Sie ein neues `List`-Objekt. Zu dessen Auflistung `ListItems` fügen Sie die beiden neuen `ListItem`-Objekte hinzu. Anschließend fügen Sie einen neuen Absatz als Listenüberschrift und die neue Liste selbst zur Auflistung `Blocks` des `FlowDocument` hinzu.

Eine vorhandene Liste ändern Sie auf Ebene 1 hier wie folgt: Legen Sie einen Verweis auf das vorhandene `List`-Objekt an. Legen Sie anschließend einen Verweis auf das erste `ListItem`-Objekt dieser Liste an. Löschen Sie dessen Inhalt, und ersetzen Sie ihn durch einen neuen Absatz (siehe Abbildung 13.6).

Eine vorhandene Liste ändern Sie hier auf Ebene 2 wie folgt: Legen Sie einen Verweis auf das zweite `ListItem`-Objekt der Liste an. Legen Sie anschließend einen Verweis auf die Unterliste an, der den zweiten Block dieses zweiten `ListItem`-Objekts bildet. Bei dieser Unterliste ändern Sie die Art, die Nummer und den Abstand der Markierung. Es folgt ein Verweis auf das erste `ListItem`-Objekt dieser Unterliste. Löschen Sie dessen Inhalt, und ersetzen Sie ihn durch einen neuen Absatz (siehe Abbildung 13.6).

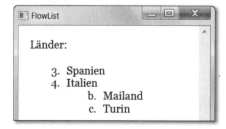

Abbildung 13.6 Änderungen auf zwei Listenebenen

13.1.5 Block-Typ Tabelle

Tabellen können Sie mit Block-Objekten vom Typ Table anlegen. Das Layout der Spalten wird durch die Auflistung Columns vom Typ TableColumnCollection festgelegt. In der Auflistung stehen einzelne TableColumn-Objekte. Der Inhalt einer Tabelle ist hierarchisch aufgebaut:

- Die Tabellenzeilen sind in Gruppen zusammengefasst. Die Gruppen stehen in der Auflistung RowGroups vom Typ TableRowGroupCollection. Die Auflistung beinhaltet einzelne TableRowGroup-Objekte.
- Innerhalb einer Gruppe gibt es die Auflistung Rows vom Typ TableRowCollection. In der Auflistung bezeichnet ein TableRow-Objekt eine einzelne Tabellenzeile.
- Innerhalb einer Tabellenzeile steht die Auflistung Cells vom Typ TableCellCollection. In der Auflistung ist ein TableCell-Objekt eine einzelne Zelle.
- Eine Zelle beinhaltet Blöcke in der Auflistung Blocks. Dies können Absätze, aber auch untergeordnete Tabellen sein.

Im nachfolgenden Projekt *FlowTable* wird eine Tabelle mit drei Zeilen und zwei Spalten dargestellt. Die beiden Zellen der obersten Zeile sind als Überschrift zusammengefasst (siehe Abbildung 13.7).

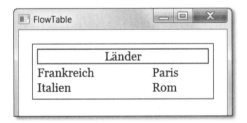

Abbildung 13.7 Table, TableRowGroup, TableRow und TableCell

Nach Betätigung der Taste [N] wird eine neue Tabelle hinzugefügt. Sie enthält einen Teil des kleinen Einmaleins (acht Zeilen, zehn Spalten). Die Betätigung der Taste [A] ändert einen Eintrag in einer Zelle der vorhandenen Tabelle.

Der XAML-Code:

```
<Window ... KeyDown="Window_KeyDown">
  <FlowDocumentReader>
    <FlowDocument x:Name="fd">
      <Table BorderBrush="Black" BorderThickness="1" Padding="5">
```

```
            <Table.Columns>
              <TableColumn Width="2*" />
              <TableColumn Width="1*" />
            </Table.Columns>

            <TableRowGroup>
              <TableRow>
                <TableCell ColumnSpan="2" BorderBrush="Black"
                    BorderThickness="1">
                  <Paragraph TextAlignment="Center">
                    Länder</Paragraph>
                </TableCell>
              </TableRow>

              <TableRow>
                <TableCell>
                  <Paragraph>Frankreich</Paragraph>
                </TableCell>
                <TableCell>
                  <Paragraph>Paris</Paragraph>
                </TableCell>
              </TableRow>
              <TableRow> ... </TableRow>

            </TableRowGroup>
          </Table>
        </FlowDocument>
    </FlowDocumentReader>
</Window>
```

Auf der Ebene der Tabelle oder einer Zelle können Sie unter anderem Rahmen oder Innenabstände festlegen.

Die ganzzahlige Eigenschaft `ColumnSpan` einer Zelle legt fest, wie viele Spalten diese Zelle überspannen soll. Entsprechend gibt es auch `RowSpan` für die Anzahl der Zeilen, die diese Zelle überspannen soll.

Die Breite einer Spalte können Sie über die Eigenschaft `Width` vom Typ `GridLength` wählen. Die Werte dazu können als einfache `double`-Zahl oder als *qualified double* oder mithilfe der Enumeration `GridUnitType` notiert werden. Diese bietet die Werte `Auto`, `Pixel` oder `Star` (Stern). Bei `Auto` bestimmen die Zellinhalte die Breite. `Star` wird zur Erstellung von Größenverhältnissen genutzt – wie in der vorliegenden Tabelle: Die erste Spalte hat die doppelte Breite der zweiten Spalte.

Die Ereignismethode sieht so aus:

```
private void Window_KeyDown(object sender, KeyEventArgs e)
{
  if (e.Key == Key.N)
  {
    Table t = new Table();
    t.FontSize = 9;
    t.FontFamily = new FontFamily("Arial");

    for(int s = 1; s <= 10; s++)
    {
      TableColumn tco = new TableColumn();
      tco.Width = new GridLength(1, GridUnitType.Star);
      t.Columns.Add(tco);
    }

    TableRowGroup trg = new TableRowGroup();
    t.RowGroups.Add(trg);

    for (int z = 1; z <= 8; z++)
    {
      TableRow trow = new TableRow();
      for (int s = 1; s <= 10; s++)
        trow.Cells.Add(new TableCell(
          new Paragraph(new Run("" + z * s))));
      trg.Rows.Add(trow);
    }
    fd.Blocks.Add(t);
  }
  else if (e.Key == Key.A)
  {
    Table t = fd.Blocks.ElementAt(0) as Table;
    TableCell tce = t.RowGroups[0].Rows[2].Cells[1];
    tce.Blocks.Clear();
    tce.Blocks.Add(new Paragraph(new Run("Mailand")));
  }
}
```

Eine neue Tabelle fügen Sie hier wie folgt hinzu: Legen Sie ein neues `Table`-Objekt an. Die Inhalte sollen in Arial 9 geschrieben werden. Anschließend erzeugen Sie zehn neue `TableColumn`-Objekte, alle mit gleicher Spaltenbreite. Dann legen Sie ein neues `TableRowGroup`-Objekt an und fügen es der Tabelle hinzu. Erzeugen Sie acht neue `TableRow`-Objekte mit jeweils zehn `TableCell`-Objekten, und fügen Sie sie dem `TableRowGroup`-Objekt hinzu. In jeder Zelle steht das Produkt aus Zeilen- und Spaltennummer, beginnend bei 1 mal 1. Fügen Sie die neue Tabelle der Auflistung `Blocks` des `FlowDocument` hinzu (siehe Abbildung 13.8).

Eine vorhandene Tabelle ändern Sie hier wie folgt: Legen Sie einen Verweis auf das vorhandene `Table`-Objekt an. Anschließend erzeugen Sie einen Verweis auf die zweite Zelle der dritten Zeile der ersten Zeilengruppe dieser Tabelle. Deren Inhalt löschen Sie mithilfe der Methode `Clear()` der Klasse `Blocks` und ersetzen ihn durch einen neuen Absatz.

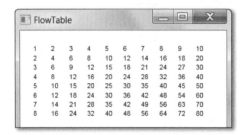

Abbildung 13.8 Die neu hinzugefügte Tabelle

13.1.6 Block-Typ Steuerelement-Container

Ein `FlowDocument` kann auch Steuerelemente enthalten. Diese werden in einem `Block`-Objekt vom Typ `BlockUIContainer` angeordnet. Die Eigenschaft `Child` vom Typ `UIElement` enthält das Steuerelement. Dies kann auch ein Container-Element sein.

Im nachfolgenden Projekt *FlowBlockUI* werden innerhalb eines Dokuments ein Absatz und ein `WrapPanel` mit zwei RadioButtons dargestellt (siehe Abbildung 13.9).

Abbildung 13.9 Steuerelemente im BlockUIContainer-Objekt

Nach Betätigung der Taste [N] wird ein weiterer `BlockUIContainer` mit einem Button hinzugefügt. Die Betätigung der Taste [A] ändert die Aufschrift des zweiten RadioButtons im vorhandenen `BlockUIContainer`.

Der XAML-Code:

```xaml
<Window ... KeyDown="Window_KeyDown">
  <FlowDocumentReader>
    <FlowDocument x:Name="fd">
      <Paragraph>Absatz mit Text</Paragraph>
      <BlockUIContainer>
        <WrapPanel RadioButton.Checked="rb_Checked">
          <RadioButton IsChecked="True" Margin="3">
            RB 1</RadioButton>
          <RadioButton Margin="3">RB 2</RadioButton>
        </WrapPanel>
      </BlockUIContainer>
    </FlowDocument>
  </FlowDocumentReader>
</Window>
```

Der `BlockUIContainer` enthält als einzig mögliches Kind-Element ein `WrapPanel`. Dieses kann natürlich mehrere Elemente beinhalten. Das `Checked`-Ereignis der RadioButtons wird an das `WrapPanel` weitergeleitet.

Die Ereignismethoden sehen so aus:

```csharp
private void rb_Checked(object sender, RoutedEventArgs e)
{
  if (IsLoaded) MessageBox.Show(
    (e.Source as RadioButton).Content.ToString());
}
```

Es wird die Aufschrift des auslösenden RadioButtons ausgegeben.

```csharp
private void Window_KeyDown(object sender, KeyEventArgs e)
{
  if (e.Key == Key.N)
  {
    Button b = new Button();
    b.Content = "Button";
    b.Click += new RoutedEventHandler(b_Click);
    BlockUIContainer bc = new BlockUIContainer(b);
    fd.Blocks.Add(bc);
  }
  else if (e.Key == Key.A)
  {
    BlockUIContainer bc =
      fd.Blocks.ElementAt(1) as BlockUIContainer;
    WrapPanel wp = bc.Child as WrapPanel;
```

```
        (wp.Children[1] as RadioButton).Content = "Radio 2";
    }
}
private void b_Click(object sender, RoutedEventArgs e)
{ MessageBox.Show("Button"); }
```

Einen neuen `BlockUIContainer` fügen Sie hier wie folgt hinzu: Erzeugen Sie einen neuen Button mit einer Aufschrift und einem `Click`-Ereignishandler. Erzeugen Sie anschließend ein neues `BlockUIContainer`-Objekt, direkt mit dem Verweis auf den Button als `Child`-Eigenschaft. Fügen Sie das neue `BlockUIContainer`-Objekt zur Auflistung `Blocks` des `FlowDocument` hinzu (siehe Abbildung 13.10).

Einen vorhandenen `BlockUIContainer` ändern Sie hier wie folgt: Legen Sie einen Verweis auf das vorhandene `BlockUIContainer`-Objekt an. Erzeugen Sie anschließend einen Verweis auf das `WrapPanel`, das den Wert der Eigenschaft `Child` des `BlockUIContainer`-Objekts darstellt. Ändern Sie die Aufschrift des zweiten untergeordneten Elements des `WrapPanel` (siehe Abbildung 13.10).

Abbildung 13.10 Neuer und geänderter BlockUIContainer

13.1.7 Inlines

Ein Absatz (Klasse `Paragraph`) beinhaltet die Eigenschaft `Inlines` vom Typ `InlineCollection`. Aus den Elementen dieser Auflistung besteht der formatierte Text eines Absatzes. Ein einzelnes Element muss von einem Typ sein, der von der abstrakten Klasse `Inline` abgeleitet ist. Ein Steuerelement vom Typ `TextBlock` (siehe Abschnitt 4.3.2) besteht ebenfalls aus `Inlines`.

Die verschiedenen abgeleiteten `Inline`-Typen bieten unterschiedliche Möglichkeiten zur Formatierung. Viele `Inline`-Typen haben wiederum die Eigenschaft `Inlines`. Es kann also `Inline`-Objekte auf verschiedenen Ebenen geben. Damit ist es möglich, Formatierungen zu verschachteln. Auf der untersten Ebene steht der einfachste `Inline`-Typ: die Klasse `Run`. Die Eigenschaft `Text` eines `Run`-Objekts beinhaltet den Text.

Es gibt unter anderem folgende `Inline`-Typen:

- `Run`: Enthält fortlaufenden Text, mit oder ohne Formatierung; enthält aber keine weiteren Inlines.
- `Span`: Enthält fortlaufenden Text, mit oder ohne Formatierung; dient zur Gruppierung.
- `Bold`: Enthält fortlaufenden, fetten Text, mit oder ohne weitere Formatierung.
- `Italic`: Enthält fortlaufenden, kursiven Text, mit oder ohne weitere Formatierung.
- `Underline`: Enthält fortlaufenden, unterstrichenen Text, mit oder ohne weitere Formatierung.
- `LineBreak`: Führt zu einem Zeilenumbruch.
- `InlineUIContainer`: Enthält ein Steuerelement, das im fortlaufenden Text eingebettet wird. Dies kann auch ein Container-Element sein, wie zum Beispiel ein `WrapPanel`.
- `Hyperlink`: Enthält einen Hyperlink zu einem internen oder externen Ziel (siehe Abschnitt 6.4, »Navigation mit Seiten«).
- `Figure`: Enthält ein Bild oder einen Absatz und kann innerhalb eines Absatzes fest positioniert werden (siehe Abschnitt 13.1.8, »Inline-Typ Figure«).

Im nachfolgenden Projekt *FlowInline* werden viele der genannten Inline-Typen dargestellt (siehe Abbildung 13.11).

Abbildung 13.11 Verschiedene Inline-Typen

Nach Betätigung der Taste N werden weitere `Inline`-Objekte hinzugefügt. Die Betätigung der Taste A ändert den Inhalt eines vorhandenen `Inline`-Objekts auf der dritten Ebene und den Inhalt eines Steuerelements innerhalb eines vorhandenen `InlineUIContainer` (siehe Abbildung 13.12).

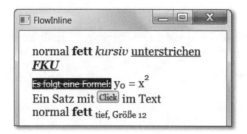

Abbildung 13.12 Zwei Inlines geändert

Nach Betätigung der Taste [S] wird zur besseren Übersicht eine Liste der Inline-Objekte des vorhandenen Absatzes ausgegeben – mit laufender Nummer, Typ und Text (siehe Abbildung 13.13).

Der XAML-Code:

```xml
<Window ... KeyDown="Window_KeyDown">
  <FlowDocumentReader>
    <FlowDocument x:Name="fd">
      <Paragraph>
        normal
        <Bold>fett</Bold>
        <Italic>kursiv</Italic>
        <Underline>unterstrichen</Underline>
        <LineBreak />
        <Bold><Underline><Italic>
          fett, kursiv, unterstrichen</Italic></Underline></Bold>
        <LineBreak />
        <Run Background="Black" FontFamily="Tahoma" FontSize="12"
          Foreground="White" TextDecorations="Strikethrough">
          Es folgt eine Formel:</Run>
        y<Span BaselineAlignment="Subscript"
          FontSize="12">0</Span>
        = x<Span BaselineAlignment="Superscript"
          FontSize="12">2</Span>
        <LineBreak />
        Ein Satz mit
        <InlineUIContainer>
          <Button Height="16" FontSize="11" Click="b_Click">
            Button</Button>
        </InlineUIContainer>
        im Text
      </Paragraph>
    </FlowDocument>
```

```
</FlowDocumentReader>
</Window>
```

Nach einem unformatierten Text folgen nacheinander ein fetter Text (`Bold`-Objekt), ein kursiver Text (`Italic`-Objekt) und ein unterstrichener Text (`Underline`-Objekt). Nach dem ersten Zeilenumbruch folgt ein Text, der gleichzeitig fett, kursiv und unterstrichen ist. Es handelt sich dabei um `Inline`-Objekte auf verschiedenen Ebenen.

Nach dem nächsten Zeilenumbruch folgt ein `Run` mit geänderter Vorder- und Hintergrundfarbe, Schriftart und -größe. Die Auflistung `TextDecorations` kann verschiedene Möglichkeiten der Schriftverzierung enthalten, wie zum Beispiel durchgestrichenen Text, überstrichenen Text, Unter- und Überstreichungsarten, Animationen und so weiter.

Anschließend wird in zwei Spans die Eigenschaft `BaselineAlignment` vorgestellt. Sie dient zur Einstellung der vertikalen Schriftposition. Die Werte kommen aus der gleichnamigen Enumeration. Der Wert `Subscript` (tiefgestellt) kann für einen mathematischen Index genutzt werden, der Wert `Superscript` (hochgestellt) für einen mathematischen Exponenten.

Nach dem letzten Zeilenumbruch steht ein Satz, der ein bedienbares Steuerelement innerhalb eines `InlineUIContainer` beinhaltet.

Die Ereignismethode sieht so aus:

```
private void Window_KeyDown(object sender, KeyEventArgs e)
{
  if (e.Key == Key.N)
  {
    Paragraph p = fd.Blocks.ElementAt(0) as Paragraph;

    p.Inlines.Add(new LineBreak());
    p.Inlines.Add(new Run("normal "));
    p.Inlines.Add(new Bold(new Run("fett ")));

    Span sp = new Span(new Run("tief, Größe 12"));
    sp.BaselineAlignment = BaselineAlignment.Subscript;
    sp.FontSize = 12;
    p.Inlines.Add(sp);
  }
  ...
```

Neue Elemente fügen Sie hier wie folgt hinzu: Fügen Sie einen Zeilenumbruch, einen einfachen `Run` und einen fett formatierten Text hinzu. Einzelne `Inline`-

Objekte werden nicht automatisch durch Leerzeichen getrennt, daher stehen am Ende der Run-Objekte eigens Leerzeichen. Als Letztes folgt ein tiefgestellter Text innerhalb eines Span.

```
...
else if (e.Key == Key.A)
{
  Paragraph p = fd.Blocks.ElementAt(0) as Paragraph;

  Bold bo = p.Inlines.ElementAt(7) as Bold;
  Underline un = bo.Inlines.ElementAt(0) as Underline;
  Italic it = un.Inlines.ElementAt(0) as Italic;
  Run r = it.Inlines.ElementAt(0) as Run;
  r.Text = "FKU";

  InlineUIContainer ic =
    p.Inlines.ElementAt(16) as InlineUIContainer;
  Button bu = ic.Child as Button;
  bu.Content = "Click";
}
...
```

Vorhandene Elemente ändern Sie hier wie folgt: Das Element 7 ist ein Bold-Objekt, das ein Underline-Objekt als erstes Element seiner Inlines-Auflistung enthält. Dieses enthält wiederum ein Italic-Objekt als erstes Element seiner Inlines-Auflistung. Dessen Inlines-Auflistung wiederum enthält ein Run-Objekt, das geändert wird.

Das Element 16 ist ein InlineUIContainer-Objekt. Dessen Eigenschaft Child ist ein Steuerelement vom Typ Button. Dessen Aufschrift ändern Sie.

```
...
else if (e.Key == Key.S)
{
  Paragraph p = fd.Blocks.ElementAt(0) as Paragraph;
  string ausgabe = "";
  for (int i = 0; i < p.Inlines.Count; i++)
  {
    Inline inl = p.Inlines.ElementAt(i) as Inline;
    ausgabe += i + ": " + inl.GetType().ToString()
      + " |" + runtext(inl) + "|\n";
  }
  MessageBox.Show(ausgabe);
}
}
```

```
private string runtext(Inline i)
{
  if (i is Run)
    return (i as Run).Text;
  else if(i is Bold)
    return runtext((i as Bold).Inlines.ElementAt(0));
  else if (i is Italic)
    return runtext((i as Italic).Inlines.ElementAt(0));
  else if (i is Underline)
    return runtext((i as Underline).Inlines.ElementAt(0));
  else if (i is Span)
    return runtext((i as Span).Inlines.ElementAt(0));
  else
    return "";
}
```

Jedes Element der Inlines-Auflistung des vorhandenen Absatzes wird ausgegeben, und zwar mit einer laufenden Nummer, mit einem Typ und meist mit Text (siehe Abbildung 13.13). Es wird die rekursive Hilfsmethode runtext() genutzt, da mehrere Ebenen vorliegen können. Es wird vereinfacht davon ausgegangen, dass Inlines-Auflistungen auf einer untergeordneten Ebene nur ein Element enthalten.

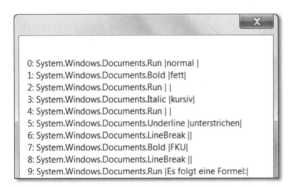

Abbildung 13.13 Liste der Inlines (Ausschnitt)

Die (leeren) Run-Objekte 2 und 4 der Liste entstehen, weil zwischen dem Bold- und dem Italic-Objekt beziehungsweise zwischen dem Italic- und dem Underline-Objekt im XAML-Code ein Zeilenumbruch eingegeben wurde.

13.1.8 Inline-Typ Figure

Ein Figure-Objekt gehört zu den Inline-Objekten. Es kann innerhalb eines Absatzes fest positioniert werden und enthält ein Element auf Block-Ebene, das hervorgehoben werden soll. Dies kann zum Beispiel ein Bild in einem `BlockUIContainer` oder ein Absatz mit wichtigem Inhalt sein.

Die Positionierung kann zum Beispiel mithilfe der Eigenschaft `HorizontalAnchor` geschehen. Die Enumeration `FigureHorizontalAnchor` bietet Werte, um das `Figure`-Objekt links, mittig oder rechts zu platzieren, bezogen auf die ganze Seite, den Inhaltsbereich der Seite oder den Inhaltsbereich der Spalte.

Ähnlich sieht es mit der Eigenschaft `VerticalAnchor` aus. Die Enumeration `FigureVerticalAnchor` bietet Werte, um das `Figure`-Objekt oben, mittig oder unten zu platzieren – bezogen auf die ganze Seite, den Inhaltsbereich der Seite oder einen Absatz.

Nachfolgend wird im Projekt *FlowFigure* ein Absatz mit einem Bild dargestellt, das in einem `Figure`-Objekt eingebettet ist (siehe Abbildung 13.14). Nach Betätigung einer beliebigen Taste wird die Positionierung des `Figure`-Objekts geändert.

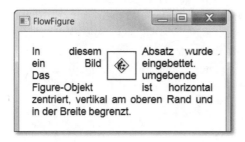

Abbildung 13.14 Inline-Typ Figure

Der XAML-Code:

```
<Window ... KeyDown="Window_KeyDown">
  <FlowDocumentReader>
    <FlowDocument x:Name="fd">
      <Paragraph FontFamily="Arial" FontSize="14">
        In diesem Absatz ...
        <Figure HorizontalAnchor="ContentCenter"
            VerticalAnchor="ContentTop" BorderBrush="Black"
            BorderThickness="1" Width="40">
          <BlockUIContainer>
            <Image Source="work.gif" Height="20" Width="20" />
          </BlockUIContainer>
        </Figure>
      </Paragraph>
    </FlowDocument>
  </FlowDocumentReader>
</Window>
```

Es wurde ein schwarzer Rahmen um das Figure-Objekte gelegt, damit es besser zu erkennen ist. Die Breite wurde begrenzt. Ansonsten würde es die gesamte Absatzbreite einnehmen und nicht mehr vom Text des Absatzes umflossen.

Die Ereignismethode zum Ändern der Positionierung sieht so aus:

```
private void Window_KeyDown(object sender, KeyEventArgs e)
{
  Paragraph p = fd.Blocks.ElementAt(0) as Paragraph;
  Figure f = p.Inlines.ElementAt(1) as Figure;
  f.VerticalAnchor = FigureVerticalAnchor.ContentBottom;
  f.HorizontalAnchor = FigureHorizontalAnchor.ContentLeft;
}
```

Das Figure-Objekt ist das zweite Element der Inlines-Auflistung des Absatzes.

13.1.9 FlowDocumentScrollViewer

Ein FlowDocumentScrollViewer dient zur Darstellung eines FlowDocument im Scrollmodus. Der Text ist fortlaufend, die Anzeige kann gescrollt werden (siehe Abbildung 13.15). Er ähnelt dem FlowDocumentReader im Scroll-Modus, besitzt allerdings keine Umschalt-, Zoom- oder Suchmöglichkeiten. Nachfolgend sehen Sie das Projekt *FlowScroll* mit den gleichen Absatz-Inhalten wie in Abschnitt 13.1.2, »Block-Typ Absatz«.

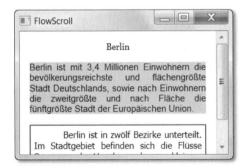

Abbildung 13.15 FlowDocument im FlowDocumentScrollViewer

Der XAML-Code:

```
<Window ...>
  <FlowDocumentScrollViewer>
    <FlowDocument FontSize="12">
      <Paragraph ...> ... </Paragraph>
      <Paragraph ...> ... </Paragraph>
```

```
      <Paragraph ...> ... </Paragraph>
    </FlowDocument>
  </FlowDocumentScrollViewer>
</Window>
```

13.1.10 FlowDocumentPageViewer

Ein `FlowDocumentPageViewer` dient zur Darstellung eines `FlowDocument` im Seitenmodus. Sie sehen eine Seite und können um eine Seite weiterblättern (siehe Abbildung 13.16). Er ähnelt dem `FlowDocumentReader` im Seitenmodus, besitzt auch die Zoom-Möglichkeit, aber keine Umschalt- oder Suchmöglichkeiten. Nachfolgend sehen Sie das Projekt *FlowPage* mit den gleichen Absatz-Inhalten wie in Abschnitt 13.1.2, »Block-Typ Absatz«.

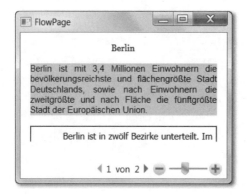

Abbildung 13.16 FlowDocument im FlowDocumentPageViewer

Der XAML-Code:

```
<Window ...>
  <FlowDocumentPageViewer >
    <FlowDocument FontSize="12">
      <Paragraph ...> ... </Paragraph>
      <Paragraph ...> ... </Paragraph>
      <Paragraph ...> ... </Paragraph>
    </FlowDocument>
  </FlowDocumentPageViewer>
</Window>
```

13.1.11 RichTextBox

Eine `RichTextBox` dient zur Anzeige und zur Bearbeitung eines `FlowDocument`. Im Unterschied zu den bisher vorgestellten Readern und Viewern können Sie Teile des Dokuments ändern, formatieren, ergänzen oder löschen. Zur Unterstützung können Sie eingebaute Kommandos aus der Gruppe der EditingCommands verwenden (siehe auch Abschnitt 5.5, »Kommandos«).

Ein Dokument vom Typ FlowDocument kann gespeichert oder geladen werden. Dies ist besonders dann sinnvoll, wenn das Dokument verändert werden kann, wie z. B. in einer RichTextBox.

Nachfolgend wird im Projekt *FlowRichTextBox* ein FlowDocument dargestellt, das aus zwei Absätzen besteht. Die Inhalte können geändert und mithilfe von einigen vorgefertigten EditingCommands formatiert werden. Das gesamte Dokument beziehungsweise der erste Absatz können in einer Datei gespeichert werden. Ebenso können ein Dokument oder ein Absatz aus einer Datei geladen werden (siehe Abbildung 13.17).

Abbildung 13.17 FlowDocument in RichTextBox editieren

Der XAML-Code:

```
<Window ...>
  <StackPanel>
    <WrapPanel HorizontalAlignment="Center">
      <Button Command="EditingCommands.AlignLeft"
        CommandTarget="{Binding ElementName=rtb}"
        Margin="3">Links</Button>
      <Button Command="EditingCommands.AlignCenter" ...
      <Button Command="EditingCommands.AlignRight" ...
      <Button Command="EditingCommands.ToggleBold" ...
      <Button Command="EditingCommands.ToggleUnderline" ...
    </WrapPanel>
    <WrapPanel HorizontalAlignment="Center">
      <Button ... Click="dspeichern">Dokument speichern</Button>
      <Button ... Click="dladen">Dokument laden</Button>
```

```
      </WrapPanel>
      <WrapPanel HorizontalAlignment="Center">
        <Button ... Click="aspeichern">1. Absatz speichern</Button>
        <Button ... Click="aladen">1. Absatz laden</Button>
      </WrapPanel>
      <RichTextBox Width="270" Height="70" Margin="3"
          ScrollViewer.VerticalScrollBarVisibility="Auto">
        <FlowDocument x:Name="fd" FontSize="12">
          <Paragraph>
            Das ist <Bold>Absatz</Bold> 1
          </Paragraph>
          <Paragraph TextAlignment="Center">
            Und das ist Absatz 2
          </Paragraph>
        </FlowDocument>
      </RichTextBox>
    </StackPanel>
</Window>
```

Für die Eigenschaft Command werden die EditingCommands AlignLeft, AlignCenter und AlignRight zur Absatzformatierung sowie ToggleBold und ToggleUnderline zur Schriftformatierung eingesetzt. Diese vorgefertigten Kommandos benötigen keinen weiteren Programmcode. Als Kommandoziel (Eigenschaft CommandTarget) ist über eine Datenbindung jeweils die RichTextBox angegeben.

Innerhalb der RichTextBox wird ein ScrollViewer-Objekt genutzt. Dies erleichtert die Erreichbarkeit aller Dokumentteile.

Es folgen die Methoden zum Speichern und Laden, zunächst für das gesamte Dokument. Sie benötigen den Namespace System.IO.

```
void dspeichern(...)
{
  TextRange tr = new TextRange(fd.ContentStart, fd.ContentEnd);
  FileStream fs = new FileStream("dokument.xp", FileMode.Create);
  tr.Save(fs, DataFormats.XamlPackage);
  fs.Close();
}
void dladen(...)
{
  if (File.Exists("dokument.xp"))
  {
    TextRange tr = new TextRange(fd.ContentStart, fd.ContentEnd);
    FileStream fs = new FileStream("dokument.xp", FileMode.Open);
    tr.Load(fs, DataFormats.XamlPackage);
```

```
      fs.Close();
   }
}
```

Gespeichert beziehungsweise geladen wird ein TextRange-Objekt. Dies ist ein Textbereich, der zwischen zwei TextPointer-Objekten liegt. Ein TextPointer-Objekt bezeichnet eine Position innerhalb eines FlowDocument oder eines TextBlock.

Das neu erzeugte TextRange-Objekt liegt zwischen den zwei Positionen, die hier von den Eigenschaften ContentStart und ContentEnd des FlowDocument geliefert werden. Der Textbereich umfasst also den gesamten Inhalt des Dokuments.

Zum Speichern wird ein neues FileStream-Objekt erzeugt. Zum Laden wird ein vorhandenes FileStream-Objekt geöffnet. Als Speicherformat eignet sich das XAML-Paketdatenformat. Dieses Format kann über das Element XamlPackage aus der Enumeration DataFormats ausgewählt werden. Die Enumeration stellt eine ganze Reihe von Datenformaten bereit.

Es folgen die Methoden zum Speichern und Laden eines Absatzes:

```
void aspeichern(...)
{
   Paragraph p = fd.Blocks.ElementAt(0) as Paragraph;
   TextRange tr = new TextRange(p.ContentStart, p.ContentEnd);
   FileStream fs = new FileStream("absatz.xp", FileMode.Create);
   tr.Save(fs, DataFormats.XamlPackage);
   fs.Close();
}
void aladen(...)
{
   if (File.Exists("absatz.xp"))
   {
      Paragraph p = fd.Blocks.ElementAt(0) as Paragraph;
      TextRange tr = new TextRange(p.ContentStart, p.ContentEnd);
      FileStream fs = new FileStream("absatz.xp", FileMode.Open);
      tr.Load(fs, DataFormats.XamlPackage);
      fs.Close();
   }
}
```

Das ermittelte TextRange-Objekt wird mithilfe der Methoden Save() und Load() gespeichert beziehungsweise geladen. Ein Paragraph-Objekt besitzt ebenfalls die Eigenschaften ContentStart und ContentEnd, um den Start und das Ende des Inhalts zu markieren.

13.2 FixedDocument

Im Unterschied zu einem `FlowDocument` werden die Elemente bei einem `FixedDocument` auf einzelnen Seiten fest positioniert. Damit ist es besonders zum Ausdrucken geeignet.

Ein `FixedDocument`-Objekt besitzt die Eigenschaft `Pages` vom Typ `PageContentCollection`. Darin stehen die einzelnen Seiteninhalte des Dokuments vom Typ `PageContent`. Die Eigenschaft `Child` eines `PageContent`-Objekts ist ein `FixedPage`-Objekt. Es umfasst die eigentlichen Elemente einer einzelnen Seite.

Ein `FixedPage`-Objekt hat Format-Eigenschaften wie Höhe und Breite. Die Eigenschaft `Children` vom Typ `UIElementCollection` beinhaltet die einzelnen Oberflächen-Elemente, die auf der Seite positioniert werden.

Wie ein `FlowDocument` benötigt ein `FixedDocument` ein Steuerelement zur Darstellung auf dem Bildschirm. Geeignet dazu ist ein `DocumentViewer`-Objekt. Dessen Eigenschaft `Document` beinhaltet das `FixedDocument`. Ein `DocumentViewer` bietet die Möglichkeit, das Dokument auszudrucken, es zu zoomen, nach Begriffen zu suchen und zwischen einem Seitenmodus und einem Zwei-Seiten-Modus zu wechseln.

Im nachfolgenden Projekt *DruckDokument* wird ein `DocumentViewer` mit einem `FixedDocument` dargestellt, das aus zwei Seiten in der Größe DIN A8 im Querformat besteht (siehe Abbildung 13.18).

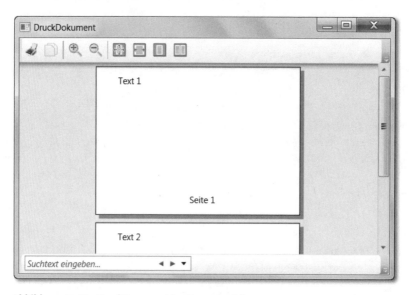

Abbildung 13.18 FixedDocument im DocumentViewer

Der XAML-Code ist kurz, da das eigentliche `FixedDocument` hier per Programmcode erzeugt wird:

```
<Window ... Loaded="Window_Loaded">
    <DocumentViewer x:Name="dv" />
</Window>
```

Es folgen die Ereignismethode `Window_Loaded()` und die Hilfsmethode `seite()` zur Erzeugung einer einzelnen Seite. Dazu wird der Namespace `System.Windows.Markup` benötigt.

```
private void Window_Loaded(...)
{
  FixedDocument fx = new FixedDocument();
  seite(fx, 1);
  seite(fx, 2);
  dv.Document = fx;
}
```

In der Methode `Window_Loaded()` wird das `FixedDocument`-Objekt erzeugt. Es werden zwei Seiten hinzugefügt. Anschließend wird das `FixedDocument` dem `DocumentViewer` hinzugefügt.

```
private void seite(FixedDocument fx, int nr)
{
  FixedPage fp = new FixedPage();
  fp.Height = 198;
  fp.Width = 281;

  TextBlock tbt = new TextBlock(new Run("Text " + nr));
  tbt.SetValue(FixedPage.LeftProperty, 30.0);
  tbt.SetValue(FixedPage.TopProperty, 10.0);
  fp.Children.Add(tbt);

  TextBlock tbs = new TextBlock(new Run("Seite " + nr));
  tbs.SetValue(FixedPage.LeftProperty, 130.0);
  tbs.SetValue(FixedPage.TopProperty, 170.0);
  fp.Children.Add(tbs);

  PageContent pc = new PageContent();
  ((IAddChild)pc).AddChild(fp);
  fx.Pages.Add(pc);
}
```

In der Hilfsmethode `seite()` wird ein einzelnes `FixedPage`-Objekt erzeugt. Die Werte für die Eigenschaften `Height` und `Width` ergeben DIN A8 im Querformat.

Eine DIN-A4-Seite hat die Größe 21,0 cm mal 29,7 cm. Teilt man beide Werte durch vier, ergeben sich 5,25 cm (ca. 2,067 Inch) und 7,425 cm (ca. 2,923 Inch). Bei 96 Punkten pro Inch als Standard-Druckwert für WPF-Dokumente ergeben sich ca. 198 Punkte und ca. 281 Punkte.

Es werden zwei `TextBlock`-Objekte erzeugt: einmal für den Text oben links, einmal für die Seitennummer unten in der Mitte. Diese werden über die *Dependency Properties* `LeftProperty` und `TopProperty` des `FixedDocument` fest positioniert und ihm als untergeordnete Elemente hinzugefügt.

Es wird ein `PageContent`-Objekt für die einzelne Seite erzeugt. Das formatierte und gefüllte `FixedPage`-Objekt wird ihm mithilfe der Methode `AddChild()` und des Interfaces `IAddChild` untergeordnet. Das `PageContent`-Objekt wird der Auflistung `Pages` des `FixedDocument` hinzugefügt.

13.3 Drucken

Die Klasse `PrintDialog` wird zur Vorbereitung und Durchführung eines Druckvorgangs verwendet. Sie können vor dem eigentlichen Druckvorgang die Methode `ShowDialog()` dieser Klasse aufrufen. Damit wird der Windows-Druckdialog angezeigt, in dem Sie weitere Einstellungen vornehmen können: Auswahl des Druckers, Anzahl der Exemplare und so weiter. Der Rückgabewert der Methode ist vom Typ `bool?` und liefert die Information, ob der Druck ausgeführt werden soll oder nicht.

Die Eigenschaft `PrintQueue` der Klasse `PrintDialog` liefert ein Objekt vom Typ `PrintQueue`. Dieses können Sie zum Steuern des Druckers, des Druckauftrags und der Druckerwarteschlange verwenden. Außerdem werden zahlreiche Informationen bereitgestellt. Für den Zugriff auf die Klasse `PrintQueue` wird ein Verweis auf die .NET-Komponente `System.Printing` benötigt. Der gleichnamige Namespace muss eingebunden werden.

Die Methode `PrintVisual()` der Klasse `PrintDialog` wird zum Drucken von visuellen Objekten verwendet. Dies können die gesamte Anwendungsoberfläche oder einzelne Teile davon sein.

Im nachfolgenden Projekt *DruckenVisual* (siehe Abbildung 13.19) werden drei verschiedene Druckaufträge ausgeführt:

1. der Druck der gesamten Anwendungsoberfläche
2. der Druck der gesamten Anwendungsoberfläche, an veränderter Position und in veränderter Größe
3. der Druck eines Elements der Anwendungsoberfläche, an veränderter Position

Außerdem werden einige Drucker-Informationen ausgegeben.

Abbildung 13.19 Drucken mit PrintDialog

Der XAML-Code für die vier `Buttons` und die `ListBox` in einem `Canvas`:

```
<Window ... Height="120" Width="260">
  <Canvas>
    <Button Click="dr1">Drucken 1</Button>
    <Button Canvas.Right="0" Click="infos">Infos</Button>
    <Button Canvas.Bottom="0" Click="dr2">Drucken 2</Button>
    <Button Canvas.Right="0" Canvas.Bottom="0"
      Click="dr3">Drucken 3</Button>
    <ListBox x:Name="lb" Canvas.Left="90"
      Width="65" Height="80"> ... </ListBox>
  </Canvas>
</Window>
```

Die Ereignismethoden sehen so aus:

```
private void dr1(...)
{
  PrintDialog pd = new PrintDialog();
  if(pd.ShowDialog() == true)
    pd.PrintVisual(this, "Drucken 1");
}
```

Es wird das gesamte Fensterobjekt (`this`) gedruckt, ohne Veränderung von Position und Größe. Vorher wird der Windows-Druckdialog aufgerufen, damit der Benutzer noch Einstellungen vornehmen beziehungsweise den Druck abbrechen kann.

```
private void infos(...)
{
  PrintDialog pd = new PrintDialog();
  PrintQueue pq = pd.PrintQueue;
  string ausgabe = "Name des Druckers: " + pq.Name + "\n";
  ausgabe += "Drucker offline: " + pq.IsOffline + "\n";
  ausgabe += "Anzahl Druckjobs: " + pq.NumberOfJobs + "\n";
```

```
    double br = pd.PrintableAreaWidth / 96 * 2.54;
    double ho = pd.PrintableAreaHeight / 96 * 2.54;
    ausgabe += "Breite: " + Math.Round(br, 1)
        + " cm, Höhe: " + Math.Round(ho, 1) + " cm";
    MessageBox.Show(ausgabe);
}
```

Mithilfe der Eigenschaften `Name`, `IsOffline` und `NumberOfJobs` der Klasse `PrintQueue` werden Informationen über den druckbaren Bereich, den Namen des Druckers, den Anschaltzustand und die Anzahl der Druckjobs ausgegeben. Die Eigenschaften `PrintableAreaWidth` und `PrintableAreaHeight` der Klasse `PrintDialog` liefern einen Wert in Punkten. Bei 96 Punkten pro Inch als Standard-Druckwert für WPF-Dokumente ergeben sich nach der obigen Umrechnung die Werte in Zentimeter.

```
private void dr2(...)
{
    Size s = new Size(600, 100);
    Point p = new Point(100, 15);
    this.Measure(s);
    this.Arrange(new Rect(p, s));

    PrintDialog pd = new PrintDialog();
    pd.PrintVisual(this, "Drucken 2");

    s = new Size(this.Width, this.Height);
    p = new Point(0, 0);
    this.Measure(s);
    this.Arrange(new Rect(p, s));
}
```

Die Methoden `Measure()` und `Arrange()` führen eine Aktualisierung des Layouts des visuellen Objekts (hier des Fensters) durch. Dies ist die Voraussetzung für einen Ausdruck des Objekts in der gewünschten Größe an der gewünschten Position. Anschließend wird wieder das Original-Layout hergestellt.

```
private void dr3(...)
{
    Size s = new Size(lb.Width, lb.Height);
    Point p = new Point(20, 20);
    lb.Measure(s);
    lb.Arrange(new Rect(p, s));

    PrintDialog pd = new PrintDialog();
    pd.PrintVisual(lb, "Stadtauswahl");
```

```
    s = new Size(lb.Width, lb.Height);
    p = new Point(90, 0);
    lb.Measure(s);
    lb.Arrange(new Rect(p, s));
}
```

Es wird nur die `ListBox` mit ihren Inhalten ausgedruckt, und zwar an der gewünschten Position. Vorher wird das Layout der `ListBox` für den Ausdruck vorbereitet, und anschließend wird wieder das Original-Layout hergestellt.

Die WPF kann mit Elementen aus Windows Forms und mit Dateien aus MS Office arbeiten.

14 Interoperabilität

Sie können die Vorteile der WPF nutzen, ohne all Ihre Windows Forms-Anwendungen vollständig neu zu programmieren. Es ist leicht möglich, WPF-Elemente in eine Windows Forms-Anwendung einzubetten.

Anders herum gibt es in der WPF noch nicht alle Elemente, die Sie aus Windows Forms kennen. Sie können aber eine WPF-Anwendung mit Elementen aus Windows Forms erweitern.

Außerdem können Sie Dateien für MS Office-Anwendungen mithilfe einer WPF-Anwendung erzeugen.

14.1 Windows Forms in WPF

In diesem Abschnitt werden Steuerelemente und Standard-Dialoge aus Windows Forms in WPF-Anwendungen eingesetzt. Es wird wie bisher mit einem Projekt vom Typ WPF-Anwendung gearbeitet. Zur Arbeit mit Windows Forms müssen Sie dem jeweiligen WPF-Projekt einen Verweis auf die .NET-Komponente `System.Windows.Forms` hinzufügen.

14.1.1 Windows Forms-Steuerelemente in WPF

Zur Einbettung eines Windows Forms-Steuerelements in eine WPF-Anwendung muss der Namespace `System.Windows.Forms` aus der gleichnamigen .NET-Komponente im XAML-Code zur Verfügung gestellt werden. Außerdem wird für die Nutzung im Programmcode die .NET-Komponente `WindowsFormsIntegration` benötigt.

Anschließend können Sie im XAML-Code ein WPF-Element des Typs `WindowsFormsHost` einsetzen. Dessen Eigenschaft `Child` enthält ein Steuerelement aus Windows Forms.

Im nachfolgenden WPF-Projekt *FormsInWPF* werden zwei Buttons dargestellt: ein WPF-Button und ein Windows Forms-Button (siehe Abbildung 14.1).

Abbildung 14.1 Windows Forms-Button in einer WPF-Anwendung

Der XAML-Code:

```
<Window x:Class=... xmlns="http://..." xmlns:x="http://..."
   xmlns:wfalt="clr-namespace:System.Windows.Forms;
   assembly=System.Windows.Forms" ...>
 <Canvas>
   <Button Width="150" Margin="3" Click="WPF_Click">
     Hallo WPF</Button>
   <WindowsFormsHost x:Name="wfh" Canvas.Top="30"
       Width="150" Height="23" Margin="3"
       Background="LightGray" Foreground="Black">
     <wfalt:Button Click="WFO_Click"
       Text="Hallo Windows Forms" />
   </WindowsFormsHost>
 </Canvas>
</Window>
```

Der Namespace System.Windows.Forms aus der gleichnamigen .NET-Komponente bekommt hier den lokalen Namen wfalt. Damit ist es möglich, einen Windows Forms-Button mit seinen spezifischen Eigenschaften (zum Beispiel: Text) zu erzeugen. Die Click-Ereignisse der beiden Buttons führen zu folgenden Ereignismethoden:

```
private void WPF_Click(object sender, RoutedEventArgs e)
{ MessageBox.Show("Hallo WPF"); }
private void WFO_Click(object sender, EventArgs e)
{ MessageBox.Show(wfh.Child.Text); }
```

Die Eigenschaft Child des WindowsFormsHost beinhaltet den Windows Forms-Button. Dessen Eigenschaft Text wird ausgegeben.

14.1.2 Windows Forms-Standard-Dialogfelder in WPF

Im nachfolgenden Projekt *FormsDialogInWPF* werden einige Standard-Dialogfelder aus Windows Forms innerhalb einer WPF-Anwendung aufgerufen. Die Buttons in Abbildung 14.2 starten die nachfolgend genannten Dialogfelder: DATEI

ÖFFNEN, VERZEICHNIS AUSWÄHLEN, FARBE AUSWÄHLEN und SCHRIFT AUSWÄHLEN. In der WPF gibt es noch keine gleichwertigen Dialogfelder.

Abbildung 14.2 Standard-Dialogfelder aus Windows Forms

Es wird der Namespace System.Windows.Forms aus der gleichnamigen .NET-Komponente verwendet. Zusätzlich wird die .NET-Komponente System.Drawing zur Bereitstellung der Klassen System.Drawing.Color und System.Drawing.Font aus Windows Forms benötigt. Damit ist es möglich, die Ergebnisse der Standard-Dialogfelder für Farbe und Schrift für die entsprechenden Klassen des WPF-Namespaces System.Windows.Media zu »übersetzen«.

Der XAML-Code:

```
<Window ...>
  <StackPanel>
    <Button Width="80" Margin="3" Click="datei">Datei</Button>
    <Button Width="80" Margin="3" Click="verzeichnis">
      Verzeichnis</Button>
    <Button Width="80" Margin="3" Click="farbe">Farbe</Button>
    <Button Width="80" Margin="3" Click="schrift">
      Schrift</Button>
    <Label x:Name="lb" Margin="3" HorizontalAlignment="Center" />
  </StackPanel>
</Window>
```

Das Ergebnis des jeweiligen Standard-Dialogfelds wird im Label angezeigt.

Die Ereignismethode zum Start des Dialogfelds DATEI ÖFFNEN sieht so aus:

```
private void datei(...)
{
  OpenFileDialog ofd = new OpenFileDialog();
  ofd.InitialDirectory = "C:\\Temp";
  ofd.Filter = "Tabellen (*.xls)|*.xls| Texte
    (*.txt;*.doc)|*.txt;*.doc| Alle Dateien (*.*)|*.*";
  ofd.Title = "Datei zum Öffnen auswählen";
```

```
    if (ofd.ShowDialog() == System.Windows.Forms.DialogResult.OK)
      lb.Content = ofd.FileName;
    else
      lb.Content = "Datei-Auswahl abgebrochen";
}
```

Es wird ein neues `OpenFileDialog`-Objekt für das Standard-Dialogfeld DATEI ÖFFNEN erzeugt. Mithilfe der Eigenschaften `InitialDirectory`, `Filter` und `Title` werden einige Voreinstellungen vorgenommen: Dazu geben Sie Startverzeichnis, eine Liste von Dateitypen mit Endungen und einen Fenstertitel an.

Die Methode `ShowDialog()` ruft das Dialogfeld auf und liefert einen Rückgabewert vom Typ `DialogResult`. Falls der Benutzer im Dialogfeld DATEI ÖFFNEN den Button ÖFFNEN betätigt hat, dann entspricht der Rückgabewert dem Wert `OK` aus der Enumeration `DialogResult`. In diesem Falle wird der Name der ausgewählten Datei im Label angezeigt (Eigenschaft `FileName`). Falls er das Dialogfeld abgebrochen hat, erscheint eine entsprechende Meldung.

Die Ereignismethode zum Start des Dialogfelds VERZEICHNIS AUSWÄHLEN sieht so aus:

```
private void verzeichnis(...)
{
    FolderBrowserDialog fbd = new FolderBrowserDialog();
    fbd.RootFolder = Environment.SpecialFolder.MyDocuments;
    fbd.ShowNewFolderButton = false;
    fbd.Description = "Verzeichnis auswählen";

    if (fbd.ShowDialog() == System.Windows.Forms.DialogResult.OK)
      lb.Content = fbd.SelectedPath;
    else
      lb.Content = "Verzeichnis-Auswahl abgebrochen";
}
```

Es wird ein neues `FolderBrowserDialog`-Objekt für das Standard-Dialogfeld VERZEICHNIS AUSWÄHLEN erzeugt. Mithilfe der Eigenschaften `RootFolder`, `ShowNewFolderButton` und `Description` werden einige Voreinstellungen vorgenommen: Startverzeichnis, mögliche Erzeugung eines neuen Verzeichnisses und ein Fenstertitel.

Die Methode `ShowDialog()` füllt im Erfolgsfall die Eigenschaft `SelectedPath`. Der Name des ausgewählten Verzeichnisses wird im Label angezeigt.

Die Ereignismethode zum Start des Dialogfelds FARBE AUSWÄHLEN sieht so aus:

```
private void farbe(...)
{
  ColorDialog cd = new ColorDialog();

  if (cd.ShowDialog() == System.Windows.Forms.DialogResult.OK)
  {
    System.Windows.Media.Color c =
      System.Windows.Media.Color.FromArgb(
        cd.Color.A, cd.Color.R, cd.Color.G, cd.Color.B);
    lb.Background = new SolidColorBrush(c);
    lb.Content = "Farbe: " + c.ToString();
  }
  else
    lb.Content = "Farb-Auswahl abgebrochen";
}
```

Es wird ein neues `ColorDialog`-Objekt für das Standard-Dialogfeld FARBE AUS-WÄHLEN erzeugt. Im Erfolgsfall ist in der Eigenschaft `Color` vom Typ `System.Drawing.Color` aus Windows Forms der Farbwert gespeichert.

Dieser Typ entspricht nicht dem Typ `System.Windows.Media.Color` aus der WPF. Daher werden die Farbkomponenten einzeln mithilfe der Methode `FromArgb()` übernommen. Der Hexadezimalwert der Farbe wird im Label ausgegeben. Außerdem wird der Hintergrund des Labels entsprechend eingefärbt.

Die Ereignismethode zum Start des Dialogfelds SCHRIFT AUSWÄHLEN sieht so aus:

```
private void schrift(...)
{
  FontDialog fd = new FontDialog();
  fd.ShowColor = true;
  fd.MinSize = 8;
  fd.MaxSize = 20;

  if (fd.ShowDialog() == System.Windows.Forms.DialogResult.OK)
  {
    lb.FontFamily =
      new System.Windows.Media.FontFamily(fd.Font.Name);
    lb.FontSize = fd.Font.Size;
    lb.Content = "Schrift: " + lb.FontFamily
      + ", Größe: " + lb.FontSize;
  }
  else
    lb.Content = "Schrift-Auswahl abgebrochen";
}
```

Es wird ein neues `FontDialog`-Objekt für das Standard-Dialogfeld Schrift Auswählen erzeugt. Mithilfe der Eigenschaften `ShowColor`, `MinSize` und `MaxSize` werden einige Voreinstellungen vorgenommen: Die Schriftfarbe wird auswählbar gemacht, und es wird ein kleinster und ein größter Wert für die Schriftgröße festgelegt.

Im Erfolgsfall sind in der Eigenschaft `Font` der Klasse `System.Drawing.Font` aus Windows Forms Informationen über die ausgewählte Schrift gespeichert.

Diese Klasse hat keine direkte Entsprechung in der WPF. Daher müssen die Komponenten der Schrift einzeln übernommen werden. Name und Größe der Schrift werden im Label ausgegeben. Außerdem wird die Schrift des Labels entsprechend gesetzt.

14.2 WPF in Windows Forms

In diesem Abschnitt werden Steuerelemente aus der WPF in einem Projekt vom Typ Windows Forms-Anwendung eingesetzt. Zur Arbeit mit der WPF müssen Sie dem jeweiligen Windows Forms-Projekt folgende Verweise auf .NET-Komponenten hinzufügen: `PresentationCore`, `PresentationFramework`, `WindowsBase`, `WindowsFormsIntegration` und `System.Xaml`.

In einer Windows Forms-Anwendung kann ein `ElementHost` ein WPF-Steuerelement vom Typ `UIElement` enthalten. Dies kann auch ein Layout-Objekt sein.

14.2.1 WPF-Steuerelemente in Windows Forms

Im nachfolgenden Projekt *WPFInForms* werden ein Windows Forms-`Button`, ein WPF-`Button` und ein WPF-`Expander` mit drei WPF-`TextBlock`-Objekten eingesetzt (siehe Abbildung 14.3). `Expander`- und `TextBlock`-Objekte stehen bekanntlich unter Windows Forms ohne die WPF nicht zur Verfügung.

Abbildung 14.3 Windows Forms-Anwendung mit WPF-Elementen

Es wird ein neues Projekt vom Typ Windows Forms-Anwendung erzeugt. Das Formular bekommt die Größe 350 mal 200 geräteunabhängige Pixel. Anschließend werden aus der TOOLBOX ein Button und zwei Steuerelemente vom Typ ElementHost hinzugefügt, und zwar aus der Kategorie WPF-INTEROPERABILITÄT. Der Button bekommt den Namen WFO_Button und die Größe 160 mal 23 geräteunabhängige Pixel. Die beiden ElementHost-Objekte bekommen die Namen ehost1 und ehost2 und die Größen 160 mal 23 und 160 mal 80 geräteunabhängige Pixel. Das Ergebnis sehen Sie in Abbildung 14.4 im Entwurfsmodus.

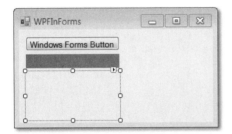

Abbildung 14.4 Windows Forms-Anwendung im Entwurf

Es folgt der Code zum Formular in der Datei *Form1.cs*:

```
using System;
using System.Windows;
using System.Windows.Forms;
using System.Windows.Controls;

namespace WPFInForms
{
  public partial class Form1 : Form
  {
    public Form1()
    {
      InitializeComponent();

      System.Windows.Controls.Button nb =
        new System.Windows.Controls.Button();
      nb.Content = "WPF Button";
      nb.Click += new RoutedEventHandler(nb_Click);
      ehost1.Child = nb;

      StackPanel sp = new StackPanel();
      for (int i = 1; i <= 3; i++)
      {
        TextBlock tb = new TextBlock();
```

```
              tb.Text = "Inhalt " + i;
              sp.Children.Add(tb);
            }
            Expander ep = new Expander();
            ep.Header = "WPF Expander";
            ep.Content = sp;
            ehost2.Child = ep;
        }

        private void nb_Click(object sender,
            System.Windows.RoutedEventArgs e)
        {
            System.Windows.Forms.MessageBox.Show((sender as
                System.Windows.Controls.Button).Content + "");
        }

        private void WFO_Button_Click(object sender, EventArgs e)
        {
            System.Windows.Forms.MessageBox.Show(
                "Windows Forms Button");
        }
    }
}
```

Einige Klassennamen müssen mit dem vollständigen Namen des jeweiligen Namespace angegeben werden. Ansonsten besteht ein Konflikt aufgrund der gleichen Klassennamen aus verschiedenen Namespaces.

Es wird ein WPF-Button erzeugt. Dem Button werden ein EventHandler und eine Ereignismethode zugeordnet. Der Button wird der Eigenschaft Child des ersten ElementHost-Objekts zugeordnet.

Außerdem wird ein StackPanel mit drei TextBlock-Objekten erzeugt. Dieses StackPanel wird der Inhalt eines Expander-Objekts. Das Expander-Objekt wird der Eigenschaft Child des zweiten ElementHost-Objekts zugeordnet.

14.3 MS Office in WPF

Sie können in einer WPF-Anwendung Dateien für MS Office-Anwendungen erzeugen. Dazu muss die entsprechende COM-Komponente dem WPF-Projekt als Verweis hinzugefügt werden. Dies ist im Falle von MS Excel 2010 die *Microsoft Excel 14.0 Object Library* und im Falle von MS Word 2010 die *Microsoft Word 14.0 Object Library*. Falls auf dem PC des Benutzers eine frühere Office-Version installiert ist, dann sind die entsprechenden älteren Library-Versionen zu verwenden.

Im nachfolgenden Projekt *OfficeInWPF* werden eine neue Excel-Mappe und ein neues Word-Dokument erzeugt. Der XAML-Code beinhaltet nur zwei Buttons zum Aufruf der beiden Vorgänge. Nachfolgend sehen Sie zunächst die Vereinbarung der Namespaces, die in diesem Projekt benötigt werden. Außerdem sehen Sie den Kopf der Fensterklasse.

```
using System;
using System.Windows;
using System.Windows.Controls;
using Microsoft.Office.Interop.Excel;
using Microsoft.Office.Interop.Word;

namespace OfficeInWPF
{
    public partial class MainWindow : System.Windows.Window
    { ...
```

Die beiden Namespaces aus `Microsoft.Office.Interop` stehen nach dem Hinzufügen der beiden eingangs genannten COM-Komponenten zur Verfügung. Sie beinhalten die Klassen, die für die jeweilige Interoperabilität notwendig sind.

Die Klasse `Window`, von der die Klasse für das WPF-Hauptfenster erbt, muss inklusive Namespace angegeben werden. Da es die Klasse `Window` auch in den Namespaces unter `Microsoft.Office.Interop` gibt, würde ansonsten eine Mehrdeutigkeit auftreten.

14.3.1 Excel-Mappe

Im Projekt *OfficeInWPF* wird die MS Excel-Arbeitsmappe in Abbildung 14.5 erzeugt.

Der Programmcode sieht so aus:

```
private void excel_Click(...)
{
  Microsoft.Office.Interop.Excel.Application anw =
    new Microsoft.Office.Interop.Excel.Application();
  anw.Visible = true;
  anw.WindowState = XlWindowState.xlNormal;

  Workbook wb = anw.Workbooks.Add(XlWBATemplate.xlWBATWorksheet);
  Worksheet ws = wb.Worksheets[1];
```

```
ws.Range["A1:A3"].Value = 42;
ws.Range["A4"].Value = "Hallo Welt";
ws.Range["A5"].Value = new DateTime(2011, 10, 18);
ws.Range["A6"].FormulaLocal = "= A1 + 1";
ws.Range["A7"].FormulaLocal = "=SUMME(A1:A3)";
for (int i = 1; i <= 10; i++)
  ws.Range["B" + i].Value = i * 10;

wb.SaveAs("C:\\Temp\\ExcelInWPF.xlsx");
// wb.Close();
// anw.Quit();
}
```

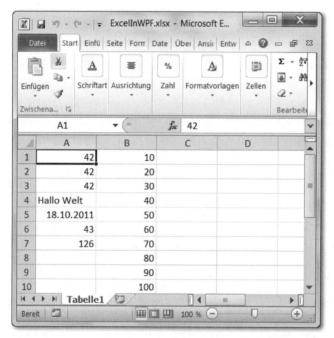

Abbildung 14.5 MS Excel 2010-Arbeitsmappe, mit WPF erzeugt

Zunächst wird ein Excel-Anwendungsobjekt erzeugt. Der Wert true für die Eigenschaft Visible sorgt dafür, dass das Excel-Anwendungsfenster angezeigt wird. Für die Erzeugung der Daten und die Speicherung der Datei wäre dies nicht notwendig. Der Fensterstatus wird mithilfe des Werts xlNormal aus der Enumeration XlWindowState auf normale Größe gestellt. Es gibt noch die Werte xlMaximized und xlMinimized. Elemente aus der Excel-Bibliothek sind meist am Präfix Xl oder xl erkennbar.

Die Auflistung Workbooks enthält die aktuell geöffneten Excel-Dateien. Die Methode Add() erzeugt eine neue, leere Arbeitsmappe und liefert einen Verweis darauf. Man kann als Parameter den Typ des ersten Blatts der neuen Arbeitsmappe übergeben. Dies ist ein Wert aus der Enumeration XlWBATemplate. Der Wert xlWBATWorksheet erzeugt ein Tabellenblatt. Der Wert xlWBATChart würde ein Diagrammblatt erzeugen.

Die Auflistung Worksheets enthält die Blätter der Excel-Arbeitsmappe. Es wird ein Verweis auf das erste Tabellenblatt angelegt. Es hat die Nummer 1. Die Eigenschaft Range dient zur Angabe einer Zelle oder eines Zellbereichs auf dem Tabellenblatt. Die Untereigenschaft Value steht für den Inhalt, und die Untereigenschaft FormulaLocal steht für die Formel in dieser Zelle oder in diesem Zellbereich. Als Value können Zahlen, Zeichenketten oder Datumsangaben geliefert werden.

Die Methode SaveAs() dient zum Speichern der Excel-Arbeitsmappe unter dem angegebenen Namen. Die Methode Close() schließt die Arbeitsmappe, und die Methode Quit() beendet die Anwendung Excel.

14.3.2 Word-Dokument

Im Projekt *OfficeInWPF* wird das MS Word-Dokument in Abbildung 14.6 erzeugt.

Der Programmcode sieht so aus:

```
private void word_Click(...)
{
  Microsoft.Office.Interop.Word.Application anw =
    new Microsoft.Office.Interop.Word.Application();
  anw.Visible = true;
  anw.WindowState = WdWindowState.wdWindowStateNormal;

  Microsoft.Office.Interop.Word.Document doc =
    anw.Documents.Add();

  Paragraph p = doc.Paragraphs.Add();
  string s = "Hallo Welt";
  p.Range.Text = s;

  Table t = doc.Tables.Add(doc.Range(s.Length), 3, 5);
  t.Borders.InsideLineStyle = WdLineStyle.wdLineStyleSingle;
  t.Borders.OutsideLineStyle = WdLineStyle.wdLineStyleSingle;
  for (int i = 1; i <= 3; i++)
    for (int k = 1; k <= 5; k++)
      t.Cell(i, k).Range.Text = i + " / " + k;
```

```
    doc.SaveAs("C:\\Temp\\WordInWPF.docx");
    // doc.Close();
    // anw.Quit();
}
```

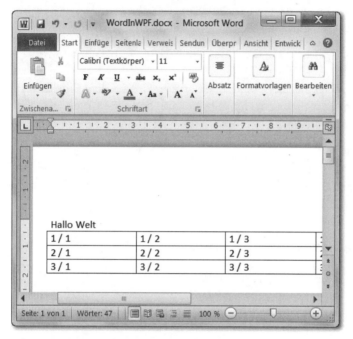

Abbildung 14.6 MS Word 2010-Dokument, mit WPF erzeugt

Zunächst wird ein Word-Anwendungsobjekt erzeugt. Es werden wiederum Sichtbarkeit und Fensterstatus eingestellt. Für den Fensterstatus ist es hier der Wert wdWindowStateNormal aus der Enumeration WdWindowState. Es gibt noch die Werte wdWindowStateMaximize und wdWindowStateMinimize. Elemente aus der Word-Bibliothek sind meist am Präfix Wd oder wd erkennbar.

Die Auflistung Documents enthält die aktuell geöffneten Word-Dateien. Die Methode Add() erzeugt ein neues, leeres Dokument und liefert einen Verweis darauf.

Die Auflistung Paragraphs enthält die Absätze des Word-Dokuments. Die Methode Add() fügt einen neuen Absatz hinzu und liefert einen Verweis darauf. Die Eigenschaft Range verschiedener Objekte liefert den Verweis auf eine Position oder einen Textbereich. Die Eigenschaft Text beinhaltet den Text an dieser Position oder in diesem Textbereich. Ohne weitere Angaben ist dies bei einem Absatz der gesamte Text des Absatzes.

Die Auflistung `Tables` enthält die Tabellen des Word-Dokuments. Die Methode `Add()` fügt eine neue Tabelle hinzu und liefert einen Verweis darauf. Als Parameter muss angegeben werden, an welcher Stelle des Dokuments die Tabelle notiert werden soll. Dies ist hier der Bereich nach dem ersten Absatz, wie über die Eigenschaft `Range` des Dokuments angegeben wird. Außerdem werden die gewünschte Anzahl der Zeilen und Spalten der Tabelle benötigt.

Die Auflistung `Borders` beinhaltet den Aufbau der verschiedenen Rahmen einer Tabelle. Die Eigenschaften `InsideLineStyle` und `OutsideLineStyle` geben an, welche Linienart für die inneren und äußeren Tabellenlinien verwendet werden soll. Werte dafür kommen aus der Enumeration `WdLineStyle`. Der Wert `wdLineStyleSingle` bezeichnet eine einfache Linie.

Über die Eigenschaft `Cell` einer Tabelle kann man die einzelnen Zellen erreichen. Die beiden Indizes für Zeile und Spalte beginnen bei 1.

Die Methoden `SaveAs()`, `Close()` und `Quit()` haben die gleichen Aufgaben wie bei MS Excel.

Zum Schluss

Nun haben Sie, auch mithilfe von vielen praktischen Beispielen, einen Überblick über die zahlreichen Aspekte der WPF gewonnen. Ich wünsche Ihnen viel Erfolg bei der Anwendung des neu gewonnenen Wissens.

Index

&gt 66
&lt 66
* Größenangabe 408
< anzeigen 66
> anzeigen 66
2D-Grafik 241
   für 3D-Oberfläche 311
3D-Grafik 289
   aus externen Daten 294
   Drehung 322
   Form des Objekts 293
   gemeinsame Punkte 298
   Grundelement 290
   Kamera 292, 299
   Kameralage 296, 301
   Landschaft 329
   Leinwand 292
   Licht 293, 297, 302
   Material 293, 313
   mehrere Körper 306
   mehrere Körper, mit Ereignis 310
   mit 2D-Oberfläche 311
   mit Ereignis 309
   mit Steuerelementen 311
   Modell 306
   Rotationsgruppe 327
   Rückseite 297
   Skalierung 319
   Textur 313, 316
   Transformation 319
   Transformationsgruppe 326
   Verschiebung 321
   Vorderseite 293
3D-Würfel 296

A

Abhängigkeitseigenschaft 21
Absatz 81, 398, 400
   ändern 402
   ausrichten 401
   Beginn 423
   einrücken 401
   Ende 423
   erster / letzter 402
   formatieren 422
   hinzufügen 401
   Inhalt 412
   zusammenhalten 401
Abschnitt 398, 402
   ändern 403
   formatieren 402
   hinzufügen 403
AccelerationRatio
   AnimationTimeline 337
AcceptsReturn
   TextBox 78
Add()
   AdornerLayer 286
   Blocks 401
   Children 33
   ColumnDefinitions 44
   eigene Auflistung 229
   Inlines 75
   InputGestureCollection 152
   Int32Collection 295
   Items 84, 95
   PathSegmentCollection 256
   Point3DCollection 295
   PointCollection 247
   ValidationRules 223
AddChild()
   IAddChild 426
AddedLength
   TextChange 79
Adobe Flash 13
AdornedElement
   Adorner 287
   RenderSize 287
Adorner 286
   AdornedElement 287
   OnRender() 287
AdornerLayer
   Add() 286
   GetAdornerLayer() 286

Index

AlignCenter
  EditingCommands 422
AlignLeft
  EditingCommands 422
AlignRight
  EditingCommands 422
AllowsTransparency
  Window 183
Alphakanal 263, 280
Alt
  ModifierKeys 150
AmbientLight 293, 302
Angehängte Eigenschaft 23
Angehängtes Ereignis 27
Angle
  AxisAngleRotation3D 323
  RotateTransform 271, 272, 274
AngleVelocity
  ManipulationVelocities 145
AngleX
  SkewTransform 276
AngleY
  SkewTransform 276
Animation 333
  anhalten 347
  beenden 347
  Beginn 334
  Beschleunigung 337
  der 3D-Rotation 356
  der Bewegung 334
  der Farbe 349, 362
  der Größe 343
  der Transformation 347
  der Transparenz 343
  der Zeichenkette 363
  Ende 334
  entlang Pfad 368
  federt 367
  fortsetzen 347
  gemeinsame Eigenschaften 341
  Geschwindigkeit 335
  Geschwindigkeit ändern 347, 356
  mit Event Trigger steuern 354
  nach Funktion 364
  nach Sinus 367
  nach Spline 359
  ohne Programmcode 350

  per Programmcode 343
  Rückkehr 337
  springen 356
  sprunghafte 359, 367
  starten 335, 343, 346, 351
  Startverzögerung 338
  steuern 345
  unterteilen 359
  variable Geschwindigkeit 359
  Veränderung 334
  Wiederholung 337
  Zeitdauer 335, 337
  Zieleigenschaft 343, 345
  Zielelement 343, 345
  zu Punkt springen 347
  zum Ende springen 347
  zuordnen 335, 343, 346, 356
AnimationTimeline 333, 334, 337
Anwendung
  Anzahl Aufrufparameter 163
  Aufbau 155
  Aufruf von Kommandozeile 161
  Aufrufkommando 163
  Aufrufparameter 160, 163
  Installation 164
  Minimal-Aufbau 155
  Ressource 164
  Rückgabeparameter 160, 163
  schließen 147
  Startdatei 159
  starten 157
  wird beendet 159, 161
  wird gestartet 159, 161
App.xaml 159, 161, 167
App.xaml.cs 159, 162
AppendBreak()
  PromptBuilder 387, 389
AppendText()
  PromptBuilder 387
AppendTextWithHint()
  PromptBuilder 387, 389
Application 157
  Current.Resources 214
  Exit 159, 161
  Resources 168, 207
  Run() 157
  Startup 159, 161
  StartupUri 159

ApplicationCommands 145
   Close 147
ApplicationExitCode
   ExitEventArgs 163
ArcSegment 255, 343
   IsLargeArc 256
   IsStroked 255
   Point 255
   RotationAngle 256
   Size 255
   SweepDirection 256
Args
   Count() 163
   StartupEventArgs 163
Arrange() 428
Asterisk
   SystemSounds 374
Attached Event 27, 221
Attached Property 23
Audio-Ausgabe 371, 375
Aufklappelement 108
Auflistung 81
   Anzahl Einträge 84
   eigener Typ 228
   Eintrag 81
   Eintrag einfügen 85
   Eintrag hinzufügen 84
   Eintrag löschen 85, 88
   leeren 85, 96
   Nummer eines Eintrags 95
Auflistungstyp 81
Aufrufparameter 160
Aufzählung
   in Dokument 398, 403
Ausrichtung 401
   horizontal 49, 63
   vertikal 63
Ausrichtung des Inhalts
   horizontal 63
   vertikal 63
Ausstanzung 283, 380
Auswahl
   einstellen 71
Auswahlelement 68, 81
AutoGenerateColumns
   DataGrid 236

AutoReverse
   AnimationTimeline 337
AutoToolTipPlacement
   BottomRight 102
   Slider 102
   TopLeft 102
Axis
   AxisAngleRotation3D 323
AxisAngleRotation
   animieren 357
AxisAngleRotation3D 322

B

BackEase 367
Background 34, 55, 280
BackgroundWorker 98
   DoWork() 99
   IsBusy 99
   ProgressChanged 99
   ReportProgress() 99
   RunWorkerAsync() 99
   WorkerReportsProgress 99
BackMaterial
   GeometryModel3D 297
Balance
   MediaPlayer 376
BasedOn
   Style 199
BasedOnAlignment
   GridResizeBehavior 49
BaselineAlignment
   Inline 415
Batch-Datei 161
Baumstruktur 19
Bedienbarkeit 56
Beep
   SystemSounds 374
Begin()
   Storyboard 343, 346
BeginAnimation() 335
BeginStoryboard 351, 355
BeginStoryboardName 356
BeginTime
   AnimationTimeline 338
   TimeSeekOrigin 347

Benannter Style 194
   vererben 198
Benutzeroberfläche
   wechseln 212
Berühren
   beenden 142
   beginnen 142
Berührung
   Bildschirm 141
   Punkt 142
Berührungsempfindlich 139
Beschriftung 71
   einfach 71
   formatierte 73
Bevel
   PenLineJoin 248
Bézier-Kurve 254
BezierSegment 254
Bild 128
   als Farbpinsel 267
   Datenquelle 128
   Dehnung 128
   Größe 128
   in Dokument 413, 418
   neu laden 166
Bilddatei
   in Geometrie 260
Bildlaufleiste 103
Binding 218
   DataTrigger 239
   ElementName 218
   GetBinding() 222
   Mode 219
   Path 218
   Source 226
   UpdateSourceTrigger 220
   ValidationRules 222
BindingExpression
   UpdateSource() 220
BindingOperations 219
   ClearAllBindings() 219
   ClearBinding() 219
   SetBinding() 219
Bindung
   an Geste 150
   an Maus 150
   an Taste 150

Bitmapeffekt 284
BitmapImage 166
BitmapSource 166
BlackoutDates
   Calendar 126
Blickrichtung 292
Block 81, 398
   alle löschen 410
   BreakPageBefore 403
   gruppieren 402
   TextAlignment 401
   Verweis auf Element 402
BlockCollection 398
Blocks 398
   Add() 401
   Clear() 410
   ElementAt() 402
   FirstBlock 402
   LastBlock 402
Blocksatz 401
BlockUIContainer 398, 410
   ändern 412
   hinzufügen 412
BlurEffect 284
   Radius 285
BlurRadius
   DropShadowEffect 285
Bogensegment 255
   Bogen sichtbar 255
   Drehrichtung 256
   Drehwinkel 256
   mehr als 180 Grad 256
   Radius 255
   Zielpunkt 255
Bold 74
   FontWeights 56
   Inline-Typ 413
bool? 67
BooleanAnimationUsingKeyFrames 359
Border 104
   BorderBrush 104
   BorderThickness 104
   CornerRadius 104
BorderBrush
   Border 104
   Tabelle 408

BorderThickness
   Border 104
   Tabelle 408
Both
   TickPlacement 101
Bottom
   Canvas 30
BottomRight
   AutoToolTipPlacement 102
   TickPlacement 101
BounceEase 367
   Bounces 367
   Bounciness 367
Bounces
   BounceEase 367
Bounciness
   BounceEase 367
Box
   TextMarkerStyle 405
BreakPageBefore
   Block 403
Browser 130
   angezeigte Seite 130
   darf sich in History bewegen 131
   in History bewegen 131
   navigieren zu HTML-Code 130
   navigieren zu URI 130
   Seite ganz geladen 130
   Seite gewechselt 130
Browseranwendung 184
Brush 55, 104, 262
   DiffuseMaterial 293, 316
   GeometryDrawing 261
Brushes
   Transparent 104
Button 64
   Basistyp 201
   dauernd betätigen 65
ButtonBase 201
ButtonState
   MouseButtonEventArgs 138
By
   AnimationTimeline 334
Byte 263
ByteAnimation 333
ByteAnimationUsingKeyFrames 359

C

Calendar 122
   BlackoutDates 126
   DisplayDate 124
   DisplayDateEnd 126
   DisplayDateStart 126
   FirstDayOfWeek 126
   SelectedDate 125
   SelectedDates 124
   SelectedDatesChanged 124
   SelectionMode 122
CalendarBlackoutDatesCollection 126
CalendarDateRange 126
CalendarSelectionMode 122
Camera 292
Cancel
   CancelEventArgs 161
CancelEventArgs 161
   Cancel 161
CanExecute
   CommandBinding 147
CanGoBack
   NavigationService 179
CanGoBack()
   WebBrowser 131
CanGoForward
   NavigationService 179
CanGoForward()
   WebBrowser 131
CanMinimize
   ResizeMode 171
CanResize
   ResizeMode 171
CanResizeWithGrip
   ResizeMode 171
CanUserAddRows
   DataGrid 235
CanUserDeleteRows
   DataGrid 235
CanUserReorderColumns
   DataGrid 235
CanUserResizeColumns
   DataGrid 235
CanUserResizeRows
   DataGrid 235

Index

CanUserSortColumns
  DataGrid 235
Canvas 30
  Bottom 30
  Left 30
  LeftProperty 32
  Right 30
  Top 30
  TopProperty 32
Cascading Style Sheets 194
Cell
  DataGridSelectionUnit 235
CellOrRowHeader
  DataGridSelectionUnit 235
Cells
  TableRow 407
Center
  EllipseGeometry 250
  RadialGradientBrush 266
CenterOwner
  WindowStartupLocation 170, 175
CenterScreen
  WindowStartupLocation 170
CenterX/Y/Z
  RotateTransform3D 323
  ScaleTransform3D 319
ChangedButton
  MouseButtonEventArgs 138
Changes
  TextChangedEventArgs 79
CheckBox 66
  Basistyp 201
  Checked 67
  IsChecked 67
  IsThreeState 67
  Unchecked 67
  Zustand 67
Checked
  CheckBox 67
  RadioButton 68
  ToggleButton 67
Child 19
  BlockUIContainer 410
  ElementHost 438
  PageContent 424
  WindowsFormsHost 431

Children 19
  Add() 33
  FixedPage 424
  Remove() 34, 59
  TransformGroup 279
  Viewport3D 293
Choices 396
Circle
  TextMarkerStyle 405
CircleEase 367
Clear()
  Blocks 410
  Items 85, 96
ClearAllBindings()
  BindingOperations 219
ClearBinding()
  BindingOperations 219
ClearContent()
  PromptBuilder 386
ClickCount
  MouseButtonEventArgs 138
Client-Bereich 29
Clip 283
  MediaElement 380
ClipboardCopyMode
  DataGrid 235
Close
  ApplicationCommands 147
Closed
  ContextMenu 116
  Window 160
Closing
  Window 160
CLR-Property 22
cm
  Größe 401
Code
  mehrfach verwenden 166
Collapsed
  Expander 109
  TreeViewItem 92
  Visibility 57
Color 56
  DirectionalLight 297
  DropShadowEffect 285
  EmissiveMaterial 316
  FromArgb() 263, 435

Index

GradientStop 264
PointLight 305
SolidColorBrush 263
SpecularMaterial 316
ColorAnimation 333, 349
ColorAnimationUsingKeyFrames 359, 362
ColorDialog 435
Colors 56
Column
   Grid 43
ColumnDefinitions
   Count 45
   Grid 43
ColumnProperty
   Grid 44
Columns
   DataGrid 236
   Table 407
ColumnSpan
   Grid 46
   TableCell 408
CombinedGeometry 251
   Geometry1 252
   Geometry2 252
   GeometryCombineMode 253
ComboBox 88
   Auswahl gewechselt 90
   editierbar 88
   Eintrag 89
   IsEditable 88
   SelectionChanged 90
   StaysOpenOnEdit 88
   Text 88
   Text der Auswahl 88
   Vorauswahl 90
ComboBoxItem 89
ComboBoxStyleKey
   ToolBar 120
COM-Komponente 438
Command 422
   CommandBinding 147
   KeyBinding 150
CommandBinding 147
   CanExecute 147
   Command 147
   Executed 147

CommandBindings 147
CommandLine
   Environment 163
Commands 146
CommandTarget 422
   KeyBinding 150
ComponentCommands 145
Condition
   Property 206
   Value 206
Conditions
   MultiTrigger 206
ContainerUIElement3D 310
Content 54
   ContentControl 210
   Label 71
ContentControl 210
   Content 210
ContentEnd
   FlowDocument 423
   Paragraph 423
ContentStart
   FlowDocument 423
   Paragraph 423
ContextMenu 116
   Closed 116
   HorizontalOffset 116
   IsOpen 118
   Opened 116
   VerticalOffset 116
Control 166
   ModifierKeys 150
Control Template 207
   Definition 207
   in Typ-Style 211
   mit Property Trigger 208
   Triggers 209
   Zieleigenschaft 209
   Zuordnung 208
ControlTemplate
   TargetType 208
   Zieltyp 208
Copy 77
CopyToOutputDirectory 164
CornerRadius
   Border 104

Count
   RemovedItems 84
   SelectedDates 125
Count()
   Args 163
CSS 74, 194, 400
CubicEase 367
CurrentAndNext
   GridResizeBehavior 49
Cut 77

D

Data
   Path 250, 257
DataContext 227, 230, 232
DataFormats 423
DataGrid 232
   ausgewählte Inhalte 237
   Auswahl gewechselt 236
   AutoGenerateColumns 236
   CanDeleteAddRows 235
   CanUserAddRows 235
   CanUserReorderColumns 235
   CanUserResizeColumns 235
   CanUserResizeRows 235
   CanUserSortColumns 235
   CheckBox 236
   ClipboardCopyMode 235
   Columns 236
   ComboBox 237
   Daten ändern 234
   Daten hinzufügen 235
   Daten löschen 235
   Datenquelle 233
   Datensätze auswählen 235
   eigenes Feld 237
   Felder übernehmen 236
   GridLinesVisibility 235
   HeadersVisibility 235
   Hyperlink 237
   IsReadOnly 234
   ItemsSource 233
   Köpfe sichtbar 235
   Kopiermodus 235
   Linien sichtbar 235
   SelectedItems 237
   SelectionChanged 236

   SelectionMode 235
   SelectionUnit 235
   Spalte sortieren 235
   Spalten 236
   Spalten tauschen 235
   Spaltenbreite 235
   Spaltentypen 235
   Zeilenhöhe 235
   Zelle auswählen 235
DataGridCheckBoxColumn 236
DataGridClipboardCopyMode 235
DataGridComboBoxColumn 237
DataGridGridLinesVisibility 235
DataGridHeadersVisibility 235
DataGridHyperlinkColumn 237
DataGridSelectionMode 235
DataGridSelectionUnit 235
DataGridTemplateColumn 237
DataGridTextColumn 236
DataRowView 237
   Row 237
DataTable 232
DataTemplate 237
   DataType 238
   Triggers 239
DataTrigger 238
   Bedingung 239
   Binding 239
   Value 239
DataType
   DataTemplate 238
Datei öffnen
   Dialogfeld 434
Dateiauswahl 186
Daten
   externe 217
Datenbank 230
   Adapter 232
   aktualisieren 234
   im DataGrid 232
   Provider 232
   SQL-Befehle 234
   Tabelle 232
   Verbindung 232
Datenbindung 217
   aktualisieren 220
   alle auflösen 219

Index

an Auflistung von Objekten 227
an Datenbank 230, 232
an ObjectDataProvider 229
an Objekt 224
eine auflösen 219
ermitteln 222
gebundene Eigenschaft 218
gebundenes Element 218
Kontext 226
Label 72
ListBox 228
mit Data Template 238
Quelle 224, 226
Richtung 219
setzen 219
Validierung 222
Zeitpunkt 220
Datenformat 423
Datenquelle
  Auflistung von Objekten 227
  Datenbank 230, 232
  Object Data Provider 229
  Objekt 224
DatePicker 126
  SelectedDate 127
  SelectedDateChanged 127
  SelectedDateFormat 127
DatePickerFormat 127
DateTime 122, 124, 127
DateTime? 125
  auf Wert prüfen 127
  HasValue 127
Datum 122
Datumsbereiche 122
Datumswähler 126
  ausgewähltes Datum 127
  Format 127
  Wechsel der Auswahl 127
Datumswerte 122
DayOfWeek 126
DecelerationRatio
  AnimationTimeline 337
DecimalAnimation 333
DecimalAnimationUsingKeyFrames 359
Dehnung 128
Delegate 158
delete
  SQL 234

Delta
  MouseWheelEventArgs 139
DeltaManipulation
  ManipulationDeltaEventArgs 144
Dependency Property 21
  Wert ermitteln 32
  Wert setzen 32
Dialogfeld
  eigenes 173
DialogResult 434
  Window 175
Dicke 60, 62
DictationGrammar 392
DiffuseMaterial 293
  Brush 293, 316
Digitalisiertablett 139
Direction
  DirectionalLight 297
  DropShadowEffect 285
  SpotLight 304
DirectionalLight 297, 302
  Color 297
  Direction 297
DirectX 13
Disc
  TextMarkerStyle 405
DiscreteDoubleKeyFrame 359
DisplayDate
  Calendar 124
DisplayDateEnd
  Calendar 126
DisplayDateStart
  Calendar 126
DisplayMemberBinding
  GridViewColumn 232
Dock
  DockPanel 40
  TabStripPlacement 111
DockPanel 39, 113, 118, 121
  Dock 40
  DockProperty 42
  LastChildFill 42
DockProperty
  DockPanel 42
Document
  DocumentViewer 424
DocumentViewer 424

Dokument
  Absatz 400
  ändern 397, 420
  anzeigen 397
  Beginn 423
  blättern 399, 420
  dynamisches 397
  Ende 423
  formatieren 400, 420
  mit Element 410
  Position 423
  scrollen 399, 419
  Seite 424
  statisches 397
  zoomen 400
  zum Drucken 424
double? 335
  HasValue 337
DoubleAnimation 333, 334
DoubleAnimationUsingKeyFrames 359
DoubleAnimationUsingPath 368
DoubleCollection 102
DoWork()
  BackgroundWorker 99
Drag
  SystemGesture 141
Drag&Drop 164
  ermöglichen 184
DragMove()
  Window 184
DrawEllipse
  DrawingContext 287
Drawing 259
DrawingContext 287
  DrawEllipse 287
DrawingGroup 260
DrawingImage 261
Drehbuch 341
Drehung
  2D-Grafik 271
  3D-Grafik 322
  Touchscreen 142
Dreidimensionale Grafik 289
Dreidimensionale Landschaft 329
Dreieck
  in 3D-Grafik 290
DropShadowEffect 284

Druck
  vorbereiten 426
  Warteschlange 426
Drucken
  visuelles Objekt 426
Drucker
  angeschaltet 428
  Anzahl Jobs 428
  Dokumentgröße 428
  Druckbereich 428
  Name 428
Duration
  AnimationTimeline 337
  TimeSeekOrigin 347
Durchsichtigkeit 183, 280
DynamicResource 168
Dynamische Ressource 167, 168

E

EaseIn
  EasingMode 364
EaseInOut
  EasingMode 364
EaseOut
  EasingMode 364
Easing Function 364
  Modus 364
EasingDoubleKeyFrame 359
EasingFunctionBase 364
EasingMode
  in Easing Function 364
echo off 161
Ecke abrunden 104
EditingCommands 146, 421
  ToggleBold 148
Effect 284
Eigenschaft
  Abhängigkeits- 21
  zentral definieren 194
Eigenschaftselement 21
Eigenschaftswert
  überschreiben 196
Eingabegeste 149
  hinzufügen 152
  Sammlung 152
Eingabestift 139

ElasticEase 367
   Oscillations 367
   Springiness 367
Element
   allgemeine Eigenschaften 53
   andocken 39
   Ausrichtung 62
   Außenabstand 36, 61
   ausstanzen 283
   bedienbares 56
   binden 219
   Breite 36, 54
   Datenkontext 227, 230
   drehen 271
   Eigenschaft 20
   einrahmen 104
   entfernen 59
   Fokus setzen 79
   gestalten 30, 207
   gruppieren 107
   hervorheben 104
   Hintergrund 280
   Hintergrundfarbe 34, 55
   Höhe 54
   im Layout 56
   in Dokument eingebettet 410
   in Dokument verankern 418
   in Raster anordnen 42
   in Text eingebettet 413
   Inhalt 54
   Innenabstand 59
   ist geladen 160
   ist initialisiert 160
   Kontext-Info 76
   letztes zum Füllen 42
   mit Bild 64
   mit Schatten 284
   Name 19
   neigen 276
   neu erzeugen 32
   positionieren 30
   Schriftart 55
   Schriftdehnung 55
   Schriftgewicht 55
   Schriftgröße 55
   Schriftstil 55
   sichtbares 56
   skalieren 274
   stapeln 35
   stapeln mit Umbruch 37
   Stil 193
   Tastatursteuerung 64
   Template 208
   Transparenz 280
   übereinander 272
   übergeordnetes 25, 34, 94
   verschieben 277
   verwischen 284
   Vordergrundfarbe 55
   Zuordnung lösen 34
   zusammenfassen 104
ElementAt()
   Blocks 402
   Inlines 76
ElementHost 436
ElementName 73
   Binding 218
Ellipse 242, 249
   Größe 250
   Ort 250
EllipseGeometry 249
   Center 250
   RadiusX 250
EmissiveMaterial 314
   Color 316
EndPoint
   LinearGradientBrush 264
   LineGeometry 250
EndStyle()
   PromptBuilder 387
Environment
   CommandLine 163
Ereignis
   angehängtes 23, 27
   Auslöser 26
   Bearbeitungsreihenfolge 202
   Behandlung abbrechen 204
   geroutetes 25, 27
   in 3D-Grafik 309
   Registrierer 26
   Style für Reaktion 202
   wiederholen 65
Ereignishandler 25
Ereignismethode 203

Ereignisreihenfolge 158
errorlevel 161
EvenOdd
    FillRule 259
Event
    EventSetter 203
Event Trigger 350
    als Ressource 351
    in Style 352
    steuert Animation 354
    zuordnen 355
EventArgs 26
Event-Bubbling 26
EventHandler
    neu erzeugen 57
EventSetter
    Bearbeitungsreihenfolge 202
    Event 203
    Handler 203
    Style 202
EventTrigger
    RoutedEvent 351
    SourceName 355
Event-Tunneling 26
Exclamation
    SystemSounds 374
Exclude
    GeometryCombineMode 253
Executed
    CommandBinding 147
Exit
    Application 159, 161
ExitEventArgs 160
    ApplicationExitCode 163
ExpandDirection
    Expander 108
Expanded
    Expander 109
    TreeViewItem 92
Expander 108
    Aufklapprichtung 108
    Beschriftung 109
    Collapsed 109
    ExpandDirection 108
    Expanded 109
    Header 109
    in Windows Forms 436

IsExpanded 109
ist aufgeklappt 109
klappt auf 109
klappt zu 109
ExpandSubtree()
    TreeViewItem 96
ExpansionVelocity
    ManipulationVelocities 145
Explicit
    UpdateSourceTrigger 220
Expliziter Style 194
Exponent
    ExponentialEase 368
ExponentialEase 368
    Exponent 368
Extended
    DataGridSelectionMode 235
    SelectionMode 85
eXtensible Application Markup Language 15

F

Farbe 56
    animieren 349, 362
    Komponente 263, 280
    konvertieren 435
    linearer Verlauf 263
    radialer Verlauf 265
Farbe auswählen
    Dialogfeld 435
Farbverlauf
    Übergangspunkt 264
Fenster 169
    Änderung der Größe 170
    Besitzer 174
    darf transparent sein 183
    eigenes Unterfenster 173
    Eigenschaft 169
    Ereignis 169
    Größe 169
    Größe anpassen 172
    Größe geändert 122
    Größe vorher, nachher 171
    Größe wurde geändert 171
    immer oben 171
    in Taskbar anzeigen 170

ist entladen 160
ist geladen 70, 122, 160
ist geschlossen 160
ist initialisiert 160, 214
Layout-Aktualisierung 428
modal anzeigen 174
Navigation 175
nicht-modal anzeigen 174
Position wurde geändert 171
Rahmenart 183
Rückgabewert 175
Schließen abbrechen 161
Startposition 170
Status 131
Status wurde geändert 171
Titel 169
Unterfenster erzeugen 174
versehentlich geschlossen 16
wird geschlossen 160, 234
Fettschrift 56, 74, 148, 413
FieldOfView
  PerspectiveCamera 300
Figure
  Inline-Typ 413, 417
FigureHorizontalAnchor 418
Figures
  PathGeometry 255
FigureVerticalAnchor 418
FilePrompt 384
FileStream 185, 214
Fill
  Path 250
  Shape 243
  Stretch 128
Fill()
  OleDbAdapter 232
FillRule
  GeometryGroup 259
FindResource() 169, 196
Finger
  Touch 141
FirstBlock
  Blocks 402
FirstDayOfWeek
  Calendar 126
FixedDocument 424
FixedPage 424

Flat
  PenLineCap 248
Flick
  SystemGesture 141
FlipX
  TileMode 269
FlipXY
  TileMode 269
FlipY
  TileMode 269
FlowDirection
  StackPanel 36
  WrapPanel 38, 110
FlowDocument 81, 397
FlowDocumentPageViewer 397, 420
FlowDocumentReader 397, 398
  ViewingMode 399
FlowDocumentReaderViewingMode 399
FlowDocumentScrollViewer 397, 419
Focus() 79
FolderBrowserDialog 434
FontDialog 436
FontFamily 54
  TextElement 401
FontSize 55, 401
FontStretch 55
FontStyle 55
FontWeight 55
Foreground 55
Forever
  Duration 337
  RepeatBehavior 337
Formatierung 400
  kaskadierende 74
Fortschritt
  ist eingetreten 100
  Prozentsatz 100
Fortschrittsbalken 97
Frame 180
  Aufbau 181
  Datei 181
  erste 181
  Navigationsziel 181
  Source 181
  Titel 181
From
  AnimationTimeline 334

FromArgb()
  Color 263, 435
FullRow
  DataGridSelectionUnit 235

G

Gadget 182
Geometrie 248
  Füllregel 259
  gruppieren 258
  kombinierte 251
  kompakte Schreibweise 257
  komplexe 253
  Mengenlehre 253
  mit Bilddatei 260
  mit Schriftartzeichen 260
  mit Videodatei 260
  Teilfigur 253
  Teilsegment 254
Geometry 248, 283
  GeometryDrawing 261
  GeometryModel3D 293
  Viewport2DVisual3D 313
Geometry1
  CombinedGeometry 252
Geometry2
  CombinedGeometry 252
GeometryCombineMode
  CombinedGeometry 253
GeometryDrawing 261
GeometryGroup 258
  FillRule 259
GeometryModel3D 293, 306
  BackMaterial 297
  Transform 320
Gerichtetes Licht 297, 302
Geste 149
  Bindung 150
  hinzufügen 152
  Sammlung 152
GetAdornerLayer()
  AdornerLayer 286
GetBinding()
  Binding 222
GetInstalledVoices
  SpeechSynthesizer 382

GetIntermediateTouchPoints()
  TouchEventArgs 142
GetPosition()
  MouseButtonEventArgs 138
  MouseEventArgs 122, 138
  MouseWheelEventArgs 139
GetTouchPoint()
  TouchEventArgs 142
GetType() 26
GetValue() 22, 32, 136
Glänzendes Material 314
GlyphRunDrawing 260
GoBack()
  NavigationService 179
  WebBrowser 131
GoForward()
  NavigationService 179
  WebBrowser 131
GradientOrigin
  RadialGradientBrush 266
GradientStop 264
  Color 264
  Offset 264
GradientStopCollection 265
GradientStops
  LinearGradientBrush 265
Grafik 241, 289
Grafik-Hardware 14
GrammarBuilder 394, 396
Grammatik
  eigene 394
  laden 392, 396
Grid 42
  Anzahl der Spalten 45
  Anzahl der Zeilen 45
  Column 43
  ColumnDefinitions 43
  ColumnProperty 44
  ColumnSpan 46
  Row 43
  RowDefinitions 43
  RowProperty 44
  RowSpan 46
  Spalte hinzufügen 44
  Spalten 43
  Zeile hinzufügen 44
  Zeilen 43

Zellen aufspannen 46
Zellgröße 46
Zellgröße flexibel 47
GridLength 408
GridLinesVisibility
　DataGrid 235
GridResizeBehavior 49
GridSplitter 47
　HorizontalAlignment 49
　ResizeBehavior 49
GridUnitType 408
GridView 232
　Datenbindung 232
　Spaltenbeschriftung 232
GridViewColumn 232
　DisplayMemberBinding 232
　Header 232
Größenänderung
　2D-Grafik 274
　3D-Grafik 319
　Faktor 274
　Verhalten 49
GroupBox 107
　Beschriftung 108
　Header 108
GroupName
　RadioButton 69
Guid
　StylusButton 141
Gültigkeitsbereich 166
　Style 198, 200

H

Hand
　SystemSounds 374
Handled
　RoutedEventArgs 204
Handler
　EventSetter 203
HasValue
　DateTime? 127
　double? 337
Hauptelement 19
Hauptmenü 113
Header
　Expander 109
　GridViewColumn 232

　GroupBox 108
　MenuItem 114
　RibbonMenuItem 189
　TabItem 111
　TreeViewItem 92
HeadersVisibility
　DataGrid 235
Height 54
　Image 128
　ListBox 82
　RowDefinition 46
　SizeToContent 172
　Window 169
Hidden
　Visibility 57
Hierarchie 19, 25
　darstellen 90
　von Layouts 33
Hilfestellung 15
Hintergrund
　durchsichtiger 280
Hintergrundvorgang 98
　berichtet 99
　darf berichten 99
　ist tätig 99
　starten 99
　Zustand geändert 99
History
　Navigation 177
HoldEnter
　SystemGesture 141
Horizontal
　Orientation 36
HorizontalAlignment 63
　GridSplitter 49
　Stretch 49
HorizontalAnchor
　Figure 418
HorizontalContentAlignment 63
HorizontalOffset
　ContextMenu 116
HoverEnter
　SystemGesture 141
HoverLeave
　SystemGesture 141
Hyperlink 178
　Inline-Typ 413
　NavigateUri 178, 182

TargetName 182
Ziel 178, 182
Zielframe 182

I

IAddChild 426
Icon
   MenuItem 114
Image 65, 128
   Height 128
   Source 65, 128, 166, 261
   Stretch 128
   Width 128
ImageBrush 267
   für 3D-Grafik 319
   ImageSource 267
   TileMode 267
   Viewbox 267
   ViewboxUnits 269
   Viewport 267
   ViewportUnits 269
ImageDrawing 260
ImageSource 128
   ImageBrush 267
   RibbonMenuItem 189
Impliziter Style 197
in
   Größe 401
InAir
   StylusEventArgs 140
Inch 401
IndexOf()
   Items 95
Ingebretsen 17
Initialized
   Element 160
   Window 160, 214
InitialVelocities
   ManipulationInertiaStartingEventArgs 145
Inline 398
   BaselineAlignment 415
   TextDecorations 415
InlineCollection 73, 398, 412
Inlines 73
   Add() 75
   ElementAt() 76

InsertAfter() 75
InsertBefore() 75
Paragraph 398, 412
InlineUIContainer
   Inline-Typ 413
InnerConeAngle
   SpotLight 304
InputBindings 150
InputGestureCollection 152
   Add() 152
insert
   SQL 234
Insert()
   Items 85, 95
InsertAfter()
   Inlines 75
InsertBefore()
   Inlines 75
Installation 164
Int16Animation 333
Int16AnimationUsingKeyFrames 359
Int32Animation 333
Int32AnimationUsingKeyFrames 359
Int32Collection 293
   Add() 295
Int64Animation 333
Int64AnimationUsingKeyFrames 359
IntelliSense 15
Interoperabilität 431
Intersect
   GeometryCombineMode 253
Inverted
   StylusEventArgs 140
IsBusy
   BackgroundWorker 99
IsCancel 65
IsCheckable
   MenuItem 114
IsChecked
   CheckBox 67
   MenuItem 116
   RadioButton 69
   ToggleButton 67
IsClosed
   PathFigure 255
IsDefault 65

IsEditable
  ComboBox 88
IsEnabled 57
  SpellCheck 78
IsEnabledProperty
  SpellCheck 79
IsExpanded
  Expander 109
  TreeViewItem 92
IsFilled
  PathFigure 255
IsIndeterminate
  ProgressBar 98
IsLargeArc
  ArcSegment 256
IsLoaded
  Window 70
IsLocked
  ToolBarTray 118
IsManipulationEnabled 142
IsMoveToPointEnabled
  Slider 102
IsMuted
  MediaPlayer 375
IsOpen
  ContextMenu 118
IsPageViewEnabled
  FlowDocumentReader 400
IsReadOnly
  DataGrid 234
IsRepeat
  KeyEventArgs 134
IsScrollViewEnabled
  FlowDocumentReader 400
IsSelected
  Selector 83, 87, 90, 112
  TreeViewItem 92
IsSelectionRangeEnabled
  Slider 102
IsSnapToTickEnabled
  Slider 102
IsStroked
  ArcSegment 255
  LineSegment 255
IsThreeState
  CheckBox 67
  ToggleButton 67
IsTwoPageViewEnabled
  FlowDocumentReader 400
IsVisualHostMaterial
  Viewport2DVisual3D 313
Italic 74
  FontStyles 56
  Inline-Typ 413
ItemCollection 81
ItemHeight
  WrapPanel 38
Items 81
  Add() 84, 95
  Clear() 85, 96
  Count 84
  IndexOf() 95
  Insert() 85, 95
  Remove() 85, 88, 96
ItemsSource
  DataGrid 233
  ListView 231
ItemWidth
  WrapPanel 38

J

Justify
  TextAlignment 401

K

Kachel 267
Kalender 122
  Anzahl ausgewählte Daten 125
  Anzeigedatum 124
  ausgeschlossene Daten 126
  ausgewählte Daten 124
  ausgewähltes Datum 125
  Auswahlmodus 122
  Datumsbereich 126
  erster Wochentag 126
  Grenzwerte 126
  Wechsel der Auswahl 124
Kamera
  Blickrichtung 292
  für 3D-Grafik 292, 299
  perspektivische 299
  Position 292
  Sichtfeld 293

Kameralage
  für 3D-Grafik 296, 301
Kaskadierend 74
Kaxaml 17
KeepTogether
  Paragraph 401
KeepWithNext
  Paragraph 401
Key 133
  KeyBinding 150
KeyBinding 150
  Command 150
  CommandTarget 150
  Key 150
  Modifiers 150
KeyDown 133
KeyEventArgs 133
  IsRepeat 134
  RoutedEvent 134
Keyframes 333, 359
KeyGesture 152
KeySpline
  SplineDoubleKeyFrame 362
KeyTime
  für KeyFrame 359
  Paced 360
  Uniform 360
KeyUp 133
Kombinierte Geometrie 251
Kommando 145, 422
  ausführen 147
  Bindung 147
  darf ausgeführt werden 147
  geroutetes 152
  Sondertaste 150
  Tastenbindung 150
  Ziel 422
  Zielelement 150
Kommandozeile 161
Komplexe Geometrie 253
Kontextmenü 116
  Eintrag 116
  ist offen 118
  öffnet sich 116
  Platzierung 116
  schließt sich 116
  synchron halten 116

Koordinatensystem 289
Kopieren
  in Ausgabeverzeichnis 164
Kursivschrift 56, 74, 413

L

Label 71
  Content 71
  Datenbindung 72
  Inhalt 71
  Target 72
Landschaft
  in 3D-Grafik 329
LargeChange
  ScrollBar 103
  Slider 100
LargeImageSource
  Ribbon 189
LastBlock
  Blocks 402
LastChildFill
  DockPanel 42
Laufleiste 35
Laufzeit 167
Lautstärke
  Mediendatei 376
  Sprachausgabe 382
  Sprache 389
Layer
  für Verzierung 286
Layout 29
  Basisklasse 29
  Hierarchie 33
  kombinieren 49
LayoutTransform 271, 273
Left
  Canvas 30
LeftClick
  MouseAction 150
LeftDoubleClick
  MouseAction 150
LeftProperty
  Canvas 32
LeftToRight
  FlowDirection 36
Leinwand
  für 3D-Grafik 292

Index

Leiste 113
Lernprogramm
  für Spracherkennung 390
Licht 293
  für 3D-Grafik 297, 302
Lichtkegel 302
Line 244
  Koordinaten 244
LinearDoubleKeyFrame 359
Linearer Farbverlauf 263
LinearGradientBrush 263
  EndPoint 264
  für 3D-Grafik 319
  GradientStops 265
  StartPoint 264
LinearVelocity
  ManipulationVelocities 145
LineBreak 65, 74
  Inline-Typ 413
LineGeometry 249
  EndPoint 250
  StartPoint 250
LineSegment 255
  IsStroked 255
  Point 255
Linie 244, 249
  Endpunkt 250
  Startpunkt 250
Linienende 247
Liniensegment 255
  Linie sichtbar 255
  Zielpunkt 255
List
  Block-Typ 398, 403
  MarkerOffset 405
  MarkerStyle 405
  StartIndex 405
ListBox 82
  ausgewählte Einträge 83, 87
  Auswahl gewechselt 83
  Datenbindung 228
  Eintrag 82
  Eintrag auswählen 84
  Eintrag sichtbar machen 84
  Mehrfachauswahl 85
  nicht mehr ausgewählter Eintrag 83

Nummer des ausgewählten Eintrags 83
  raumsparende Variante 88
  ScrollIntoView() 84
  SelectedIndex 83
  SelectedItem 83
  SelectedItems 87
  Selection_Changed 83
  SelectionMode 85
  Vorauswahl 83, 87
ListBoxItem 82
  Selected 83
  Unselected 83
Liste 82
  ändern 406
  hinzufügen 406
  in Dokument 403
  markieren 405
  Markierungsabstand 405
ListItem 405
ListItemCollection 405
ListView 230
  Darstellung 231
  Datenquelle 231
  füllen 232
  ItemsSource 231
  View 231
Load()
  SoundPlayer 371
  TextRange 423
  XamlReader 214
LoadAsync()
  SoundPlayer 372
LoadCompleted
  WebBrowser 130
Loaded
  Element 160
  Window 122, 160
LoadGrammar() 392
  SpeechRecognitionEngine 396
LocationChanged
  Window 171
Logische Ressource 166
Long
  DatePickerFormat 127
LookDirection
  OrthographicCamera 292
  PerspectiveCamera 300

LostFocus
  UpdateSourceTrigger 220
LowerLatin
  TextMarkerStyle 405
LowerRoman
  TextMarkerStyle 405

M

Magere Schrift 56
Main()
  Window 157
MainWindow.xaml 167
Manipulation
  Ereignis 141, 142
  erlaubt 142
  Trägheit 142
ManipulationBoundaryFeedback 143
ManipulationCompleted 143, 145
ManipulationCompletedEventArgs 145
ManipulationDelta 142, 144
ManipulationDeltaEventArgs 144
ManipulationInertiaStarting 142, 144
ManipulationInertiaStartingEventArgs 145
ManipulationOrigin 144
ManipulationStarted 142, 144
ManipulationStarting 142, 144
ManipulationVelocities 145
Manual
  SizeToContent 172
  WindowStartupLocation 170
Margin 36, 61
MarkerOffset
  List 405
MarkerStyle
  List 405
Markup Extension 24, 218
Maske 281
Material 293
  für 3D-Grafik 313
  GeometryModel3D 293
MaterialGroup 314
MatrixAnimationUsingKeyFrames 359
MatrixAnimationUsingPath 368
Maus 136
  Anzahl Clicks 138
  bewegt 122

Bindung 150
Buttonstatus 138
Click-Arten 150
Ereignis 138
erweiterte Taste 138
Position 122, 138, 139
welcher Button 138
Mausaktion 149, 152
Mausrad
  Änderung 139
  Click 150
  Ereignis 139
  Info über 136
Maustaste
  Ereignis 138
  Info über 136
Maximized
  WindowState 131, 171
Maximum
  ProgressBar 98
  ScrollBar 104
  Slider 100
MaxLength
  TextBox 80
Measure() 428
MediaCommands 146
MediaElement 378, 380
MediaFailed
  MediaElement 379
MediaPlayer 375
MediaTimeline 379
Mediendatei
  abspielen 375, 378, 380
  Fehler anzeigen 379
Menu 113
  Eintrag 113
Menü 113
  Platzierung 113
Menüband 186
MenuItem 113, 116
  Beschriftung 114
  Bild 114
  Header 114
  Icon 114
  IsCheckable 114
  IsChecked 116
  markierbares 114
  markiertes 116

Index

MeshGeometry3D 293
   TextureCoordinates 313
Microsoft Excel 14.0 Object Library 438
Microsoft Ribbon for WPF.msi 186
Microsoft Word 14.0 Object Library 438
Microsoft.Jet.OLEDB.4.0 232
Microsoft.Office.Interop 439
Microsoft.Windows.Controls.Ribbon 189
MiddleClick
   MouseAction 150
MiddleDoubleClick
   MouseAction 150
Mikro 390
   setzen 393
Minimized
   WindowState 171
Minimum
   ProgressBar 98
   ScrollBar 104
   Slider 100
Miter
   PenLineJoin 248
Modales Fenster 174
Mode
   Binding 219
Model3DCollection 308
Model3DGroup 306
Modell
   für 3D-Grafik 306
ModelUIElement3D 309
   MouseEnter 310
   MouseLeave 310
ModelVisual3D 293
ModifierKeys 150
Modifiers
   KeyBinding 150
MouseAction
   MouseBinding 150
MouseBinding 150
   MouseAction 150
MouseButton 138
MouseButtonEventArgs 136
   ButtonState 138
   ChangedButton 138
   ClickCount 138
   GetPosition() 138
   RoutedEvent 138
MouseButtonState 138

MouseDown 26, 137
MouseEnter 137
   ModelUIElement3D 310
MouseEventArgs 122, 136
   GetPosition() 122, 138
   RoutedEvent 138
MouseGesture 152
MouseLeave 137
   ModelUIElement3D 310
MouseMove 138
   Window 122
MouseUp 137
MouseWheel 137
MouseWheelEventArgs 136
   Delta 139
   GetPosition() 139
   RoutedEvent 139
MP3-Datei
   abspielen 376, 378
MPG-Datei
   abspielen 380
MS Access 230
MS Excel
   Mappe erzeugen 439
MS Excel 2010 438
MS Office
   in WPF 438
MS Word
   Dokument erzeugen 441
MS Word 2010 438
MS.Internal.NamedObject 237
Multiple
   SelectionMode 85
MultipleRange
   CalendarSelectionMode 123
Multitouch
   Ereignis 141
Multi-Trigger 205
MultiTrigger 206
   Conditions 206

N

Name 19
   StylusButton 141
Namespace
   einbinden 20, 153
   lokaler 153, 226

Navigate()
  NavigationService 178
  WebBrowser 130
Navigated
  WebBrowser 130
NavigateToString()
  WebBrowser 130
NavigateUri
  Hyperlink 178, 182
Navigation 175
  History 177
  Vorwärts, Rückwärts 177
NavigationCommands 146
Navigationsdienst 178
NavigationService 185
  CanGoBack 179
  CanGoForward 179
  GoBack() 179
  GoForward() 179
  Navigate() 178
  Page 178
Navigationshost 184
NavigationWindow 176, 177, 181
  Source 177, 181
  Title 181
Neigung
  2D-Grafik 276
  Winkel 276
new 33
NewSize
  SizeChangedEventArgs 171
Nicht definiert 67, 68
None
  Stretch 128
NonZero
  FillRule 259
NoResize
  ResizeMode 171
Normal
  FontStyles 56
  FontWeights 56
  WindowState 171
NoWrap
  TextWrapping 74
null 68, 125, 335

O

Oberfläche
  gestalten 29
object 71, 81, 114
ObjectAnimationUsingKeyFrames 359
ObjectDataProvider 230
ObjectInstance
  ObjectDataProvider 230
Objekt
  Ereignisauslöser 27
Oblique
  FontStyles 56
ObservableCollection 228
Offset
  GradientStop 264
  SeekStoryboard 356
  TextChange 79
OffsetX/Y/Z
  TranslateTransform3D 321
OldValue
  RoutedPropertyChangedEventArgs 92, 103
OleDbAdapter 232
  Fill() 232
  Update() 234
OleDbCommandBuilder 234
OleDbConnection 232
OneTime
  Mode 220
OneWay
  Mode 220
OneWayToSource
  Mode 220
OnRender()
  Adorner 287
Opacity 280
  DropShadowEffect 285
OpacityMask 281
Opazität 280
Open()
  MediaPlayer 375
Opened
  ContextMenu 116
OpenFileDialog 434
Orientation
  ProgressBar 97
  ScrollBar 104

Slider 100
StackPanel 36
ToolBarTray 118
WrapPanel 38
OrthographicCamera 292
  UpDirection 296, 301
Orthographische Kamera 292
Oscillations
  ElasticEase 367
OuterConeAngle
  SpotLight 304
Owner
  Window 174

P

Paced
  KeyTime 360
Padding 59
Page 176, 178
  FlowDocumentReaderViewingMode 399
  NavigationService 178
  WindowTitle 178
PageContent 424
PageContentCollection 424
Pages
  FixedDocument 424
Panel 29
  ZIndex 30, 272
  ZIndexProperty 32
Paragraph 81, 398, 400
  KeepTogether 401
  KeepWithNext 401
  TextIndent 401
Parent 34, 94
Parse()
  TimeSpan 339
PasswordBox
  PasswordChar 80
PasswordChar
  PasswordBox 80
Paste 77
Path 250
  Binding 218
  Data 250, 257
  Fill 250
  Stroke 250
  StrokeThickness 250

PathFigure 253
  IsClosed 255
  IsFilled 255
  StartPoint 255
PathFigureCollection 253
PathGeometry 253, 343
  Figures 255
  PointAnimationUsingPath 369
  zur Animation 368
PathSegmentCollection 254
  Add() 256
Pause()
  MediaPlayer 375
  SpeechSynthesizer 382
  Storyboard 347
PauseStoryboard 356
Pen
  GeometryDrawing 261
PenLineCap 248
PenLineJoin 248
PerspectiveCamera 300
Perspektivische Kamera 299
Pfadanimation 368
Pfadgeometrie 253, 283
Pfadmarkupsyntax 257, 283
Physische Ressource 164
Pinsel 262
  einheitliche Farbe 262
  linearer Farbverlauf 263
  radialer Farbverlauf 265
Pinseltyp 56
Pixel 401
  GridUnitType 408
Play()
  MediaPlayer 375
  SoundPlayer 166, 371
  SystemSound 375
PlayLooping()
  SoundPlayer 371
PlaySync()
  SoundPlayer 371
Point 246, 250
  ArcSegment 255
  LineSegment 255
  relative Koordinaten 263
Point3D 292, 293

Point3DCollection   293
   Add()   295
PointAnimation   333, 340
PointAnimationUsingKeyFrames   359
PointAnimationUsingPath   368
   PathGeometry   369
PointCollection   246, 313
   Add()   247
PointLight   302
Points
   Polygon   246
PolyBezierSegment   254
Polygon   245
   Points   246
Polyline   245
PolyLineSegment   254, 258
Polylinie   245
PolyQuadraticBezierSegment   254
Position
   MediaPlayer   375
   MeshGeometry3D   293
   OrthographicCamera   292
   PerspectiveCamera   300
   PointLight   305
   SpotLight   304
   TouchPoint   142
Positionierung
   fest   30
Power
   PowerEase   367
PowerEase   367
   Power   367
PresentationCore   436
PresentationFramework   436
Pressed
   MouseButtonState   138
Preview-Ereignishandler   25
PreviewMouseDown   26
PreviousAndCurrent
   GridResizeBehavior   49
PreviousAndNext
   GridResizeBehavior   49
PreviousSize
   SizeChangedEventArgs   171
Primitives   68
PrintDialog   426

PrintQueue
   PrintDialog   426
PrintVisual()
   PrintDialog   426
ProgressBar   97
   Grenzwerte   98
   IsIndeterminate   98
   Lage   97
   Maximum   98
   Minimum   98
   Orientation   97
   undefinierter Zustand   98
   Value   98
   Werte   98
ProgressChanged
   BackgroundWorker   99
ProgressChangedEventArgs   100
   ProgressPercentage   100
ProgressPercentage
   ProgressChangedEventArgs   100
Projekt
   Datenbank hinzufügen   231, 233, 235
   Element hinzufügen   164
   Fenster hinzufügen   173
   neu erzeugen   16
   Ressource   164
   Ressourcen-Wörterbuch hinzufügen   213
   Seite hinzufügen   178
   speichern   16
   WAV-Datei hinzufügen   372
Projektmappenexplorer   16, 164
PromptBreak   389
PromptBuilder   386
   AppendBreak()   389
   AppendTextWithHint()   389
   ToXml()   389
PromptRate   388
PromptStyle   386
   StartStyle()   388
PromptVolume   389
Property   22
   Condition   206
   Setter   195
   Trigger   205
Property Element   21
Property Trigger   204, 238
   in Control Template   208
   mehrere Bedingungen   205

PropertyChanged
    UpdateSourceTrigger 220
PropertyPath 219
Provider 232
pt
    Größe 401
Punkt
    Größe 401
    im 3D-Raum 292
Punktlicht 302
px
    Größe 401

Q

QuadraticBezierSegment 254
QuadraticEase 367
qualified double 401
QuarticEase 367
QuaternionAnimation 333
QuaternionAnimationUsingKeyFrames 359
QuaternionRotation3D 322
Question
    SystemSounds 374
QuickInfo 76
QuinticEase 367

R

Radialer Farbverlauf 265
RadialGradientBrush 265
    Center 266
    für 3D-Grafik 319
    GradientOrigin 266
RadioButton 69
    Basistyp 201
    Checked 68
    GroupName 69
    gruppieren 69, 107
    IsChecked 69
    Unchecked 68
    Zustand 68
Radius
    BlurEffect 285
RadiusX
    EllipseGeometry 250
    RectangleGeometry 250

RadiusY
    RectangleGeometry 250
Rahmen 104
    Dicke 104
    durchsichtig 104
    Eckenradius 104
    Farbe 104
Rate
    PromptRate 388
Rechteck 242, 249
    Eckenabrundung 250
    Ort und Größe 250
Rechtschreibung
    prüfen 79
RecognitionResult 392
RecognizeAsync()
    SpeechRecognitionEngine 394
RecognizeAsyncCancel()
    SpeechRecognitionEngine 394
RecognizeMode 394
Rect 250
    RectangleGeometry 250
Rectangle 242
RectangleGeometry 249
    RadiusX 250
    RadiusY 250
    Rect 250
RectAnimation 333
RectAnimationUsingKeyFrames 359
Registerkarte 111
Reiter
    Registerkarte 111
Relative
    UriKind 166, 179
Released
    MouseButtonState 138
Remove()
    Children 34, 59
    Items 85, 88, 96
RemovedItems
    Count 84
    SelectionChangedEventArgs 83
RemovedLength
    TextChange 79
RenderSize
    AdornedElement 287

Index

RenderTransform 271
   RenderTransformOrigin 271
RenderTransformOrigin
   RenderTransform 271
RepeatBehavior
   AnimationTimeline 337
RepeatButton 65, 103
ReportProgress()
   BackgroundWorker 99
ResizeBehavior
   GridSplitter 49
ResizeMode
   Window 170
Resource Dictionaries 169
Resources
   Application 168, 207
   Window 168
Ressource 164
   aktuell 214
   Auflistung von Objekten 228
   dynamische 167, 168
   Event Trigger 351
   für gesamte Anwendung 167, 207
   logische 166
   nur für Fenster 167
   Objekt 226
   physische 164
   Schlüssel 167
   statische 167, 168
   Storyboard 341
   Style 195
   suchen 169, 196
   Wörterbuch 169
   Wörterbuch hinzufügen 213
   zur Laufzeit tauschen 167
Result
   SpeechRecognizedEventArgs 392
Resume()
   SpeechSynthesizer 382
   Storyboard 347
ResumeStoryboard 356
RGB-Komponente 263, 280
Ribbon 187
   Anwendungsmenü 187
   Registerkarte 187
Ribbonanwendung 186
RibbonApplicationMenu 187
RibbonApplicationMenuItem 189

RibbonButton 189
RibbonCheckBox 190
RibbonComboBox 190
RibbonControlsLibrary 186
RibbonGallery 190
RibbonGalleryCategory 190
RibbonGalleryItem 190
RibbonGroup 187
RibbonMenuButton 190
RibbonMenuItem 189, 190
RibbonRadioButton 190
RibbonTab 187
RibbonToggleButton 190
RibbonWindow 187, 189
RichTextBox 80, 397, 420
Richtung
   im 3D-Raum 292
Right
   Canvas 30
RightClick
   MouseAction 150
RightDoubleClick
   MouseAction 150
RightDrag
   SystemGesture 141
RightTap
   SystemGesture 141
RightToLeft
   FlowDirection 36
RotateTransform 271
   Angle 271, 272, 274
RotateTransform3D 322
Rotation
   2D-Grafik 271
   3D-Grafik 322
   Drehpunkt 271
   Drehwinkel 271
   in 3D-Grafik animieren 356
   ManipulationDelta 144
Rotation3DAnimation 333
Rotation3DAnimationUsingKeyFrames 359
RotationAngle
   ArcSegment 256
Rotationsgruppe
   3D-Grafik 327
Round
   PenLineCap 248
   PenLineJoin 248

Routed Events 25
RoutedCommand 152
RoutedEvent 26
　EventTrigger 351
　KeyEventArgs 134
　MouseButtonEventArgs 138
　MouseEventArgs 138
　MouseWheelEventArgs 139
RoutedEventArgs 27
　Handled 204
　Source 113
RoutedEventHandler
　neu erzeugen 58, 157
RoutedPropertyChangedEventArgs 92, 103
　OldValue 92, 103
Row
　DataRowView 237
　Grid 43
RowDefinitions
　Count 45
　Grid 43
RowGroups
　Table 407
RowProperty
　Grid 44
Rows
　TableRowGroup 407
RowSpan
　Grid 46
　TableCell 408
Rückgabeparameter 160, 163
Rückwärts
　Navigation 177
Run 74, 401
　Inline-Typ 413
Run()
　Application 157
RunWorkerAsync()
　BackgroundWorker 99

S

Save()
　TextRange 423
SayAs 389
Scale
　ManipulationDelta 144

ScaleTransform 274
　ScaleX 274
　ScaleY 274
ScaleTransform3D 319
ScaleX/Y
　ScaleTransform 274
ScaleX/Y/Z
　ScaleTransform3D 319
Schaltfläche 64
Schieber
　Slider 100
Schiene
　Slider 100
Schlagschatten 284
Schlüssel
　Control Template 207
　Ressource 167
　Style 195
Schrift
　formatieren 422
　hochgestellt 415
　konvertieren 436
　tiefgestellt 415
Schrift auswählen
　Dialogfeld 433, 436
Schriftart 401
Schriftartzeichen
　in Geometrie 260
Schriftgröße 401
Schriftposition
　vertikal 415
Schriftverzierung 415
Scroll
　FlowDocumentReaderViewingMode 399
Scrollbalken
　ListBox 82
ScrollBar 103
　Grenzwerte 104
　große Änderung 103
　kleine Änderung 103
　Lage 104
　LargeChange 103
　Maximum 104
　Minimum 104
　Orientation 104
　SmallChange 103
　ValueChanged 104
　Wert geändert 104

ScrollIntoView()
  ListBox 84
ScrollViewer 35
  Sichtbarkeit 36
Section 398, 402
SecurityException 186
Seek()
  Storyboard 347
SeekStoryboard 356
  Offset 356
SeekToFill()
  Storyboard 347
Seite 178
  darf in History bewegen 179
  Daten übermitteln 179
  der Reihe nach 176
  erste 177
  in Frames 180
  in History bewegen 179
  Navigation 175
  wechseln 178
Seitenumbruch 403
SelectAll()
  TextBox 79
Selected
  ListBoxItem 83
  TreeViewItem 92
SelectedDate
  Calendar 125
  DatePicker 127
SelectedDateChanged
  DatePicker 127
SelectedDateFormat
  DatePicker 127
SelectedDates
  Calendar 124
  Count 125
SelectedDatesChanged
  Calendar 124
SelectedDatesCollection 124
SelectedIndex
  ListBox 83
  TabControl 111
SelectedItem
  ListBox 83
SelectedItemChanged
  TreeView 92

SelectedItems
  DataGrid 237
  ListBox 87
SelectedText
  TextBox 79
SelectedValue
  RibbonGallery 190
SelectedValuePath
  RibbonGallery 190
Selection_Changed
  ListBox 83
  TabControl 111
SelectionChanged
  ComboBox 90
  DataGrid 236
  RibbonGallery 190
SelectionChangedEventArgs 83
  RemovedItems 83
SelectionEnd
  Slider 102
SelectionLength
  TextBox 80
SelectionMode
  Calendar 122
  DataGrid 235
  ListBox 85
SelectionStart
  Slider 102
  TextBox 80
SelectionUnit
  DataGrid 235
Selector
  IsSelected 83, 87, 90, 112
SelectVoice()
  SpeechSynthesizer 382
sender 26
Separator 62, 114
SetBinding() 219
  BindingOperations 219
SetInputToDefaultAudioDevice()
  SpeechRecognitionEngine 393
SetOutputToDefaultAudioDevice()
  SpeechSynthesizer 382
SetOutputToWaveFile()
  SpeechSynthesizer 382
SetSpeedRatio()
  Storyboard 347

SetStoryboardSpeedRatio   356
   SpeedRatio   356
SetTargetName()
   Storyboard   345
SetTargetProperty()
   Storyboard   345
Setter   195
   Property   195
   TargetName   209
   Value   195
SetValue()   22, 32, 136
ShadowDepth
   DropShadowEffect   285
Shape   241
   Fill   243
   Füllfarbe   243
   Liniendicke   243
   Linienende   247
   Linienfarbe   243
   Stroke   243
   StrokeEndLineCap   247
   StrokeLineJoin   247
   StrokeStartLineCap   247
   StrokeThickness   243
Shift
   ModifierKeys   150
Short
   DatePickerFormat   127
Show()
   Window   174
ShowDialog()
   PrintDialog   426
   Standard-Dialogfeld   434
   Window   174
ShowInTaskbar
   Window   170
Sicherheitseinschränkung   185
Sichtbarkeit   56, 108, 121, 122
Sichtfeld   293
SineEase   367
Single
   DataGridSelectionMode   235
   SelectionMode   85
SingleAnimation   333
SingleAnimationUsingKeyFrames   359
SingleBorderWindow
   WindowStyle   183

SingleDate
   CalendarSelectionMode   123
SingleRange
   CalendarSelectionMode   123
Single-Threaded Apartment Thread   156
Size   255
   ArcSegment   255
SizeAnimation   333, 343
SizeAnimationUsingKeyFrames   359
SizeChanged
   Window   122, 171
SizeChangedEventArgs   171
SizeToContent
   Window   172
Skalierung
   2D-Grafik   274
   3D-Grafik   319
   Touchscreen   142
SkewTransform   276
   AngleX   276
   AngleY   276
Skin   212
SkipStoryboardToFill   356
Sleep()
   Thread   98
Slider   100
   AutoToolTipPlacement   102
   Bereich markiert   102
   Grenzwerte   100
   große Änderung   100
   IsMoveToPointEnabled   102
   IsSelectionRangeEnabled   102
   IsSnapToTickEnabled   102
   Lage   100
   LargeChange   100
   Markierungsgrenze   102
   Maximum   100
   Minimum   100
   Orientation   100
   SelectionEnd   102
   SelectionStart   102
   Skala   102
   Skala, Platzierung   100
   Skala, Strichdichte   101
   springt nur zu Skalenstrich   102
   springt zu Mausposition   102
   TickFrequency   101

Index

TickPlacement 100
Ticks 102
ToolTip, Platzierung 102
Value 100
ValueChanged 100
Wert 100
Wert geändert 100
SmallChange
   ScrollBar 103
SmallImageSource
   Ribbon 189
SolidColorBrush 56, 262
   Color 263
Sondertaste
   Kommando 150
Sonderzeichen
   anzeigen 66
SoundLocation
   SoundPlayer 166, 372
SoundPlayer 166, 371
   Play() 166
   SoundLocation 166
SoundPlayerAction 375
Source
   Binding 226
   Frame 181
   Image 65, 128, 166, 261
   MediaElement 379
   MediaTimeline 379
   NavigationWindow 177, 181
   RoutedEventArgs 113
   SoundPlayerAction 375
   WebBrowser 130
SourceName
   EventTrigger 355
Span
   Inline-Typ 413
Speak()
   SpeechSynthesizer 382
SpeakAsync()
   SpeechSynthesizer 382
SpeakCompleted
   EventHandler 386
   SpeechSynthesizer 382
SpecularMaterial 314
   Color 316
   SpecularPower 316

SpecularPower
   SpecularMaterial 316
Speech Recognition Grammar Specification 394
Speech Synthesis Markup Language 384, 386
SpeechRecognitionEngine 392
   RecognizeAsync() 394
   RecognizeAsyncCancel() 394
   SetInputToDefaultAudioDevice() 393
SpeechRecognized
   SpeechRecognizer 392
SpeechRecognizedEventArgs 392
SpeechRecognizer 392
SpeechSynthesizer 381
SpeedRatio
   MediaPlayer 376
   SetStoryboardSpeedRatio 356
SpellCheck 78
   IsEnabled 78
   IsEnabledProperty 79
Spielerei 182
SplineDoubleKeyFrame 359
   KeySpline 362
SpotLight 302
Sprache
   Art der Ausgabe 389
   aus Datei 384
   Ausgabe gemäß W3C 386
   ausgeben 381
   Eingabe gemäß W3C 394
   Eingabegerät 393
   eingeben 390
   erkennen 390
   Pause 389
   speichern in SSML 387, 389
   speichern in WAV 382
   steuert Anwendung 394
   Zuhören beenden 394
   Zuhören starten 394
   zusammensetzen 381, 386
Spracherkennung
   einschalten 391
   integrierte 392
   von Windows 390
Sprachgeschwindigkeit 388
Sprachlautstärke 389

Sprachstil 388
Springiness
  ElasticEase 367
SQL-Befehl 234
Square
  PenLineCap 248
  TextMarkerStyle 405
SRGS 394
SSML 386
Ssml
  SynthesisMediaType 384
StackPanel 35
  Orientierung 36
  Richtung 36
Standard-Dialogfeld 185, 432
  Rückgabewert 434
Star
  GridUnitType 408
StartIndex
  List 405
StartPoint
  LinearGradientBrush 264
  LineGeometry 250
  PathFigure 255
StartStyle()
  PromptBuilder 386
  PromptStyle 388
Startup
  Application 159, 161
StartupEventArgs 160
  Args 163
StartupUri
  Application 159
StateChanged
  Window 171
STAThread 156
StaticResource 168
Statische Ressource 167, 168
StatusBar 121
Statusleiste 121
  Platzierung 121
StaysOpenOnEdit
  ComboBox 88
Stern
  Größenangabe 408
Steuerelement
  anordnen 29
  Gruppen 53

Stift
  berührt 140
  schwebt 140
Stop()
  MediaPlayer 375
  SoundPlayer 371
  Storyboard 347
StopStoryboard 356
Storyboard 341
  als Ressource 341
  Begin() 343, 346
  für Mediendatei 380
  Pause() 347
  Resume() 347
  Seek() 347
  SeekToFill() 347
  SetSpeedRatio() 347
  SetTargetName() 345
  SetTargetProperty() 345
  Stop() 347
  TargetName 343
  TargetProperty 343
Strahlendes Material 314
Stretch 128
  HorizontalAlignment 49, 63
  Image 128
  VerticalAlignment 63
StringAnimationUsingKeyFrames 359, 363
Stroke
  Path 250
  Shape 243
StrokeEndLineCap
  Shape 247
StrokeLineJoin
  Shape 247
StrokeStartLineCap
  Shape 247
StrokeThickness
  Path 250
  Shape 243
Style 193, 400
  abgeleiteter Style 199
  als Ressource 195
  BasedOn 199
  Basis-Style 199
  benannter 194
  Definition 195

Eigenschaft 195
Eigenschaftswert 195
EventSetter 202
expliziter 194
für Typ 197
für verwandte Typen 200
Gültigkeitsbereich 198, 200
impliziter 197
mit Event Trigger 352
Sammlung 212
Schlüssel 195
TargetType 197
Triggers 205
vererben 198, 199
Ziel 197
Zuordnung 196, 197
Stylus 139
　Anzahl der Tipps 141
　Geste 141
　Schaltfläche 140, 141
StylusButton
　Guid 141
　Name 141
　StylusButtonState 141
StylusButtonDown 140
StylusButtonState
　StylusButton 141
StylusButtonUp 140
StylusDevice
　StylusEventArgs 140
StylusDown 140
StylusDownEventArgs
　TapCount 141
StylusEnter 140
StylusEventArgs
　InAir 140
　Inverted 140
　StylusDevice 140
StylusInAirMove 140
StylusInRange 140
StylusLeave 140
StylusMove 140
StylusOutOfRange 140
StylusSystemGesture 140
StylusSystemGestureEventArgs
　SystemGesture 141

StylusUp 140
Subscript
　BaselineAlignment 415
Superscript
　BaselineAlignment 415
SweepDirection
　ArcSegment 256
Symbolleiste 118
　Platzierung 118
　Styles 120
Symbolleistencontainer 118
　ist gesperrt 118
　Lage 118
SynthesisMediaType 384
System 124, 156
System.Collections.ObjectModel 228
System.Component.Model 98, 161
System.Data 232
System.Data.OleDb 232
System.Drawing 433
System.Drawing.Color 435
System.Drawing.Font 436
System.IO 185, 214, 377
System.Media 166, 384
System.Printing 426
System.Speech 390
System.Speech.Recognition 390
System.Speech.Synthesis 381
System.Threading 98
System.Windows 156
System.Windows.Controls 158, 224
System.Windows.Controls.Primitives 68
System.Windows.Forms 185, 431
System.Windows.Input 152
System.Windows.Markup 215, 425
System.Windows.Media.Animation 333
System.Windows.Media.Media3D 289
System.Xaml 436
SystemGesture
　StylusSystemGestureEventArgs 141
SystemSound 374
　Play() 375
SystemSounds 374
Systemton
　abspielen 374

T

TabControl 111
   Auswahl gewechselt 111
   Nummer der ausgewählten Karte 111
   Platzierung 111
   SelectedIndex 111
   Selection_Changed 111
   TabStripPlacement 111
Tabelle 398, 407
   ändern 410
   hinzufügen 409
   Rahmen 408
   Spalte 407
   Zeile 407
   Zeilengruppe 407
   Zelle 407
   Zellen überspannen 408
TabItem 111
   Beschriftung 111
   Header 111
Table 398, 407
   Columns 407
   RowGroups 407
TableCell 407
   ColumnSpan 408
   RowSpan 408
TableCellCollection 407
TableColumnCollection 407
TableRow 407
   Cells 407
TableRowCollection 407
TableRowGroup 407
   Rows 407
TableRowGroupCollection 407
TabStripPlacement
   Dock 111
   TabControl 111
Tap
   SystemGesture 141
TapCount
   StylusDownEventArgs 141
Target
   Label 72
TargetName
   Hyperlink 182
   Setter 209
   Storyboard 343

TargetProperty
   Storyboard 343
TargetType
   ControlTemplate 208
   Style 197
Tastatur 133
Tastatursteuerung 55
Taste
   Alt 55
   bedienen 133
   Bindung 150
   Enter 64
   Ereignis 134
   ESC 64
   F1 16
   Info über 133
   Return 64
   wiederholt gedrückt 134
Tastenkombination 149, 152
Template 207, 237
TemplateBinding 209
Text
   Änderung prüfen 79
   anhängen 75
   ComboBox 88
   Ein- und Ausgabe 71
   einfügen 75
   eingeben 77
   ganz markieren 79
   geschützter 80
   Länge begrenzen 80
   markierter Teil 79
   Position 76
   Spracherkennung 392
   SynthesisMediaType 384
   teilweise markieren 80
   TextBlock 73
TextAlignment
   Block 401
Textbereich 423
TextBlock 73
   in FixedDocument 426
   Inhalt 73
   mit Inlines 412
   Text 73
   TextWrapping 74

TextBox 77
   AcceptsReturn 78
   MaxLength 80
   mehrzeilig 77
   mit Scrollbalken 78
   SelectAll() 79
   SelectedText 79
   SelectionLength 80
   SelectionStart 80
   TextChanged 77
   TextWrapping 78
   VerticalScrollBarVisibility 78
TextChange 79
TextChanged
   TextBox 77
TextChangedEventArgs 79
   Changes 79
TextDecorations
   Inline 415
Text-Editor 80
Text-Eingabe 80
TextElement
   FontFamily 401
TextIndent
   Paragraph 401
TextMarkerStyle 405
TextPointer 423
TextRange 423
Textur
   für 3D-Grafik 313, 316
TextureCoordinates
   MeshGeometry3D 313
TextWrapping
   TextBlock 74
   TextBox 78
Thickness 60, 62, 104
ThicknessAnimation 333
ThicknessAnimationUsingKeyFrames 359
Thin
   FontWeights 56
Thread
   Sleep() 98
ThreeDBorderWindow
   WindowStyle 183
Thumb 100, 103
TickFrequency
   Slider 101

TickPlacement
   Both 101
   BottomRight 101
   Slider 100
   TopLeft 101
Ticks
   Slider 102
Tile 267
   TileMode 269
TileMode
   ImageBrush 267
TimeSeekOrigin 347
TimeSpan 337
   Parse() 339
Title
   NavigationWindow 181
   Window 169
To
   AnimationTimeline 334
ToggleBold
   EditingCommands 148, 422
ToggleButton 66
   Checked 67
   IsChecked 67
   IsThreeState 67
   Unchecked 67
   Zustand 67
ToggleUnderline
   EditingCommands 422
ToLongDateString()
   DateTime 127
ToolBar 118
   ComboBoxStyleKey 120
ToolBarTray 118
   IsLocked 118
   Orientation 118
ToolTip 76
ToolWindow
   WindowStyle 183
Top
   Canvas 30
TopLeft
   AutoToolTipPlacement 102
   TickPlacement 101
TopMost
   Window 171

Index

TopProperty
  Canvas 32
ToShortDateString()
  DateTime 127
TotalManipulation
  ManipulationCompletedEventArgs 145
Touch
  Ereignis 141, 142
TouchDevice 141
TouchDown 142, 143
TouchEnter 142
TouchEventArgs 141
TouchLeave 142
TouchMove 142, 143
TouchPoint 142
TouchPointCollection 142
Touchscreen 141
TouchUp 142, 143
ToXml()
  PromptBuilder 387, 389
Track 100
Trägheit
  bei Manipulation 142
Transform 270
  GeometryModel3D 320
Transform3D 319
Transform3DGroup 326
Transformation 270
  3D-Grafik 319
  animieren 347
  mit Verschiebung 271
  ohne Verschiebung 271
  Ursprung 271
Transformationsgruppe
  2D-Grafik 278
  3D-Grafik 326
TransformGroup 278
  Children 279
TranslateTransform 277
  X 277
  Y 277
TranslateTransform3D 321
Translation
  ManipulationDelta 144
Transparenz 183, 263, 280
  animieren 343
  Effekt 281

  gleitende 281
  Maske 281
TreeView 90
  alle übergeordneten Elemente 94
  alle untergeordneten Elemente 94
  ausgewählter Eintrag 92
  Auswahl gewechselt 92
  Eintrag 90
  Eintrag anhängen 95
  Eintrag einfügen 95
  SelectedItemChanged 92
  vorher ausgewählter Eintrag 92
TreeViewItem 90
  Beschriftung 92
  Collapsed 92
  Expanded 92
  ExpandSubtree() 96
  Header 92
  IsExpanded 92
  IsSelected 92
  ist aufgeklappt 92
  ist ausgewählt 92
  klappt auf 92
  klappt zu 92
  Selected 92
  Unselected 92
  Untereinträge aufklappen 96
  wurde abgewählt 92
  wurde ausgewählt 92
Triangle
  PenLineCap 248
TriangleIndices
  MeshGeometry3D 293
Trigger 204, 351
  Bedingung 205, 206
  Control Template 209
  DataTemplate 239
  für Daten 238
  für Eigenschaft 204
  für Ereignis 350
  in Style 353
  Property 205
  Style 205
  Value 205
  Zielelement 209
TriggerCollection 351

TwoFingerTap
  SystemGesture 141
TwoPage
  FlowDocumentReaderViewingMode 399
TwoWay
  Mode 220
Typ
  ermitteln 26
  Umwandlung 19
Type Converter 19
Typ-Style 197
  mit Control Template 211
  vererben 199

U

UIElement 410
Umgebungslicht 293, 302
Umschalter 66, 68
  einstellen 71
Unchecked
  CheckBox 67
  RadioButton 68
  ToggleButton 67
Underline
  Inline-Typ 413
Undurchsichtigkeit 280
Uniform
  KeyTime 360
  Stretch 128
UniformToFill
  Stretch 128
Union
  GeometryCombineMode 253
Unloaded
  Window 160
Unselected
  ListBoxItem 83
  TreeViewItem 92
Unterelement 19
Unterstreichung 413
  Art 415
Unterstrich
  Tastatursteuerung 55, 114
Unterteilung 62, 114
update
  SQL 234

Update()
  OleDbAdapter 234
UpdateSource()
  BindingExpression 220
UpdateSourceTrigger
  Binding 220
UpDirection
  OrthographicCamera 296, 301
UpperLatin
  TextMarkerStyle 405
UpperRoman
  TextMarkerStyle 405
Uri 166, 179
UriKind 179
  Relative 166

V

Validate()
  ValidationRule 224
ValidationResult 224
ValidationRules 224
  Add() 223
  Binding 222
  Validate() 224
Value
  Condition 206
  DataTrigger 239
  ProgressBar 98
  Setter 195
  Slider 100
  Trigger 205
ValueChanged
  ScrollBar 104
  Slider 100
Vector3D 292
Vector3DAnimation 333
Vector3DAnimationUsingKeyFrames 359
VectorAnimation 333
VectorAnimationUsingKeyFrames 359
Vektorgrafik 14
Verschiebung
  2D-Grafik 277
  3D-Grafik 321
  Touchscreen 142
  Wert 277

Vertical
   Orientation 36
VerticalAlignment 63
VerticalAnchor 418
VerticalContentAlignment 63
VerticalOffset
   ContextMenu 116
VerticalScrollBarVisibility
   ScrollViewer 36
   TextBox 78
Verzeichnis auswählen
   Dialogfeld 434
Verzierung 286
Video-Ausgabe 380
Videodatei
   in Geometrie 260
VideoDrawing 260
View
   ListView 231
Viewbox
   ImageBrush 267
ViewboxUnits
   ImageBrush 269
ViewingMode
   FlowDocumentReader 399
Viewport
   ImageBrush 267
Viewport2DVisual3D 311
   Geometry 313
   IsVisualHostMaterial 313
   Visual 313
Viewport3D 292
   Children 293
ViewportUnits
   ImageBrush 269
Visibility 57, 108, 121, 122
Visible
   Visibility 57
Visual
   Viewport2DVisual3D 313
Visual Basic 15, 17
Visual C# 15, 17
Visual Studio 15
Volume
   MediaPlayer 376
   PromptVolume 389
   SpeechSynthesizer 382

Vorlage 193
   WPF Ribbon Application 187
   WPF-Anwendung 16
   WPF-Browseranwendung 185
Vorwärts
   Navigation 177

W

WAV-Datei 166
   abspielen 166, 371, 375
   Dateiname 166
   laden 371
WaveAudio
   SynthesisMediaType 384
WebBrowser 130
   CanGoBack() 131
   CanGoForward() 131
   GoBack() 131
   GoForward() 131
   LoadCompleted 130
   Navigate() 130
   Navigated 130
   NavigateToString() 130
   Source 130
Weichzeichner 284
WheelClick
   MouseAction 150
Width 36, 54
   ColumnDefinition 47
   Image 128
   ListBox 82
   OrthographicCamera 293
   SizeToContent 172
   Tabellenzelle 408
   Window 169
WidthAndHeight
   SizeToContent 172
Window 20, 169
   AllowsTransparency 183
   Closed 160
   Closing 160
   DialogResult 175
   DragMove() 184
   Height 169
   Initialized 160, 214
   IsLoaded 70

Loaded 122, 160
LocationChanged 171
Main() 157
MouseMove 122
Owner 174
ResizeMode 170
Resources 168
Show() 174
ShowDialog() 174
ShowInTaskbar 170
SizeChanged 122, 171
SizeToContent 172
StateChanged 171
Title 169
Topmost 171
Unloaded 160
Width 169
Window_Closing() 234
WindowStartupLocation 170
WindowState 131
WindowStyle 183
Window_Closing()
  Window 234
Windows
  Druckdialog 426
  ModifierKeys 150
  Spracherkennung 390
Windows Forms
  in WPF-Anwendung 431
  mit WPF-Element 436
  Standard-Dialogfeld in WPF 432
Windows Presentation Foundation 13
Windows Presentation Foundation-Host 184
WindowsBase 436
WindowsFormsHost 431
WindowsFormsIntegration 431, 436
Windows-Spracherkennung
  integrierte 392
WindowStartupLocation
  CenterOwner 175
  Window 170
WindowState
  Window 131
WindowStyle
  Window 183

WindowTitle
  Page 178
Wochentag 126
WorkerReportsProgress
  BackgroundWorker 99
WPF 13
  Eigenschaften 13
  Vorteile 13
WPF-Anwendung
  Minimal-Aufbau 155
WPF-Browseranwendung 184
WPF-Interoperabilität
  Toolbox-Kategorie 437
Wrap
  TextWrapping 74
WrapPanel 37
  einheitliche Größe 38
  FlowDirection 110
  Orientierung 38
  Richtung 38, 110
WrapWithOverflow
  TextWrapping 74
Würfel
  in 3D-Grafik 296

X

X
  Point 246
  TranslateTransform 277
x:Class 20
x:Key 195, 207
x:Name 19
x:Null 67
x:Type 197, 238
X1
  Line 244
X2
  Line 244
XAML 15
  Attribut 19
  Editor 17
  Erweiterung 24
  mit Programmiercode 17
  Paketdatenformat 423
XAML Browser Application 184

XamlPackage
   DataFormats 423
XamlReader 214
   Load() 214
XBAP 184
XML
   Knoten 21
XML-Datei
   mit SSML 387, 389
xmlns 20
xmlns:x 20
Xor
   GeometryCombineMode 253

Y

Y
   Point 246
   TranslateTransform 277
Y1
   Line 244
Y2
   Line 244

Z

z-Achse 289
Zahlenbereich
   darstellen 97
   Wert darstellen 100
Zahlenwerte
   darstellen 97
Zeichenkette
   animieren 363
Zeilenumbruch 65, 74, 413
   steuern 74, 78
Zeitspanne 339
Zeitverzögerung 98
Zentimeter 401
ZIndex
   Panel 30, 272
ZIndexProperty
   Canvas 32
Zoom
   FlowDocumentReader 400
ZoomIncrement 400
Zweidimensionale Grafik 241
Zwischenablage 77

www.galileocomputing.de

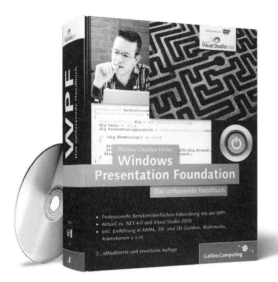

Professionelle Benutzeroberflächen-Entwicklung mit der WPF

Aktuell zu .NET 4.0 und Visual Studio 2010

Inkl. Einführung in XAML, 2D- und 3D-Grafiken, Multimedia, Animationen u.v.m.

Thomas Claudius Huber

Windows Presentation Foundation

Das umfassende Handbuch

Geballtes Wissen zum Grafik-Framework von .NET! Ob Grundlagen, XAML, GUI-Entwicklung, Datenbindung, Animationen, Multimedia oder Migration - hier finden Sie auf jede Frage eine Antwort! Grundkenntnisse in C# vorausgesetzt, ist dieses Buch sowohl zum Einstieg als auch als Nachschlagewerk optimal geeignet.

1236 S., 2. Auflage 2010, mit DVD und Referenzkarte, 49,90 Euro
ISBN 978-3-8362-1538-1

>> www.galileocomputing.de/2304

www.galileocomputing.de

Apps entwickeln - von der Idee bis zur Veröffentlichung

Hubs, Multimedia, Kamera, Netzwerk, Animationen, GPS, Accelerometer, Spieleentwicklung, Performance u.v.m.

Inkl. Einführung in Silverlight und XNA

Karsten Samaschke, Oliver Branies, Wilko Waitz

Apps entwickeln für Windows Phone 7.5

Das Praxisbuch für Entwickler

So entwickeln Sie Apps für Windows Phone 7! Sie lernen alle wichtigen Tools und Techniken kennen und erfahren, wie Sie auf die Kamera zugreifen, Medien abspielen, Sensoren nutzen u. v. m. Kenntnisse in Visual C# vorausgesetzt, werden Sie durch die vielen Beispiele schon bald professionelle eigene Apps veröffentlichen! Aktuell zu Mango

ca. 560 S., mit CD, 39,90 Euro
ISBN 978-3-8362-1673-9, April 2012

>> www.galileocomputing.de/2468

Galileo Computing

www.galileocomputing.de

Spracheinführung, Objekt-
orientierung, Programmiertechniken

Windows-Programmierung mit der
Windows Presentation Foundation

Inkl. LINQ, XML, Task Parallel Library
(TPL) und ADO.NET

Andreas Kühnel

Visual C# 2010

Das umfassende Handbuch

Der ideale Begleiter für Ihre tägliche Arbeit mit Visual C# 2010! In diesem Buch finden Sie geballtes C#-Wissen: von den Sprachgrundlagen und der Objektorientierung über Klassendesign, LINQ und Multithreading bis zur Oberflächenentwicklung mit WPF und der Datenbankanbindung mit ADO.NET. Typische Praxisbeispiele helfen Ihnen jeweils bei der Umsetzung.

1295 S., 5. Auflage 2010, mit DVD, 49,90 Euro
ISBN 978-3-8362-1552-7

>> www.galileocomputing.de/2322

Galileo Computing

www.galileocomputing.de

Alle Phasen vom Entwurf bis zum Deployment

Best Practices, echte Fallbeispiele, Technologieempfehlungen

Inkl. objektorientierte Analyse & Design, SOA, TPL, Debugging, Refactoring, LINQ, ADO.NET, Performance, Unit Tests u.v.m.

Matthias Geirhos

Professionell entwickeln mit Visual C# 2010

Das Praxisbuch

Sie beherrschen C#, möchten aber gerne noch effizienter entwickeln? In diesem Buch finden Sie eine Vielzahl an Dos & Don'ts, mit denen Sie alle Phasen Ihres Projekts sicher meistern: OOA & OOD, GUIs, TPL und Multithreading, Code Smells, WCF, ADO.NET, Workflow Foundation, Unit Tests, Softwarepflege, Deployment u.v.m.

896 S., 2011, mit CD, 49,90 Euro
ISBN 978-3-8362-1474-2

>> www.galileocomputing.de/2212

www.galileocomputing.de

Spracheinführung, Programmiertechniken, Praxisbeispiele

Professionelle Windows-Programmierung mit C++/CLI

Inkl. OOP, GUI- und Datenbankentwicklung, Debugging, Deployment u.v.m.

André Willms

Visual C++ 2010

Das umfassende Handbuch

Alles, was Sie über Visual C++ 2010 wissen müssen, finden Sie in diesem Buch. Egal, ob objektorientierte Programmierung mit ANSI-C++ und C++/CLI, GUI- und Datenbankentwicklung oder die professionelle Entwicklung mit Visual Studio - alles wird verständlich und an typischen Beispielen erklärt.

931 S., 2011, mit DVD, 49,90 Euro
ISBN 978-3-8362-1639-5

>> www.galileocomputing.de/2422

Galileo Computing

www.galileocomputing.de

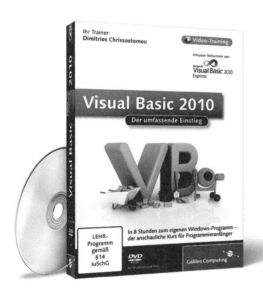

Der praktische Lernkurs für Einsteiger und Umsteiger

Die Entwicklung von Windows-Anwendungen anschaulich erklärt

Inklusive Visual Studio 2010 Express auf DVD

Dimitrios Chrissostomou

Visual Basic 2010

Der umfassende Einstieg

Steigen Sie ein in die Programmierung mit Visual Basic! Ihr Trainer zeigt Ihnen, wie Sie mit Visual Basic Windows-Programme schreiben und grafische Benutzeroberflächen entwerfen. Die vielen Praxisbeispiele laden zum Nachprogrammieren ein – die Theorie lernen Sie spielerisch nebenher!

DVD, Windows und Mac, 80 Lektionen, 8 Stunden Spielzeit, 34,90 Euro
ISBN 978-3-8362-1640-1

\>> www.galileocomputing.de/2423

Galileo Computing

www.galileocomputing.de

Spielerisch die Welt der Programmierung entdecken

Ohne Vorkenntnisse zum eigenen Programm

Mit Visual Studio 2010 Express und AntMe! auf DVD

Dominik Bösl

Spielend programmieren lernen

Mit C# und AntMe!

Programmieren ist ganz einfach und macht sogar ziemlich viel Spaß! Lernen Sie anhand der beliebten Ameisen-Simulation »AntMe!«, wie Sie eigene Programme schreiben und zum Laufen bringen. Dabei verstehen Sie ganz nebenbei auch noch die OOP und eignen sich die Syntax von C# an. Für Einsteiger von 12 bis 99 Jahren

DVD, Windows, Mac und Linux, 60 Lektionen, 7 Stunden Spielzeit, 29,90 Euro
ISBN 978-3-8362-1764-4

>> www.galileocomputing.de/2867

www.galileocomputing.de

IT-Geschichte live: entdecken, coden, virtualisieren

Abgefahren: Beispiele in Assembler, Smalltalk, ALGOL60, PL/1, Lisp, Fortran, Modula ...

Spannend: Simulation und Programmierung alter Systeme und Programme

H. R. Wieland

Computergeschichte(n) – nicht nur für Geeks

Von Antikythera zur Cloud

Die c't über das Buch: »Eine spannende Reise durch die Geschichte der Hardware und Software-Entwicklung, in deren Verlauf vielfältige Computeranwendungen vorgestellt werden - die kann Laien wie Fachleute schon ins Schwelgen bringen.
Ein tolles Buch, populärwissenschaftlich im besten Sinne, spannend und lehrreich [...]: Ein guter Kandidat zum Verschenken und Sich-Selber-Schenken.«

605 S., 2011, mit DVD, 29,90 Euro
ISBN 978-3-8362-1527-5

>> www.galileocomputing.de/2285

www.galileocomputing.de

Finde heraus, wie Du objektorientiert programmieren kannst

Bewege Dich sicher in Deiner C++-Bibliothek

Und alles auf dem neuesten C++11-Standard

Willkommen in der wilden C++-Welt

Dieter Bär

Schrödinger programmiert C++

Das etwas andere Lehrbuch

Schrödinger ist unser Mann fürs Programmieren. Er kann schon was, aber noch nicht C++. Schlau ist er, auch neugierig, aber zuweilen ungeduldig und etwas chaotisch. Er hasst Katzen und liebt WoW. Eigentlich der perfekte Partner, um endlich mal gründlich C++ zu lernen.
Zum Buch: Ein Traum! Die volle Packung C++. Die nötige Theorie, viele Hinweise und Tipps. Und mittendrin ist Schrödinger, und natürlich du!

ca. 720 S., komplett in Farbe, 49,90 Euro
ISBN 978-3-8362-1756-9, April 2012

>> www.galileocomputing.de/2853

Die Bibliothek für Ihr IT-Know-how.

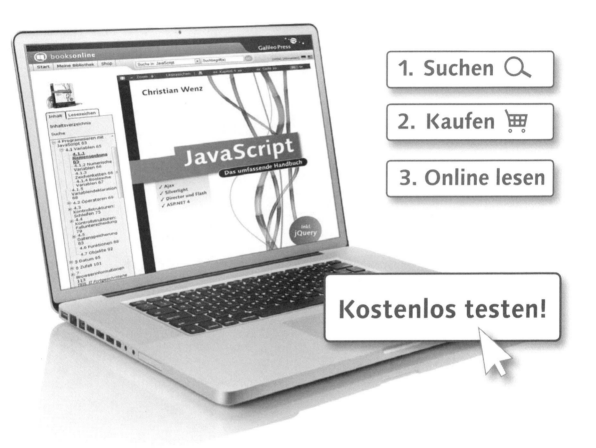

1. Suchen
2. Kaufen
3. Online lesen

Kostenlos testen!

www.galileo-press.de/booksonline

- ✓ Jederzeit online verfügbar
- ✓ Schnell nachschlagen, schnell fündig werden
- ✓ Einfach lesen im Browser
- ✓ Eigene Bibliothek zusammenstellen
- ✓ Buch plus Online-Ausgabe zum Vorzugspreis